PALABRA
Y VIDA
2025

AF193022

"Es bueno llevar la Palabra de Dios en el bolso y leer un pequeño paso en cualquier momento del día… Tomadlo, llevadlo con vosotros y leedlo cada día. ¡Es Jesús que nos habla!…"

Papa Francisco

Palabra y Vida 2025 nos invita este año a hacer de la Palabra de Dios el motor de nuestra vida y la base de nuestra espiritualidad. Queremos que *Palabra y Vida* sea para todos un instrumento que nos ayude a vivir y a afrontar los grandes retos y desafíos de la nueva evangelización a la que la Iglesia nos llama.

Jesús Sánchez Adalid, aclamado autor, nos acompaña este año con sus hermosos y sugerentes comentarios al Evangelio de cada día. Unidos a tantos hombres y mujeres de todo el mundo, escuchamos la Palabra al ritmo de la liturgia de la Iglesia.

Introducción a
Palabra y Vida 2025

El proyecto "Palabra y Vida" ha cumplido ya veinte años. Iniciamos la tercera década coincidiendo con el Jubileo del año 2025. El lema de este Año Santo es "Peregrinos de la esperanza". Como escribe el papa Francisco en la bula de convocación, "encontramos con frecuencia personas desanimadas, que miran el futuro con escepticismo y pesimismo, como si nada pudiera ofrecerles felicidad". A pesar de los muchos avances científicos y tecnológicos, abundan las personas que miran el futuro con desasosiego. En este contexto de incertidumbre y preocupación, el Jubileo puede ser para todos una ocasión de reavivar la esperanza. El papa añade que "la Palabra de Dios nos ayuda a encontrar sus razones".

Palabra y Vida es un proyecto que, partiendo del evangelio de cada día, quiere ofrecernos razones para la esperanza. Los breves comentarios diarios (algo más extensos los domingos) tienen como objetivo conectar la Palabra de Dios con nuestras búsquedas y preocupaciones cotidianas, de modo que podamos encontrar en ella la luz, el sentido y la fuerza que necesitamos para seguir caminando con esperanza, a pesar de las dificultades del camino.

PALABRA Y VIDA

2025

El Evangelio comentado cada día

Jesús Sánchez Adalid

IUBILAEUM A. D. MMXXV
PEREGRINANTES IN SPEM

PUBLICACIONES
CLARETIANAS

Palabra y Vida 2025.
El Evangelio comentado cada día

© Publicaciones Claretianas
Juan Álvarez Mendizábal, 65 dpdo. 3º
28008 Madrid (España)
Tel.: 915 401 267; Fax: 915 400 066
publicaciones@publicacionesclaretianas.com
comercial@publicacionesclaretianas.com
www.publicacionesclaretianas.com

CLARET
PUBLISHING GROUP

Palabra y Vida. El Evangelio comentado cada día es una iniciativa internacional de los Misioneros Claretianos al servicio de la evangelización. Un proyecto que ya se difunde en más de 10 lenguas y versiones.

Coordinación del proyecto: Gonzalo Fernández Sanz.

Los textos bíblicos están tomados de la Biblia interconfesional "Dios habla hoy" (Sociedades Bíblicas Unidas).

Por recomendación del Magisterio eclesial, hacemos nuestro el mandato de "colaborar con las sociedades bíblicas en la difusión capilar de la Palabra de Dios" (Benedicto XVI, *Verbum Domini*, 115).

"Dios habla hoy" es, probablemente, la traducción de la Biblia en español más difundida en el mundo.
Con las debidas licencias eclesiásticas.
Imprimatur: Mons. Raymundo Damasceno.

ISBN: 978-84-7966-802-0
Depósito Legal: M-18899-2024

Impreso en España

Este año jubilar contamos con la ayuda del sacerdote extremeño Jesús Sánchez Adalid, reconocido autor de novelas históricas. En línea con el sentido del Jubileo, sus comentarios acentúan el agradecimiento a Dios por los dones que nos concede cada día. Ver siempre el lado bueno de la realidad es una forma de alimentar la esperanza que no defrauda.

En la portada de este año hemos colocado el logo del Jubileo. Representa cuatro figuras estilizadas que indican la humanidad que peregrina desde los cuatro rincones de la tierra. Abrazadas entre ellas, simbolizan la fraternidad que une a los pueblos. La primera figura sostiene la cruz, signo de la esperanza que nos guía. Las olas en movimiento muestran que nuestra peregrinación de la vida no está exenta de problemas y tormentas. Por eso, la parte inferior de la cruz se alarga transformándose en un ancla que nos une a Cristo y nos da seguridad. El color verde del lema "Peregrinos de la esperanza" acentúa todavía más la urgencia de esta virtud teologal -la esperanza- en nuestro tiempo.

Palabra y Vida 2025 quiere ser tu compañero de camino a lo largo de este año jubilar. Pone a tu alcance la Palabra de Dios siguiendo el itinerario litúrgico de la Iglesia. No te exige mucho tiempo, solo un corazón atento y el hábito de leerlo cada día. Te sorprenderás de lo que la Palabra de Dios puede hacer por ti sin que apenas lo notes.

Nm 6,22-27

Sal 66. *El Señor tenga piedad y nos bendiga.*

Ga 4,4-7

Lc 2,16-21

En aquel tiempo, los pastores fueron corriendo y encontraron a María, a José y al niño acostado en el pesebre. Al verlo se pusieron a contar lo que el ángel les había dicho acerca del niño, y todos los que lo oían se admiraban de lo que decían los pastores. María guardaba todo esto en su corazón, y lo tenía muy presente. Los pastores, por su parte, regresaron dando gloria y alabanza a Dios por todo lo que habían visto y oído, pues todo sucedió como se les había dicho. A los ocho días circuncidaron al niño y le pusieron por nombre Jesús, el mismo nombre que el ángel había dicho a María antes de que estuviera encinta.

Cristo se encarna y nace en este mundo. Celebramos el gran Jubileo: han pasado 2025 años desde que esa maravillosa noticia fue proclamada por voces de ángeles. Es el cumplimiento de las promesas divinas y el comienzo de la obra redentora de Dios en la tierra. Los sencillos responden con prontitud y corren hacia Belén para ver lo que les han anunciado. El nombre «Jesús» significa «Salvador», y señala el propósito y la misión del niño que ha nacido. Padre celestial, derrama sobre nosotros tu bendición en el nuevo año que hoy comienza. Que tu rostro resplandezca sobre nosotros, trayendo gracia y misericordia a nuestras vidas. Guárdanos y protégenos en todo momento, guiándonos con tu amor y sabiduría. Que podamos experimentar la paz que solo tú puedes dar en medio de los desafíos y esperanzas de nuestras vidas. Amén.

Jueves

SAN BASILIO Y SAN GREGORIO NACIANCENO (MO)

1 Jn 2,22-28
Sal 97. *Los confines de la tierra han contemplado la victoria de nuestro Dios.*
Jn 1,19-28

Los judíos de Jerusalén enviaron sacerdotes y levitas a Juan, a preguntarle quién era. Y él confesó claramente: "Yo no soy el Mesías". Le volvieron a preguntar: "¿Quién eres, pues? ¿El profeta Elías?". Juan dijo: "No lo soy". Ellos insistieron: "Entonces, ¿eres el profeta que había de venir?". Contestó: "No". Le dijeron: "¿Quién eres, pues? Tenemos que llevar una respuesta a los que nos han enviado. ¿Qué puedes decirnos acerca de ti mismo?". Juan les contestó: "Yo soy, como dijo el profeta Isaías, 'Una voz que grita en el desierto: ¡Abrid un camino recto para el Señor!'" Los que habían sido enviados por los fariseos a hablar con Juan, le preguntaron: "Pues si no eres el Mesías ni Elías ni el profeta, ¿por qué bautizas?". Juan les contestó: "Yo bautizo con agua, pero entre vosotros hay uno que no conocéis: ése es el que viene después de mí. Yo ni siquiera soy digno de desatar la correa de sus sandalias". Todo esto sucedió en el lugar llamado Betania, al oriente del río Jordán, donde Juan estaba bautizando.

Da gracias por haber recibido la verdad en Jesucristo, el Salvador. Y pide al Espíritu Santo permanecer arraigado en esta verdad, resistiendo cualquier engaño o falsa enseñanza que se nos presente. Señor, ¡escúchanos!, concédenos la gracia de mantenernos fieles a ti, fortalecidos por la unción del Espíritu Santo que nos guía hacia la vida eterna en comunión contigo. Que nuestra fe en Cristo nos dé confianza y esperanza mientras esperamos su venida gloriosa.

1 Jn 2,29–3,6
Sal 97. *Los confines de la tierra han contemplado la victoria de nuestro Dios.*
Jn 1,29-34

Al día siguiente, Juan vio a Jesús que se acercaba a él, y dijo: "¡Mirad, ése es el Cordero de Dios que quita el pecado del mundo! A él me refería yo cuando dije: 'Después de mí viene uno que es más importante que yo, porque existía antes que yo'. Yo mismo no sabía quién era él, pero he venido bautizando con agua precisamente para que el pueblo de Israel le conozca". Juan también declaró: "He visto al Espíritu Santo bajar del cielo como una paloma, y reposar sobre él. Yo aún no sabía quién era él, pero el que me envió a bautizar con agua me dijo: 'Aquel sobre quien veas que el Espíritu baja y reposa, es el que bautiza con Espíritu Santo'. Yo ya le he visto, y soy testigo de que es el Hijo de Dios".

Los que permanecen en Cristo no practican la maldad, porque han nacido de Dios. Esto no significa que sean perfectos, sino que su estilo de vida está caracterizado por la justicia y la obediencia a Dios. El Evangelio nos insta a vivir vidas justas y santas como hijos de Dios, conscientes del amor incomparable que Dios nos ha mostrado y anticipando el día en que estaremos completamente transformados a la semejanza de Cristo, el cordero de Dios que quita el pecado del mundo. La verdadera fe en Cristo se manifiesta en la práctica de la justicia y la obediencia a Dios; el pecado es incompatible con la vida en comunión con Él.

1Jn 3,7-10

Sal 97. *Los confines de la tierra han contemplado la victoria de nuestro Dios.*

Jn 1,35-42

Al día siguiente, Juan estaba allí otra vez con dos de sus seguidores. Cuando vio pasar a Jesús dijo: "¡Mirad, ése es el Cordero de Dios!". Los dos seguidores de Juan le oyeron decir esto y siguieron a Jesús. Jesús se volvió y, al ver que le seguían, les preguntó: "¿Qué estáis buscando?". Ellos dijeron: "Maestro, ¿dónde vives?". Jesús les contestó: "Venid a verlo". Fueron, pues, y vieron dónde vivía; y pasaron con él el resto del día, porque ya eran como las cuatro de la tarde. Uno de los dos que oyeron a Juan y siguieron a Jesús, era Andrés, hermano de Simón Pedro. Lo primero que hizo Andrés fue buscar a su hermano Simón. Le dijo: "Hemos encontrado al Mesías (que significa: Cristo)". Luego Andrés llevó a Simón a donde estaba Jesús; y cuando Jesús le vio, dijo: "Tú eres Simón, hijo de Juan, pero serás llamado Cefas (que significa: Pedro)".

Aquellos que no practican el bien y continúan en el pecado no son hijos de Dios, independientemente de lo que puedan afirmar. El Evangelio nos llama a examinar nuestras vidas y a evaluar si nuestras acciones reflejan la naturaleza de Dios o la del diablo. ¡Qué necesario es vivir en la verdad y la honestidad espiritual! *Señor, invítanos de nuevo: «venid a verlo», para saber vivir una vida de rectitud, verdad y santidad, conscientes de nuestra identidad como hijos de Dios y comprometidos con la obra redentora de Cristo en el mundo. Para que rechacemos activamente el mal y el pecado en nuestras vidas. Amén.*

Eclo 24,1-2.8-12

La sabiduría se alaba a sí misma, habla con orgullo en medio de su pueblo; delante de la asamblea del Altísimo y de sus ángeles, dice con orgullo: (...) el que me hizo a mí y las demás cosas decidió dónde debía yo residir, y me dijo: 'Pon tu residencia en Israel, vive en el pueblo de Jacob (...).

Sal 147. *La Palabra se hizo carne y acampó entre nosotros.*

Ef 1,3-6.15-18

Alabemos al Dios y Padre de nuestro Señor Jesucristo, pues en nuestra unión con Cristo nos ha bendecido en los cielos con toda clase de bendiciones espirituales. (...) Pido al Dios de nuestro Señor Jesucristo, al Padre glorioso, que os dé sabiduría espiritual para entender su revelación y conocerle mejor (...).

Jn 1,1-18

En el principio ya existía la Palabra, y aquel que es la Palabra estaba con Dios y era Dios. Él estaba en el principio con Dios. Por medio de él, Dios hizo todas las cosas; nada de lo que existe fue hecho sin él. En él estaba la vida, y la vida era la luz de la humanidad. Esta luz brilla en las tinieblas, y las tinieblas no han podido apagarla. (...) La luz verdadera que alumbra a toda la humanidad venía a este mundo. Aquel que es la Palabra estaba en el mundo, y aunque Dios había hecho el mundo por medio de él, los que son del mundo no le reconocieron. Vino a su propio mundo, pero los suyos no le recibieron. Pero a quienes le recibieron y creyeron en él les concedió el privilegio de llegar a ser hijos de Dios. Y son hijos de Dios, no por la naturaleza ni los deseos humanos, sino porque Dios los ha engendrado. Aquel que es la Palabra se hizo hombre y vivió entre nosotros lleno de amor y de verdad. Y hemos visto su gloria, la gloria que como Hijo único recibió del Padre. (…) De sus grandes riquezas, todos hemos recibido bendición tras bendición. Porque la ley fue dada por medio de Moisés, pero el amor y la verdad se han hecho realidad por medio de Jesucristo. Nadie ha visto jamás a Dios; el Hijo único, que es Dios y que vive en íntima comunión con el Padre, nos lo ha dado a conocer.

Ya en el Antiguo Testamento se habla de la Sabiduría de Dios. Él se acerca con afán de comunicarse y de enseñar a los hombres. La Navidad es Sabiduría divina volcada sobre el mundo, acontecimiento salvador, evocación de todo lo que Dios quería decirnos. Nadie puede quejarse de que Dios no hable; nadie puede reprocharle que esté ausente. Pero, entre tantos ruidos, hay que buscar su presencia silenciosa. Atiende a su voz misteriosa. Su Palabra encarnada no ha podido silenciarse desde que Jesús habló. Su mensaje no ha perdido vigencia. Es Luz que a diario lucha contra las tinieblas del mundo.

Por eso, más que quejarnos, debemos preguntarnos si acogemos a Dios, si le dejamos hablar… Busca entre los signos de tu vida. No le des la espalda. Abre el oído a su Sabiduría misteriosa. Está mucho más cerca de ti de lo que puedas imaginar…

Is 60,1-6
Sal 71. *Se postrarán ante ti, Señor, todos los pueblos de la tierra.*
Ef 3,2-3a.5-6
Mt 2,1-12

Jesús nació en Belén, un pueblo de la región de Judea, en el tiempo en que Herodes era rey del país. Llegaron por entonces a Jerusalén unos sabios de Oriente que se dedicaban al estudio de las estrellas, y preguntaron: "¿Dónde está el rey de los judíos que ha nacido? Porque vimos su estrella en el oriente y hemos venido a adorarle" (…) respondieron: "En Belén de Judea, porque así lo escribió el profeta: 'En cuanto a ti, Belén, de la tierra de Judá, no eres la más pequeña entre las principales ciudades de Judá; porque de ti saldrá un gobernante que guiará a mi pueblo Israel'. (…) Con estas indicaciones del rey, los sabios se fueron. Y la estrella que habían visto salir iba delante de ellos, hasta que por fin se detuvo sobre el lugar donde se hallaba el niño. Al ver la estrella, los sabios se llenaron de alegría. Luego entraron en la casa y vieron al niño con María, su madre. Y arrodillándose, lo adoraron. Abrieron sus cofres y le ofrecieron oro, incienso y mirra (…).

El maravilloso relato de los Magos nos llama a buscar a Dios. Nos enseña a levantar los ojos. Alzar la vista hacia la inmensidad del firmamento es reorientar el corazón. Porque hay una vista interior que está conectada con el corazón. Y «la ceguera del corazón» es dejar de mirar hacia lo alto. Esta es la invitación que nos hace hoy el texto evangélico. Para ver es necesario ponerse de camino. Belén no es punto de llegada, sino un lugar de paso. Nosotros no buscamos «aquel» niño de Belén en su imagen temporal de entonces. Buscamos a Jesús hoy en nuestros corazones, no como imagen terrena, sino como verdadero amor lleno de vida y luz. ¡Él vive para siempre!

1Jn 3,22—4,6
Sal 2. *Te daré en herencia las naciones.*
Mt 4,12-17.23-25

Cuando Jesús oyó que Juan estaba en la cárcel, se dirigió a Galilea. Pero no se quedó en Nazaret, sino que se fue a vivir a Cafarnaún, a orillas del lago, en los territorios de Zabulón y de Neftalí. Esto sucedió para que se cumpliera lo que había dicho el profeta Isaías: "Tierras de Zabulón y de Neftalí, más allá del Jordán, a la orilla del mar: Galilea de los paganos. El pueblo que andaba en oscuridad vio una gran luz; una luz iluminó a los que vivían en sombras de muerte".

Desde entonces comenzó Jesús a proclamar: "¡Volveos a Dios, porque el reino de los cielos está cerca!". Recorría Jesús toda Galilea enseñando en la sinagoga de cada lugar. Anunciaba la buena noticia del reino y curaba a la gente de toda clase de enfermedades y dolencias. Con ello, la fama de Jesús se extendió por toda la región de Siria; así que le traían a cuantos sufrían de diferentes males, enfermedades y dolores, y a los endemoniados, a los epilépticos y a los paralíticos. Y Jesús los curaba. Mucha gente de Galilea, de los pueblos de Decápolis, de Jerusalén, de Judea y de la región al oriente del Jordán, seguía a Jesús.

Hoy comienza tu tiempo. ¡Sí, hoy! Es la oportunidad que Dios nos da una vez más. Es su tiempo, para que lo santifiquemos, para que estemos cerca de Él y hagamos de nuestra vida un servicio a los hermanos. La feliz noticia de la encarnación del Verbo ha sembrado en nuestros corazones, de manera infalible, su gracia salvadora. Él nos encamina, nuevamente, hacia el reino del cielo. Es el reino de Dios que Cristo vino a inaugurar entre nosotros. Ahora es el tiempo favorable. No pensemos que Dios actuaba más antes que ahora, que era más fácil creer estando cerca de Jesús físicamente en su vida mortal. Los sacramentos de la Iglesia nos otorgan el perdón y la paz, la oportunidad de participar, nuevamente, en la obra de Dios en el mundo. ¡Que el Señor, fuente de todo don y de todo bien, nos ayude!

1Jn 4,7-10

Sal 71. *Que todos los pueblos de la tierra se postren ante ti, Señor.*

Mc 6,34-44

En aquel tiempo, al bajar Jesús de la barca, vio la multitud, y sintió compasión de ellos porque estaban como ovejas que no tienen pastor; y comenzó a enseñarles muchas cosas. Por la tarde, sus discípulos se le acercaron y le dijeron: "Ya es tarde, y éste es un lugar solitario. Despide a la gente, para que vayan a los campos y las aldeas de alrededor y se compren algo de comer". Pero Jesús les contestó: "Dadles vosotros de comer". Respondieron: "¿Quieres que vayamos a comprar doscientos denarios de pan para darles de comer?". Jesús les dijo: "¿Cuántos panes tenéis? Id a verlo". Cuando lo averiguaron, le dijeron: "Cinco panes y dos peces". Mandó que la gente se recostara en grupos sobre la hierba verde, y se hicieron grupos de cien y de cincuenta. Luego Jesús tomó en sus manos los cinco panes y los dos peces y, mirando al cielo, dio gracias a Dios, partió los panes y se los dio a sus discípulos para que los repartieran entre la gente. Repartió también entre todos los dos peces. Todos comieron hasta quedar satisfechos, y todavía llenaron doce canastas con los trozos sobrantes de pan y pescado. Los que comieron de aquellos panes fueron cinco mil hombres.

Todo amor proviene de Dios. Por eso, todo el que ama conoce a Dios y es hijo de Dios, aunque no lo sepa. Porque Dios es el que nos ama primero. Todo el amor que existe en la tierra es amor de Dios. El único camino para solucionar los problemas de la humanidad es el amor. Este también es el camino para llegar a Dios. Jesús se manifiesta como el Pastor compasivo que se parte y reparte por sus ovejas. *Señor, concédenos el don de ser presencia tuya. Haz que transmitamos con nuestras obras el verdadero amor que viene de Ti. Amén.*

Jueves

San Eulogio de Córdoba (ML)

1Jn 4,11-18
Sal 71. *Se postrarán ante ti, Señor, todos los pueblos de la tierra.*
Mc 6,45-52

En aquel tiempo, Jesús hizo que sus discípulos subieran a la barca, para que llegaran antes que él a la otra orilla del lago, a Betsaida, mientras él despedía a la gente. Y cuando la hubo despedido, se fue al monte a orar. Al llegar la noche, la barca ya estaba en medio del lago. Jesús, que se había quedado solo en tierra, vio que remaban con dificultad porque tenían el viento en contra. De madrugada fue Jesús hacia ellos andando sobre el agua, pero hizo como si quisiera pasar de largo. Ellos, al verle andar sobre el agua, pensaron que era un fantasma y gritaron, porque todos le vieron y se asustaron. Pero él les habló en seguida, diciéndoles: "¡Ánimo, soy yo, no tengáis miedo!". Subió a la barca y se calmó el viento. Ellos se quedaron muy asombrados, porque no habían entendido el milagro de los panes y aún tenían la mente embotada.

El amor viene directamente de Dios y debe reflejarse en la vida de los creyentes. El apóstol Juan nos recuerda la centralidad del amor en la vida cristiana. Comienza enfatizando que Dios nos amó primero, al enviar a su Hijo como sacrificio por nuestros pecados. Este acto de amor sacrificial es el fundamento de nuestra capacidad para amar a los demás. Juan nos anima a amarnos unos a otros, porque el amor viene de Dios y todos los que aman han nacido de Dios y lo conocen. Y el evangelista advierte: aquellos que no aman no conocen a Dios. Los textos también nos recuerdan que el amor de Dios elimina el temor. Aquellos que conocen y experimentan el amor de Dios no temen a la tormenta ni al viento, porque el Señor sube a su barca y los llena de confianza.

10 ENERO

1Jn 4,19–5,4
Sal 71. *Se postrarán ante ti, Señor, todos los pueblos de la tierra.*
Lc 4,14-22a

Jesús volvió a Galilea lleno del poder del Espíritu Santo, y su fama se extendía por toda la tierra de alrededor. Enseñaba en la sinagoga de cada lugar, y todos le alababan. Jesús fue a Nazaret, al pueblo donde se había criado. Un sábado entró en la sinagoga, como era su costumbre, y se puso en pie para leer las Escrituras. Le dieron a leer el libro del profeta Isaías, y al abrirlo encontró el lugar donde estaba escrito: "El Espíritu del Señor está sobre mí, porque me ha consagrado para llevar la buena noticia a los pobres; me ha enviado a anunciar libertad a los presos y a dar vista a los ciegos; a poner en libertad a los oprimidos; a anunciar el año favorable del Señor". Luego Jesús cerró el libro, lo dio al ayudante de la sinagoga y se sentó. Todos los presentes le miraban atentamente. Él comenzó a hablar, diciendo: "Hoy mismo se ha cumplido esta Escritura delante de vosotros". Todos hablaban bien de Jesús y estaban admirados de la belleza de su palabra.

Dios nos amó primero, y por eso, nosotros, como hijos suyos, debemos esforzarnos por amarnos mutuamente y obedecer sus mandamientos, sabiendo que nuestro amor por Él se refleja en cómo amamos a los demás y en nuestra capacidad para superar el mundo. El Espíritu de Dios también está sobre nosotros. *Dios misericordioso y todo amor, Tú nos has amado primero, y en tu amor nos envías al Espíritu Santo, nuestra fuerza y nuestra guía. Ayúdanos a reflejar ese amor en nuestras vidas diarias, que nos amemos unos a otros como Tú nos has amado. Concédenos la gracia de obedecer tus mandamientos, sabiendo que en la obediencia encontramos la verdadera libertad. Fortalécenos en nuestra fe en ti, para que podamos superar las pruebas y tentaciones del mundo. Que nuestra confianza en ti nos lleve a la victoria sobre el mal y nos permita vivir en comunión contigo y con nuestros hermanos y hermanas. Amén.*

1Jn 5,5-13
Sal 147. *Glorifica al Señor, Jerusalén.*
Lc 5,12-16

Un día estaba Jesús en un pueblo donde había un hombre enfermo de lepra. Al ver a Jesús se inclinó hasta el suelo y le rogó: "Señor, si quieres, puedes limpiarme de mi enfermedad". Jesús lo tocó con la mano, diciendo: "Quiero. ¡Queda limpio!". Al momento se le quitó la lepra al enfermo, y Jesús le ordenó: "No lo digas a nadie. Solamente ve, preséntate al sacerdote y lleva por tu purificación la ofrenda que ordenó Moisés, para que todos sepan que ya estás limpio de tu enfermedad". Sin embargo, la fama de Jesús se extendía cada vez más, y mucha gente se juntaba para oírle y para que sanase sus enfermedades. Pero Jesús se retiraba a orar a lugares apartados.

Jesús muestra su capacidad para sanar enfermedades, incluso la lepra, que entonces era vista como una enfermedad incurable y altamente contagiosa. Este acto de sanación es un testimonio de su autoridad y compasión. El hombre con lepra muestra una gran fe en Jesús al dirigirse a Él con humildad y confianza, reconociendo su capacidad para sanarlo si así lo desea. Su fe es recompensada con la curación. Jesús le ordena que no revele lo que ha sucedido, sino que vaya directamente al sacerdote para cumplir con los rituales de purificación prescritos por la ley de Moisés. Esto muestra su preocupación por cumplir con la ley y su deseo de evitar la publicidad excesiva que podría interferir con su misión. Y, a pesar de la popularidad, Jesús busca momentos de soledad para orar, mostrando la importancia de su relación con el Padre. Nada puede fructificar sin esa oración...

Is 42,1-4.6-7

Aquí está mi siervo, a quien sostengo; mi elegido, en quien me deleito. He puesto en él mi espíritu para que traiga la justicia a todas las naciones. No gritará, no levantará la voz, no hará oír su voz en las calles, no acabará de romper la caña quebrada ni apagará la mecha que arde débilmente. (…) Yo, el Señor, te llamé y te tomé por la mano, para que seas instrumento de salvación; yo te formé, pues quiero que seas señal de mi pacto con el pueblo, luz de las naciones. Quiero que des vista a los ciegos y saques a los presos de la cárcel, del calabozo donde viven en la oscuridad.

Sal 28. *El Señor bendice a su pueblo con la paz.*

Hch 10,34-38

Pedro comenzó entonces a hablar, diciendo: "Ahora entiendo que (…) Dios acepta a quienes le reverencian y hacen lo bueno, cualquiera que sea su nación. (…) Vosotros ya sabéis lo que pasó en toda la tierra de los judíos (…). Sabéis que Dios llenó de poder y del Espíritu Santo a Jesús de Nazaret, y que este anduvo haciendo el bien y sanando a cuantos sufrían bajo el poder del diablo, porque Dios estaba con él".

Lc 3,15-16.21-22

En aquel tiempo la gente se encontraba en gran expectación y se preguntaba si tal vez Juan sería el Mesías. Pero Juan les dijo a todos: "Yo, ciertamente, os bautizo con agua; pero viene uno que os bautizará con el Espíritu Santo y con fuego. Él es más poderoso que yo, que ni siquiera merezco desatar la correa de sus sandalias". Sucedió que cuando Juan estaba bautizando a todos, también Jesús fue bautizado.

Y mientras oraba, el cielo se abrió, y el Espíritu Santo bajó sobre él en forma visible, como una paloma, y se oyó una voz del cielo, que decía: "Tú eres mi Hijo amado, a quien he elegido".

Este domingo recordamos el compromiso del Mesías con la humanidad, manifestado en el acto mismo del bautismo de Jesús, el Siervo de Dios, ungido con el Espíritu Santo en el río Jordán. Lo que no solo marca el comienzo de su ministerio público, sino que también simboliza la inauguración de una nueva era de salvación para todos nosotros. Es un momento para reflexionar sobre nuestro propio bautismo y renovar nuestro compromiso con Cristo.

También nosotros recibimos ese mismo Espíritu en nuestro bautismo, capacitándonos para vivir como hijos e hijas de Dios y para llevar a cabo su obra de amor y justicia en el mundo. Renovemos la llamada a seguir el ejemplo de Jesús, a vivir con valentía y compasión, y a ser portadores de esperanza y luz dondequiera que vayamos. Que podamos vivir de acuerdo con nuestra vocación como discípulos de Cristo. ¡Que Dios nos bendiga abundantemente en este día santo y en todos los días venideros!

Hb 1,1-6
Sal 96. *Adorad a Dios, todos sus ángeles.*
Mc 1, 14-20

En aquel tiempo, después que metieron a Juan en la cárcel, Jesús fue a Galilea a anunciar las buenas noticias de parte de Dios. Decía: "Ha llegado el tiempo, y el reino de Dios está cerca. Volveos a Dios y aceptad con fe sus buenas noticias". Paseaba Jesús por la orilla del lago de Galilea, cuando vio a Simón y a su hermano Andrés. Eran pescadores y estaban echando la red al agua. Les dijo Jesús: "Seguidme, y os haré pescadores de hombres". Al momento dejaron sus redes y se fueron con él. Un poco más adelante, Jesús vio a Santiago y a su hermano Juan, hijos de Zebedeo, que estaban en una barca reparando las redes. Al punto Jesús los llamó, y ellos, dejando a su padre Zebedeo en la barca con sus ayudantes, se fueron con Jesús.

E ste texto es rico en significado y nos invita a reflexionar sobre varios aspectos clave de la vida cristiana. En primer lugar, Jesús comienza su ministerio proclamando las «buenas noticias» de Dios. Es una invitación a una nueva forma de vida, a una transformación radical de la existencia humana. El reino de Dios se acerca, y con él, la oportunidad de experimentar la gracia, el perdón y la redención. La llamada a «volverse hacia Dios» implica un cambio de dirección en nuestras vidas, un arrepentimiento sincero y una confianza total en el mensaje de salvación que Jesús trae consigo. La respuesta inmediata y radical de los primeros discípulos: Simón, Andrés, Santiago y Juan, es un acto de abandono total y confianza en Jesús que nos desafía a considerar nuestra propia respuesta a su llamada.

Hb 2,5-12

Sal 8. *Diste a tu Hijo el mando sobre las obras de tus manos.*

Mc 1,21-28

Llegaron a Cafarnaún, y el sábado entró Jesús en la sinagoga y comenzó a enseñar. La gente se admiraba de cómo les enseñaba, porque lo hacía con plena autoridad y no como los maestros de la ley. En la sinagoga del pueblo, un hombre que tenía un espíritu impuro gritó: "¿Por qué te metes con nosotros, Jesús de Nazaret? ¿Has venido a destruirnos? Yo te conozco. ¡Sé que eres el Santo de Dios!". Jesús reprendió a aquel espíritu, diciéndole: "¡Cállate y sal de este hombre!". El espíritu impuro sacudió con violencia al hombre, y gritando con gran fuerza salió de él. Todos se asustaron y se preguntaban unos a otros: "¿Qué es esto? ¡Enseña de una manera nueva y con plena autoridad! ¡Hasta a los espíritus impuros da órdenes, y le obedecen!". Muy pronto, la fama de Jesús se extendió por toda la región de Galilea.

En la sinagoga, la gente se sorprende de la enseñanza de Jesús, que contrasta con la manera de los maestros de la ley: no solo transmite conocimiento, sino que lo hace con una autoridad que proviene de su identidad divina. Su enseñanza no se basa en la tradición humana, sino en la verdad revelada por Dios mismo. El encuentro con el hombre poseído por un espíritu impuro revela la realidad del conflicto espiritual en el mundo. La lucha entre el bien y el mal pertenece a este mundo; y la presencia activa de Jesús, como liberador y redentor, tiene poder para poner todo en paz. Con una simple orden, hace que el espíritu impuro salga del hombre, manifestando su autoridad sobre las fuerzas del mal. Esta es la liberación espiritual que Jesús ofrece a todos los que están oprimidos por el pecado y la oscuridad.

Hb 2,14-18
Sal 104. *El Señor se acuerda de su alianza eternamente.*
Mc 1,29-39

Cuando salieron de la sinagoga, Jesús fue con Santiago y Juan a casa de Simón y Andrés. La suegra de Simón estaba en cama, con fiebre. Se lo dijeron a Jesús, y él se acercó, la tomó de la mano y la levantó. Al momento se le quitó la fiebre y se puso a atenderlos. Al anochecer, (...) llevaron ante Jesús a todos los enfermos y endemoniados (...). Jesús sanó de toda clase de enfermedades a mucha gente y expulsó a muchos demonios (...). De madrugada, (...) salió de la ciudad para ir a orar a un lugar apartado. Simón y sus compañeros (...) le dijeron: "Todos te están buscando". Él les contestó: "Vayamos a otros lugares cercanos a anunciar también allí el mensaje, porque para esto he salido" (...).

Jesús se identifica plenamente con nuestra humanidad, compartiendo nuestra experiencia en todas sus dimensiones (enfermedad, amistad, dolor, familia,...), excepto el pecado. Esta conexión íntima con la humanidad es esencial para su obra redentora, abre el camino hacia la vida eterna para todos los que creen en Él. La liberación que Jesús ofrece no se limita solo a la esfera espiritual, sino que tiene implicaciones prácticas en la vida diaria de las personas («se le quitó la fiebre y se puso a atenderlos»). Aquellos que viven atormentados por el miedo a la muerte son comparados con esclavos. Jesús no solo nos libera del temor a la muerte física, sino que también nos libera de la esclavitud del pecado y de todas las fuerzas que nos mantienen alejados de Dios. *Señor Jesús, que valoremos profundamente el regalo de la salvación y hecho de vivir cada día en la libertad y la esperanza que nos ofreces. Amén.*

Jueves

Tiempo Ordinario 1ª semana (f)

Hb 3,7-14

Sal 94. *Ojalá escuchéis hoy la voz del Señor: "No endurezcáis vuestro corazón".*

Mc 1,40-45

Un hombre enfermo de lepra se acercó a Jesús, y poniéndose de rodillas le dijo: "Si quieres, puedes limpiarme de mi enfermedad". Jesús tuvo compasión de él, le tocó con la mano y dijo: "Quiero. ¡Queda limpio!". Al momento se le quitó la lepra y quedó limpio. Jesús lo despidió en seguida, recomendándole mucho: "Mira, no se lo digas a nadie. Pero ve, preséntate al sacerdote y lleva por tu purificación la ofrenda ordenada por Moisés; así sabrán todos que ya estás limpio de tu enfermedad". Sin embargo, en cuanto se fue, comenzó a contar a todos lo que había pasado. Por eso, Jesús ya no podía entrar abiertamente en ningún pueblo, sino que se quedaba fuera, en lugares donde no había nadie; pero de todas partes acudían a verle.

Jesús vino a nosotros para sanar y restaurar a aquellos que sufren. El hombre enfermo de lepra se acerca a Jesús con humildad y fe. Su súplica refleja una profunda confianza en la capacidad de Jesús para transformar su situación, aunque también muestra la aceptación a su Voluntad («Si quieres, puedes limpiarme»). La respuesta de Jesús revela su compasión y su deseo de restaurar la dignidad y la salud de aquellos que sufren, pues no solo lo sana de su enfermedad física, sino que también lo restaura a la comunidad al tocarlo y declararlo limpio. Este pasaje nos invita a reflexionar sobre nuestra propia respuesta a las necesidades de aquellos que sufren a nuestro alrededor. Nos desafía a seguir el ejemplo de Jesús mostrando compasión y amor hacia los marginados y excluidos, y ofreciendo esperanza y sanación en medio del dolor y la aflicción.

Hb 4,1-5.11
Sal 77. *No olvidéis las acciones de Dios.*
Mc 2,1-12

Algunos días después volvió Jesús a entrar en Cafarnaún. (...) Entonces, entre cuatro, le llevaron un paralítico. Pero como había mucha gente y no podían llegar hasta Jesús, quitaron parte del techo encima de donde él estaba, y por la abertura bajaron en una camilla al enfermo. Cuando Jesús vio la fe que tenían, dijo al enfermo: "Hijo mío, tus pecados quedan perdonados". Algunos maestros de la ley (...) pensaron: "¿Cómo se atreve este a hablar así? Sus palabras son una ofensa contra Dios. Nadie puede perdonar pecados, sino solamente Dios". Pero Jesús se dio cuenta (...) de lo que estaban pensando y les preguntó: "¿Por qué pensáis así? ¿Qué es más fácil, decir al paralítico: 'Tus pecados quedan perdonados' o decirle: 'Levántate, toma tu camilla y anda'? Pues voy a demostraros que el Hijo del hombre tiene poder en la tierra para perdonar pecados". Entonces dijo al paralítico: "A ti te digo, levántate, toma tu camilla y vete a tu casa". El enfermo se levantó en el acto, y tomando su camilla salió de allí a la vista de todos (...).

La fe de unos amigos lleva a la sanación y al perdón de un paralítico. Su determinación y creatividad para superar los obstáculos físicos reflejan la profundidad de su fe y amor por su amigo. La respuesta de Jesús muestra la conexión entre el perdón de pecados y la sanación física. Para ello, Jesús realiza un milagro visible y tangible, sanando al paralítico y restaurándolo a la plenitud de la vida. El pasaje nos desafía a reflexionar sobre nuestra propia fe y confianza en Jesús como el único que puede perdonar pecados y traer sanidad y restauración a nuestras vidas. Nos anima a imitar la determinación y la fe de los amigos del paralítico. Acerquémonos a Jesús con confianza y esperanza, sabiendo que en él encontramos perdón, sanación y vida eterna.

Hb 4,12-16
Sal 18. *Tus palabras, Señor, son espíritu y vida.*
Mc 2,13-17

Después fue Jesús otra vez a la orilla del lago. La gente se acercaba a él, y él les enseñaba. Al pasar, vio a Leví, hijo de Alfeo, que estaba sentado en el lugar donde cobraba los impuestos para Roma. Jesús le dijo: "Sígueme". Leví se levantó y le siguió. Sucedió que Jesús estaba comiendo en casa de Leví, y muchos cobradores de impuestos y otra gente de mala fama estaban también sentados a la mesa con Jesús y sus discípulos, pues eran muchos los que le seguían. Unos maestros de la ley pertenecientes al partido fariseo, al ver que Jesús comía con todos ellos, preguntaron a los discípulos: "¿Cómo es que vuestro Maestro come con los cobradores de impuestos y con los pecadores?". Jesús los oyó y les dijo: "No necesitan médico los que gozan de buena salud, sino los enfermos. Yo no he venido a llamar a los justos, sino a los pecadores".

Jesús no se deja llevar por prejuicios sociales o religiosos, sino que ve más allá de las etiquetas. Llama directamente a Mateo con una simple frase («Sígueme»), poderosa en su simplicidad y autoridad. No hay explicaciones detalladas ni condiciones previas; Jesús le invita a dejarlo todo y seguirlo. La respuesta es inmediata y radical; se levanta y sigue a Jesús, abandonando su trabajo y su vida anterior. Este pasaje nos desafía a reconsiderar nuestras propias actitudes. Nos recuerda la naturaleza inclusiva del Evangelio y la disposición de Jesús para acercarse a todos, independientemente de su pasado o condición social. Que podamos seguir el ejemplo de Jesús, acogiendo a todos con amor, y compartiendo el mensaje transformador del Evangelio con el mundo.

Is 62,1-5

Por amor a ti, Sión, no me quedaré callado; por amor a ti, Jerusalén, no descansaré hasta que tu victoria brille como el amanecer y tu salvación como una antorcha encendida (…).

Sal 95. *Contad las maravillas de Señor a todas las naciones.*

1Co 12,4-11

Los dones que recibimos son diversos, pero el que los concede es un mismo Espíritu. Hay diversas maneras de servir, pero todas lo son por encargo de un mismo Señor. Y hay diversos poderes para actuar, pero es un mismo Dios el que lo realiza todo en todos. Unos reciben fe por medio del mismo Espíritu y otros reciben el don de sanar enfermos. Unos reciben poder para hacer milagros y otros tienen el don de profecía. A unos, Dios les da la capacidad de distinguir entre los espíritus falsos y el Espíritu verdadero, y a otros les da la capacidad de hablar en lenguas; y todavía a otros les da la de interpretar lo que en esas lenguas se haya dicho. Pero todas estas cosas las hace el mismo y único Espíritu, dando a cada cual lo que a él mejor le parece.

Jn 2,1-11

Al tercer día hubo una boda en Caná, un pueblo de Galilea. (…) En esto se acabó el vino, y la madre de Jesús le dijo: "Ya no tienen vino". Jesús le contestó: "Mujer, ¿por qué me lo dices a mí? Mi hora aún no ha llegado". Dijo ella a los que estaban sirviendo: "Haced lo que él os diga". Había allí seis tinajas de piedra, para el agua que usan los judíos en sus ceremonias de purificación. En cada tinaja cabían entre cincuenta y setenta litros. Jesús dijo a los sirvientes: "Llenad de agua estas tinajas". Las llenaron hasta arriba, y les dijo: "Ahora sacad un poco y llevádselo al encargado de la fiesta". Así lo hicieron, y el encargado de la fiesta probó el agua convertida en vino, sin saber de dónde había salido. Solo lo sabían los sirvientes que habían sacado el agua. Así que el encargado llamó al novio y le dijo: "Todo el mundo sirve primero el mejor vino, y cuando los invitados ya han bebido bastante, sirve el vino corriente. Pero tú has guardado el mejor hasta ahora". Ésta fue la primera señal milagrosa que hizo Jesús en Caná de Galilea (…).

San Pablo nos habla de la diversidad de dones espirituales que el Espíritu Santo concede a los creyentes dentro de la comunidad cristiana. Esta diversidad refleja la riqueza y la creatividad del Espíritu Santo. Cada creyente es único y tiene un papel específico que desempeñar en la comunidad, pero todos están unidos por el mismo Espíritu que los capacita y guía. Los dones espirituales son capacidades sobrenaturales dadas por Dios para el servicio y la edificación de la comunidad de fe.

En las bodas de Caná se revela el poder transformador de Jesús, así como la importancia de la fe y la obediencia en nuestra relación con Él. Nos desafía a confiar en su providencia y a seguir sus instrucciones, sabiendo que Él puede convertir incluso las situaciones más difíciles en momentos de gracia y bendición.

Que pueda, Señor mío, ser un fiel administrador de los fines que me has dado, buscando siempre tu gloria y el bienestar de los demás. Amén.

20

Hb 5,1-10
Sal 109. *Tú eres sacerdote eterno, según el rito de Melquisedec.*
Mc 2,18-22

En una ocasión estaban ayunando los seguidores de Juan el Bautista y los de los fariseos. Algunas personas fueron a Jesús y le preguntaron: "Los seguidores de Juan y los de los fariseos ayunan: ¿por qué no ayunan tus discípulos?". Jesús les contestó: "¿Acaso pueden ayunar los invitados a una boda mientras el novio está con ellos? Mientras está presente el novio, no pueden ayunar. Pero vendrá el momento en que se lleven al novio; entonces, cuando llegue ese día, ayunarán. Nadie remienda un vestido viejo con un trozo de tela nueva, porque lo nuevo encoge y tira del vestido viejo, y el desgarrón se hace mayor. Tampoco se echa vino nuevo en odres viejos, porque el vino nuevo hace que revienten los odres y que se pierdan tanto el vino como los odres. Por eso hay que echar el vino nuevo en odres nuevos".

Pablo nos dice que los sumos sacerdotes son escogidos entre los hombres para representar al pueblo delante de Dios y ofrecer sacrificios por los pecados. Sin embargo, también están sujetos a las debilidades humanas y necesitan ofrecer sacrificios por sus propios pecados. Esta limitación humana destaca la necesidad de un sumo sacerdote que sea perfecto y sin pecado. La figura de Cristo como el sumo sacerdote supremo trasciende las limitaciones humanas. A diferencia de los sumos sacerdotes terrenales, Él es perfecto y sin pecado, un mediador eficaz y compasivo entre Dios y la humanidad. Su sacrificio en la cruz, ese momento en el que «se llevan al novio», es suficiente y definitivo para expiar los pecados de toda la humanidad y restaurar la relación del ser humano con Dios de una manera nueva. Que podamos acercarnos a Cristo con humildad y confianza, sabiendo que en Él encontramos perdón, gracia y misericordia.

Martes

SANTA INÉS (MO)

Hb 6,10-20
Sal 110. *El Señor recuerda siempre su alianza.*
Mc 2,23-28

Un sábado pasaba Jesús entre los sembrados, y sus discípulos, según iban, comenzaron a arrancar espigas. Los fariseos le preguntaron: "Oye, ¿por qué hacen tus discípulos algo que no está permitido en sábado?". Él les dijo: "¿Nunca habéis leído lo que hizo David en una ocasión en que él y sus compañeros tuvieron necesidad y sintieron hambre? Siendo Abiatar sumo sacerdote, David entró en la casa de Dios y comió los panes consagrados, que solamente a los sacerdotes les estaba permitido comer. Además dio a los que iban con él". Jesús añadió: "El sábado se hizo para el hombre, y no el hombre para el sábado. Así que el Hijo del hombre tiene autoridad también sobre el sábado".

El texto de san Pablo nos invita hoy a reflexionar sobre la naturaleza del compromiso con nuestra fe y la confianza en las promesas de Dios. Nos recuerda que Dios es justo y no olvida nuestras acciones ni el amor que mostramos hacia nuestros hermanos en la fe. Esto nos llama a una vida de servicio y amor. Las acciones que hagamos en bien de los demás están por encima de las normas y tradiciones que someten y esclavizan al ser humano. Dios nunca nos abandonará ni nos dejará desamparados. Que la enseñanza de nuestro Señor Jesús, el Hijo del hombre, nos devuelva la alegría, la esperanza y la firmeza en la fe, sabiendo que en Dios encontramos la plenitud de nuestras promesas.

Hb 7,1-3.15-17
Sal 109. *Tú eres sacerdote eterno, según el rito de Melquisedec.*
Mc 3,1-6

Jesús entró otra vez en la sinagoga. Había allí un hombre que tenía una mano tullida, y espiaban a Jesús para ver si lo sanaría en sábado y tener así algo de qué acusarle. Jesús dijo al hombre de la mano tullida: "Levántate y ponte ahí en medio". Luego preguntó a los demás: "¿Qué está permitido hacer en sábado: el bien o el mal? ¿Salvar una vida o destruirla?". Ellos se quedaron callados. Jesús miró entonces con enojo a los que le rodeaban y, entristecido porque no querían entender, dijo a aquel hombre: "Extiende la mano". El hombre la extendió, y la mano le quedó sana. Pero los fariseos (…) comenzaron (…) a hacer planes para matar a Jesús.

Jesús desafía la hipocresía de los fariseos. Al preguntarles si está permitido hacer el bien o el mal en sábado, Jesús los confronta con la verdadera naturaleza de la ley divina: el amor y el cuidado por los demás siempre deben prevalecer. El silencio de los fariseos revela su dureza de corazón: están más preocupados por sus propias normas y tradiciones que por la vida y el bienestar de los demás. La sanación milagrosa es un recordatorio poderoso de la capacidad transformadora del amor de Dios. Jesús, con una simple palabra, restaura la salud y la integridad de este hombre. Es un acto de gracia que trasciende las limitaciones humanas y revela el poder divino de redención y restauración. Este pasaje nos invita a reflexionar. ¿Estamos más preocupados por seguir reglas y tradiciones religiosas, o estamos dispuestos a mostrar amor y compasión hacia aquellos que sufren a nuestro alrededor? ¿Estamos abiertos a la obra transformadora de Dios? *Señor, enséñanos a vivir con compasión, amor y justicia, siguiendo el ejemplo de Jesús, que nos muestra el camino hacia una vida plena en la gracia y el amor. Amén.*

Hb 7,25–8,6
Sal 39. *Aquí estoy, Señor, para hacer tu voluntad.*
Mc 3,7-12

Jesús, seguido por mucha gente de Galilea, se fue con sus discípulos a la orilla del lago. Al oír hablar de las grandes cosas que hacía, acudieron también a verle muchos de Judea, de Jerusalén, de Idumea, del lado oriental del Jordán y de la región de Tiro y Sidón. Por eso, Jesús encargó a sus discípulos que le tuvieran preparada una barca, para evitar que la multitud le apretujara. Porque había sanado a tantos, que todos los enfermos se echaban sobre él para tocarle. Y cuando los espíritus impuros le veían, se ponían de rodillas delante de él y gritaban: "¡Tú eres el Hijo de Dios!". Pero Jesús les ordenaba con severidad que no hablaran de él públicamente.

Jesús comprueba la profunda necesidad humana de sanación y redención. Sin embargo, muestra humildad y prudencia en medio de esta situación. A pesar de la aclamación y el reconocimiento de su divinidad por parte de los espíritus impuros, Jesús les ordena enérgicamente que no revelen su identidad públicamente. Este acto de contención revela la sabiduría de Jesús y su voluntad de cumplir el plan de Dios sólo en el momento y la manera adecuados. Este pasaje nos invita a reflexionar sobre nuestra propia respuesta a Jesús. ¿Estamos dispuestos a acercarnos a Él con humildad y fe, buscando su sanación y redención en nuestras vidas? ¿Reconocemos la autoridad divina de Jesús, incluso cuando otros pueden no hacerlo? *Señor, ayúdanos, que podamos seguir buscándote con fervor y humildad, confiando siempre en tu poder para transformar nuestras vidas y brindarnos la sanación y la esperanza que tanto necesitamos. Amén.*

24 ENERO

Viernes

San Francisco de Sales (MO)

Hb 8,6-13
Sal 84. *La misericordia y la fidelidad se encuentran.*
Mc 3,13-19

Después subió Jesús a un cerro y llamó a quienes le pareció conveniente. Una vez reunidos, eligió a doce de ellos para que le acompañasen y para enviarlos a anunciar el mensaje. Los llamó apóstoles y les dio autoridad para expulsar a los demonios. Éstos son los doce que escogió: Simón, a quien puso por nombre Pedro; Santiago y su hermano Juan, hijos de Zebedeo, a los que llamó Boanerges (es decir, "Hijos del Trueno"); Andrés, Felipe, Bartolomé, Mateo, Tomás, y Santiago hijo de Alfeo; Tadeo, Simón el cananeo y Judas Iscariote, el que traicionó a Jesús.

Jesús escoge a doce discípulos para que lo acompañen y para enviarlos a anunciar su mensaje. No escoge a los más instruidos, poderosos o influyentes según los estándares del mundo. Más bien, elige a un grupo diverso, con diferentes trasfondos y habilidades. No se limita a ciertas élites o clases sociales. Además, les otorga una autoridad especial para llevar a cabo su misión. Esta autoridad no es meramente humana. Les da el poder de expulsar demonios, simbolizando la lucha espiritual. *Señor Jesús, Te damos gracias porque no dejas de llamarnos y por el don de la vocación que nos has dado. Ayúdanos a responder con generosidad y valentía, dejando atrás todo lo que nos impide seguirte plenamente. Danos la gracia de reconocer la autoridad que nos has dado para ser tus testigos en el mundo, para proclamar tu mensaje de amor y redención. Que podamos ser instrumentos de tu paz y tu sanación, llevando tu luz a aquellos que están en la oscuridad. Amén.*

Hch 22,3-16
Sal 116. *Id al mundo entero y proclamad el Evangelio.*
Mc 16,15-18

En aquel tiempo Jesús dijo a sus discípulos: "Id por todo el mundo y anunciad a todos la buena noticia. El que crea y sea bautizado, será salvo; pero el que no crea será condenado. Y estas señales acompañarán a los que creen: en mi nombre expulsarán demonios; hablarán nuevas lenguas; cogerán serpientes con las manos; si beben algún veneno, no les dañará; pondrán las manos sobre los enfermos, y los sanarán".

El relato del encuentro de Saulo con Jesús en el camino a Damasco, es uno de los momentos más significativos y transformadores en la vida del Apóstol. Nos ofrece una poderosa lección sobre la gracia redentora de Dios y su capacidad para transformar incluso a los más enérgicos opositores en fieles seguidores. Ningún pecado es demasiado grande como para anular o detener la gracia de Dios. La historia de san Pablo en el camino a Damasco nos invita a considerar nuestra propia disposición para escuchar y responder a la llamada de Dios en nuestras vidas («Id por todo el mundo y anunciad la Buena Noticia»). Nos recuerda que la gracia de Dios es suficiente para transformar incluso las vidas más malgastadas y torcidas. *Señor, ayúdanos para que podamos seguir el ejemplo de Saulo, sabiendo que siempre estás dispuesto a perdonar, sanar y restaurar nuestras vidas. Amén.*

Neh 8,2-4a.5-6.8-10

(...) Todo el pueblo estaba atento a la lectura del libro de la ley. (...) les dijo Esdras: "Id y comed de lo mejor, bebed vino dulce e invitad a quienes no tengan nada preparado, porque hoy es un día dedicado a nuestro Señor. No estéis tristes, porque la alegría del Señor es nuestro refugio".

Sal 18. *Tus palabras, Señor, son espíritu y vida.*

1Co 12,12-30

El cuerpo humano, aunque está formado por muchas partes, es un solo cuerpo. Así también Cristo. De la misma manera, todos nosotros, judíos o no judíos, esclavos o libres, fuimos bautizados para formar un solo cuerpo por medio de un solo Espíritu; y a todos se nos dio a beber de ese mismo Espíritu. (...) Pues bien, vosotros sois el cuerpo de Cristo, y cada uno de vosotros es una parte de él, con su propia función (...).

Lc 1,1-4;4,14-21

(...) Jesús volvió a Galilea lleno del poder del Espíritu Santo, y su fama se extendía por toda la tierra de alrededor. (...) Un sábado entró en la sinagoga, como era su costumbre, y se puso en pie para leer las Escrituras. Le dieron a leer el libro del profeta Isaías, y al abrirlo encontró el lugar donde estaba escrito: "El Espíritu del Señor está sobre mí, porque me ha consagrado para llevar la buena noticia a los pobres; me ha enviado a anunciar libertad a los presos y a dar vista a los ciegos; a poner en libertad a los oprimidos; a anunciar el año favorable del Señor". Luego Jesús cerró el libro, lo dio al ayudante de la sinagoga y se sentó. Todos los presentes le miraban atentamente. Él comenzó a hablar, diciendo: "Hoy mismo se ha cumplido esta Escritura delante de vosotros".

Este domingo, la primera Carta a los Corintios nos presenta una poderosa analogía del cuerpo humano para ilustrar la unidad y diversidad dentro de la Iglesia, el cuerpo místico de Cristo. Que podamos apreciar la belleza de la variedad en la Iglesia y comprometernos a usar nuestros dones para edificar y fortalecer la comunidad de fe.

El evangelio de hoy nos presenta el comienzo del ministerio público de Jesús: una poderosa declaración de su misión y propósito. Jesús lee un pasaje del profeta Isaías que habla de su propia misión mesiánica. Al identificarse como el cumplimiento de esta profecía, proclama abiertamente su identidad y propósito: traer la buena nueva a los pobres, libertad a los cautivos, vista a los ciegos y libertad a los oprimidos. Esta declaración revela su compromiso con la justicia y la liberación y nos llama a reconocer la presencia del reino de Dios en medio de nosotros.

Señor, ayúdanos, que podamos acoger con alegría la buena nueva que nos regalas y vivir como discípulos tuyos, proclamando tu Reino de justicia, amor y libertad en nuestro mundo. Amén.

Hb 9,15.24-28
Sal 97. *Cantad al Señor un cántico nuevo porque ha hecho maravillas.*
Mc 3,22-30

También los maestros de la ley que habían llegado de Jerusalén decían: "Beelzebú, el propio jefe de los demonios, es quien ha dado a este hombre poder para expulsarlos". Jesús los llamó y les puso un ejemplo, diciendo: "¿Cómo puede Satanás expulsar al propio Satanás? (…) si Satanás se divide y se levanta contra sí mismo, no podrá mantenerse: habrá llegado su fin. Nadie puede entrar en la casa de un hombre fuerte y robarle sus bienes si antes no lo ata. Solamente así podrá robárselos. Os aseguro que Dios perdonará a los hombres todos los pecados y todo lo malo que digan; pero el que ofenda con sus palabras al Espíritu Santo no tendrá perdón, sino que será culpable para siempre". Esto lo dijo Jesús porque afirmaban que tenía un espíritu impuro.

Jesucristo es el mediador de un nuevo pacto entre Dios y la humanidad. La comparación entre el santuario terrenal, construido por los hombres, y el verdadero santuario celestial, resalta la superioridad del sacrificio de Cristo sobre los sacrificios del antiguo sistema. Mientras que los sumos sacerdotes terrenales ofrecían sacrificios repetidos de sangre ajena año tras año, Jesucristo se ofreció a sí mismo una sola vez y para siempre como sacrificio por el pecado. Su sacrificio no solo perdona los pecados cometidos bajo el antiguo pacto, sino que tiene el poder de quitar el pecado de todos para siempre. Salvo la ofensa al Espíritu Santo, que «no tendrá perdón». ¿Estamos abiertos a reconocer la obra de Dios en el mundo y en nuestras vidas, o estamos obstinadamente cerrados a ella? ¿Estamos dispuestos a aceptar a Jesús como el Señor y Salvador, o lo rechazamos con razonamientos y acusaciones infundadas? *Señor, ayúdanos, que podamos evitar el endurecimiento de nuestros corazones y mantenernos receptivos al Espíritu Santo, que realiza su obra transformadora en nosotros y en el mundo si le dejamos. Amén.*

Martes

SANTO TOMÁS DE AQUINO (MO)

Hb 10,1-10
Sal 39. *Aquí estoy, Señor,
para hacer tu voluntad.*
Mc 3,31-35

Entre tanto, llegaron la madre y los hermanos de Jesús, pero se quedaron fuera y mandaron llamarle. La gente que estaba sentada alrededor de Jesús le avisó: "Tu madre, tus hermanos y tus hermanas están fuera y te buscan". Él les contestó: "¿Quiénes son mi madre y mis hermanos?". Y mirando a los que estaban sentados a su alrededor, añadió: "Éstos son mi madre y mis hermanos. Todo el que hace la voluntad de Dios, ése es mi hermano, mi hermana y mi madre".

«Aquí estoy, Señor, para hacer tu voluntad». El salmo enfatiza la obediencia total de Jesucristo al plan redentor de Dios. Jesús se somete voluntariamente al plan divino y ofrece su vida como sacrificio en cumplimiento de la voluntad de Dios para la salvación de la humanidad. Y todo el que hace, como Él, la voluntad de Dios Padre, es su hermano, su hermana, su madre. Que podamos encontrar nuestra esperanza y nuestra salvación en el sacrificio perfecto de Jesucristo y vivir en conformidad con la voluntad de Dios en nuestras vidas. Hoy celebramos la memoria de Santo Tomás de Aquino, el mayor ejemplo de la riqueza y la profundidad del pensamiento cristiano y filosófico medieval. Su legado perdura a través de sus escritos y enseñanzas, que continúan inspirando a generaciones de pensadores y creyentes a buscar la verdad y el entendimiento en un mundo complejo y en constante cambio. Su enfoque integrador entre fe y razón y su profundo compromiso con la búsqueda de la verdad lo convierten en una figura atemporal y relevante en el diálogo entre la fe y la cultura.

Hb 10,11-18
Sal 109. *Tú eres sacerdote eterno según el rito de Melquisedec.*
Mc 4,1-20

Otra vez comenzó Jesús a enseñar a la orilla del lago. (…) En su enseñanza les decía: "Oíd esto: Un sembrador salió a sembrar. Y al sembrar, una parte de la semilla cayó en el camino, y llegaron las aves y se la comieron. Otra parte cayó entre las piedras, (…) brotó pronto, porque la tierra no era profunda; pero el sol, al salir, la quemó, y como no tenía raíz, se secó. Otra parte cayó entre espinos, y los espinos crecieron y la ahogaron (…). Pero otra parte cayó en buena tierra, y creció y dio una buena cosecha (…)". Y añadió Jesús: "Los que tienen oídos, oigan". Después (…) dijo: "(…) El que siembra la semilla representa al que anuncia el mensaje. Hay quienes son como la semilla que cayó en el camino: oyen el mensaje, pero después de haberlo escuchado viene Satanás y les quita ese mensaje (…). Otros son comparables a la semilla sembrada entre las piedras: oyen el mensaje (…) pero (…) no pueden permanecer firmes (…). Otros son como la semilla sembrada entre espinos: (…) los negocios de este mundo les preocupan demasiado (…). Pero hay otros que oyen el mensaje y lo aceptan y dan una buena cosecha, (…)".

Esta parábola nos invita a examinar nuestro propio corazón y la disposición con la que recibimos la Palabra de Dios. ¿Somos como el camino, endurecidos y cerrados a la verdad de Dios? ¿O como las piedras, emocionados momentáneamente pero sin profundidad espiritual? ¿Quizás como los espinos, preocupados y distraídos por las cosas del mundo? ¿O como la buena tierra, receptivos y dispuestos a dejar que la Palabra de Dios fructifique en nosotros? El éxito de la semilla depende del terreno donde cae. Del mismo modo, el crecimiento espiritual en nuestras vidas depende de nuestra disposición y receptividad hacia ella. Jesús nos desafía a examinar nuestros corazones y a permitir que su Palabra crezca y dé fruto en nuestras vidas. *Señor, que podamos ser tierra fértil, abierta y receptiva a la semilla de tu Palabra, permitiendo que transforme nuestras vidas y produzca una cosecha abundante de amor, paz y justicia. Amén.*

Jueves

TIEMPO ORDINARIO 3ª SEMANA (f)

Hb 10,19-25
Sal 23. *Éste es el grupo que viene a tu presencia, Señor.*
Mc 4,21-25

También les dijo: "¿Acaso se trae una lámpara para ponerla debajo de una vasija o debajo de la cama? No, una lámpara se pone en alto, para que alumbre. De la misma manera, no hay nada escondido que no llegue a descubrirse ni nada secreto que no llegue a ponerse en claro. Los que tienen oídos, oigan". También les dijo: "Fijaos en lo que oís. Con la misma medida con que midáis, Dios os medirá a vosotros, y os dará todavía más. Pues al que tiene, se le dará más; pero al que no tiene, hasta lo poco que tiene se le quitará".

Hoy se nos invita a compartir y proclamar la verdad de Dios con valentía y claridad. No debemos esconder nuestra fe, sino permitir que brille como una luz en la oscuridad, iluminando el camino para aquellos que buscan la verdad. Jesús nos insta a prestar atención y a ser diligentes porque lo que recibimos de Dios será medido y evaluado en función de cómo respondemos a ello. La idea de «con la misma medida con que midáis, Dios os medirá a vosotros» nos recuerda que nuestras acciones, actitudes y respuestas a la Palabra de Dios tienen consecuencias. Aquellos que reciben la verdad y la aplican en sus vidas serán recompensados con aún más comprensión y bendición, mientras que aquellos que la desatienden o la rechazan pueden perder incluso lo poco que tienen. *Señor, ayúdanos a ser portadores de la luz de la verdad y a recibir tu enseñanza con humildad y diligencia. Que podamos ser fieles en nuestra búsqueda de la verdad y en nuestra respuesta a la enseñanza de Jesús, para que podamos recibir su gracia y bendición en abundancia. Amén.*

Hb 10,32-39
Sal 36. *El Señor es quien salva a los justos.*
Mc 4,26-34

Jesús dijo también: "Con el reino de Dios sucede como con el hombre que siembra en la tierra: que lo mismo si duerme que si está despierto, lo mismo de noche que de día, la semilla nace y crece sin que él sepa cómo. Y es que la tierra produce por sí misma: primero brota una hierba, luego se forma la espiga y, por último, el grano que llena la espiga. Y cuando el grano ya está maduro, se siega, porque ha llegado el tiempo de la cosecha". También dijo Jesús: "¿A qué se parece el reino de Dios, o con qué podremos compararlo? Es como una semilla de mostaza que se siembra en la tierra. Es la más pequeña de todas las semillas del mundo; pero, una vez sembrada, crece y se hace mayor que cualquier otra planta del huerto, y echa ramas tan grandes que hasta los pájaros pueden anidar a su sombra" (…).

El crecimiento del reino de Dios es un proceso misterioso y maravilloso que ocurre gradualmente y a menudo de manera imperceptible para nosotros. También nosotros sembramos la Palabra de Dios en el mundo y vemos cómo produce frutos de vida y transformación en las personas y en la sociedad, aunque no comprendamos completamente cómo sucede. Esta parábola nos instruye sobre la paciencia y la confianza en Dios. A menudo, podemos sentirnos impacientes o frustrados cuando no vemos resultados inmediatos en nuestro trabajo por el Reino, pero Jesús nos anima a confiar en que Dios está obrando en silencio y que su obra se cumplirá. La Palabra de Dios puede parecer insignificante a los ojos del mundo, pero tiene un poder transformador que puede cambiar vidas y renovar la creación. *Señor, ayúdanos, que podamos ser pacientes, confiados y diligentes en nuestra labor por el reino de Dios, sabiendo que él es quien hace crecer la semilla y produce la cosecha abundante. Amén.*

Hb 11,1-2.8-19
Sal: Lc 1,69-75. *Bendito sea el Señor, Dios de Israel, porque ha visitado a su pueblo.*
Mc 4,35-41

Al anochecer de aquel mismo día, Jesús dijo a sus discípulos: "Pasemos a la otra orilla del lago". Entonces despidieron a la gente y llevaron a Jesús en la misma barca en que se encontraba. Otras barcas le acompañaban. De pronto se desató una tormenta, y el viento era tan fuerte, que las olas, cayendo sobre la barca, comenzaron a llenarla de agua. Pero Jesús se había dormido en la parte de popa, apoyado sobre una almohada. Le despertaron y le dijeron: "¡Maestro!, ¿no te importa que nos estemos hundiendo?". Jesús se levantó, dio una orden al viento y le dijo al mar: "¡Silencio! ¡Cállate!". El viento se detuvo y todo quedó completamente en calma. Después dijo Jesús a sus discípulos: "¿Por qué tanto miedo? ¿Todavía no tenéis fe?". Y ellos, muy asustados, se preguntaban unos a otros: "¿Quién es éste, que hasta el viento y el mar le obedecen?".

San Pablo, en su carta, nos lleva al corazón mismo de la fe, ofreciendo una definición profunda y vivaz. La esencia de la fe es la convicción profunda, la seguridad inquebrantable en lo que no se ve, pero se espera. Es el firme cimiento sobre el cual se erige nuestra relación con lo divino. Abraham emerge como arquetipo de la fe, como modelo inspirador de confianza y obediencia ante lo desconocido. Incluso cuando las circunstancias parecían imposibles, como esta escena del Evangelio con los discípulos en la barca. La fe es dinámica y transformadora. Nos guía en cada paso del camino y nos orienta hacia una esperanza más profunda y eterna: la ciudad celestial. Debemos abrazar la fe con valentía, a pesar de las dudas y las dificultades, confiando en que aquellos que esperan en el Señor nunca serán defraudados.

Mal 3,1-4

El Señor todopoderoso dice: "Voy a enviar mi mensajero para que me prepare el camino. El Señor, a quien estáis buscando, entrará de pronto en su templo. (…)" (…).

Sal 23. *El Señor, Dios de los ejércitos, es el Rey de la gloria.*

Hb 2,14-18

Así como los hijos de una familia son de una misma carne y sangre, así también Jesús fue de carne y sangre humanas para derrotar con su muerte al que tenía poder para matar, es decir, al diablo. (…) Y como él mismo sufrió y fue puesto a prueba, ahora puede ayudar a quienes igualmente son puestos a prueba.

Lc 2,22-40

Cuando se cumplieron los días en que ellos debían purificarse según manda la ley de Moisés, llevaron al niño a Jerusalén para presentarlo al Señor. Lo hicieron así porque en la ley del Señor está escrito: "Todo primer hijo varón será consagrado al Señor". Fueron, pues, a ofrecer en sacrificio lo que manda la ley del Señor (…). En aquel tiempo vivía en Jerusalén un hombre llamado Simeón. (…) Y cuando los padres del niño Jesús entraban para cumplir con lo dispuesto por la ley, Simeón lo tomó en brazos, y alabó a Dios diciendo: "Ahora, Señor, tu promesa está cumplida: ya puedes dejar que tu siervo muera en paz. Porque he visto la salvación que has comenzado a realizar ante los ojos de todas las naciones, la luz que alumbrará a los paganos y que será la honra de tu pueblo Israel". (…) También estaba allí una profetisa llamada Ana, (…) muy anciana (…) y comenzó a dar gracias a Dios y a hablar del niño Jesús a todos los que esperaban la liberación de Jerusalén. Cuando ya habían cumplido con todo lo que dispone la ley del Señor, regresaron a Galilea, a su pueblo de Nazaret (…).

Celebramos la fiesta también conocida como la Fiesta de la Candelaria. Hoy la Iglesia nos invita a reflexionar sobre la importancia de la luz, la obediencia a la ley de Dios y el reconocimiento de la presencia divina en nuestras vidas.

María y José llevan al Niño Jesús al templo para presentarlo al Señor y realizar los ritos de purificación según las costumbres de su tiempo, un acto que resalta la importancia de las tradiciones religiosas, y el valor de estar en comunión con Dios a través de nuestros actos cotidianos. El anciano Simeón reconoce a Jesús como la luz que ilumina a todas las naciones, que disipa las tinieblas de la ignorancia y el pecado y nos conduce hacia la verdad y la vida eterna. Ana, la profetisa anciana, nos enseña la importancia de la oración constante y la gratitud en nuestra relación con Dios. Y nos inspira a abrir nuestros corazones a la acción del Espíritu Santo y a reconocer su presencia divina en los momentos más simples de nuestra vida.

Ayúdanos, Señor, a ser portadores de la luz de Cristo en un mundo necesitado de tu amor y salvación. Amén.

3 FEBRERO

Lunes

Hb 11,32-40
Sal 30. *Sed fuertes y valientes de corazón los que esperáis en el Señor.*
Mc 5,1-20

Llegaron a (…) Gerasa. En cuanto Jesús bajó de la barca se le acercó un hombre que tenía un espíritu impuro. (…) Nadie podía sujetarlo ni siquiera con cadenas. (…) Pero cuando vio de lejos a Jesús, echó a correr y, poniéndose de rodillas delante de él, le dijo (…): "¡No te metas conmigo, Jesús, Hijo del Dios altísimo! ¡Te ruego, por Dios, que no me atormentes!". (…) Y como cerca de allí (…) se hallaba paciendo una gran piara de cerdos, los espíritus le rogaron: "Mándanos a los cerdos y déjanos entrar en ellos". Jesús les dio permiso, y los espíritus impuros salieron del hombre y entraron en los cerdos. Éstos (…) echaron a correr (…) hasta el lago, y se ahogaron. Los que cuidaban de los cerdos salieron huyendo, y contaron en el pueblo y por los campos lo sucedido. (…) La gente estaba asustada, (…) comenzaron a rogar a Jesús que se fuera (…). Al volver Jesús a la barca, el hombre que había estado endemoniado le rogó que le dejara ir con él. Pero Jesús (…) le dijo: "Vete a tu casa, con tus parientes, y cuéntales todo lo que te ha hecho el Señor y cómo ha tenido compasión de ti" (…).

El evangelio nos presenta el encuentro transformador entre Jesús y un hombre, poseído por un espíritu impuro, que vive, atormentado y marginado, fuera de la sociedad, en un estado de constante sufrimiento y desesperación. El poseído es atraído hacia Jesús y, a pesar de la resistencia del espíritu impuro se arrodilla y reconoce su poder y autoridad como Hijo del Dios altísimo. Es un momento de confrontación entre la luz y la oscuridad, entre el poder sanador de Jesús y el dominio del mal; y una poderosa demostración del amor y la compasión de Jesús, que no rechaza al hombre poseído, sino que lo libera y restaura su salud y dignidad. Esto nos invita a reflexionar sobre la realidad del mal en el mundo y la presencia sanadora de Jesús en nuestras vidas. Vayamos a Jesús con humildad y confianza, sabiendo que Él es nuestro libertador.

TIEMPO ORDINARIO 4ª SEMANA (f)

Hb 12,1-4
Sal 21. *Te alabarán, Señor, los que te buscan.*
Mc 5,21-43

Cuando Jesús regresó en la barca al otro lado del lago, se le reunió mucha gente, y él se quedó en la orilla. (…) Entre la multitud había una mujer que desde hacía doce años estaba enferma, con hemorragias. Había sufrido mucho a manos de muchos médicos, y había gastado cuanto tenía sin que le hubiera servido de nada. Al contrario, iba de mal en peor. Esta mujer, al saber lo que se decía de Jesús, se le acercó por detrás, entre la gente, y le tocó la capa. Porque pensaba: "Tan sólo con que toque su capa, quedaré sana". Al momento se detuvo su hemorragia, y sintió en el cuerpo que ya estaba sanada de su enfermedad. Jesús, dándose cuenta de que había salido de él poder para sanar, se volvió a mirar a la gente y preguntó: "¿Quién me ha tocado?". Sus discípulos le dijeron: "Ves que la gente te oprime por todas partes y preguntas: '¿Quién me ha tocado?'". Pero Jesús seguía mirando a su alrededor para ver quién le había tocado. Entonces la mujer, temblando de miedo y sabiendo lo que le había sucedido, fue y se arrodilló delante de él, y le contó toda la verdad. Jesús le dijo: "Hija, por tu fe has sido sanada. Vete tranquila y libre ya de tu enfermedad" (…).

San Pablo nos ofrece una poderosa exhortación a perseverar en la fe, manteniendo nuestra mirada fija en Jesús como nuestro ejemplo y fuente de fortaleza. La vida cristiana es realmente un viaje, una jornada llena de desafíos y obstáculos. En este trayecto, nos rodean numerosos testigos de fe que nos animan y nos inspiran a seguir adelante. Son aquellos que, a lo largo de la historia y en nuestras vidas personales, han demostrado con su testimonio el poder de la fe en Dios. La mujer enferma del evangelio es una muestra clara de esto. Despójate de todo lo que te estorba y del pecado que te enreda, reconociendo que estas cargas te impiden avanzar con libertad y plenitud en tu relación con Dios. Aunque el camino pueda ser difícil y exigente, puedes confiar en que Dios te sostendrá y te fortalecerá.

Hb 12,4-7.11-15
Sal 102. *La misericordia del Señor dura siempre para los que cumplen sus mandatos.*
Mc 6,1-6

Jesús se fue de allí a su propia tierra, y sus discípulos le acompañaron. Cuando llegó el sábado comenzó a enseñar en la sinagoga. La multitud, al oír a Jesús, se preguntaba admirada: "¿Dónde ha aprendido este tantas cosas? ¿De dónde ha sacado esa sabiduría y los milagros que hace? ¿No es éste el carpintero, el hijo de María y hermano de Santiago, José, Judas y Simón? ¿Y no viven sus hermanas también aquí, entre nosotros?". Y no quisieron hacerle caso. Por eso, Jesús les dijo: "En todas partes se honra a un profeta, menos en su propia tierra, entre sus parientes y en su propia casa". No pudo hacer allí ningún milagro, aparte de sanar a unos pocos enfermos poniendo las manos sobre ellos. Y estaba asombrado porque aquella gente no creía en él.

Cuando Jesús regresa a su propia tierra, se enfrenta a la incredulidad y el rechazo de quienes lo conocen desde su infancia. Sus paisanos, aunque reconocen su sabiduría y los milagros que realiza, no pueden reconciliar la imagen del Jesús que conocen, el carpintero local, con la grandeza de su enseñanza y poder divino. Esta incredulidad les impide abrir sus corazones y recibir la verdad que Jesús les ofrece. Este pasaje nos invita a reflexionar sobre nuestras propias actitudes hacia Jesús. ¿Estamos dispuestos a ver más allá de las limitaciones humanas y reconocer la divinidad en Él? ¿O nos dejamos llevar por la familiaridad y el prejuicio, impidiendo que la verdad de Cristo transforme nuestras vidas?

Jueves

Sᴀɴᴛᴏѕ Pᴀʙʟᴏ Mɪᴋɪ ʏ ᴄᴏᴍᴘ. (MO)

Hb 12,18-19.21-24
Sal 47. *Oh Dios, meditamos tu misericordia en medio de tu templo.*
Mc 6,7-13

Jesús recorría las aldeas cercanas, enseñando. Llamó a los doce discípulos y comenzó a enviarlos de dos en dos, dándoles autoridad sobre los espíritus impuros. Les ordenó que, aparte de un bastón, no llevaran nada para el camino: ni pan ni provisiones ni dinero. Podían calzar sandalias, pero no llevar ropa de repuesto. Les dijo: "Cuando entréis en una casa, quedaos en ella hasta que os marchéis del lugar. Y si en algún lugar no os reciben ni quieren escucharos, salid de allí y sacudíos el polvo de los pies para que les sirva de advertencia". Entonces salieron los discípulos a decir a la gente que se volviera a Dios. También expulsaron muchos demonios y sanaron a muchos enfermos ungiéndolos con aceite.

En el monte Sinaí, el pueblo de Israel se acercó a un Dios temible cuya presencia estaba acompañada de fuego, oscuridad, tinieblas y tempestad. Sin embargo, ahora, como creyentes en Cristo, nuestra experiencia es radicalmente diferente. En lugar de temor y terror, nos acercamos a Dios con confianza y reverencia, sabiendo que somos bienvenidos en su presencia por la obra redentora de Jesucristo. Somos parte de una comunidad celestial, estamos rodeados de amor y protección divina. Debemos pues vivir en gratitud y adoración, enviados a todas las naciones sin pan ni provisiones ni dinero, reconociendo el privilegio y la responsabilidad que tenemos como hijos de Dios en el nuevo pacto. ¡Gracias, Señor, por este inconmensurable privilegio!

Hb 13,1-8
Sal 26. *El Señor es mi luz y mi salvación.*
Mc 6,14-29

El rey Herodes oyó hablar de Jesús, porque su fama había corrido por todas partes, y algunos decían: (...) "Es el profeta Elías". (...) Pero Herodes decía (...): "Ése es Juan. Yo mandé cortarle la cabeza, pero ha resucitado". Es que Herodes, por causa de Herodías, había mandado apresar a Juan (...). Herodías era esposa de Felipe, hermano de Herodes (...). Y Juan le había dicho a Herodes: "No puedes tener por tuya a la mujer de tu hermano". Herodías odiaba a Juan y quería matarlo; pero no podía, porque Herodes le temía y le protegía sabiendo que era un hombre justo y santo (...). Pero Herodías vio llegar su oportunidad cuando Herodes, en su cumpleaños, dio un banquete a sus jefes y comandantes y a las personas importantes de Galilea. La hija de Herodías (...) bailó, y tanto gustó el baile a Herodes (...) que el rey dijo a la muchacha: "Pídeme lo que quieras y yo te lo daré". (...) Ella salió y preguntó a su madre: "¿Qué puedo pedir?". Le contestó: "Pide la cabeza de Juan el Bautista". (...) El rey se disgustó mucho, pero como había hecho un juramento en presencia de sus invitados, no quiso negarle lo que pedía. Así que envió en seguida a un soldado con la orden de traerle la cabeza de Juan (...).

El de hoy es un relato sombrío, marcado por la violencia y el pecado humano, que nos invita a reflexionar sobre el precio que a veces se paga por la verdad y la justicia en un mundo marcado por el pecado. Nos desafía a seguir el ejemplo de Juan el Bautista, manteniéndonos firmes en nuestra fe y convicciones, incluso cuando enfrentamos la oposición y la persecución. Y nos recuerda que, aunque la oscuridad pueda parecer abrumadora, la luz de la justicia de Dios siempre prevalecerá. Jesucristo es el mismo ayer, hoy y siempre. Encontramos consuelo y seguridad en su constancia y fidelidad.

Hb 13,15-17.20-21
Sal 22. *El Señor es mi pastor, nada me falta.*
Mc 6,30-34

Después de esto, los apóstoles se reunieron con Jesús y le contaron todo lo que habían hecho y enseñado. Jesús les dijo: "Venid, vosotros solos, a descansar un poco a un lugar apartado". Porque iba y venía tanta gente que ellos ni siquiera tenían tiempo para comer. Así que Jesús y sus apóstoles se fueron en una barca a un lugar apartado. Pero muchos los vieron ir y los reconocieron; entonces, de todos los pueblos, corrieron allá y se les adelantaron. Al bajar Jesús de la barca vio la multitud, y sintió compasión de ellos porque estaban como ovejas que no tienen pastor; y comenzó a enseñarles muchas cosas.

Jesús reconoce la necesidad de descanso y retiro tanto para él como para sus discípulos, y los invita a ir a un lugar apartado para encontrar reposo. Sin embargo, la multitud llegada desde todos los pueblos quiere encontrarse con Jesús. El Señor siente compasión por ellos y no los rechaza ni se siente molesto por la interrupción de su descanso. A menudo, nuestras propias responsabilidades y preocupaciones pueden agobiarnos, y es bueno buscar momentos de descanso y retiro en nuestras vidas para renovar nuestras fuerzas y revitalizar nuestro espíritu. Pero nuestra misión como seguidores de Jesús nunca termina. Siempre hay personas que necesitan nuestra ayuda y compasión, y debemos estar dispuestos a responder, incluso cuando esto signifique sacrificar nuestro propio tiempo y comodidad. *Ayúdanos, Señor, a vivir con un corazón compasivo, dispuestos a servir a los demás y a compartir el amor de Cristo en todas las circunstancias de la vida. Amén.*

Is 6,1-2a.3-8

(…) Me dijo: "Mira, esta brasa ha tocado tus labios. Tu maldad te ha sido quitada, tus culpas te han sido perdonadas". Entonces oí la voz del Señor, que decía: "¿A quién voy a enviar? ¿Quién será nuestro mensajero?". Yo respondí: "Aquí estoy, envíame a mí".

Sal 137. *Delante de los ángeles tañeré para ti, Señor.*

1Co 15,1-11

(…) Soy lo que soy porque Dios fue bueno conmigo y su bondad no ha resultado en vano. Al contrario, he trabajado más que todos ellos; aunque no he sido yo, sino Dios, que en su bondad me ha ayudado (…).

Lc 5,1-11

En una ocasión se encontraba Jesús a orillas del lago de Genesaret, y se sentía apretujado por la multitud que quería oír el mensaje de Dios. Vio Jesús dos barcas en la playa. Estaban vacías, porque los pescadores habían bajado de ellas a lavar sus redes. Jesús subió a una de las barcas, que era de Simón, y le pidió que la alejara un poco de la orilla. Luego se sentó en la barca y comenzó a enseñar a la gente. Cuando terminó de hablar dijo a Simón: "Lleva la barca lago adentro, y echad allí vuestras redes, para pescar". Simón le contestó: "Maestro, hemos estado trabajando toda la noche sin pescar nada; pero, puesto que tú lo mandas, echaré las redes". Cuando lo hicieron, recogieron tal cantidad de peces que las redes se rompían. Entonces hicieron señas a sus compañeros de la otra barca, para que fueran a ayudarlos. Ellos fueron, y llenaron tanto las dos barcas que les faltaba poco para hundirse. Al ver esto, Simón Pedro se puso de rodillas delante de Jesús y le dijo: "¡Apártate de mí, Señor, porque soy un pecador!". Porque Simón y todos los demás estaban asustados por aquella gran pesca que habían hecho. También lo estaban Santiago y Juan, hijos de Zebedeo, que eran compañeros de Simón. Pero Jesús dijo a Simón: "No tengas miedo. Desde ahora vas a pescar hombres". Entonces llevaron las barcas a tierra, lo dejaron todo y se fueron con Jesús.

Este milagro revela la autoridad divina de Jesús sobre la naturaleza y su capacidad para proveer en abundancia. Pero más aún, este evento marca un punto de inflexión en la vida de Pedro. La abrumadora abundancia de peces le lleva a reconocer su propia debilidad y la grandeza de Jesús. La respuesta de Jesús es maravillosa: no rechaza a Simón Pedro por su pecado, sino que lo llama a seguirlo en una nueva vocación: «Desde ahora vas a pescar hombres».

Este relato nos desafía a reflexionar sobre nuestra propia respuesta. ¿Estamos dispuestos a confiar en Jesús, en su palabra? ¿Y a seguirlo, incluso cuando hay dificultades? ¿Reconocemos su señorío sobre nuestras vidas? Para seguirlo hay que reconocer primero nuestra propia necesidad de redención y perdón.

Que, al igual que le ocurrió a Simón Pedro, esta pesca milagrosa nos ayude a confiar en la autoridad divina, Jesús, Señor nuestro, y a seguirte con valentía y humildad. Amén.

Gn 1,1-19
Sal 103. *Goce el Señor con sus obras.*
Mc 6,53-56

Atravesaron el lago y llegaron a la tierra de Genesaret, donde amarraron la barca a la orilla. Tan pronto como bajaron de la barca, la gente reconoció a Jesús. Recorrieron toda aquella región, y comenzaron a llevar enfermos en camillas a donde sabían que estaba Jesús. Y dondequiera que él entraba, ya fueran aldeas, pueblos o campos, ponían a los enfermos en las plazas y le rogaban que les dejara tocar siquiera el borde de su capa. Y todos los que la tocaban quedaban sanados.

El relato de la creación nos lleva de vuelta al principio mismo de toda existencia. Nos sumerge en el misterio y la majestad del acto creador de Dios, que da origen al universo entero. En el silencio primordial, Dios pronuncia la palabra que da vida y ordena la creación. Cada parte del universo proclama la grandeza de su Creador, desde la luz que ilumina la oscuridad hasta el aire que llena los cielos. Este relato nos invita a reflexionar sobre nuestra propia posición en el orden creado. Somos parte de esta magnífica obra de Dios, con un propósito divino. Debemos cuidar y preservar este mundo que Dios nos ha dado como hogar y en el que hay tantos hermanos y hermanas que necesitan «tocar siquiera el borde de su capa». Que seamos capaces de acercarles al Señor con nuestra vida.

Gn 1,20–2,4a
Sal 8. *Señor, dueño nuestro,
¡qué admirable es tu nombre
en toda la tierra!*
Mc 7,1-13

Se acercaron los fariseos a Jesús, junto con unos maestros de la ley que habían llegado de Jerusalén. Y al ver que algunos discípulos de Jesús comían con las manos impuras, es decir, sin haber cumplido con el rito de lavárselas, los criticaron. (...) Por eso, los fariseos y los maestros de la ley preguntaron a Jesús: "¿Por qué tus discípulos no siguen la tradición de nuestros antepasados? ¿Por qué comen con las manos impuras?". Jesús les contestó: "Bien habló el profeta Isaías de lo hipócritas que sois (...). Porque vosotros os apartáis del mandato de Dios para seguir las tradiciones de los hombres. (...) Vosotros, para mantener vuestras propias tradiciones, pasáis por alto el mandato de Dios. Pues Moisés dijo: 'Honra a tu padre y a tu madre' (...). Pero vosotros afirmáis que un hombre puede decirle a su padre o a su madre: 'No puedo socorrerte, porque todo lo que tengo es corbán' (es decir, 'ofrecido a Dios') (...). De esa manera invalidáis el mandato de Dios con tradiciones que os trasmitís unos a otros (...)".

Los fariseos y maestros de la ley observan con atención a Jesús. Y surge un conflicto sobre la observancia de las tradiciones ceremoniales. ¿Por qué esta observancia ritual les importaba tanto? Jesús va más allá de las tradiciones externas y señala la importancia del corazón humano. Lo que contamina a la persona no es lo que entra en ella desde fuera, sino lo que sale de su corazón: los malos pensamientos, las acciones dañinas y las actitudes malvadas y egoístas. Pregúntate: ¿Qué actitudes y pensamientos albergo en mi corazón? ¿Hay algún resentimiento, envidia, oscuridad o juicio? Deja que la luz del amor divino penetre en cada rincón de tu ser, purificando y renovando tu corazón. La verdadera pureza proviene de ahí y se refleja en nuestras acciones y actitudes hacia los demás. *Señor, ayúdame para que mis prácticas religiosas estén siempre enraizadas en el amor y la compasión. Guíame hacia una vida de autenticidad y plenitud en la presencia divina. Amén.*

Gn 2,4b-9.15-17
Sal 103. *Bendice, alma mía, al Señor.*
Mc 7,14-23

En aquel tiempo Jesús (…) dijo: "Escuchadme todos y entended: Nada de lo que entra de fuera puede hacer impuro al hombre. Lo que sale del corazón del hombre es lo que le hace impuro". Cuando (…) sus discípulos le preguntaron sobre esta enseñanza (…) les dijo: "¿Así que vosotros tampoco lo entendéis? ¿No comprendéis que ninguna cosa que entra de fuera puede hacer impuro al hombre? Porque no entra en el corazón, sino en el vientre, y después sale del cuerpo. (…) Lo que sale del hombre, eso sí le hace impuro. Porque de dentro, del corazón del hombre, salen los malos pensamientos, la inmoralidad sexual, los robos, los asesinatos, los adulterios, la codicia, las maldades, el engaño, los vicios, la envidia, los chismes, el orgullo y la falta de juicio. Todas estas cosas malas salen de dentro y hacen impuro al hombre".

Cierra tus ojos, sosiégate, e imagina el principio de todas las cosas. Visualiza cómo, con amor y cuidado, el Padre Eterno te forma a ti con sus manos divinas, moldeando cada detalle de tu ser, y el aliento de vida sopla en ti. Contempla el jardín que Dios planta para ti; un oasis de belleza y abundancia en medio de la creación. Imagínate colocado por Dios en este jardín como su cuidador y guardián. Dios te confía esa responsabilidad y te otorga el libre albedrío para decidir tu destino. El mundo creado por Dios es bueno. Por ello, «ninguna cosa que entra de fuera puede hacer impuro al hombre». Pregúntate: ¿Cuáles son los «árboles» en mi vida que representan la elección entre el bien y el mal? Permite que la voz suave y amorosa de Dios te guíe hacia la comprensión más profunda de tu propósito en este mundo.

Gn 2,18-25
Sal 127. *Dichosos los que temen al Señor.*
Mc 7,24-30

De allí pasó Jesús a la región de Tiro. Entró en una casa sin querer que se supiera, pero no pudo ocultarlo. Pronto supo de él la madre de una muchacha que tenía un espíritu impuro; y fue y se arrodilló a los pies de Jesús. Era una mujer extranjera, de nacionalidad sirofenicia. Fue, pues, y rogó a Jesús que expulsara de su hija al demonio; pero Jesús le dijo: "Deja que los hijos coman primero, porque no está bien quitar el pan a los hijos y dárselo a los perros". "Sí, Señor -respondió ella-, pero hasta los perros comen debajo de la mesa las migajas que dejan caer los hijos". Jesús le dijo: "Bien has hablado. Puedes irte: el demonio ya ha salido de tu hija". Cuando la mujer llegó a su casa encontró a la niña en la cama; el demonio ya había salido de ella.

Permite que la paz del silencio te envuelva. Imagina a Jesús caminando, buscando un momento de descanso y soledad. Visualiza a una mujer acercándose a Jesús con humildad y fe. Su corazón está lleno de confianza en el poder sanador del Maestro. Contempla el diálogo entre ambos. Jesús, en un primer momento, parece rechazar su petición. Sin embargo, la mujer no se desanima ante esta negativa. Reflexiona sobre la lección de fe y persistencia que ella nos ofrece. A pesar de los obstáculos y aparentes rechazos, persiste, confiando en la compasión y el poder de Jesús para sanar a su hija. Pregúntate: ¿Cuáles son las situaciones en mi vida donde necesito hallar esa misma fe y persistencia? ¿Cómo puedo mantener viva la esperanza y la confianza en Dios, incluso cuando parecen insuperables mis problemas? Reconoce que, incluso en medio de nuestras pruebas más difíciles, Dios está presente, dispuesto a escucharte y a darte el consuelo y la sanación que tanto necesitas.

14 FEBRERO

Viernes

Hch 13,46-49
Sal 116. *Id al mundo entero y proclamad el Evangelio.*
Lc 10,1-9

Después de esto escogió también el Señor a otros setenta y dos, y los mandó delante de él, de dos en dos, a todos los pueblos y lugares a donde tenía que ir. Les dijo: "Ciertamente la mies es mucha, pero los obreros son pocos. Por eso, pedidle al Dueño de la mies que mande obreros a recogerla. Andad y ved que os envío como a corderos en medio de lobos. No llevéis bolsa ni monedero ni sandalias, y no os detengáis a saludar a nadie en el camino. Cuando entréis en una casa, saludad primero diciendo: 'Paz a esta casa'. Si en ella hay gente de paz, vuestro deseo de paz se cumplirá; si no, no se cumplirá. Y quedaos en la misma casa comiendo y bebiendo lo que tengan, pues el obrero tiene derecho a su salario. No andéis de casa en casa. Al llegar a un pueblo donde os reciban bien, comed lo que os ofrezcan; y sanad a los enfermos del lugar y decidles: 'El reino de Dios ya está cerca de vosotros'".

Dios envía a sus discípulos como obreros de la mies, llamándolos a ser portadores de su paz y sanación. A través de esta misión, se nos recuerda la importancia de la sencillez, la confianza en la providencia divina y la urgencia de anunciar el Reino de Dios. Así como Cirilo y Metodio llevaron el Evangelio a nuevas tierras, también nosotros estamos llamados a llevar la buena noticia a los lugares más necesitados. *Señor, hazme un instrumento de tu paz y amor. Enséñame a confiar en tu providencia y a ser valiente en mi misión de anunciar tu Reino. Que, como Cirilo y Metodio, sea un portador fiel de tu palabra, llevando la esperanza y tu sanación a todos los rincones del mundo. Amén.*

Sábado

15

TIEMPO ORDINARIO 5ª SEMANA (f)

Gn 3,9-24
Sal 89. *Señor, tú has sido nuestro refugio de generación en generación.*
Mc 8,1-10

Un día en que de nuevo se había juntado mucha gente y no tenían nada que comer, Jesús llamó a sus discípulos y les dijo: "Siento compasión de esta gente, porque ya hace tres días que están aquí conmigo y no tienen nada que comer (...)". Sus discípulos le contestaron: "¿Pero cómo se les puede dar de comer en un lugar como este, donde no vive nadie?". Jesús les preguntó: "¿Cuántos panes tenéis?". "Siete" -dijeron ellos. Mandó entonces que la gente se sentara en el suelo, tomó en sus manos los siete panes y, habiendo dado gracias a Dios, los partió, los dio a sus discípulos y ellos los repartieron entre la gente. Tenían también unos cuantos peces; Jesús dio gracias a Dios por ellos, y también mandó repartirlos. Todos comieron hasta quedar satisfechos, y llenaron todavía siete canastas con los trozos sobrantes. Los que comieron eran cerca de cuatro mil (...).

Visualiza la escena: una multitud se ha reunido para escuchar a Jesús, pero el tiempo pasa y el hambre se deja sentir entre ellos. Jesús, lleno de compasión por la necesidad de la gente, se dirige a sus discípulos con un deseo sincero de ayudar. Contempla el milagro que ocurre ante tus ojos: los siete panes y los peces se multiplican de manera asombrosa, y todos los presentes pueden comer hasta saciarse. No solo eso, sino que llenan siete canastas con los trozos que sobran. Reflexiona. A menudo, en nuestras vidas, nos enfrentamos a situaciones en las que nos sentimos limitados por nuestros recursos o habilidades. Cuando confiamos verdaderamente en Dios, y ponemos lo poco que tenemos en sus manos, Él puede hacer grandes cosas. Pregúntate: ¿Qué recursos tengo a mi disposición, por modestos que sean? ¿Cómo puedo ponerlos al servicio de los demás, confiando en la provisión divina para multiplicarlos? Confía en el poder total de Dios y déjate llevar para ser un canal de su amor y provisión en el mundo.

Jr 17,5-8

El Señor dice: " (…) bendito el hombre que confía en mí, que pone en mí su esperanza. Será como un árbol plantado a la orilla de un río (…). En tiempo de sequía no se inquieta, y nunca deja de dar fruto".

Sal 1. *Dichoso el hombre que ha puesto su confianza en el Señor.*

1Co 15,12.16-20

(…) Si Cristo no resucitó, vuestra fe no sirve de nada: todavía seguís en vuestros pecados. En este caso también están perdidos los que murieron creyendo en Cristo. (…) Pero lo cierto es que Cristo ha resucitado. Él es el primer fruto de la cosecha: ha sido el primero en resucitar.

Lc 6,17.20-26

Jesús bajó del cerro con ellos, y se detuvo en un llano. Se habían reunido allí muchos de sus seguidores y mucha gente de toda la región de Judea, y de Jerusalén y de la costa de Tiro y Sidón. Habían venido para oír a Jesús y para que los curase de sus enfermedades. Jesús miró a sus discípulos y les dijo: "Dichosos vosotros los pobres, porque el reino de Dios os pertenece. Dichosos los que ahora tenéis hambre, porque quedaréis satisfechos. Dichosos los que ahora lloráis, porque después reiréis. Dichosos vosotros cuando la gente os odie, cuando os expulsen, cuando os insulten y cuando desprecien vuestro nombre como cosa mala, por causa del Hijo del hombre. Alegraos mucho, llenaos de gozo en aquel día, porque recibiréis un gran premio en el cielo; pues también maltrataron así sus antepasados a los profetas. Pero ¡ay de vosotros los ricos, porque ya habéis tenido vuestra alegría!

¡Ay de vosotros los que ahora estáis satisfechos, porque tendréis hambre! ¡Ay de vosotros los que ahora reís, porque vais a llorar de tristeza! ¡Ay de vosotros cuando todos os alaben, porque así hacían los antepasados de esta gente con los falsos profetas!".

Cierra tus ojos y permite que penetre luz en tu corazón. Imagina a Pablo, enfrentándose a la incredulidad y la duda. Algunos creyentes cuestionan la posibilidad de la resurrección de los muertos, y con ello, también la resurrección de Cristo. Piensa con amor en el profundo significado de la resurrección de Cristo. Si él no resucitó de entre los muertos, nuestra fe carece de fundamento. Pregúntate: ¿Qué significa para mí la resurrección de Cristo? ¿Cómo afecta a vida diaria y a mi relación con Dios y con los demás?

Llénate ahora de dicha. La certeza de la resurrección de Cristo es la que permite que los pobres posean el Reino, que los hambrientos queden satisfechos, que los que lloran puedan reír con alegría…

Señor, que esta verdad me inspire a vivir con confianza, sabiendo que mi esperanza trasciende esta vida terrenal y se encuentra en la vida eterna contigo. Amén.

17 FEBRERO

Lunes

TIEMPO ORDINARIO 6ª SEMANA (f)

Gn 4,1-15.25
Sal 49. *Ofrece a Dios un sacrificio de alabanza.*
Mc 8,11-13

Llegaron los fariseos y comenzaron a discutir con Jesús. Para tenderle una trampa, le pidieron alguna señal milagrosa que probara que él venía de parte de Dios. Jesús suspiró profundamente y dijo: "¿Por qué pide esta gente una señal milagrosa? Os aseguro que no se les dará ninguna señal". Entonces los dejó, y volviendo a entrar en la barca se fue a la otra orilla del lago.

Visualiza a Jesús rodeado por los fariseos, que buscan tenderle una trampa, desafiándolo a demostrar su conexión con Dios de una manera que satisfaga su curiosidad y su inquina. Jesús, en lugar de ceder a las expectativas humanas, suspira profundamente, revelando la carga de compasión por aquellos que aún no comprenden su verdadera naturaleza y misión. A menudo, en nuestra búsqueda de comprensión espiritual, buscamos confirmaciones tangibles que validen nuestra fe. Jesús nos recuerda que la verdadera fe no se basa en señales milagrosas, sino en una relación profunda y personal con Dios. Pregúntate: ¿Qué signos estoy buscando en mi propia vida espiritual para confirmar mi fe? ¿Estoy dispuesto a confiar en la guía interior del Espíritu Santo? Aleja de ti esa necesidad de pruebas externas, y abre tu corazón a la presencia amorosa de Dios. La fe verdadera se alimenta de una confianza inquebrantable en el amor y la fidelidad de Dios.

Martes

TIEMPO ORDINARIO 6ª SEMANA (f)

Gn 6,5-8; 7,1-5.10
Sal 28. *El Señor bendice a su pueblo con la Paz.*
Mc 8,14-21

Se habían olvidado de llevar algo de comer y solamente tenían un pan en la barca. Jesús les advirtió: "Mirad, guardaos de la levadura de los fariseos y de la levadura de Herodes". Los discípulos comentaban entre sí que no tenían pan. Jesús se dio cuenta de ello y les dijo: "¿Por qué comentáis que no tenéis pan? ¿Todavía no comprendéis ni entendéis nada? ¿Tan embotada tenéis la mente? ¿Tenéis ojos y no veis, y oídos y no oís? ¿Ya no recordáis, cuando repartí los cinco panes entre cinco mil hombres, cuántas canastas llenas de trozos recogisteis?". Ellos contestaron: "Doce". ¿Y cuando repartí los siete panes entre cuatro mil, ¿cuántos cestos llenos recogisteis?". Contestaron: "Siete". Entonces les dijo: "¿Todavía no entendéis?".

Dios, al ver la maldad en el mundo, decide empezar de nuevo con Noé, quien encuentra favor ante sus ojos, por su justicia y su verdad. Esta historia de juicio y salvación nos recuerda la importancia de vivir conforme a la voluntad de Dios, incluso en tiempos de corrupción y maldad. La obediencia de Noé se convierte en una oportunidad de redención para toda la humanidad. *Señor, ayúdame a vivir de acuerdo con tu voluntad, incluso cuando el mal parece prevalecer. Dame la fortaleza para obedecerte en todo momento y la fe para confiar en tus planes. Que mi vida sea un reflejo de tu justicia y amor, siendo un testimonio vivo de tu gracia redentora. Amén.*

Gn 8,6-13.20-22
Sal 115. *Te ofreceré, Señor, un sacrificio de alabanza.*
Mc 8,22-26

Llegaron a Betsaida, y llevaron un ciego a Jesús y le rogaron que lo tocara. Jesús tomó de la mano al ciego y lo sacó fuera del pueblo. Le mojó los ojos con saliva, puso las manos sobre él y le preguntó si veía algo. El ciego comenzó a ver y dijo: "Veo gente. Me parecen árboles que andan". Jesús le puso otra vez las manos sobre los ojos, y el hombre miró con atención y quedó sanado: ya todo lo veía claramente. Entonces lo mandó a su casa y le dijo: "No vuelvas al pueblo".

Un hombre ciego es llevado ante Jesús con un deseo simple pero profundo: anhelan que Jesús lo toque y lo cure de su ceguera. Imagina la ternura de Jesús al tomar la mano del ciego. Contempla la transformación gradual. Al principio, sus ojos captan solo sombras y figuras borrosas, como árboles que caminan. Pero Jesús no se da por vencido. Con compasión infinita, vuelve a poner sus manos sobre los ojos del ciego, y esta vez, la sanación es completa. Reflexiona. ¿Qué significado puede aportar esta curación en tu propia vida? ¿Qué áreas de tu ser necesitan ser tocadas por la mano sanadora de Jesús? Permítete sentir su presencia amorosa junto a ti. Todos nosotros necesitamos ser sanados y restaurados en algún aspecto de nuestra vida. ¡No dejes de estar abierto a la obra maravillosa que Él quiere realizar en ti!

Jueves

TIEMPO ORDINARIO 6ª SEMANA (f)

Gn 9,1-13
Sal 101. *El Señor, desde el cielo, se ha fijado en la tierra.*
Mc 8,27-33

Después de esto, Jesús y sus discípulos se dirigieron a las aldeas de la región de Cesarea de Filipo. En el camino preguntó a sus discípulos: "¿Quién dice la gente que soy yo?". Ellos contestaron: "Unos dicen que eres Juan el Bautista; otros, que eres Elías, y otros, que eres uno de los profetas". "Y vosotros, ¿quién decís que soy?". -les preguntó. Pedro le respondió: "Tú eres el Mesías". Pero Jesús les ordenó que no hablaran de él a nadie. Comenzó Jesús a enseñarles que el Hijo del hombre tenía que sufrir mucho, y que sería rechazado por los ancianos, por los jefes de los sacerdotes y por los maestros de la ley. Les dijo que lo iban a matar, pero que resucitaría a los tres días. Esto se lo advirtió claramente. Entonces Pedro lo llevó aparte y comenzó a reprenderle. Pero Jesús se volvió, miró a los discípulos y reprendió a Pedro diciéndole: "¡Apártate de mí, Satanás! Tú no ves las cosas como las ve Dios, sino como las ven los hombres".

Imagina que Jesús te dirige la pregunta directamente: «Y tú, ¿quién dices que soy yo?». Proclama con fuerza en tu interior: «Tú eres el Mesías». Es un momento de claridad y revelación, donde la verdadera identidad de Jesús es reconocida y proclamada por ti. ¿Cómo resuena esta enseñanza en tu vida? ¿Estás dispuesto a seguir a un Mesías que camina hacia la cruz, que enfrenta el sufrimiento y la muerte para traer redención y vida eterna? *Que tu mirada, Jesús, nos guíe a ver las cosas como las ve Dios, con fe y confianza en su plan perfecto de redención. Que estemos dispuestos a seguirte, incluso cuando el camino sea empinado y oscuro, sabiendo que eres nuestro Salvador y Señor. Amén.*

Gn 11,1-9
Sal 32. *Dichoso el pueblo que el Señor se escogió como heredad.*
Mc 8,34–9,1

En aquel tiempo llamó Jesús a sus discípulos y a la gente, y dijo: "El que quiera ser mi discípulo, olvídese de sí mismo, cargue con su cruz y sígame. Porque el que quiera salvar su vida, la perderá; pero el que pierda la vida por causa mía y del evangelio, la salvará. ¿De qué le sirve al hombre ganar el mundo entero, si pierde la vida? O también, ¿cuánto podrá pagar el hombre por su vida? Pues si alguno se avergüenza de mí y de mi mensaje delante de esta gente infiel y pecadora, también el Hijo del hombre se avergonzará de él cuando venga con la gloria de su Padre y con sus santos ángeles". También les decía Jesús: "Os aseguro que algunos de los que están aquí no morirán sin haber visto el reino de Dios llegar con poder".

¿Qué representa olvidarse de uno mismo y cargar con la cruz? Puede que te enfrentes a desafíos, momentos en los que debes renunciar a tus propios deseos y comodidades para seguir a Jesús. Reconoce esos momentos y acepta el camino de la cruz. Encontrarás una mayor plenitud y un propósito. Permite que estas palabras penetren en tu corazón: «Porque el que quiera salvar su vida, la perderá; pero el que pierda la vida por causa mía y del evangelio, la salvará». ¿Qué partes de ti necesitas dejar ir para abrazar plenamente el mensaje de Jesús? Señor, ayúdame para que encuentres la verdadera vida en ti y prepárame para contemplar tu maravilloso Reino. Amén.

1Pe 5,1-4
Sal 22. *El Señor es mi pastor, nada me falta.*
Mt 16,13-19

Cuando Jesús llegó a la región de Cesarea de Filipo preguntó a sus discípulos: "¿Quién dice la gente que es el Hijo del hombre?". Ellos contestaron: "Unos dicen que Juan el Bautista; otros, que Elías, y otros, que Jeremías o algún profeta". "Y vosotros, ¿quién decís que soy?". -les preguntó. Simón Pedro le respondió: "Tú eres el Mesías, el Hijo del Dios viviente". Entonces Jesús le dijo: "Dichoso tú, Simón, hijo de Jonás, porque ningún hombre te ha revelado esto, sino mi Padre que está en el cielo. Y yo te digo que tú eres Pedro, y sobre esta piedra voy a edificar mi Iglesia; y el poder de la muerte no la vencerá. Te daré las llaves del reino de los cielos: lo que ates en este mundo, también quedará atado en el cielo; y lo que desates en este mundo, también quedará desatado en el cielo".

Permite que esta pregunta resuene en lo más profundo de tu ser. ¿Quién es Jesús para ti en este momento? ¿Cómo lo percibes en tu vida diaria? Escucha la respuesta de Pedro: «Tú eres el Mesías, el Hijo del Dios vivo». Siente dentro de ti la fuerza y la verdad de estas palabras. Y ahora, reconoce el regalo de la revelación divina en tu propia vida y manifiesta gratitud por esta revelación personal. *Señor Jesús, fortaléceme por esta revelación divina en mi vida y ayúdame a comprometerme con la obra de construir tu Iglesia. Hazme confiar en el poder y la autoridad que me otorgas como parte de tu cuerpo. Amén.*

1Sa 26,2.7-9.12-13.22-23

(…) David tomó la lanza y la jarra del agua que estaban a la cabecera de Saúl, y se fueron. (…) David gritó: "Aquí está la lanza de Su Majestad. Que venga uno de los criados a recogerla, y que el Señor recompense a cada cual según su lealtad y sinceridad(…)".

Sal 102. *El Señor es compasivo y misericordioso.*

1Co 15,45-49

Esto dice la Escritura: "El primer hombre, Adán, fue materia con vida". En cambio, el último Adán es espíritu que da vida. (…) Así como nos parecemos al hombre hecho de tierra, así también nos pareceremos al que es del cielo.

Lc 6,27-38

En aquel tiempo dijo Jesús a la gente: "A vosotros que me escucháis os digo: Amad a vuestros enemigos, haced bien a los que os odian, bendecid a los que os maldicen, orad por los que os insultan. Al que te pegue en una mejilla ofrécele también la otra, y al que te quite la capa déjale que se lleve también tu túnica. Al que te pida algo dáselo, y al que te quite lo que es tuyo, no se lo reclames. Haced con los demás como queréis que los demás hagan con vosotros. Si amáis solamente a quienes os aman, ¿qué hacéis de extraordinario? ¡Hasta los pecadores se portan así! Y si hacéis bien solamente a quienes os hacen bien a vosotros, ¿qué tiene de extraordinario? ¡También los pecadores se portan así! Y si dais prestado sólo a aquellos de quienes pensáis recibir algo, ¿qué hacéis de extraordinario? ¡También los pecadores se prestan entre sí esperando recibir unos de otros! Amad a vuestros enemigos, haced el bien y dad prestado sin esperar nada a cambio. Así será grande vuestra recompensa y seréis hijos del Dios altísimo, que es también bondadoso con los desagradecidos y los malos. Sed compasivos, como también vuestro Padre es compasivo. No juzguéis a nadie y Dios no os juzgará a vosotros. No condenéis a nadie y Dios no os condenará. Perdonad y Dios os perdonará. Dad a otros y Dios os dará a vosotros: llenará vuestra bolsa con una medida buena, apretada, sacudida y repleta. Dios os medirá con la misma medida con que vosotros midáis a los demás".

«Amad a vuestros enemigos, haced bien a los que os odian, bendecid a los que os maldicen, orad por los que os insultan». ¿Qué te hacen sentir estas palabras en lo más profundo de tu ser? ¿Cómo reaccionas ante el desafío de amar? ¿Cómo te sientes al considerar la idea de responder al mal con bondad y generosidad? Reconoce la fuerza transformadora del amor incondicional.

Reflexiona sobre las palabras de Jesús: «Haced con los demás como queréis que los demás hagan con vosotros». ¿Cómo te gustaría que te trataran en situaciones difíciles? Reconoce la libertad y la paz que provienen de soltar el resentimiento y la amargura.

Que encontremos, Señor, fuerza y paz en la práctica de la compasión y la generosidad en nuestra vida diaria. Amén.

24 FEBRERO

Eclo 1,1-10
Sal 92. *El Señor reina vestido de majestad.*
Mc 9,14-29

Cuando regresaron a donde estaban los discípulos, (…) uno de los presentes contestó: "Maestro, te he traído aquí a mi hijo, porque tiene un espíritu que le ha dejado mudo. Dondequiera que se encuentre, el espíritu se apodera de él y lo arroja al suelo; entonces echa espuma por la boca, le rechinan los dientes y se queda rígido. He pedido a tus discípulos que expulsen ese espíritu, pero no han podido". (…) Jesús preguntó al padre: "¿Desde cuándo le pasa esto?". "Desde niño -contestó el padre-. (…) Así que, si puedes hacer algo, ten compasión de nosotros y ayúdanos". Jesús le dijo: "¿Cómo que 'si puedes'? ¡Para el que cree, todo es posible!". Entonces el padre del muchacho gritó: "Yo creo. ¡Ayúdame a creer más!". Al ver Jesús que se estaba reuniendo mucha gente, reprendió al espíritu impuro diciéndole: "Espíritu mudo y sordo, te ordeno que salgas de este muchacho y no vuelvas a entrar en él". El espíritu gritó e hizo que al muchacho le diera otro ataque. Luego salió de él dejándolo como muerto (…). Pero Jesús, tomándolo de la mano, lo levantó; y el muchacho se puso en pie. (…) Jesús les contestó: "A esta clase de demonios solamente se la puede expulsar por medio de la oración".

Cierra tus ojos. Imagina el mar extendiéndose ante ti. Hay gotas de lluvia que caen suavemente del cielo. Considera la eternidad. ¿Quién puede contar las gotas de lluvia o los granos de la arena? ¿Quién puede medir la altura del cielo o la profundidad del abismo? La sabiduría fue creada antes que todo, antes incluso del tiempo mismo. Es inherente al Ser supremo, al Señor que está sentado en su trono, rodeado de majestad y poder. ¿Quién puede comprender sus secretos? Nadie, tan solo la oración y la fe nos acercan a tan grande majestad. *Señor, inspírame para buscar tu sabiduría en todas las áreas de mi vida y para compartirla generosamente con los demás. Amén.*

Eclo 2,1-13
Sal 36. *Encomienda tu camino al Señor y él actuará.*
Mc 9,30-37

Cuando se fueron de allí, pasaron por Galilea. Pero Jesús no quiso que nadie lo supiera, porque estaba enseñando a sus discípulos. Les decía: "El Hijo del hombre va a ser entregado en manos de los hombres, y lo matarán; pero tres días después resucitará". Ellos no entendían estas palabras, pero tenían miedo de hacerle preguntas. Llegaron a la ciudad de Cafarnaún. Estando ya en casa, Jesús les preguntó: "¿Qué veníais discutiendo por el camino?". Pero se quedaron callados, porque en el camino habían discutido sobre cuál de ellos era el más importante. Entonces Jesús se sentó, llamó a los doce y les dijo: "El que quiera ser el primero, deberá ser el último de todos y servir a todos". Luego puso un niño en medio de ellos, y tomándolo en brazos les dijo: "El que recibe en mi nombre a un niño como éste, a mí me recibe; y el que a mí me recibe, no sólo me recibe a mí, sino también a aquel que me envió".

Escucha la voz que te habla: «Hijo mío, si tratas de servir al Señor, prepárate para la prueba». El camino de la vida puede no ser fácil, como no lo fue para Jesús, pero cada desafío es una oportunidad para fortalecerte y crecer en tu relación con Dios. La presencia y el amor de Dios son tu mayor fortaleza. Confía en Él y en su amor compasivo que te sostiene en cada momento difícil. Y siente la esperanza que brota en tu corazón. Confía en su misericordia y su fidelidad como un niño, sabiendo que aquellos que confían en el Señor no serán abandonados y renueva tu compromiso de servir al Señor con valentía y determinación, sabiendo que Él está contigo en cada paso del camino.

Eclo 4,12-22
Sal 118. *Mucha paz tienen los que aman tus leyes, Señor.*
Mc 9,38-40

En aquel tiempo Juan dijo a Jesús: "Maestro, hemos visto a uno que expulsaba demonios en tu nombre; pero se lo hemos prohibido, porque no es de los nuestros". Jesús contestó: "No se lo prohibáis, porque nadie que haga un milagro en mi nombre podrá luego hablar mal de mí. El que no está contra nosotros, está a nuestro favor".

La lectura de hoy nos invita a reflexionar sobre la importancia de la apertura y la amplitud de mente. La respuesta de Jesús es sorprendente y reveladora. El poder de Jesús no está limitado por las estructuras o afiliaciones humanas. Él reconoce que aquellos que realizan obras buenas en su nombre, aunque no pertenezcan a un grupo específico, están contribuyendo a la extensión de su mensaje y su amor. Jesús nos invita a adoptar una actitud de apertura y aceptación hacia aquellos que, aun diferentes a nosotros, comparten el mismo propósito de difundir el bien y la verdad. Hemos de buscar la unidad en la diversidad. Dejemos de lado nuestras diferencias y mantengámonos unidos en el amor y el servicio a los demás, siguiendo el ejemplo de Jesús.

Eclo 5,1-10
Sal 1. *Dichoso el hombre que ha puesto su confianza en el Señor.*
Mc 9,41-50

En aquel tiempo dijo Jesús a sus discípulos: "El que os dé aunque sólo sea un vaso de agua por ser vosotros de Cristo, os aseguro que tendrá su recompensa. Al que haga caer en pecado a uno de estos pequeños que creen en mí, más le valdría que lo arrojaran al mar con una gran piedra de molino atada al cuello. Si tu mano te hace caer en pecado, córtala; es mejor para ti entrar manco en la vida que con las dos manos ir a parar al infierno, donde el fuego no se puede apagar. Y si tu pie te hace caer en pecado, córtalo; es mejor para ti entrar cojo en la vida que con los dos pies ser arrojado al infierno. Y si tu ojo te hace caer en pecado, sácalo; es mejor para ti entrar con un solo ojo en el reino de Dios que con los dos ojos ser arrojado al infierno, donde los gusanos no mueren y el fuego no se apaga. Porque todos serán salados con fuego. La sal es buena, pero si deja de ser salada, ¿cómo volveréis a hacerla útil? Tened sal en vosotros y vivid en paz unos con otros".

Hoy el pasaje de Eclesiástico nos advierte contra la confianza excesiva en las riquezas y en nuestras propias fuerzas. La seguridad material y la autosuficiencia pueden llevarnos a caer en la arrogancia. En última instancia, es siempre Dios quien nos sustenta y guía en nuestras vidas, y no deberíamos confiar en nuestra tendencia a seguir los propios caprichos. Ninguna propiedad, ni tan siquiera nuestro mismo cuerpo, ha de prevalecer cuando bloquea nuestras buenas acciones, nuestra relación fiel con Dios. Debemos ser coherentes en nuestra fe y compromiso, evitando la ambigüedad y la inconsistencia. *Señor, ayúdanos a tener una confianza auténtica en tu voluntad, a ser conscientes de nuestras acciones y motivaciones, y a vivir con integridad y constancia en nuestra relación contigo. Amén.*

Eclo 6,5-17
Sal 118. *Guíame, Señor, por la senda de tus mandatos.*
Mc 10,1-12

Salió Jesús de Cafarnaún y se fue a la región de Judea (…) y comenzó de nuevo a enseñar, como tenía por costumbre. Algunos fariseos se acercaron a Jesús, y para tenderle una trampa le preguntaron si al esposo le está permitido separarse de su esposa. Él les contestó: "¿Qué os mandó Moisés?". Dijeron: "Moisés permitió despedir a la esposa entregándole un certificado de separación". Entonces Jesús les dijo: "Moisés os dio ese mandato por lo tercos que sois. Pero en el principio de la creación, Dios los creó hombre y mujer. Por eso, el hombre dejará a su padre y a su madre para unirse a su esposa, y los dos serán como una sola persona. Así que ya no son dos, sino uno solo. De modo que el hombre no debe separar lo que Dios ha unido". Cuando ya estaban en casa, los discípulos volvieron a preguntarle sobre este asunto. Jesús les dijo: "El que se separa de su esposa y se casa con otra, comete adulterio contra la primera; y si la mujer deja a su esposo y se casa con otro, también comete adulterio".

Algunos fariseos se acercan a Jesús con la intención de ponerlo a prueba. Jesús va más allá de la mera discusión legal y nos lleva al corazón del diseño divino para el matrimonio y la relación de pareja. Nos insta a reconocer la santidad y la permanencia de esta unión, y nos advierte contra la separación de lo que Dios ha unido. Al mismo tiempo, hoy las palabras del Eclesiástico resuenan con un eco particular. Nos hablan de la importancia de la amistad verdadera y la lealtad. Ambas lecturas nos invitan a reflexionar sobre la manera en que nos relacionamos con los demás. Nos llaman a buscar la profundidad en nuestras amistades y a comprometernos con el bienestar y la felicidad de los demás, especialmente en el contexto del matrimonio y las relaciones de pareja.

Sábado

Tiempo Ordinario 7ª semana (f)

Eclo 17,1-13
Sal 102. *La misericordia del Señor dura siempre para los que cumplen sus mandatos.*
Mc 10,13-16

Llevaron unos niños a Jesús, para que los tocara; pero los discípulos reprendían a quienes los llevaban. Jesús, viendo esto, se enojó y les dijo: "Dejad que los niños vengan a mí y no se lo impidáis, porque el reino de Dios es de quienes son como ellos. Os aseguro que el que no acepta el reino de Dios como un niño, no entrará en él". Tomó en sus brazos a los niños y los bendijo poniendo las manos sobre ellos.

Contemplamos la maravilla de la creación humana. ¡Asómbrate! Estamos hechos de la misma tierra que pisamos, y hacia ella retornaremos al final de nuestros días. Dios nos ha creado a su imagen y semejanza. Nos ha dotado de inteligencia, lenguaje, percepción y discernimiento y ha hecho con nosotros un pacto eterno. Nos ha dado su ley, una ley que no solo nos guía hacia la vida, sino que también nos muestra la grandeza de su gloria y nos revela su majestuosa voz. En el evangelio de Marcos, Jesús nos muestra cómo honrar esta relación especial que tenemos con Dios. Nos enseña que el reino de Dios pertenece a aquellos que son como niños: inocentes, confiados y receptivos. Al abrazar a los niños y bendecirlos, Jesús nos muestra que debemos acercarnos a Dios con la misma humildad y confianza. Debemos dejar de lado nuestras pretensiones y abrir nuestros corazones como lo hacen los niños.

2 DOMINGO

Eclo 27,4-7

(...) El fruto muestra si un árbol está bien cultivado; así, al razonar, se revela el carácter del hombre. Antes de oírle discurrir, no alabes a nadie; así se prueba a una persona.

Sal 91. *Es bueno darte gracias, Señor.*

1Co 15,54-58

(...) El aguijón de la muerte es el pecado, y la antigua ley dio al pecado su poder. ¡Pero gracias a Dios, que nos da la victoria por medio de nuestro Señor Jesucristo! Por lo tanto, mis queridos hermanos, seguid firmes y constantes, trabajando siempre, cada vez más, en la obra del Señor; pues ya sabéis que no es inútil el trabajo que realizáis en unión con el Señor.

Lc 6,39-45

Jesús les puso esta comparación: "¿Acaso puede un ciego servir de guía a otro ciego? ¿No caerán los dos en algún hoyo? El discípulo no es más que su maestro: sólo cuando termine su aprendizaje llegará a ser como su maestro. ¿Por qué miras la paja que tiene tu hermano en el ojo y no te fijas en el tronco que tú tienes en el tuyo? Y si no te das cuenta del tronco que tienes en tu ojo, ¿cómo te atreves a decirle a tu hermano: 'Hermano, déjame sacarte la paja que tienes en el ojo'? ¡Hipócrita!, saca primero el tronco de tu ojo y así podrás ver bien para sacar la paja del ojo de tu hermano. No hay árbol bueno que dé mal fruto ni árbol malo que dé fruto bueno. Cada árbol se conoce por su fruto: no se recogen higos de los espinos ni se vendimian uvas de las zarzas. El hombre bueno dice cosas buenas porque el bien está en su corazón, y el hombre malo dice cosas malas porque el mal está en su corazón. Pues de lo que rebosa su corazón, habla su boca.

En este día dedicado al Señor se nos llama a meditar sobre la importancia de la autenticidad, la sabiduría y la perseverancia en nuestra vida espiritual. Siempre hay que dar gracias al Señor por su amor constante y misericordia en nuestro camino de la vida. En la carta a los Corintios, Pablo nos ofrece un mensaje de esperanza y victoria sobre la muerte y el pecado a través de Jesucristo. En el evangelio, Jesús nos advierte sobre la importancia de la autenticidad en nuestra relación con los demás. Nos recuerda que nuestras palabras y acciones reflejan lo que hay en nuestro corazón, y que solo podemos dar frutos buenos si cultivamos el bien en nuestro interior.

Hoy somos llamados a examinar nuestras propias motivaciones y actitudes, y a buscar la sabiduría y la fuerza en Dios para vivir de manera auténtica.

Señor, ayúdanos. Que podamos ser como árboles plantados junto a corrientes de agua, dando fruto y manifestando amor y verdad en todo lo que hacemos. Que nuestras vidas sean un testimonio vivo de tu gracia transformadora en nosotros. Amén.

Eclo 17,20-28
Sal 31. *Alegraos, justos, y gozad con el Señor.*
Mc 10,17-27

Cuando Jesús iba a seguir su viaje, llegó un hombre corriendo, se puso de rodillas delante de él y le preguntó: "Maestro bueno, ¿qué debo hacer para alcanzar la vida eterna?". Jesús le contestó: "¿Por qué me llamas bueno? Bueno solamente hay uno: Dios. Ya sabes los mandamientos: 'No mates, no cometas adulterio, no robes, no mientas en perjuicio de nadie ni engañes, y honra a tu padre y a tu madre'". El hombre le dijo: "Maestro, todo eso lo he cumplido desde joven". Jesús le miró con afecto y le contestó: "Una cosa te falta: ve, vende todo lo que tienes y dáselo a los pobres. Así tendrás riquezas en el cielo. Luego, ven y sígueme". El hombre se afligió al oír esto; se fue triste, porque era muy rico. Jesús entonces miró alrededor y dijo a sus discípulos: "¡Qué difícil les va a ser a los ricos entrar en el reino de Dios! (...), ¡qué difícil es entrar en el reino de Dios! Le es más fácil a un camello pasar por el ojo de una aguja que a un rico entrar en el reino de Dios". Al oírlo, (...) se preguntaban unos a otros: "¿Y quién podrá salvarse?". Jesús (...) contestó: "Para los hombres es imposible, pero no para Dios, porque para él no hay nada imposible".

Un hombre corre hacia Jesús con una pregunta acuciante en su corazón: «¿Qué debo hacer para alcanzar la vida eterna?». Su deseo parece sincero. Jesús le ofrece una tarea importante: despojarse de las ataduras terrenales y abrazar el camino de la radicalidad evangélica. El hombre se entristece y se retira, incapaz de separarse de sus riquezas. Mira tu vida. ¿Qué riquezas te impiden seguir a Jesús plenamente? Es necesario orar mucho para abrir el corazón a la voluntad de Dios, para discernir con claridad las cosas que nos impiden seguirlo plenamente y estar dispuestos a dejarlas de lado. *Señor, ayúdame. Que pueda confiar en tu providencia y encontrar verdadera riqueza en la entrega generosa. Que aprenda a confiar en que, aunque para los hombres algunas cosas puedan parecer imposibles, para ti nada es imposible, y Tú nos fortalecerás en nuestro camino. Amén.*

Martes

San Casimiro (MO)

Eclo 35,1-15
Sal 49. *Al que sigue buen camino le haré ver la salvación de Dios.*
Mc 10,28-31

Pedro comenzó a decirle: "Nosotros hemos dejado todo lo que teníamos y te hemos seguido". Jesús respondió: "Os aseguro que todo el que por mi causa y por causa del evangelio deje casa, hermanos, hermanas, madre, padre, hijos o tierras, recibirá ya en este mundo cien veces más en casas, hermanos, hermanas, madres, hijos y tierras, aunque con persecuciones; y en el mundo venidero recibirá la vida eterna. Pero muchos que ahora son los primeros serán los últimos; y muchos que ahora son los últimos serán los primeros".

El diálogo entre Pedro y Jesús nos invita a reflexionar profundamente sobre la llamada a seguir a Cristo y las promesas que conlleva. La respuesta de Jesús es una promesa de abundancia y recompensa para aquellos que confían en Él y se entregan por completo a su servicio. Jesús también advierte que la entrega no será fácil. Habrá persecuciones y dificultades en el camino. Pero no hay que desanimarse. La recompensa es mucho mayor que cualquier sufrimiento que podamos experimentar en esta vida. Además, aquellos que son considerados los primeros en esta vida pueden convertirse en los últimos. Esto nos recuerda que el reino de Dios opera con principios diferentes a los del mundo. Debemos examinar, pues, nuestras prioridades y estar dispuestos a dejarlo todo por amor a Jesús y su Evangelio. Que podamos encontrar fuerza y coraje para seguir a Jesús con todo nuestro ser, confiando en su promesa.

Jl 2,12-18
Sal 50. *Misericordia, Señor:
hemos pecado.*
2Co 5,20–6,2
Mt 6,1-6.16-18

En aquel tiempo dijo Jesús a sus discípulos: "No practiquéis vuestra religión delante de los demás sólo para que os vean. Si hacéis eso, no obtendréis ninguna recompensa de vuestro Padre que está en el cielo. Por tanto, cuando ayudes a los necesitados no lo publiques a los cuatro vientos, como hacen los hipócritas en las sinagogas y en las calles para que la gente los elogie. Os aseguro que con eso ya tienen su recompensa. Tú, por el contrario, cuando ayudes a los necesitados, no se lo cuentes ni siquiera a tu más íntimo amigo. Hazlo en secreto, y tu Padre, que ve lo que haces en secreto, te dará tu recompensa. Cuando oréis, no seáis como los hipócritas, a quienes les gusta orar de pie en las sinagogas y en las esquinas de las plazas, para que la gente los vea. Os aseguro que con eso ya tienen su recompensa. Pero tú, cuando ores, entra en tu cuarto, cierra la puerta y ora en secreto a tu Padre. Y tu Padre, que ve lo que haces en secreto, te dará tu recompensa. Cuando ayunéis, no pongáis el gesto compungido, como los hipócritas, que aparentan aflicción para que la gente vea que están ayunando. Os aseguro que con eso ya tienen su recompensa. Pero tú, cuando ayunes, lávate la cara y arréglate bien, para que la gente no advierta que estás ayunando. Solamente lo sabrá tu Padre, que está a solas contigo, y él te dará tu recompensa".

La Cuaresma es un tiempo especial que nos llama a la reflexión, el arrepentimiento y la renovación espiritual. Es una llamada anual a la humildad, a reconocer nuestras faltas y a buscar la reconciliación con Dios y con los demás. Jesús nos advierte contra la hipocresía. Nuestra relación con Dios debe estar basada en una profunda comunión con Él en la oración y en la acción. Oremos para que podamos aprovechar este tiempo de gracia, para renovarnos y vivir nuestra fe con autenticidad.

Jueves

DESPUÉS DE CENIZA (f)

Dt 30,15-20
Sal 1. *Dichoso el hombre que ha puesto su confianza en el Señor.*
Lc 9,22-25

En aquel tiempo les decía Jesús: "El Hijo del hombre tendrá que sufrir mucho, y será rechazado por los ancianos, por los jefes de los sacerdotes y por los maestros de la ley. Lo van a matar, pero al tercer día resucitará". Después dijo a todos: "El que quiera ser mi discípulo, olvídese de sí mismo, cargue con su cruz cada día y sígame. Porque el que quiera salvar su vida la perderá; pero el que pierda su vida por causa mía, la salvará. ¿De qué le sirve al hombre ganar el mundo entero, si se pierde o se destruye a sí mismo?".

Las palabras del libro del Deuteronomio nos invitan a elegir entre el bien y el mal, sabiendo que nuestras decisiones tienen consecuencias eternas. Esta llamada no era solo para el pueblo de Israel en tiempos antiguos, sino que es relevante hoy para cada uno de nosotros en nuestra vida diaria. Todos los días enfrentamos decisiones que afectan nuestra relación con Dios y con los demás. ¿Elegiremos seguir los caminos del Señor, vivir en la luz de su amor y justicia, o nos dejaremos seducir por los ídolos modernos que nos prometen ganar el mundo entero? Hoy, y siempre, Dios nos invita a escoger el camino que conduce a la verdadera felicidad y plenitud; en comunión con Él y en armonía con su voluntad. Señor, que pueda tomar esta decisión con valentía y determinación, confiando en tu amor y tu gracia, que me sostiene en cada paso del camino. Amén.

Is 58,1-9a
Sal 50. *Un corazón quebrantado y humillado, tú, Dios mío, no lo desprecias.*
Mt 9,14-15

Los seguidores de Juan el Bautista se acercaron a Jesús y le preguntaron: "Nosotros y los fariseos ayunamos con frecuencia: ¿Por qué tus discípulos no ayunan?". Jesús les contestó: "¿Acaso pueden estar tristes los invitados a una boda mientras el novio está con ellos? Pero llegará el momento en que se lleven al novio, y entonces ayunarán".

Jesús nos muestra que la presencia de lo divino trae consigo una alegría que colma los corazones. Él nos hace mirar hacia adelante, hacia un tiempo de cambio y transformación. Habrá momentos en los que esa Presencia pueda parecer lejana, momentos en los que la tristeza y la serenidad no se hagan presentes. Es en esos momentos cuando el ayuno adquiere su sentido como expresión de búsqueda y renovación espiritual. Reflexiona sobre la dualidad del tiempo presente y el futuro. Sobre la alegría de la presencia divina y la necesidad de prepararnos para tiempos de prueba. Hay que vivir en plenitud el momento presente, confiando en la presencia constante de lo divino en nuestras vidas, y preparándonos para lo que Dios disponga. En este tiempo de Cuaresma busca la paz y la plenitud que solo provienen de estar en comunión con lo divino.

Is 58,9b-14
Sal 85. *Enséñame, Señor, tu camino, para que siga tu verdad.*
Lc 5,27-32

Después de esto, Jesús salió y se fijó en uno de los que cobraban impuestos para Roma. Se llamaba Leví y estaba sentado en el lugar donde cobraba los impuestos. Jesús le dijo: "Sígueme". Entonces Leví se levantó, y dejándolo todo siguió a Jesús. Más tarde, Leví hizo en su casa una gran fiesta en honor de Jesús; y muchos de los que cobraban impuestos para Roma, junto con otras personas, estaban sentados con ellos a la mesa. Pero los fariseos y los maestros de la ley pertenecientes a este partido comenzaron a criticar a los discípulos de Jesús. Les decían: "¿Por qué coméis y bebéis con los cobradores de impuestos y los pecadores?". Jesús les contestó: "Los que gozan de buena salud no necesitan médico, sino los enfermos. Yo no he venido a llamar a los justos, sino a los pecadores, para que se conviertan a Dios".

El recaudador de impuestos, sumido en su tarea diaria, no podía imaginar que aquel encuentro cambiaría su vida para siempre. Jesús le dice una sencilla pero poderosa palabra: «Sígueme». Y Mateo, dejándolo todo, responde a esa llamada, invita a Jesús a su casa, y organiza una gran fiesta en su honor. ¡Qué hermosa imagen de gratitud! Mateo no puede contener su alegría por haber encontrado a Jesús, por haber experimentado su amor y su perdón. Jesús es el sanador de las almas enfermas, el Salvador que busca a aquellos que se han alejado del camino. En su infinita misericordia, invita a todos, sin distinción, a acercarse a Él y encontrar la salvación. ¡Sigue a Jesús con alegría y gratitud! Y trata de acoger a todos con amor y compasión. Vive cada día como verdadero discípulo del Señor. Que su luz te ilumine siempre y te guíe hacia la plenitud de vida que solo Él puede ofrecer.

Dt 26,4-10

Dijo Moisés al pueblo: "(…) pedimos al Señor y Dios de nuestros padres que nos ayudara, y él escuchó nuestras súplicas, y vio la miseria, los trabajos y la opresión de que éramos víctimas; desplegó su gran poder y (…) y nos dio esta tierra donde la leche y la miel corren como el agua (…)".

Sal 90. *Está conmigo, Señor, en la tribulación.*

Rm 10,8-13

(…) Si con tu boca reconoces a Jesús como Señor, y con tu corazón crees que Dios lo resucitó, alcanzarás la salvación. Pues con el corazón se cree para alcanzar la justicia y con la boca se confiesa a Jesucristo para alcanzar la salvación. La Escritura dice: "El que confía en él no se verá defraudado". No hay diferencia entre judíos y no judíos, pues el mismo que es Señor de todos da con abundancia a cuantos le invocan (…).

Lc 4,1-13

Jesús, lleno del Espíritu Santo, volvió del río Jordán, y el Espíritu lo llevó al desierto. Allí estuvo cuarenta días, y el diablo le puso a prueba. No comió nada durante aquellos días, y después sintió hambre. El diablo le dijo: "Si de veras eres Hijo de Dios, ordena a esta piedra que se convierta en pan". Jesús le contestó: "La Escritura dice: 'No sólo de pan vivirá el hombre'". Luego el diablo lo llevó a un lugar alto, y mostrándole en un momento todos los países del mundo le dijo: "Yo te daré todo este poder y la grandeza de estos países, porque yo lo he recibido y se lo daré a quien quiera dárselo. Si te arrodillas y me adoras, todo será tuyo". Jesús le contestó: "La Escritura dice: 'Adora al Señor tu Dios y sírvele solo a él'". Después el diablo lo llevó a la ciudad de Jerusalén, lo subió al alero del templo y le dijo: "Si de veras eres Hijo de Dios, tírate abajo, porque la Escritura dice: 'Dios mandará a sus ángeles para que cuiden de ti y te protejan. Te levantarán con sus manos para que no tropieces con piedra alguna'". Jesús le contestó: "También dice la Escritura: 'No pongas a prueba al Señor tu Dios'". Cuando ya el diablo no encontró otra forma de poner a prueba a Jesús, se alejó de él por algún tiempo.

Hoy encontramos en la Palabra una promesa reconfortante: «El que confía en él no se verá defraudado». No importa cuál sea nuestra situación, nuestras dudas o nuestros miedos, si confiamos en el Señor, Él cumplirá sus promesas y nos sostendrá en todo momento.

En el Evangelio somos testigos del momento en que el diablo aprovecha la vulnerabilidad de la condición humana de Jesús para tentarlo. Ante cada una de las tentaciones, Jesús demuestra su fortaleza espiritual y su firmeza en la fe. No se deja seducir por las promesas de poder, riqueza o seguridad física. Se aferra a la Palabra de Dios y a su relación con el Padre celestial.

Ayúdame, Señor, a resistir las tentaciones y permanecer fiel a mis valores y convicciones espirituales, incluso en las mayores pruebas. A recordar que puedo encontrar fortaleza en la Palabra de Dios para superar cualquier desafío y tentación. Amén.

Lv 19,1-2.11-18
Sal 18. *Tus palabras, Señor, son espíritu y vida.*
Mt 25,31-46

En aquel tiempo dijo Jesús (…): "Cuando venga el Hijo del hombre rodeado de esplendor y de todos los ángeles, se sentará en su trono glorioso (…) y él separará a unos de otros como el pastor separa las ovejas de las cabras. Pondrá las ovejas a su derecha y las cabras a su izquierda. Y dirá el Rey a los de su derecha: 'Venid vosotros, los que mi Padre ha bendecido: recibid el reino que se os ha preparado desde la creación del mundo. Porque tuve hambre y me disteis de comer, tuve sed y me disteis de beber, fui forastero y me recibisteis, anduve sin ropa y me vestisteis, caí enfermo y me visitasteis, estuve en la cárcel y vinisteis a verme'. Entonces los justos preguntarán: 'Señor, ¿cuándo te vimos hambriento y te dimos de comer, o sediento y te dimos de beber? ¿O cuándo te vimos forastero y te recibimos, o falto de ropa y te vestimos? ¿O cuándo te vimos enfermo o en la cárcel, y fuimos a verte?'. El Rey les contestará: 'Os aseguro que todo lo que hicisteis por uno de estos hermanos míos más humildes, por mí mismo lo hicisteis'. Luego dirá el Rey a los de su izquierda: 'Apartaos de mí, malditos: id al fuego eterno preparado para el diablo y sus ángeles. (…) Os aseguro que todo lo que no hicisteis por una de estas personas más humildes, tampoco por mí lo hicisteis' (…)".

Hoy encontramos una invitación profunda y poderosa: «Sed santos, pues yo, el Señor vuestro Dios, soy santo». La santidad es un concepto que a menudo asociamos con lo inalcanzable, pero se nos recuerda que es una llamada para todos los hijos de Dios. Ser santo es vivir en comunión con Dios, obedeciendo sus mandamientos y siguiendo sus caminos. Es vivir una vida de integridad, rectitud y amor hacia Dios y hacia «estos hermanos míos más humildes». Es ser conscientes de nuestra identidad como hijos e hijas de Dios y actuar en consecuencia. La santidad se logra en las pequeñas acciones de nuestra vida diaria. *Señor, que pueda ser verdaderamente santo, como Tú lo eres. Amén.*

Is 55,10-11
Sal 33. *El Señor libra de sus angustias a los justos.*
Mt 6,7-15

En aquel tiempo dijo Jesús a sus discípulos: "Al orar no repitas palabras inútilmente, como hacen los paganos, que se imaginan que por su mucha palabrería Dios les hará más caso. No seáis como ellos, porque vuestro Padre sabe lo que necesitáis aun antes de habérselo pedido. Vosotros debéis orar así: 'Padre nuestro que estás en el cielo, santificado sea tu nombre. Venga tu reino. Hágase tu voluntad en la tierra así como se hace en el cielo. Danos hoy el pan que necesitamos. Perdónanos nuestras ofensas como también nosotros perdonamos a quienes nos han ofendido. Y no nos expongas a la tentación, sino líbranos del maligno'. Porque si vosotros perdonáis a los demás el mal que os hayan hecho, vuestro Padre que está en el cielo os perdonará también a vosotros; pero si no perdonáis a los demás, tampoco vuestro Padre perdonará el mal que vosotros hacéis".

Jesús, en persona, nos guía hoy en nuestra vida de oración. Nos invita a alejarnos de la vanidad de las palabras vacías y a sumergirnos en una comunicación auténtica con nuestro Padre celestial. Nos recuerda que Dios conoce nuestras necesidades incluso antes de expresarlas, lo cual nos libera de la ansiedad y nos anima a confiar en Su providencia. La oración personal del Señor nos llama a penetrar con audacia y serenidad en nuestra relación con Dios. En nuestra oración, busquemos no la multiplicidad de palabras, sino la sinceridad del corazón. Así, en humildad y confianza, pronuncia en tu alma las palabras que Jesús nos enseñó, reconociendo la santidad de Dios, su voluntad perfecta, y pidiendo por las necesidades diarias. Implora el perdón, mientras te comprometes a perdonar a los que te ofenden de alguna manera.

Jon 3,1-10
Sal 50. *Un corazón quebrantado y humillado, tú, Dios mío, no lo desprecias.*
Lc 11,29-32

La multitud seguía juntándose alrededor de Jesús, y él comenzó a decirles: "La gente de este tiempo es malvada. Pide una señal milagrosa, pero no se le dará otra señal que la de Jonás. Porque así como Jonás fue señal para la gente de Nínive, así también el Hijo del hombre será señal para la gente de este tiempo. En el día del juicio, cuando se juzgue a la gente de este tiempo, la reina del Sur se levantará y la condenará; porque ella vino de lo más lejano de la tierra para escuchar la sabiduría de Salomón, y lo que hay aquí es más que Salomón. También los habitantes de Nínive se levantarán en el día del juicio, cuando se juzgue a la gente de este tiempo, y la condenarán; porque los de Nínive se convirtieron a Dios cuando oyeron el mensaje de Jonás, y lo que hay aquí es más que Jonás".

Jesús compara a la generación de su tiempo con dos ejemplos bíblicos: la reina del Sur (la reina de Saba) y los habitantes de Nínive. Son dos ejemplos que resaltan la responsabilidad que recae sobre los contemporáneos de Jesús. La reina de Saba y los ninivitas respondieron a las señales que recibieron, pero la generación de Jesús parece más interesada en buscar milagros externos que en reconocer la presencia divina y responder a ella con arrepentimiento y fe. Examinemos nuestras propias actitudes hacia las señales de Dios en las circunstancias ordinarias de nuestras vidas. ¿Podemos responder, con arrepentimiento y fe, a la voz de Dios? Hay que buscar la sabiduría y la voluntad de Dios en todas las circunstancias, reconociendo que en Cristo encontramos la mayor señal y la más grande invitación a transformar la vida.

Jueves

CUARESMA 1ª SEMANA (f)

MARZO 13

Est 4,1.3-5.12-14
Sal 137. *Cuando te invoqué, me escuchaste, Señor.*
Mt 7,7-12

En aquel tiempo dijo Jesús: "Pedid y Dios os dará, buscad y encontraréis, llamad a la puerta y se os abrirá. Porque el que pide recibe, el que busca encuentra y al que llama se le abre. ¿Acaso alguno de vosotros sería capaz de darle a su hijo una piedra cuando le pide pan? ¿O de darle una culebra cuando le pide un pescado? Pues si vosotros, que sois malos, sabéis dar cosas buenas a vuestros hijos, ¡cuánto más vuestro Padre que está en el cielo las dará a quienes se las pidan! Así pues, haced con los demás lo mismo que queréis que los demás hagan con vosotros. Esto es lo que mandan la ley de Moisés y los escritos de los profetas".

Cierra los ojos y trata de ver a Jesús que te dice: «Pide, busca, llama...», asegurándote que aquellos que lo hacen recibirán, encontrarán y se les abrirá. Jesús nos revela la naturaleza generosa y amorosa de Dios. Él no es un Dios distante o indiferente. No hemos de temer al acercarnos a Él con nuestras necesidades, deseos y anhelos, porque Él nos escucha y responde según Su voluntad perfecta. Pero Jesús también nos insta a tratar a los demás como nos gustaría ser tratados, sintiendo empatía por sus necesidades y respondiendo con generosidad y compasión. Recordemos estas palabras de Jesús. No dudemos en acudir a Dios con confianza y esperanza, sabiendo que Él nos escucha y nos ama. Y, a su vez, recordemos la importancia de vivir en amor y compasión hacia los demás, reflejando así la bondad y generosidad de nuestro Padre celestial en nuestras propias vidas. *Jesús, ayúdanos, para que no seamos egoístas. Que nuestra oración sea no solo un acto de recibir, sino también de dar y compartir. Amén.*

14 MARZO

Viernes

Ez 18,21-28
Sal 129. *Si llevas cuenta de los delitos, Señor, ¿quién podrá resistir?*
Mt 5,20-26

En aquel tiempo dijo Jesús: "Os digo que, si no superáis a los maestros de la ley y a los fariseos en hacer lo que es justo delante de Dios, no entraréis en el reino de los cielos. Habéis oído que a vuestros antepasados se les dijo: 'No mates, pues el que mata será condenado'. Pero yo os digo que todo el que se enoje con su hermano será condenado; el que insulte a su hermano será juzgado por la Junta Suprema, y el que injurie gravemente a su hermano se hará merecedor del fuego del infierno. Así que, si al llevar tu ofrenda al altar te acuerdas de que tu hermano tiene algo contra ti, deja tu ofrenda allí mismo delante del altar y ve primero a ponerte en paz con tu hermano. Entonces podrás volver al altar y presentar tu ofrenda. Si alguien quiere llevarte a juicio, procura ponerte de acuerdo con él mientras aún estés a tiempo, para que no te entregue al juez; porque si no, el juez te entregará a los guardias y te meterán en la cárcel. Te aseguro que no saldrás de allí hasta que pagues el último céntimo".

Jesús pide el máximo esfuerzo para la justicia: superar incluso a los maestros de la ley y a los fariseos, quienes eran vistos como ejemplos de piedad y observancia religiosa. Para Jesús la justicia va más allá de cumplir los mandamientos externos; implica el cuidado del corazón y las actitudes hacia los demás. Él nos advierte sobre la raíz del odio y la ira en nuestros corazones. Nos llama a examinar nuestras actitudes, porque no basta con evitar causar dolor físico o muerte; el enojo y los insultos también pueden llevar a la condenación. Su enseñanza nos insta a priorizar la reconciliación y la paz. Nos advierte sobre las consecuencias de no resolver los conflictos a tiempo. Nos anima a buscar la concordia y a resolver las disputas antes de que alcancen niveles más graves. Una vez más, las palabras de Jesús nos llaman a vivir en amor y unidad con nuestros hermanos y hermanas, a tratarlos con respeto y compasión.

Sábado

CUARESMA 1ª SEMANA (f)

Dt 26,16-19
Sal 118. *Dichoso el que canta en la voluntad del Señor.*
Mt 5,43-48

En aquel tiempo dijo Jesús: "También habéis oído que antes se dijo: 'Ama a tu prójimo y odia a tu enemigo'. Pero yo os digo: Amad a vuestros enemigos y orad por los que os persiguen. Así seréis hijos de vuestro Padre que está en el cielo, pues él hace que su sol salga sobre malos y buenos, y envía la lluvia sobre justos e injustos. Porque si amáis solamente a quienes os aman, ¿qué recompensa tendréis? ¡Hasta los que cobran impuestos para Roma se portan así! Y si saludáis solamente a vuestros hermanos, ¿qué hacéis de extraordinario? ¡Hasta los paganos se portan así! Vosotros, pues, sed perfectos, como vuestro Padre que está en el cielo es perfecto".

Jesús siempre va más allá de lo convencional: ahora te pide amar a los enemigos y orar por ellos. Es un mandato radical que rompe con las normas sociales y culturales, y sigue siendo un desafío para nosotros hoy en día. El amor que Jesús nos llama a practicar se extiende incluso a aquellos que nos hacen daño o que nos consideran enemigos. Este tipo de amor refleja la naturaleza misma de Dios, que es generoso y compasivo incluso con aquellos que son rebeldes y pecadores. Solo el amor radical nos hace hijos de nuestro Padre celestial, que derrama su bendición sobre todos, independientemente de su justicia o injusticia. Ser perfectos, como nuestro Padre celestial, es comprometernos con el camino del amor incondicional y la misericordia hacia todos, sin excepción. ¡Claro que esto no es fácil! Amar a nuestros enemigos y orar por aquellos que nos persiguen puede ser extremadamente difícil, pero es un camino que nos lleva a la verdadera libertad y paz interior y nos permite experimentar la belleza del amor de Dios en nuestras vidas.

Gn 15,5-12.17-18

(…) el Señor llevó fuera a Abram y le dijo: "Mira bien el cielo y cuenta las estrellas, si es que puedes contarlas. Pues así será el número de tus descendientes". Abram creyó al Señor, y por eso el Señor le aceptó como justo (…). Aquel mismo día el Señor hizo un pacto con Abram, diciéndole: "Esta tierra se la daré a tus descendientes, desde el río de Egipto hasta el río grande, el Éufrates".

Sal 26. *El Señor es mi luz y mi salvación.*

Flp 3,17–4,1

Hermanos, (…) muchos están viviendo como enemigos de la cruz de Cristo y acabarán por ser destruidos. Su dios son sus propios apetitos (…). En cambio, nosotros somos ciudadanos del cielo y estamos esperando que del cielo venga el Salvador (…). Por eso, mis queridos hermanos, a quienes tanto deseo ver; amados míos, mi alegría y mi premio, seguid así, firmes en el Señor.

Lc 9,28b-36

En aquel tiempo Jesús subió a un monte a orar, acompañado de Pedro, Santiago y Juan. Mientras oraba, cambió el aspecto de su rostro y sus ropas se volvieron muy blancas y brillantes. Y aparecieron dos hombres conversando con él: eran Moisés y Elías, que estaban rodeados de un resplandor glorioso y hablaban de la partida de Jesús de este mundo, que iba a tener lugar en Jerusalén. Aunque Pedro y sus compañeros tenían mucho sueño, permanecieron despiertos y vieron la gloria de Jesús y a los dos hombres que estaban con él. Cuando aquellos hombres se separaban ya de Jesús, Pedro le dijo: "Maestro, ¡qué bien que estemos aquí! Vamos a hacer tres chozas: una para ti, otra para Moisés y otra para Elías". Pero Pedro no sabía lo que decía. Mientras hablaba, una nube los envolvió en sombra; y al verse dentro de la nube, tuvieron miedo. Entonces de la nube salió una voz que dijo: "Éste es mi Hijo, mi elegido. Escuchadle" (…).

Las lecturas nos invitan a reflexionar sobre la fe, la confianza en Dios y la transformación espiritual. En el pasaje del Génesis, Dios hace una promesa misteriosa a Abraham. Es el Dios que todo lo puede y que siempre es fiel. El salmo nos brinda consuelo en la certeza de que Él nos guía y protege en todo momento. Pablo nos exhorta a vivir como ciudadanos del cielo, centrados en las cosas eternas y no en los placeres temporales de este mundo.

El relato de la Transfiguración nos invita a contemplar la gloria de Jesucristo. La presencia de Moisés y Elías subraya la continuidad y el cumplimiento de la historia de la salvación en Cristo. La nube que envuelve a los discípulos y la voz del Padre que proclama a Jesús como su Hijo elegido refuerzan esta verdad, al sacarlos del tiempo y llevarlos a la dimensión divina. Esta experiencia nos desafía a profundizar en nuestra relación con Jesucristo, luz del mundo, revelación definitiva de Dios al hombre.

Me invitas, Señor, a escuchar tus enseñanzas, a seguir tus pasos y a abrir mi corazón a tu amor transformador. Que nada me impida confiar en tus promesas, amar como Tú me amas. Amén.

17

Dn 9,4b-10
Sal 78. *Señor, no nos trates como merecen nuestros pecados.*
Lc 6,36-38

En aquel tiempo dijo Jesús: "Sed compasivos, como también vuestro Padre es compasivo. No juzguéis a nadie y Dios no os juzgará a vosotros. No condenéis a nadie y Dios no os condenará. Perdonad y Dios os perdonará. Dad a otros y Dios os dará a vosotros: llenará vuestra bolsa con una medida buena, apretada, sacudida y repleta. Dios os medirá con la misma medida con que vosotros midáis a los demás".

En las palabras de Jesús encontramos una profunda invitación a vivir una vida marcada por la compasión, la misericordia y la generosidad. La compasión es más que sentir simple lástima por alguien; es tener empatía, comprensión y un deseo genuino de aliviar el sufrimiento. Nos llama a perdonar, abriendo el camino hacia la reconciliación y la paz. La generosidad también es una parte integral de la vida cristiana. Hay que cultivar un corazón compasivo, misericordioso y generoso. Hay que mirar dentro para descubrir si nuestro corazón está envenenado por el rencor y el resentimiento. Jesús nos llama a dejar de lado el juicio y la condenación, y a acercarnos a los demás con amor y comprensión. *Padre celestial, ayúdanos a reflejar más plenamente tu amor y compasión en nuestras vidas diarias. Que seamos instrumentos de tu gracia y misericordia en un mundo necesitado, y que nuestra generosidad y compasión reflejen la luz de Cristo en medio de la oscuridad. Amén.*

Is 1,10.16-20
Sal 49. *Al que sigue buen camino le haré ver la salvación de Dios.*
Mt 23,1-12

En aquel tiempo Jesús habló (…) diciendo: "Los maestros de la ley y los fariseos son los encargados de interpretar la ley de Moisés. Por lo tanto, obedecedlos y haced todo lo que os digan. Pero no sigáis su ejemplo, porque dicen una cosa y hacen otra. Atan cargas pesadas, imposibles de soportar, y las echan sobre los hombros de los demás, mientras que ellos mismos no quieren tocarlas ni siquiera con un dedo. Todo lo hacen para que la gente los vea. Les gusta llevar sobre la frente y en los brazos cajitas con textos de las Escrituras, y vestir ropas con grandes borlas. Desean los mejores puestos en los banquetes, los asientos de honor en las sinagogas, ser saludados con todo respeto en la calle y que la gente los llame maestros. Pero vosotros no os hagáis llamar maestros por la gente, porque todos sois hermanos y uno solo es vuestro Maestro. Y no llaméis padre a nadie en la tierra, porque uno solo es vuestro Padre: el que está en el cielo. Ni os hagáis llamar jefes, porque vuestro único Jefe es Cristo. El más grande entre vosotros debe servir a los demás. Porque el que a sí mismo se engrandece, será humillado; y el que se humilla, será engrandecido".

Jesús nos ofrece una profunda reflexión sobre la autenticidad de la fe y el verdadero significado del liderazgo espiritual. La crítica de Jesús no está dirigida solo hacia aquellos fariseos, sino que también nos interpela a examinar nuestra propia actitud. ¿Estamos siendo coherentes con lo que enseñamos? ¿Buscamos el reconocimiento y la aprobación de los demás más que la voluntad de Dios? Jesús nos advierte sobre la hipocresía. Nos llama a ser humildes y serviciales, a despojarnos del deseo de reconocimiento humano y a buscar la verdadera grandeza en el servicio y la entrega desinteresada. *Señor, ayúdanos, que aprendamos a servir con humildad y amor, siguiendo tu ejemplo, ya que viniste a servir y dar tu vida en rescate por muchos. Amén.*

2Sa 7,4-5a.12-14a.16
Sal 88. *Su linaje será perpetuo.*
Rm 4,13.16-18.22
Mt 1,16.18-21.24a

Jacob fue padre de José, el marido de María, y ella fue la madre de Jesús, a quien llamamos el Mesías. El nacimiento de Jesucristo fue así: María, su madre, estaba comprometida para casarse con José; pero antes de vivir juntos se encontró encinta por el poder del Espíritu Santo. José, su esposo, que era un hombre justo y no quería denunciar públicamente a María, decidió separarse de ella en secreto. Ya había pensado hacerlo así, cuando un ángel del Señor se le apareció en sueños y le dijo: "José, descendiente de David, no tengas miedo de tomar a María por esposa, porque el hijo que espera es obra del Espíritu Santo. María tendrá un hijo y tú le pondrás por nombre Jesús. Se llamará así porque salvará a su pueblo de sus pecados". Cuando José despertó, hizo lo que el ángel del Señor le había ordenado.

En san José encontramos un ejemplo poderoso de obediencia y confianza en la voluntad de Dios. En el evangelio vemos cómo enfrenta una situación inesperada y desafiante con humildad y fidelidad. Ante la revelación del ángel, José no duda ni vacila. Se somete con humildad y obediencia a la voluntad de Dios. En él vemos un modelo de fe activa y confianza en la providencia divina, de firme compromiso con Dios y con su familia. Su ejemplo nos enseña a confiar en la guía y el plan de Dios incluso en medio de las circunstancias más difíciles. En esta fiesta, pidámosle que nos ayude a confiar más plenamente en la voluntad de Dios en nuestras propias vidas. Que podamos seguir su ejemplo de humildad, obediencia y amor, siempre dispuestos a responder con generosidad y fidelidad. *San José, custodio de Jesús y María, intercede por nosotros y guíanos en nuestro camino hacia Jesús. Amén.*

Jueves

CUARESMA 2ª SEMANA (f)

Jr 17,5-10
Sal 1. *Dichoso el hombre que ha puesto su confianza en el Señor.*
Lc 16,19-31

En aquel tiempo dijo Jesús: "Había una vez un hombre rico, que vestía ropas espléndidas y todos los días celebraba brillantes fiestas. Había también un mendigo llamado Lázaro, el cual, lleno de llagas, se sentaba en el suelo a la puerta del rico. Este mendigo deseaba llenar su estómago de lo que caía de la mesa del rico; y los perros se acercaban a lamerle las llagas. Un día murió el mendigo, y los ángeles lo llevaron (...), al paraíso. Y el rico también murió, (...), padeciendo en el lugar al que van los muertos, levantó los ojos y vio de lejos a Abraham, y a Lázaro con él. Entonces gritó: '¡Padre Abraham, ten compasión de mí! Envía a Lázaro, a que moje la punta de su dedo en agua y venga a refrescar mi lengua (...)'. Pero Abraham le contestó: 'Hijo, recuerda que a ti te fue muy bien en la vida y que a Lázaro le fue muy mal. (...) Pero además hay un gran abismo abierto entre nosotros y vosotros (...)'. El rico dijo: 'Te suplico (...) que envíes a Lázaro a casa de mi padre, donde tengo cinco hermanos. Que les hable, para que no vengan también ellos a este lugar de tormento'. Abraham respondió: '(...) Si no quieren hacer caso a Moisés y a los profetas, tampoco creerán aunque algún muerto resucite'".

Hoy encontramos una poderosa reflexión sobre la confianza y la esperanza puestas en Dios frente a la confianza puesta en los hombres. El Señor nos presenta dos caminos opuestos: el camino de la bendición para aquellos que confían en Él y el camino de la maldición para aquellos que apartan su corazón de Dios y confían en la fuerza humana. Solo el Señor reconoce la complejidad y la profundidad de los sentimientos que anidan en el corazón humano. Es el único que conoce a fondo las intenciones, y nos llama a confiar en Él y a poner nuestra esperanza en su fidelidad y su amor incondicional. Que podamos arraigar nuestras vidas solo en Dios, haciendo «caso a Moisés y a los profetas» y caminando en su amor y fidelidad.

Gn 37,3-4.12-13a.17b-28
Sal 104. *Recordad las maravillas que hizo el Señor.*
Mt 21,33-43.45-46

En aquel tiempo dijo Jesús: "Escuchad otra parábola: El dueño de una finca plantó una viña, le puso una cerca, construyó un lagar y levantó una torre para vigilarla. Luego la arrendó a unos labradores y se fue de viaje. Llegado el tiempo de la vendimia, mandó unos criados a recibir de los labradores la parte de la cosecha que le correspondía. Pero los labradores echaron mano a los criados: golpearon a uno, mataron a otro y a otro lo apedrearon. El dueño envió otros criados, (…); pero los labradores los trataron a todos del mismo modo. Por último, mandó a su propio hijo, pensando: 'Sin duda, respetarán a mi hijo'.

Pero cuando vieron al hijo, los labradores se dijeron unos a otros: 'Éste es el heredero; matémoslo y nos quedaremos con la viña'. Así que le echaron mano, lo sacaron de la viña y lo mataron. Pues bien, cuando vuelva el dueño de la viña, ¿qué creéis que hará con aquellos labradores?". Le contestaron: "Matará sin compasión a esos malvados y dará la viña a otros labradores que le entreguen a su debido tiempo la parte de la cosecha que le corresponde". Jesús les dijo: "¿Nunca habéis leído lo que dicen las Escrituras?: 'La piedra que despreciaron los constructores es ahora la piedra principal. Esto lo ha hecho el Señor y nosotros estamos maravillados'. Por eso os digo que a vosotros se os quitará el reino, y se le dará a un pueblo que produzca los frutos debidos" (…).

Las lecturas de hoy nos invitan a reflexionar sobre la envidia, la traición y la injusticia; males que son la causa de muchos infortunios en la humanidad. En esta parábola, Jesús nos muestra las consecuencias de rechazar a los mensajeros de Dios. Nos insta a examinar nuestras propias actitudes hacia la voluntad de Dios y a recordar que seremos responsables de nuestros actos ante Él. Nos llama a rechazar el recelo, el rencor y la envidia, y a cultivar el amor, la compasión y la justicia en nuestras vidas, reconociendo la gracia y la misericordia de Dios que nos sostienen en todo momento.

Sábado

CUARESMA 2ª SEMANA (f)

Miq 7,14-15.18-20
Sal 102. *El Señor es compasivo y misericordioso.*
Lc 15,1-3.11-32

Todos los que cobraban impuestos para Roma, y otras gentes de mala fama, se acercaban a escuchar a Jesús. Y los fariseos y maestros de la ley le criticaban diciendo: "Este recibe a los pecadores y come con ellos". Entonces Jesús les contó esta parábola: "Un hombre tenía dos hijos. El más joven le dijo: 'Padre, dame la parte de la herencia que me corresponde'. Y el padre repartió los bienes entre ellos. Pocos días después, el hijo menor vendió su parte y se marchó lejos, a otro país, donde todo lo derrochó viviendo de manera desenfrenada.

Cuando ya no le quedaba nada, vino sobre aquella tierra una época de hambre terrible y él comenzó a pasar necesidad. (...) Así que se puso en camino y regresó a casa de su padre. Todavía estaba lejos, cuando su padre le vio; y sintiendo compasión de él corrió a su encuentro y le recibió con abrazos y besos. El hijo le dijo: 'Padre, he pecado contra Dios y contra ti, y ya no merezco llamarme tu hijo'. Pero el padre ordenó a sus criados: 'Sacad en seguida las mejores ropas y vestidlo; ponedle también un anillo en el dedo y sandalias en los pies. Traed el becerro cebado y matadlo. ¡Vamos a comer y a hacer fiesta, porque este hijo mío estaba muerto y ha vuelto a vivir; se había perdido y le hemos encontrado!' (...)".

La parábola del hijo pródigo nos muestra la infinita misericordia y amor de Dios hacia sus hijos. Es una historia profundamente conmovedora. El hijo pródigo simboliza a aquellos que se apartan de Dios y siguen sus propios deseos egoístas. Pero la reacción del padre es el núcleo de la parábola. A pesar de haber sido abandonado y despreciado por su hijo, no duda en recibirlo con amor y alegría desbordantes. Esta imagen del padre misericordioso representa la bondad y el perdón incondicional de Dios hacia nosotros, incluso cuando nos apartamos de Él y cometemos errores. Dios siempre está esperando con los brazos abiertos para recibirnos de vuelta a su hogar de amor y gracia.

23 DOMINGO
MARZO

Ex 3,1-8a.13-15

(…) Un día, (…) el ángel del Señor se le apareció [a Moisés] en una llama de fuego, en medio de una zarza. (…) Entonces Dios le dijo: "(…) Yo soy el Dios de tus antepasados. (…) He visto cómo sufre mi pueblo que está en Egipto. (…) Por eso he bajado, para salvarlos del poder de los egipcios (…) YO SOY EL QUE SOY. (…) el Dios de Abraham, de Isaac y de Jacob, (…) éste es mi nombre por todos los siglos".

Sal 102. *El Señor es compasivo y misericordioso.*

1Co 10,1-6.10-12

No quiero, hermanos, que olvidéis que nuestros antepasados estuvieron todos bajo aquella nube, y todos atravesaron el mar Rojo. De este modo, todos ellos quedaron unidos a Moisés (…). Sin embargo, la mayoría de ellos no agradó a Dios, y por eso sus cuerpos quedaron tendidos en el desierto. (…) Así pues, el que cree estar firme tenga cuidado de no caer.

Lc 13,1-9

Por aquel tiempo fueron unos a ver a Jesús, y le contaron lo que Pilato había hecho: sus soldados mataron a unos galileos cuando estaban ofreciendo sacrificios, y la sangre de esos galileos se mezcló con la sangre de los animales que sacrificaban. Jesús les dijo: "¿Pensáis que aquellos galileos murieron así por ser más pecadores que los demás galileos? Os digo que no, y que si vosotros no os volvéis a Dios, también moriréis. ¿O creéis que aquellos dieciocho que murieron cuando la torre de Siloé se les cayó encima, eran más culpables que los demás que vivían en Jerusalén? Os digo que no, y que si vosotros no os volvéis a Dios, también moriréis". Jesús les contó esta parábola: "Un hombre había plantado una higuera en su viña, pero cuando fue a ver si tenía higos no encontró ninguno. Así que dijo al hombre que cuidaba la viña: 'Mira, hace tres años que vengo a esta higuera en busca de fruto, pero nunca lo encuentro. Córtala. ¿Para qué ha de ocupar terreno inútilmente?' Pero el que cuidaba la viña le contestó: 'Señor, déjala todavía este año. Cavaré la tierra a su alrededor y le echaré abono. Con eso, tal vez dé fruto; y si no, ya la cortarás'".

En el relato del encuentro de Moisés con la zarza ardiente, Dios se revela como aquel que está siempre presente, que escucha el clamor de su pueblo. El salmo nos invita a contemplar la compasión y la misericordia de Dios, en medio de nuestras debilidades y pecados. La carta de san Pablo nos exhorta a aprender de los errores del pasado y a no ceder ante la tentación de la incredulidad. En el evangelio de Lucas, Jesús nos advierte sobre la necesidad de convertirnos y volvernos a Dios.

En los escritos del Nuevo Testamento, «metanoia» es un término griego que se traduce comúnmente como «arrepentimiento». Sin embargo, implica un cambio profundo en la mente, el corazón y la dirección de la vida. Implica abandonar viejas formas de pensar y comportarse, y adoptar una nueva mentalidad y estilo de vida que refleje el reino de Dios.

Señor mío, que pueda abrir mi corazón a tu gracia y tu misericordia, permitiendo que me transformes y me lleves hacia una vida plena en tu amor. Amén.

2Re 5,1-15a
Sal 41. *Mi alma tiene sed del Dios vivo: ¿cuándo veré el rostro de Dios?*
Lc 4,24-30

En aquel tiempo Jesús dijo: "Os aseguro que ningún profeta es bien recibido en su propia tierra. Verdaderamente había muchas viudas en Israel en tiempos del profeta Elías, cuando no llovió durante tres años y medio y hubo mucha hambre en todo el país. Sin embargo, Elías no fue enviado a ninguna de las viudas israelitas, sino a una de Sarepta, cerca de la ciudad de Sidón. También había en Israel muchos enfermos de lepra en tiempos del profeta Eliseo, pero ninguno de ellos fue sanado, sino Naamán, que era de Siria". Al oír esto, todos los que estaban en la sinagoga se llenaron de ira. Se levantaron y echaron del pueblo a Jesús. Lo llevaron a lo alto del monte sobre el que se alzaba el pueblo, para arrojarle abajo. Pero Jesús pasó por en medio de ellos y se fue.

Jesús comienza señalando que ningún profeta es bien recibido en su propia tierra. Esta verdad incomodó a los oyentes en la sinagoga, quienes, llenos de ira, intentaron deshacerse de Jesús. Pero Jesús no se amedranta. En lugar de permitir que la violencia gobierne el momento, pasa por en medio de ellos y se va. Su acción nos recuerda su poder divino y su autoridad sobre las circunstancias. Aun rechazado por los suyos, no pierde su serenidad ni su propósito. Esta narrativa nos desafía a examinar nuestros propios corazones y actitudes. ¿Estamos abiertos a recibir la verdad, incluso cuando viene de lugares inesperados o personas inusuales? ¿O estamos tan arraigados en nuestras propias ideas y prejuicios que no podemos reconocer la obra de Dios ante nosotros? *Jesús, ayúdanos a abrir nuestros corazones y mentes a la verdad de Dios, independientemente de dónde y cómo se nos presente. Y que podamos seguir tu ejemplo, manteniendo la calma y la gracia incluso en medio de la oposición y el rechazo. Amén.*

Is 7,10-14; 8,10
Sal 39. *Aquí estoy, Señor, para hacer tu voluntad.*
Hb 10,4-10
Lc 1,26-38

En aquel tiempo envió Dios al ángel Gabriel a (...) Nazaret, a visitar a una joven virgen llamada María que estaba comprometida para casarse con (...) José, descendiente del rey David. El ángel entró donde ella estaba, y le dijo: "¡Te saludo, favorecida de Dios! El Señor está contigo". Cuando vio al ángel, se sorprendió de sus palabras, y se preguntaba qué significaría aquel saludo. El ángel le dijo: "María, no tengas miedo, pues tú gozas del favor de Dios. Ahora vas a quedar encinta: tendrás un hijo y le pondrás por nombre Jesús. Será un gran hombre, al que llamarán Hijo del Dios altísimo: y Dios el Señor lo hará rey, como a su antepasado David, y reinará por siempre en la nación de Israel. Su reinado no tendrá fin". María preguntó al ángel: "¿Cómo podrá suceder esto, si no vivo con ningún hombre?". El ángel le contestó: "El Espíritu Santo se posará sobre ti y el poder del Dios altísimo se posará sobre ti como una nube. Por eso, el niño que va a nacer será llamado Santo e Hijo de Dios. También tu parienta Isabel, a pesar de ser anciana, va a tener un hijo; la que decían que no podía tener hijos está encinta desde hace seis meses. Para Dios no hay nada imposible". Entonces María dijo: "Soy la esclava del Señor. ¡Que Dios haga conmigo como me has dicho!". Con esto, el ángel se fue.

En esta maravillosa festividad se nos llama al asombro ante la belleza del misterio de la Encarnación. A través de las lecturas, contemplamos cómo Dios elige manifestarse en la humildad y la sencillez, transformando el mundo a través del sí de una joven virgen. El profeta Isaías nos presenta la promesa: una joven concebirá y dará a luz un hijo llamado Emmanuel, que significa «Dios con nosotros». El fiat de María, su «hágase en mí según tu palabra», es un modelo de total entrega y confianza en la voluntad divina. Su «sí» marca el comienzo de la nueva creación, la entrada de Dios en el mundo de una manera completamente nueva y sorprendente. Que podamos decir con María: «Sí. ¡Haz conmigo como me has dicho!».

Dt 4,1.5-9
Sal 147. *Glorifica al Señor, Jerusalén.*
Mt 5,17-19

En aquel tiempo dijo Jesús: "No penséis que yo he venido a poner fin a la ley de Moisés y a las enseñanzas de los profetas. No he venido a ponerles fin, sino a darles su verdadero sentido. Porque os aseguro que mientras existan el cielo y la tierra no se le quitará a la ley ni un punto ni una coma, hasta que suceda lo que tenga que suceder. Por eso, el que quebrante uno de los mandamientos de la ley, aunque sea el más pequeño, y no enseñe a la gente a obedecerlos, será considerado el más pequeño en el reino de los cielos. Pero el que los obedezca y enseñe a otros a hacer lo mismo, será considerado grande en el reino de los cielos".

En las palabras de Jesús encontramos un recordatorio poderoso de la continuidad y la relevancia eterna de los mandamientos divinos. Nos recuerda que la Ley de Dios es tan inmutable como el cielo y la tierra misma. Cada mandamiento, cada palabra, tiene un valor y un propósito que perduran a lo largo del tiempo. No hay ni un solo detalle que carezca de importancia, ni un solo precepto que deba ser menospreciado. Es una llamada a la fidelidad y al compromiso con la voluntad de Dios, así como a compartir esa enseñanza con otros para que también puedan vivir en obediencia y amor. En nuestra oración de hoy, pidamos con confianza al Señor vivir de acuerdo con sus mandamientos, con humildad y diligencia, y que tengamos valentía y sabiduría para enseñar a otros a hacer lo mismo. *Que mi vida, Padre bueno, sea un testimonio vivo de mi amor y fidelidad a ti, para que llegar a ser considerado grande en tu Reino.* Amén.

Jr 7,23-28

Sal 94. *Ojalá escuchéis hoy la voz del Señor: "No endurezcáis vuestro corazón".*

Lc 11,14-23

Jesús estaba expulsando un demonio que había dejado mudo a un hombre. Cuando el demonio salió, el mudo comenzó a hablar. La gente se quedó asombrada, aunque algunos dijeron: "Beelzebú, el jefe de los demonios, es quien ha dado a este hombre poder para expulsarlos". (…) Pero él, que sabía lo que estaban pensando, les dijo: "Todo país dividido en bandos enemigos se destruye a sí mismo, y sus casas se derrumban una tras otra. Así también, si Satanás se divide contra sí mismo, ¿cómo mantendrá su poder? Digo esto porque afirmáis que yo expulso a los demonios por el poder de Beelzebú. Pues si yo expulso a los demonios por el poder de Beelzebú, ¿quién da a vuestros seguidores el poder para expulsarlos? Por eso, ellos mismos demuestran que estáis equivocados. Pero si yo expulso a los demonios por el poder de Dios, es que el reino de Dios ya ha llegado a vosotros. Cuando un hombre fuerte y bien armado cuida de su casa, lo que guarda en ella está seguro. Pero si otro más fuerte que él llega y le vence, le quita las armas en las que confiaba y reparte sus bienes como botín. El que no está conmigo está contra mí; y el que conmigo no recoge, desparrama".

No tiene sentido que Satanás expulse a sus propios demonios. Jesús está restaurando el orden divino, liberando a las personas del poder del maligno y estableciendo el reinado de Dios en sus corazones y en el mundo. En la batalla espiritual, no hay neutralidad. Debemos tomar partido: o estamos del lado de Jesús, participando en su obra de redención, o estamos contra Él, contribuyendo al reino de la oscuridad. ¿Estamos verdaderamente con Jesús, colaborando en la expansión del reino de Dios en la tierra? ¿O estamos perpetuando la división y el caos espiritual? Que nuestras vidas reflejen nuestra elección de seguir a Jesús y trabajar por su Reino, llevando luz y esperanza a un mundo necesitado de salvación.

Os 14,2-10
Sal 80. *Yo soy el Señor, Dios tuyo: escucha mi voz.*
Mc 12,28b-34

Uno de los maestros de la ley, que les había oído discutir, se acercó a Jesús y le preguntó: "¿Cuál es el primero de todos los mandamientos?". Jesús le contestó: "El primer mandamiento de todos es: 'Oye, Israel, el Señor nuestro Dios es el único Señor. Ama al Señor tu Dios con todo tu corazón, con toda tu alma, con toda tu mente y con todas tus fuerzas'. Y el segundo es: 'Ama a tu prójimo como a ti mismo'. Ningún mandamiento es más importante que estos". El maestro de la ley dijo: "Muy bien, Maestro. Es verdad lo que dices: Dios es uno solo y no hay otro fuera de él. Y amar a Dios con todo el corazón, con todo el entendimiento y con todas las fuerzas, y amar al prójimo como a uno mismo, vale más que todos los holocaustos y que todos los sacrificios que se queman en el altar". Al ver Jesús que el maestro de la ley había contestado con buen sentido, le dijo: "No estás lejos del reino de Dios". Y ya nadie se atrevió a hacerle más preguntas.

Amar a Dios con todo nuestro ser es la llamada a la entrega total, al compromiso absoluto con el Señor. Amar a Dios con todo nuestro corazón, alma, mente y fuerzas implica una dedicación completa, una devoción que permea cada aspecto de nuestra vida. Pero Jesús no enseña también un segundo mandamiento intrínsecamente ligado al primero: amar al prójimo como a uno mismo. El maestro de la ley comprende la sabiduría de estas enseñanzas y reconoce su supremacía sobre todos los sacrificios y rituales religiosos. Jesús le dice: «No estás lejos del reino de Dios». Esta afirmación nos recuerda que el camino hacia el reino de Dios comienza con el amor a Dios y al prójimo. Medita hoy sobre esto. ¿Estás amando a Dios con todo tu ser? ¿Estás amando al prójimo como a ti mismo?

Sábado

Os 6,1-6
Sal 50. *Quiero misericordia y no sacrificios.*
Lc 18,9-14

En aquel tiempo Jesús contó esta otra parábola para algunos que se consideraban a sí mismos justos y despreciaban a los demás: "Dos hombres fueron al templo a orar: el uno era fariseo, y el otro era uno de esos que cobran impuestos para Roma. El fariseo, de pie, oraba así: 'Oh Dios, te doy gracias porque no soy como los demás: ladrones, malvados y adúlteros. Ni tampoco soy como ese cobrador de impuestos. Ayuno dos veces por semana y te doy la décima parte de todo lo que gano'. A cierta distancia, el cobrador de impuestos ni siquiera se atrevía a levantar los ojos al cielo, sino que se golpeaba el pecho y decía: '¡Oh Dios, ten compasión de mí que soy pecador!'. Os digo que este cobrador de impuestos volvió a su casa perdonado por Dios; pero no el fariseo. Porque el que a sí mismo se engrandece será humillado, y el que se humilla será engrandecido".

Dios valora la humildad y el reconocimiento de nuestra necesidad de su misericordia. La parábola del fariseo y el publicano nos enseña que la verdadera justicia no se encuentra en las obras externas, sino en un corazón contrito y humilde. El publicano, al reconocer su pecado, encuentra el favor de Dios, mientras que el fariseo, confiado en su propia justicia, se aleja de la gracia divina. *Señor, dame un corazón humilde y contrito. Ayúdame a reconocer mi necesidad de tu misericordia y a no confiar en mis propias obras. Enséñame a vivir con humildad, buscando siempre tu perdón y gracia. Que mi oración sea sincera y mi vida un testimonio de tu amor redentor. Amén.*

Jos 5,9a.10-12

(…) Los israelitas acamparon en Guilgal, y (…), celebraron la Pascua en los llanos de Jericó. Aquel mismo día comieron panes sin levadura, y trigo tostado, pero al día siguiente comieron ya de lo que la tierra producía (…).

Sal 33. *Gustad y ved qué bueno es el Señor.*

2Co 5,17-21

El que está unido a Cristo es una nueva persona. Las cosas viejas pasaron; han sido hechas nuevas. Todo esto es obra de Dios, quien, por medio de Cristo, nos reconcilió consigo mismo y nos dio el encargo de anunciar la reconciliación (…).

Lc 15,1-3.11-32

(…) Jesús les contó esta parábola: "Un hombre tenía dos hijos. El más joven le dijo: 'Padre, dame la parte de la herencia que me corresponde'. Y el padre repartió los bienes entre ellos. Pocos días después, el hijo menor vendió su parte y se marchó lejos, a otro país, donde todo lo derrochó viviendo de manera desenfrenada. Cuando ya no le quedaba nada, (…) comenzó a pasar necesidad. Fue a pedirle trabajo a uno del lugar, que le mandó a sus campos a cuidar cerdos. Y él deseaba llenar el estómago de las algarrobas que comían los cerdos, pero nadie se las daba. Al fin se puso a pensar: '¡Cuántos trabajadores en la casa de mi padre tienen comida de sobra, mientras que aquí yo me muero de hambre! Volveré a la casa de mi padre y le diré: Padre, he pecado contra Dios y contra ti, y ya no merezco llamarme tu hijo: trátame como a uno de tus trabajadores'. Así que se puso en camino y regresó a casa de su padre. Todavía estaba lejos, cuando su padre le vio; y sintiendo compasión de él corrió a su encuentro y le recibió con abrazos y besos. El hijo le dijo: 'Padre, he pecado contra Dios y contra ti, y ya no merezco llamarme tu hijo'. Pero el padre ordenó a sus criados: 'Sacad en seguida las mejores ropas y vestidlo; ponedle también un anillo en el dedo y sandalias en los pies. Traed el becerro cebado y matadlo. ¡Vamos a comer y a hacer fiesta, porque este hijo mío estaba muerto y ha vuelto a vivir; se había perdido y le hemos encontrado!'. Y comenzaron, pues, a hacer fiesta (…).

Las lecturas de hoy nos hacen un regalo inmenso: maravillosas enseñanzas sobre la reconciliación, el amor divino y la misericordia. Cada pasaje nos invita a reflexionar sobre nuestra relación con Dios y con los demás, así como sobre la grandeza de su amor y la necesidad de acogerlo en nuestras vidas.

A través de esta parábola, Jesús nos muestra que Dios siempre está dispuesto a recibirnos de vuelta, sin importar cuánto nos hayamos alejado de Él. Solo necesitamos arrepentirnos sinceramente y regresar a su presencia. En nuestra meditación personal de hoy, podemos reflexionar sobre cómo estamos respondiendo a este amor y misericordia de Dios en nuestras vidas. ¿Estamos dispuestos a dejar atrás nuestro pasado y seguir adelante con fe y confianza en Dios? En este tiempo de Cuaresma, podemos experimentar la alegría y la paz que provienen de vivir en comunión con nuestro Padre celestial.

Señor, que no me sienta inclinado a apegarme a otras posesiones que no sean tu amor y tu voluntad. Amén.

31

Is 65,17-21
Sal 29. *Te ensalzaré, Señor,
porque me has librado.*
Jn 4,43-54

Dos días más tarde salió Jesús de Samaria y continuó su viaje (…). Al llegar a Galilea fue bien recibido por los galileos, porque también ellos habían estado en Jerusalén en la fiesta de la Pascua y habían visto todo lo que él hizo entonces. Jesús regresó a Caná de Galilea, donde había convertido el agua en vino. Se encontraba allí un alto oficial del rey, que tenía un hijo enfermo en Cafarnaún. Cuando este oficial supo que Jesús había llegado de Judea a Galilea, fue a verle y le rogó que bajase a su casa a sanar a su hijo, que se estaba muriendo. Jesús le contestó: "No creeréis, si no veis señales y milagros". Pero el oficial insistió: "Señor, ven pronto, antes que mi hijo muera". Jesús le dijo entonces: "Vuelve a casa. Tu hijo vive". El hombre creyó lo que Jesús le había dicho, y se fue. Mientras regresaba a casa, sus criados salieron a su encuentro y le dijeron: "¡Tu hijo vive!". Les preguntó a qué hora había comenzado a sentirse mejor su hijo, y le contestaron: "Ayer, a la una de la tarde, se le quitó la fiebre". El padre se dio cuenta entonces de que a esa misma hora le había dicho Jesús: "Tu hijo vive". Y él y toda su familia creyeron en Jesús (…).

Hoy las lecturas nos presentan una visión de esperanza y renovación. En un mundo lleno de tragedias, injusticias y sufrimiento, la promesa de un cielo nuevo y una tierra nueva nos ofrece consuelo y confianza. A pesar de los desafíos y las pruebas de la vida, Dios promete amorosamente restaurar su creación y traer plenitud y alegría. En este nuevo orden, no habrá lugar para el sufrimiento ni la muerte. Cierra ahora tus ojos y trata de ver a Jesús, diciendo con autoridad y amor: «Vuelve a casa. Tu hijo vive». Ahora piensa en tus problemas y en tu seguridad en Jesús. En medio de la incertidumbre y la adversidad, ¿tienes esa misma confianza en el poder sanador y transformador de Jesús en tu propia vida? ¿Estás dispuesto a creer en su Palabra y a confiar en su plan, incluso cuando las circunstancias parecen desfavorables?

Ez 47,1-9.12
Sal 45. *El Señor de los ejércitos está con nosotros, nuestro alcázar es el Dios de Jacob.*
Jn 5,1-16

(...) En Jerusalén, cerca de la puerta llamada de las Ovejas, hay un estanque llamado en hebreo Betzatá. Tiene cinco pórticos, en los que, echados en el suelo, se encontraban muchos enfermos, ciegos, cojos y tullidos. Había entre ellos un hombre enfermo desde hacía treinta y ocho años. Cuando Jesús lo vio allí tendido y supo del mucho tiempo que llevaba enfermo, le preguntó: "¿Quieres recobrar la salud?". El enfermo le contestó: "Señor, no tengo a nadie que me meta en el estanque cuando se remueve el agua. Para cuando llego, ya se me ha adelantado otro". Jesús le dijo: "Levántate, recoge tu camilla y anda". En aquel momento el hombre recobró la salud, recogió su camilla y echó a andar (...). Después, en el templo, Jesús se encontró con él y le dijo: "Mira, ahora que ya has recobrado la salud no vuelvas a pecar, no sea que te pase algo peor" (...). Por eso los judíos perseguían a Jesús, porque hacía tales cosas en sábado.

Jesús ve al hombre enfermo, conoce su historia y comprende su dolor. Con una pregunta, le ofrece una oportunidad: «¿Quieres recobrar la salud?». Es la posibilidad de un comienzo, de una vida transformada. La respuesta del hombre revela su desesperación y su impotencia. Pero Jesús solo necesita su fe, su disposición a confiar en Él. Con una palabra, lo libera de su aflicción y le devuelve la capacidad de andar. Después le advierte sobre el peligro del pecado. No es sino un recordatorio amoroso de que la verdadera sanidad va más allá del cuerpo y alcanza también el alma. Nunca olvidemos que la verdadera libertad y la verdadera sanidad se encuentran en la confianza en Jesús, en obedecer su palabra y en vivir en su amor.

Is 49,8-15
Sal 144. *El Señor es clemente y misericordioso.*
Jn 5,17-30

En aquel tiempo Jesús les dijo: "Mi Padre no cesa de trabajar y yo también trabajo". Por eso los judíos tenían aún más ganas de matarle, porque no sólo no observaba el mandato sobre el sábado, sino que además se hacía igual a Dios al decir que Dios era su propio Padre. Jesús les dijo: "Os aseguro que el Hijo de Dios no puede hacer nada por su propia cuenta; sólo hace lo que ve hacer al Padre. Todo lo que el Padre hace, lo hace igualmente el Hijo (...). (...) El que no honra al Hijo tampoco honra al Padre, que lo ha enviado. Os aseguro que quien presta aten-ción a mis palabras y cree en el que me envió, tiene vida eterna; y no será condenado, pues ha pasado de la muerte a la vida. (...) Porque así como el Padre tiene vida en sí mismo, así también ha hecho que el Hijo tenga vida en sí mismo, y le ha dado autoridad para juzgar, por cuanto que es el Hijo del hombre. No os admiréis de esto, porque va a llegar la hora en que todos los muertos oirán su voz y saldrán de las tumbas. Los que hicieron el bien resucitarán para tener vida, pero los que hicieron el mal resucitarán para ser condenados. Yo no puedo hacer nada por mi propia cuenta. Juzgo según el Padre me ordena, y mi juicio es justo, porque no trato de hacer mi voluntad sino la voluntad del Padre, que me ha enviado".

Deja que las palabras del profeta penetren en lo más profundo de tu ser. Isaías proclama que ha llegado el día de la salvación en el que Dios extiende su mano para ayudarnos. En su misericordia, Dios nos protege, establece su pacto con nosotros y nos promete restauración y liberación. Y Jesús, el Hijo del Padre, «solo hace lo que ve hacer al Padre». En medio de cada panorama desolador, Dios te asegura que nunca te abandonará, que su amor y su cuidado son eternos e inquebrantables. Su amor perdura para siempre. *Señor, que pueda vivir cada día en la certeza de tu cuidado y protección, confiando en que tu bondad nunca me abandonará. Amén.*

Ex 32,7-14
Sal 105. *Acuérdate de mí,
Señor, por amor a tu pueblo.*
Jn 5,31-47

En aquel tiempo dijo Jesús: "Si yo diera testimonio en favor mío, mi testimonio no valdría como prueba; pero hay otro que da testimonio en mi favor, y me consta que su testimonio sí vale como prueba. (...) Lo que yo hago, que es lo que el Padre me encargó que hiciera, prueba que de veras el Padre me ha enviado. Y también el Padre, que me ha enviado, da testimonio a mi favor, a pesar de que nunca habéis oído su voz ni lo habéis visto ni su mensaje ha penetrado en vosotros, porque no creéis en aquel que el Padre envió. Estudiáis las Escrituras con toda atención porque esperáis encontrar en ellas la vida eterna; y precisamente las Escrituras dan testimonio de mí. Sin embargo, no queréis venir a mí para tener esa vida. Yo no acepto honores que vengan de los hombres. Además os conozco y sé que no amáis a Dios. Yo he venido en nombre de mi Padre y no me aceptáis; en cambio aceptaríais a cualquier otro que viniera en nombre propio. ¿Cómo podéis creer, si recibís honores unos de otros y no buscáis los honores que vienen del Dios único? No creáis que yo os voy a acusar delante de mi Padre (...)".

Jesús nos invita a contemplar su misión divina, a reconocer la luz que ilumina su camino. Él nos guía hacia la verdad y la vida eterna. Jesús, el Hijo, revela que su misión procede del Padre, quien le ha enviado para llevar a cabo su obra redentora en el mundo. Nos recuerda que Él mismo es la encarnación de esa vida eterna, el cumplimiento de las profecías y promesas divinas. Y que la verdadera fe no se basa en la búsqueda de honores terrenales, sino en la humilde aceptación de la voluntad divina. *Ayúdame, Señor, a buscar la verdad y la vida solo en ti, el Hijo de Dios. Que reconozca y acepte tu testimonio divino, y permita que tu luz ilumine mi corazón y me guíe hacia la plenitud de la fe y la salvación. Amén.*

Sab 2,1a.12-22
Sal 33. *El Señor está cerca de los atribulados.*
Jn 7,1-2.10.25-30

Algún tiempo después andaba Jesús por la región de Galilea, pues no quería seguir en Judea porque los judíos lo buscaban para matarlo. Se acercaba la fiesta de las Enramadas, una de las fiestas de los judíos. Cuando ya se habían ido sus hermanos, también Jesús fue a la fiesta, aunque no lo hizo públicamente sino casi en secreto. Algunos de los que vivían en Jerusalén empezaron entonces a preguntar: "¿No es a éste a quien andan buscando para matarle? Pues ahí está, hablando en público, y nadie le dice nada. ¿Será que verdaderamente las autoridades creen que este hombre es el Mesías? Pero nosotros sabemos de dónde viene; en cambio, cuando venga el Mesías, nadie sabrá de dónde viene". Al oír esto, Jesús, que estaba enseñando en el templo, dijo con voz fuerte: "¡Así que vosotros me conocéis y sabéis de dónde vengo! Pues yo no he venido por mi propia cuenta, sino enviado por aquel que es digno de confianza y a quien vosotros no conocéis. Yo le conozco, porque vengo de él y él me ha enviado". Entonces quisieron apresarle, pero nadie le echó mano porque todavía no había llegado su hora.

Aquellos que se apartan de Dios buscan destruir al justo, al que se atreve a vivir conforme a la voluntad divina. Motivados por la envidia, buscan desacreditar al que se destaca por su integridad y su fidelidad a Dios. En cambio, el justo confía en la protección de Dios. Su fe le da fortaleza y esperanza. Estas lecturas nos invitan a reflexionar. ¿Somos como los impíos, cegados por la envidia y el resentimiento? ¿Dudamos de Jesús, de su Iglesia, «porque sabemos de dónde viene»? *Señor, que pueda reconocer siempre que la verdadera sabiduría reside en vivir conforme a tu voluntad divina, incluso cuando me enfrento a la oposición y la persecución del mundo. Amén.*

Jr 11,18-20
Sal 7. *Señor, Dios mío, a ti me acojo.*
Jn 7,40-53

Entre la gente se encontraban algunos que al oír a Jesús hablar dijeron: "Seguro que este hombre es el profeta". Otros decían: "Éste es el Mesías". Pero otros decían: "No, porque el Mesías no puede venir de Galilea. La Escritura dice que el Mesías ha de ser descendiente del rey David y que procederá de Belén, del mismo pueblo de David". Así que la gente se dividió por causa de Jesús. Algunos querían apresarle, pero nadie llegó a ponerle las manos encima. Los guardias del templo volvieron a donde estaban los fariseos y los jefes de los sacerdotes, que les preguntaron: "¿Por qué no lo habéis traído?". Contestaron los guardias: "¡Nadie ha hablado nunca como él!". Los fariseos les dijeron entonces: "¿También vosotros os habéis dejado engañar? ¿Acaso ha creído en él alguno de nuestros jefes o de los fariseos? Pero esta gente que no conoce la ley está maldita". Nicodemo, el fariseo que en una ocasión había ido a ver a Jesús, les dijo: "Según nuestra ley, no podemos condenar a un hombre sin antes haberle oído para saber lo que ha hecho". Le contestaron: "¿También tú eres galileo? Estudia las Escrituras y verás que ningún profeta ha venido de Galilea". Y cada uno se fue a su casa.

Los líderes religiosos se muestran desconfiados, consideran que la gente común está equivocada por creer en Jesús, pues no encaja en su interpretación de las Escrituras. De aquí surge una pregunta fundamental: ¿Quién es Jesús para nosotros? ¿Estamos dispuestos a abrir nuestros corazones y mentes para escuchar su voz y reconocer su autoridad? ¿O nos aferramos obstinadamente a nuestras propias interpretaciones y tradiciones? *Que podamos discernir su presencia entre nosotros y acogerlo como el Salvador y Señor, permitiendo que su luz ilumine nuestro camino y guíe nuestros pasos. Amén.*

Is 43,16-21

El Señor abrió un camino a través del mar, un sendero por entre las aguas impetuosas; hizo salir todo un poderoso ejército, con sus carros y caballos, para destruirlo. (…) Ahora dice el Señor a su pueblo: "Ya no recuerdes el ayer, no pienses más en cosas del pasado. Yo voy a hacer algo nuevo, y verás que ahora mismo va a aparecer. Voy a abrir un camino en el desierto y ríos en la tierra estéril (…)".

Sal 125. *El Señor ha estado grande con nosotros y estamos alegres.*

Flp 3,8-14

Aún más, a nada concedo valor cuando lo comparo con el bien supremo de conocer a Cristo Jesús, mi Señor. Por causa de Cristo lo he perdido todo, y todo lo considero basura a cambio de ganarlo a él (…). Hermanos, no creo haberlo alcanzado aún; lo que sí hago es olvidarme de lo que queda atrás y esforzarme por alcanzar lo que está delante, para llegar a la meta y ganar el premio que Dios nos llama a recibir por medio de Cristo Jesús.

Jn 8,1-11

(…) Los maestros de la ley y los fariseos llevaron entonces a una mujer que había sido sorprendida en adulterio (…) y dijeron a Jesús: "Maestro, esta mujer ha sido sorprendida en el acto mismo del adulterio. En nuestra ley, Moisés ordena matar a pedradas a esta clase de mujeres. Y tú, ¿qué dices?". Preguntaron esto para ponerle a prueba y tener algo de qué acusarle, pero Jesús se inclinó y se puso a escribir en la tierra con el dedo. Luego, como seguían preguntándole, se enderezó y les respondió: "El que de vosotros esté sin pecado, que le arroje la primera piedra". Volvió a inclinarse y siguió escribiendo en la tierra. Al oír esto, uno tras otro fueron saliendo, empezando por los más viejos. Cuando Jesús se encontró solo con la mujer, que se había quedado allí, se enderezó y le preguntó: "Mujer, ¿dónde están? ¿Ninguno te ha condenado?". Contestó ella: "Ninguno, Señor". Jesús le dijo: "Tampoco yo te condeno. Vete y no vuelvas a pecar".

El profeta Isaías nos invita a dejar atrás el pasado y mirar hacia adelante, hacia la obra nueva que Dios está haciendo en nuestras vidas. Nos asegura que Dios está presente en medio de nuestras pruebas y necesidades, dispuesto a saciar nuestra sed y a conducirnos a la tierra prometida.

El salmo nos recuerda que, incluso en los momentos de tribulación, Dios está con nosotros, trayendo alegría y esperanza a nuestras vidas. El apóstol Pablo nos llama a dejar atrás nuestras viejas formas de pensar y vivir, y a esforzarnos por alcanzar la meta de la plenitud en Cristo. El evangelio de hoy nos presenta el conmovedor encuentro de Jesús con la mujer sorprendida en adulterio. En lugar de condenarla, Jesús le ofrece perdón y una nueva oportunidad de vida. Nos recuerda que, aunque hayamos fallado, siempre podemos acudir a Jesús en busca de misericordia y restauración.

Que en esta Cuaresma, Señor, pueda experimentar tu gracia transformadora en mi vida, y permita que tu amor y tu perdón me guíen hacia la plenitud de la vida en Cristo. Amén.

7 ABRIL

Lunes

San Juan Bautista de la La Salle (c)

Dn 13,1-9.15-17.19-30.33-62
Sal 22. *Aunque camine por cañadas oscuras, nada temo, porque tú vas conmigo.*
Jn 8,12-20

Jesús se dirigió otra vez a la gente, diciendo: "Yo soy la luz del mundo. El que me siga tendrá la luz que le da vida y nunca andará en oscuridad". Los fariseos le dijeron: "Tú estás dando testimonio a favor tuyo; ese testimonio no tiene valor". Jesús les contestó: "Mi testimonio sí tiene valor, aunque lo dé yo mismo a mi favor, pues yo sé de dónde procedo y a dónde voy. En cambio, vosotros no lo sabéis. Vosotros juzgáis según los criterios humanos. Yo no juzgo a nadie; y si juzgo, mi juicio es conforme a la verdad, porque no juzgo yo solo, sino que el Padre, que me envió, juzga conmigo. En vuestra ley está escrito que cuando dos testigos dicen lo mismo, su testimonio es válido. Pues bien, yo mismo soy un testigo a mi favor, y el Padre, que me envió, es el otro testigo". Le preguntaron: "¿Dónde está tu Padre?". Jesús les contestó: "Vosotros no me conocéis, ni tampoco a mi Padre; si me conocierais, conoceríais también a mi Padre". Jesús dijo estas cosas mientras enseñaba en el templo, en el lugar donde estaban las arcas de las ofrendas. Pero nadie le apresó, porque todavía no había llegado su hora.

Jesús se presenta como la luz que ilumina el camino hacia la verdad y la salvación. Quienes lo siguen no vagan en la oscuridad del error y la confusión. Jesús nos llama permanentemente a conocerlo verdaderamente y a comprender su relación con el Padre. Continúa ofreciendo su luz y su verdad a todos los que estén dispuestos a recibirlas. Abre el corazón a la luz de Cristo, síguelo con valentía y confianza, y permite que su verdad transformadora ilumine cada rincón de tu existencia. *Señor, que pueda caminar en la luz de tu amor y gracia, y encuentre la plenitud de vida que solo Tú me puedes ofrecer. Amén.*

Nm 21,4-9
Sal 101. *Señor, escucha mi oración, que mi grito llegue hasta ti.*
Jn 8,21-30

Jesús les volvió a decir: "Yo me voy, y vosotros me buscaréis, pero moriréis en vuestro pecado. A donde yo voy vosotros no podéis ir". Los judíos decían: "¿Acaso estará pensando en matarse y por eso dice que no podemos ir a donde él va?". Jesús añadió: "Vosotros sois de aquí abajo, pero yo soy de arriba. Vosotros sois de este mundo, pero yo no soy de este mundo. Por eso os he dicho que moriréis en vuestros pecados: porque si no creéis que yo soy, moriréis en vuestros pecados".

Entonces le preguntaron: "¿Quién eres tú?". Jesús les respondió: "En primer lugar, ¿por qué he de hablar con vosotros? Tengo mucho que decir y juzgar de vosotros; pero el que me ha enviado dice la verdad, y lo que yo digo al mundo es lo mismo que le he oído decir a él". Pero ellos no entendieron que les hablaba del Padre. Por eso les dijo: "Cuando levantéis en alto al Hijo del hombre, reconoceréis que yo soy y que no hago nada por mi propia cuenta. Solamente digo lo que el Padre me ha enseñado. El que me ha enviado está conmigo: no me ha dejado solo, porque yo siempre hago lo que le agrada". Al decir Jesús estas cosas, muchos creyeron en él.

Hoy el libro de los Números nos presenta un relato que encierra una poderosa lección espiritual, un recordatorio poderoso de la importancia del arrepentimiento y la confianza en Dios en medio de las dificultades. Nos muestra cómo nuestras quejas y rebeliones pueden separarnos de la gracia divina y llevarnos al sufrimiento y la muerte espiritual. Pero también nos revela el amor y la compasión de quien hizo que su Hijo fuera levantado «en alto», quien está siempre dispuesto a perdonar y a restaurar a aquellos que se vuelven a él con sinceridad.

Dn 3,14-20.91-92.95
Sal: Dn 3,52-56. *A ti gloria y alabanza por los siglos.*

Jn 8,31-42

Jesús dijo a los judíos que habían creído en él: "Si os mantenéis fieles a mi palabra, seréis verdaderamente mis discípulos; conoceréis la verdad, y la verdad os hará libres". Ellos le contestaron: "Nosotros somos descendientes de Abraham y nunca fuimos esclavos de nadie. ¿Cómo dices tú que seremos libres?". Jesús les dijo: "Os aseguro que todos los que pecan son esclavos del pecado. Un esclavo no pertenece para siempre a la familia, pero un hijo sí pertenece a ella para siempre. Así que, si el Hijo os hace libres, seréis verdaderamente libres. Ya sé que sois descendientes de Abraham, pero queréis matarme porque no aceptáis mi palabra. Yo hablo de lo que el Padre me ha mostrado, y vosotros hacéis lo que vuestro padre os ha dicho". Dijeron ellos: "¡Nuestro padre es Abraham!". Pero Jesús les respondió: "Si de veras fuerais hijos de Abraham, haríais lo que él hizo. Pero a mí, que os digo la verdad que Dios me ha enseñado, queréis matarme. ¡Y eso nunca lo hizo Abraham! Vosotros hacéis lo mismo que vuestro padre". Dijeron: "¡Nosotros no somos unos bastardos! ¡Nuestro único padre es Dios!". Jesús les contestó: "Si Dios fuese de veras vuestro padre, me amaríais, porque yo, que estoy aquí, vengo de Dios. No he venido por mi propia cuenta, sino que Dios me ha enviado".

Los judíos, aferrados a su linaje y tradiciones, no comprenden la profundidad de las palabras de Jesús. En nuestras propias vidas, también aparece la tentación de aferrarnos a nuestras identidades y tradiciones terrenales. ¿Estamos dispuestos a dejar de lado nuestras propias ideas y prejuicios para abrazar la verdad que nos hace libres? ¿Estamos dispuestos a reconocer a Jesús como el único camino hacia la verdadera libertad? Señor, ayúdanos a abrir nuestros corazones a tu verdad, a seguirte con valentía y humildad. Que podamos renunciar a cualquier cosa que nos ate al pecado y abrazar la libertad y la vida que encontramos en ti.

Jueves

CUARESMA 5ª SEMANA (f)

Gn 17,3-9
Sal 104. *El Señor se acuerda de su alianza eternamente.*
Jn 8,51-59

En aquel tiempo dijo Jesús: "Os aseguro que quien hace caso a mi palabra no morirá". Los judíos le dijeron: "Ahora estamos seguros de que tienes un demonio. Abraham y todos los profetas murieron, y tú dices: 'Quien hace caso a mi palabra no morirá'. ¿Acaso eres tú más que nuestro padre Abraham? Él murió, y murieron también los profetas. ¿Quién te has creído que eres?". Jesús contestó: "Si yo me honrase a mí mismo, mi honra no valdría nada. Pero el que me honra es mi Padre, el mismo que decís que es vuestro Dios. Pero vosotros no le conocéis. Yo sí le conozco, y si dijera que no le conozco sería tan mentiroso como vosotros. Pero, ciertamente, le conozco y hago caso a su palabra. Abraham, vuestro antepasado, se alegró porque iba a ver mi día: y lo vio, y se llenó de gozo". Los judíos preguntaron a Jesús: "Si todavía no tienes cincuenta años, ¿cómo dices que has visto a Abraham?". Jesús les contestó: "Os aseguro que yo existo desde antes que existiera Abraham". Entonces ellos cogieron piedras para arrojárselas, pero Jesús se escondió y salió del templo.

Dios establece un pacto eterno con Abraham, un vínculo sagrado que trasciende el tiempo y el espacio. Es una alianza en la que Dios se compromete a ser el Dios de Abraham y de su descendencia. A cambio, Dios espera que cumplan con su parte del pacto, viviendo en obediencia y fidelidad a Él. ¿Estamos dispuestos a confiar en la palabra de Dios y a someternos a su voluntad, como lo hizo Abraham? ¿Estamos preparados para recibir las bendiciones que Dios tiene reservadas para nosotros, aunque parezcan imposibles desde nuestra perspectiva limitada? Que podamos experimentar la profundidad y la belleza de la relación que Dios desea tener con cada uno de nosotros, y que podamos vivir en la plenitud de su amor y su gracia.

11 ABRIL

Viernes

SAN ESTANISLAO (c)

Jr 20,10-13
Sal 17. *En el peligro invoqué al Señor, y me escuchó.*
Jn 10,31-42

En aquel tiempo los judíos volvieron a coger piedras para tirárselas, pero Jesús les dijo: "Por el poder de mi Padre he hecho muchas cosas buenas delante de vosotros: ¿por cuál de ellas me vais a apedrear?". Los judíos le contestaron: "No vamos a apedrearte por ninguna cosa buena que hayas hecho, sino porque tus palabras son una ofensa contra Dios. Tú, que no eres más que un hombre, te haces Dios a ti mismo". Jesús les respondió: "En vuestra ley está escrito: 'Yo dije que sois dioses'. Sabemos que no se puede negar lo que dice la Escritura, y Dios llamó dioses a aquellas personas a quienes dirigió su mensaje. Y si Dios me apartó a mí y me envió al mundo, ¿cómo podéis decir que le he ofendido por haber dicho que soy Hijo de Dios? Si no hago las obras que hace mi Padre, no me creáis. Pero si las hago, creed en ellas aunque no creáis en mí, para que de una vez por todas sepáis que el Padre está en mí y yo en el Padre". De nuevo quisieron apresarle, pero Jesús se escapó de sus manos. Regresó Jesús al lado oriental del Jordán, y se quedó allí, en el lugar donde Juan había estado antes bautizando. Muchos fueron a verle y decían: "Ciertamente, aunque Juan no hizo ninguna señal milagrosa, todo lo que decía de este hombre era verdad". Muchos creyeron en Jesús en aquel lugar.

Reflexiona sobre las veces que has tenido que enfrentarte a la adversidad y la hostilidad. Puedes sentir la presión de la incertidumbre, el peso de las expectativas y las amenazas. Pero, en medio de ese tumulto, hay una certeza, una presencia reconfortante que te sostiene. Es el Señor, tu fuerza invencible, tu protector constante. Él está contigo siempre. Confía en que el Señor penetra hasta lo más profundo de los corazones humanos y hace justicia a los afligidos. Agradece al Señor su salvación, su fidelidad inquebrantable. Reconoce su poder para liberarte y permítete sentir su paz que trasciende todo entendimiento.

Sábado

CUARESMA 5ª SEMANA (f)

Ez 37,21-28
Sal: Jr 31,10-13. *El Señor nos guardará como un pastor a su rebaño.*
Jn 11,45-57

(...) Entonces los fariseos y los jefes de los sacerdotes, reunidos con la Junta Suprema, dijeron: "¿Qué haremos? Este hombre está haciendo muchas señales milagrosas. Si le dejamos seguir así, todos van a creer en él, y las autoridades romanas vendrán y destruirán nuestro templo y nuestra nación". Pero uno de ellos llamado Caifás, sumo sacerdote aquel año, les dijo: "Vosotros no sabéis nada. No os dais cuenta de que es mejor para vosotros que muera un solo hombre por el pueblo y no que toda la nación sea destruida". Pero Caifás no habló así por su propia cuenta, sino que, como era sumo sacerdote aquel año, dijo proféticamente que Jesús había de morir por la nación judía, y no sólo por esta nación, sino también para reunir a todos los hijos de Dios que se hallaban dispersos. Desde aquel día, las autoridades judías tomaron la decisión de matar a Jesús. Por eso, Jesús ya no andaba públicamente entre los judíos, sino que se marchó de la región de Judea a un lugar cercano al desierto, a un pueblo llamado Efraín. Allí se quedó con sus discípulos (...).

Disfruta la ironía divina que se revela en este pasaje. Aunque los líderes judíos planean la muerte de Jesús, están contribuyendo al cumplimiento de la voluntad de Dios. La sabiduría divina obra incluso a través de las acciones humanas más mezquinas y egoístas. ¿En qué áreas de tu vida necesitas confiar más en la sabiduría y el plan de Dios, incluso cuando las circunstancias parecen adversas o confusas? ¿Cómo puedes abrir tu corazón a la voluntad divina y permitir que Dios transforme incluso los momentos más oscuros en instrumentos de gracia y redención? En medio de las pruebas y tribulaciones de la vida, confía en el poder y la providencia de Dios; recuerda que su plan es más grande y más perfecto que cualquier cosa que podamos imaginar.

Is 50,4-7

El Señor me ha instruido para que yo consuele a los cansados con palabras de aliento. (...) Ofrecí mis espaldas para que me azotaran, y dejé que me arrancaran la barba. No retiré la cara de los que me insultaban y escupían. El Señor es quien me ayuda: por eso no me hieren los insultos; por eso me mantengo firme como una roca, pues sé que no quedaré en ridículo.

Sal 21. *Dios mío, Dios mío, ¿por qué me has abandonado?*

Flp 2,6-11

Cristo, aunque era de naturaleza divina, (...) renunció a lo que le era propio y tomó naturaleza de siervo. Nació como un hombre, y al presentarse como hombre se humilló a sí mismo y se hizo obediente hasta la muerte, hasta la muerte en la cruz. Por eso, Dios lo exaltó al más alto honor y le dio el más excelente de todos los nombres (...).

Lc 22,14–23,56

Cuando llegó la hora, Jesús y los apóstoles se sentaron a la mesa. (...) Después tomó el pan en sus manos, y habiendo dado gracias a Dios lo partió y se lo dio a ellos (...). Lo mismo hizo con la copa después de la cena, diciendo: "Esta copa es el nuevo pacto confirmado con mi sangre, la cual es derramada en favor vuestro. Pero mirad, la mano del que me va a traicionar está aquí, con la mía, sobre la mesa. (...)". (...) Luego salió Jesús y, según su costumbre, se fue al monte de los Olivos. (...) Se alejó de ellos (...) y se puso a orar de rodillas, diciendo: "Padre, si quieres, líbrame de esta copa amarga; pero no se haga mi voluntad, sino la tuya". (...) El que se llamaba Judas (...) se acercó a besar a Jesús. Jesús le dijo: "Judas, ¿con un beso traicionas al Hijo del hombre?". (...)

Arrestaron entonces a Jesús y lo llevaron a la casa del sumo sacerdote. (…) En esto, una sirvienta, al verle sentado junto al fuego (…) dijo: "También éste estaba con él". Pero Pedro lo negó, diciendo: "Mujer, yo no le conozco". (…) Condujeron a Jesús ante la Junta Suprema, y allí le preguntaron: (…) "¿Así que tú eres el Hijo de Dios?". "Vosotros decís que lo soy" -contestó Jesús. Entonces dijeron ellos: "¿Qué necesidad tenemos de más testigos? (…)". Se levantaron todos y condujeron a Jesús ante Pilato. (…) "¡Crucifícalo! ¡Crucifícalo!". (…) Cuando llegaron al sitio llamado de la Calavera, crucificaron a Jesús y a los dos malhechores (…). Jesús dijo: "Padre, perdónalos porque no saben lo que hacen". (…) Jesús, gritando con fuerza, dijo: "¡Padre, en tus manos encomiendo mi espíritu!". Dicho esto, murió (…).

«Dios mío, Dios mío, ¿por qué me has abandonado?». Estas palabras nos invitan a reflexionar sobre el profundo misterio del sufrimiento humano y la confianza inquebrantable en la providencia divina, incluso en los momentos más oscuros.

Contemplamos la última cena de Jesús con los discípulos, su agonía en el huerto de Getsemaní, la traición por parte de Judas, el juicio injusto y la crucifixión en el monte Calvario. En cada uno de estos momentos, vemos la fidelidad y el amor inquebrantable de Jesús hacia el Padre y hacia la humanidad pecadora. Durante esta semana, nos unimos a Él en su sufrimiento, pero también en su esperanza y su victoria sobre la muerte.

Señor mío, tuya es la victoria final, recuérdame que también he de vivir contigo tu sufrimiento, haz que no vacile por ello mi fe. Amén.

Is 42,1-7
Sal 26. *El Señor es mi luz y mi salvación.*
Jn 12,1-11

Seis días antes de la Pascua fue Jesús a Betania, donde vivía Lázaro, a quien había resucitado. Allí hicieron una cena en honor de Jesús. Marta servía, y Lázaro era uno de los que estaban a la mesa comiendo con él. María, tomando unos trescientos gramos de perfume de nardo puro, muy caro, perfumó los pies de Jesús y luego los secó con sus cabellos. Toda la casa se llenó del aroma del perfume. Entonces Judas Iscariote, uno de los discípulos, aquel que iba a traicionar a Jesús, dijo: "¿Por qué no se ha vendido este perfume por trescientos denarios, para ayudar a los pobres?". Pero Judas no dijo esto porque le importasen los pobres, sino porque era ladrón y, como tenía a su cargo la bolsa del dinero, robaba del que allí ponían. Jesús le dijo: "Déjala, porque ella estaba guardando el perfume para el día de mi entierro. A los pobres siempre los tendréis entre vosotros, pero a mí no siempre me tendréis". Muchos judíos, al enterarse de que Jesús estaba en Betania, fueron allá, no sólo por Jesús, sino también por ver a Lázaro, a quien Jesús había resucitado. Entonces los jefes de los sacerdotes decidieron matar también a Lázaro, porque por causa suya muchos judíos se separaban de ellos y creían en Jesús.

Penetramos en el gran misterio de la redención. Se nos invita a reflexionar sobre la figura del Siervo de Dios, quien es elegido para llevar la justicia a todas las naciones. Este Siervo es un instrumento de salvación, una luz para las naciones, que trae esperanza y libertad a los oprimidos. María, que derrama un costoso perfume sobre los pies de Jesús, demuestra su profundo amor y devoción hacia Él. Este acto entrañable es contrapuesto a la actitud de Judas, que, motivado por la avaricia y la traición, critica y expone su verdadera naturaleza. ¿Somos como María o como Judas? Que nuestra vida sea un reflejo del Siervo de Dios, y llevemos la luz de su amor y salvación a todos los que nos rodean. Amén.

Martes

Martes santo (f)

Is 49,1-6

Sal 70. *Mi boca contará tu salvación, Señor.*

Jn 13,21-33.36-38

Habiendo dicho estas cosas, Jesús, profundamente conmovido, añadió con toda claridad: "Os aseguro que uno de vosotros me va a traicionar". Los discípulos comenzaron a mirarse unos a otros, sin saber a quién se refería. Uno de sus discípulos, al que Jesús quería mucho, estaba cenando junto a él, y Simón Pedro le hizo señas para que le preguntara a quién se refería. Él, acercándose más a Jesús, le preguntó: "Señor, ¿quién es?". "Voy a mojar un trozo de pan -le contestó Jesús-, y a quien se lo dé, ése es". En seguida mojó un trozo de pan y se lo dio a Judas, hijo de Simón Isca-riote. Tan pronto como Judas tomó el pan, Satanás entró en su corazón. Jesús le dijo: "Lo que vas a hacer, hazlo pronto". Pero ninguno de los que estaban cenando a la mesa entendió por qué se lo había dicho. (...) Judas tomó aquel trozo de pan y salió en seguida. Ya era de noche. Después de haber salido Judas, Jesús dijo: "(...) Hijitos míos, ya no estaré mucho tiempo con vosotros. Me buscaréis, pero lo mismo que dije a los judíos os digo ahora a vosotros: No podréis ir a donde yo voy" (...) Pedro le dijo: "Señor, ¿por qué no puedo seguirte ahora? ¡Estoy dispuesto a dar mi vida por ti!". Jesús le respondió: "¿De veras estás dispuesto a dar tu vida por mí? Pues te aseguro que antes de que cante el gallo me negarás tres veces".

La traición de Judas es un recordatorio de cómo el amor puede ser pervertido por el egoísmo y la ambición. A pesar de haber sido testigo de los milagros y enseñanzas de Jesús, elige traicionar a su Maestro por un beneficio personal. Su acción nos muestra la realidad de la fragilidad humana. Por otro lado, Pedro, lleno de confianza en sí mismo, declara estar dispuesto a dar su vida por su Maestro. Jesús le anuncia su negación. La profecía de Jesús nos muestra la vulnerabilidad y la debilidad del ser humano. Que este Martes Santo sea un recordatorio de la necesidad de permanecer cerca de Cristo, siguiendo su ejemplo de amor y fidelidad hasta el final.

16 ABRIL

Miércoles

MIÉRCOLES SANTO (f)

Is 50,4-9a

Sal 68. *Señor, que me escuche tu gran bondad el día de tu favor.*

Mt 26,14-25

Uno de los doce discípulos, el llamado Judas Iscariote, fue a ver a los jefes de los sacerdotes y les preguntó: "¿Cuánto me daréis, si os entrego a Jesús?". Ellos señalaron el precio: treinta monedas de plata. A partir de entonces, Judas empezó a buscar una ocasión oportuna para entregarles a Jesús. El primer día de la fiesta en que se comía el pan sin levadura, los discípulos se acercaron a Jesús y le preguntaron: "¿Dónde quieres que te preparemos la cena de Pascua?". Él les contestó: "Id a la ciudad, a casa de Fulano, y decidle: 'El Maestro dice: Mi hora está cerca, y voy a tu casa a celebrar la Pascua con mis discípulos'". Los discípulos hicieron como Jesús les había mandado y prepararon la cena de Pascua. Al llegar la noche, Jesús se había sentado a la mesa con los doce discípulos; y mientras cenaban les dijo: "Os aseguro que uno de vosotros me va a traicionar". Ellos, llenos de tristeza, comenzaron a preguntarle uno tras otro: "Señor, ¿acaso soy yo?". Jesús les contestó: "Uno que moja el pan en el mismo plato que yo, va a traicionarme. El Hijo del hombre ha de recorrer el camino que dicen las Escrituras, pero ¡ay de aquel que le traiciona! ¡Más le valdría no haber nacido!". Entonces Judas, el que le estaba traicionando, le preguntó: "Maestro, ¿acaso soy yo?". "Tú lo has dicho" -contestó Jesús.

Las lecturas de hoy son de una profundidad emocional y espiritual significativa. Ahí están el sufrimiento, la traición y la redención; aspectos centrales de la Semana Santa. Los llamados «Cantos del Siervo» muestran un modelo de paciencia y obediencia. A pesar de enfrentar sufrimientos extremos, el Siervo se mantiene firme y confiado en la ayuda de Dios. La Semana Santa nos invita a reflexionar sobre el misterio del sufrimiento humano y la promesa de redención. Somos llamados a contemplar nuestra propia vulnerabilidad, y al mismo tiempo, la infinita misericordia de Dios. Se trata de un diálogo introspectivo sobre la transformación personal.

Jueves

JUEVES SANTO

Ex 12,1-8.11-14
Sal 115. *El cáliz de la bendición es comunión con la sangre de Cristo.*
1Co 11,23-26
Jn 13,1-15

Era la víspera de la fiesta de la Pascua. (…) Durante la cena, (…) se levantó de la mesa, se quitó la ropa exterior y se puso una toalla a la cintura. Luego vertió agua en una palangana y comenzó a lavar los pies de los discípulos y a secárselos con la toalla que llevaba a la cintura. Cuando iba a lavar los pies a Simón Pedro, éste le dijo: "Señor, ¿vas tú a lavarme los pies?". Jesús le contestó: "Ahora no entiendes lo que estoy haciendo, pero más tarde lo entenderás". Pedro dijo: "¡Jamás permitiré que me laves los pies!". Respondió Jesús: "Si no te lavo no podrás ser de los míos". Simón Pedro le dijo: "¡Entonces, Señor, no sólo los pies, sino también las manos y la cabeza!". Pero Jesús le respondió: "El que está recién bañado no necesita lavarse más que los pies, porque todo él está limpio. Y vosotros estáis limpios, aunque no todos". Dijo: "No estáis limpios todos", porque sabía quién le iba a traicionar". Después de lavarles los pies, Jesús volvió a ponerse la ropa exterior, se sentó de nuevo a la mesa y les dijo: "¿Entendéis lo que os he hecho? Vosotros me llamáis Maestro y Señor, y tenéis razón porque lo soy. Pues si yo, el Maestro y Señor, os he lavado los pies, también vosotros debéis lavaros los pies unos a otros. Os he dado un ejemplo para que vosotros hagáis lo mismo que yo os he hecho".

Al lavar los pies de sus discípulos, Jesús establece un modelo de liderazgo y comunidad basado en el amor y el servicio desinteresado. Este acto se convierte en un mandato para todos los que le siguen. El Jueves Santo nos introduce profundamente en los misterios de la fe cristiana, reflexionando sobre los eventos de la Pasión de Cristo, prefigurados ya por la historia de la salvación del Antiguo Testamento. Hoy debemos recordar, con emoción y gratitud, que los seguidores de Jesús estamos alimentados por su cuerpo y sangre en la Eucaristía, y a la vez somos llamados a servir a los demás como Él.

18 ABRIL

Viernes

Is 52,13–53,12
Sal 30. *Padre, a tus manos encomiendo mi espíritu.*
Hb 4,14-16; 5,7-9
Jn 18,1-19,42

Después de decir estas cosas, (…) arrestaron a Jesús y lo ataron. Le llevaron (…) al palacio del gobernador romano. (…) Pilato volvió a entrar en el palacio, llamó a Jesús y le preguntó: "¿Eres tú el Rey de los judíos?". Jesús le dijo: "(…) Mi reino no es de este mundo. Si lo fuese, mis servidores habrían luchado para que yo no fuera entregado a los judíos. Pero mi reino no es de aquí". Le preguntó entonces Pilato: "¿Así que tú eres rey?". Jesús le contestó: "Tú lo has dicho: soy rey. Yo nací y vine al mundo para decir lo que es la verdad. Y todos los que pertenecen a la verdad, me escuchan". (…) Pilato, entonces, ordenó que azotaran a Jesús. Además, los soldados tejieron una corona de espinas y la pusieron en la cabeza de Jesús, y le vistieron con una capa de color rojo oscuro. Luego se acercaban a él, diciendo: "¡Viva el Rey de los judíos!". Y le golpeaban en la cara. (…) Entonces Pilato les entregó a Jesús para que lo crucificaran (…). Junto a la cruz de Jesús estaban su madre y la hermana de su madre (…). Cuando Jesús vio a su madre y junto a ella al discípulo a quien él quería mucho, dijo a su madre: "Mujer, ahí tienes a tu hijo". Luego dijo al discípulo: "Ahí tienes a tu madre". (…) Después de esto, como Jesús sabía que ya todo se había cumplido, (…) dijo: "Todo está cumplido". Luego inclinó la cabeza y murió (…).

Penetramos en el impresionante misterio de la Pasión de Cristo: el sufrimiento redentor que Jesús experimentó por amor a la humanidad. Las lecturas nos llaman a la contemplación y al entendimiento más profundo de la redención. Jesús experimentó la totalidad de la condición humana. Nuestro Redentor está completamente identificado con los sufrimientos. Y por supuesto, también con los tuyos. No lo olvides cada vez que te toca afrontar una contrariedad o una injusticia. Jesús nos ha trazado el camino a través de su propia experiencia. La cruz, lejos de ser un instrumento de tortura, se convierte en el símbolo supremo del amor redentor.

Gn 1,1–2,2

Sal 103. *Envía tu espíritu, Señor, y repuebla la faz de la tierra.*

Ex 14,15–15,1

Sal: Ex 15,1-6.17-18. *Cantaré al Señor, sublime es su victoria.*

Rm 6,3-11

Lc 24,1-12

Al primer día de la semana las mujeres volvieron al sepulcro muy temprano, (...). Al llegar, encontraron que la piedra que tapaba el sepulcro no se hallaba en su lugar; y entraron, pero no encontraron el cuerpo del Señor Jesús. Estaban asustadas, sin saber qué hacer, cuando de pronto vieron a dos hombres de pie junto a ellas, vestidos con ropas brillantes. Llenas de miedo se inclinaron hasta el suelo, pero aquellos hombres les dijeron: "¿Por qué buscáis entre los muertos al que está vivo? No está aquí. Ha resucitado. Acordaos de lo que os dijo cuando aún se hallaba en Galilea: que el Hijo del hombre había de ser entregado en manos de pecadores, que lo crucificarían y que al tercer día resucitaría". Entonces recordaron ellas las palabras de Jesús, y al regresar del sepulcro contaron todo esto a los once apóstoles y a los demás. Las que llevaron la noticia a los apóstoles fueron María Magdalena, Juana, María madre de Santiago, y las otras mujeres. Pero a los apóstoles les parecía una locura lo que ellas contaban, y no las creían. Sin embargo, Pedro fue corriendo al sepulcro. Miró dentro, pero no vio más que las sábanas. Entonces volvió a casa admirado de lo que había sucedido.

Todas nuestras oraciones y pensamientos de hoy deben estar orientados a la celebración de la Resurrección. El poder redentor de Dios trasciende el tiempo y el espacio. Cada lectura nos invita a reconocer y celebrar la obra continua de Dios renovando y transformando todas las cosas. Dios de eternidad, en esta noche, cuando encendemos el Cirio que disipa la oscuridad, enciende también la llama de la esperanza en nuestras almas. ¡Que la luz de Cristo brille iluminando nuestras mentes y fortaleciendo nuestros corazones! Ayúdame a pasar de la muerte a la vida, de la desesperación a la esperanza, de la oscuridad a tu luz admirable. Renueva en mí las promesas del bautismo, por las que renuncié al mal y prometí servirte fielmente. Amén.

Hch 10,34a.37-43

(…) Pedro comenzó entonces a hablar, diciendo: "Vosotros ya sabéis lo que pasó en toda la tierra de los judíos, comenzando por Galilea, después que Juan proclamara que es necesario bautizarse. Sabéis que Dios llenó de poder y del Espíritu Santo a Jesús de Nazaret, y que éste anduvo haciendo el bien (…). Y nosotros somos testigos de todo lo que hizo en la región de Judea y en Jerusalén. Después lo mataron colgándolo de una cruz; pero Dios le resucitó al tercer día e hizo que se nos apareciera a nosotros (…).

Sal 117. *Éste es el día en que actuó el Señor: sea nuestra alegría y nuestro gozo.*

Col 3,1-4

Hermanos, ya que habéis sido resucitados con Cristo, buscad las cosas del cielo, donde está Cristo sentado a la derecha de Dios. (…) Cristo es vuestra vida. Cuando él aparezca, vosotros también apareceréis con él y tendréis parte en su gloria.

Jn 20,1-9

El primer día de la semana, María Magdalena fue al sepulcro muy temprano, cuando todavía estaba oscuro, y vio quitada la piedra que tapaba la entrada. Corrió entonces a donde estaban Simón Pedro y el otro discípulo, aquel a quien Jesús quería mucho, y les dijo: "¡Se han llevado del sepulcro al Señor y no sabemos dónde lo han puesto!". Pedro y el otro discípulo salieron y fueron al sepulcro. Los dos iban corriendo juntos, pero el otro corrió más que Pedro y llegó primero al sepulcro. Se agachó a mirar y vio allí las vendas, pero no entró. Detrás de él llegó Simón Pedro, que entró en el sepulcro. Él también vio allí las vendas, y vio además que la tela que había servido para envolver la cabeza de Jesús no estaba junto a las vendas, sino enrollada y puesta aparte. Entonces entró también el otro discípulo, el que había llegado primero al sepulcro, y vio lo que había pasado y creyó. Y es que todavía no habían entendido lo que dice la Escritura, que él tenía que resucitar.

Hoy el amor de Dios se revela como la fuerza más poderosa del universo. Este día luminoso, marca el triunfo de la vida sobre la muerte, de la luz sobre la oscuridad y del amor sobre el odio. Este es el día en el que la Iglesia y los fieles en todo el mundo celebran el misterio más profundo y alegre de la fe cristiana: la Resurrección de Jesucristo. Las Escrituras resuenan hoy con un mensaje de esperanza y renovación. La tumba vacía no es un punto final, sino un portal hacia una nueva creación. «¿Por qué buscáis entre los muertos al que está vivo? ¡No está aquí, ha resucitado!» Este anuncio es el corazón palpitante de nuestra fe. Es una invitación a renacer, a dejar atrás nuestras propias tumbas de negatividad, desesperación y miedo.

Como creyentes en Cristo, estamos llamados a buscar lo que es del cielo. ¡Levanta pues la mirada! Fija tu corazón en realidades más altas, como ciudadano del reino de Dios que eres. Cada encuentro, cada gesto de bondad y cada palabra de consuelo pueden ser signos de la Resurrección. ¡Cristo ha resucitado! Verdaderamente, ¡ha resucitado!

21 ABRIL

Lunes

OCTAVA DE PASCUA

Hch 2,14.22-33
Sal 15. *Protégeme, Dios mío,
que me refugio en ti.*
Mt 28,8-15

Las mujeres se alejaron a toda prisa del sepulcro, asustadas pero, a la vez, con mucha alegría, y corrieron a llevar la noticia a los discípulos. En esto, Jesús se presentó ante ellas y las saludó. Ellas, acercándose a Jesús, le abrazaron los pies y le adoraron. Él les dijo: "No tengáis miedo. Id a decir a mis hermanos que se dirijan a Galilea, y que allí me verán". Mientras las mujeres iban de camino, algunos soldados de la guardia llegaron a la ciudad y contaron a los jefes de los sacerdotes todo lo que había sucedido. Estos jefes se reunieron con los ancianos para, de común acuerdo, dar mucho dinero a los soldados y advertirles: "Decid que durante la noche, mientras dormíais, los discípulos de Jesús vinieron y robaron el cuerpo. Y si el gobernador se entera de esto, nosotros le convenceremos y os evitaremos dificultades". Los soldados tomaron el dinero e hicieron como se les había dicho. Y ésa es la explicación que hasta el día de hoy circula entre los judíos.

El sepulcro vacío desafía la lógica humana. La revelación divina choca con la reacción de los soldados y los líderes religiosos. Es el contraste entre la fe y el miedo, entre la verdad y la manipulación. Los líderes, temerosos de perder su poder y autoridad, optan por sobornar y propagar falsedades. El relato nos invita a reflexionar sobre la manera en que enfrentamos las verdades que alteran nuestra realidad. ¿Respondemos con miedo y negación, o con fe y apertura a lo nuevo? ¿Podemos reconocer los momentos de revelación en nuestras propias vidas? La resurrección de Jesús no es solo un evento para ser creído, sino una experiencia para ser vivida.

Hch 2,36-41
Sal 32. *La misericordia del Señor llena la tierra.*
Jn 20,11-18

María se quedó fuera, junto al sepulcro, llorando. Y llorando como estaba, se agachó a mirar dentro y vio dos ángeles vestidos de blanco, sentados donde había estado el cuerpo de Jesús, uno a la cabecera y el otro a los pies. Los ángeles le preguntaron: "Mujer, ¿por qué lloras?". Ella les dijo: "Porque se han llevado a mi Señor y no sé dónde lo han puesto". Apenas dicho esto, volvió la cara y vio allí a Jesús, aunque no sabía que fuera él. Jesús le preguntó: "Mujer, ¿por qué lloras? ¿A quién buscas?". Ella, pensando que era el que cuidaba el huerto, le dijo: "Señor, si tú te lo has llevado, dime dónde lo has puesto, para que yo vaya a buscarlo". Jesús entonces le dijo: "¡María!" Ella se volvió y le respondió en hebreo: "¡Rabuni! (que quiere decir 'Maestro')". Jesús le dijo: "Suéltame, porque todavía no he ido a reunirme con mi Padre. Pero ve y di a mis hermanos que voy a reunirme con el que es mi Padre y vuestro Padre, mi Dios y vuestro Dios". Entonces fue María Magdalena y contó a los discípulos que había visto al Señor, y también lo que él le había dicho.

María siente profunda tristeza y desorientación ante el sepulcro. Su encuentro con Jesús resucitado es uno de los más conmovedores en todos los evangelios. En nuestros momentos más oscuros, a menudo no reconocemos la presencia de lo divino. Estamos tan enfocados en nuestra propia percepción de la realidad, tan atrapados en nuestro dolor, que no podemos ver más allá. La llamada de Jesús a María por su nombre es profundamente personal y transformadora. En el sonido de su nombre, pronunciado por la voz del Maestro, está el reconocimiento íntimo de una relación profunda. Cada uno de nosotros es conocido y amado individualmente por Dios; no somos uno más en la multitud. Imagina a Jesús pronunciando tu nombre con una sonrisa…

Hch 3,1-10
Sal 104. *Que se alegren los que buscan al Señor.*
Lc 24,13-35

Dos de los discípulos se dirigían aquel mismo día a un pueblo llamado Emaús (…). Mientras conversaban y discutían, Jesús mismo se les acercó y se puso a caminar a su lado. Pero, aunque le veían, algo les impedía reconocerle. Jesús les preguntó: "¿De qué venís hablando por el camino?". Se detuvieron tristes, y uno de ellos (…) contestó: "(…) Lo de Jesús de Nazaret, que era un profeta poderoso en hechos y palabras delante de Dios y de todo el pueblo. Los jefes de los sacerdotes y nuestras autoridades lo entregaron para que lo condenaran a muerte y lo crucificaran. Nosotros teníamos la esperanza de que él fuese el libertador de la nación de Israel, pero ya han pasado tres días desde entonces. Sin embargo, algunas de las mujeres (…) fueron de madrugada al sepulcro y no encontraron el cuerpo; y volvieron a casa contando que unos ángeles se les habían aparecido y les habían dicho que Jesús está vivo (…)". Jesús (…) se puso a explicarles todos los pasajes de las Escrituras que hablaban de él (…). Cuando estaban sentados a la mesa, tomó en sus manos el pan, y habiendo dado gracias a Dios, lo partió y se lo dio. En ese momento se les abrieron los ojos y (…) dijeron el uno al otro: "¿No es cierto que el corazón nos ardía en el pecho mientras nos venía hablando por el camino y nos explicaba las Escrituras?" (…).

A menudo caminamos en la vida, absortos en nuestras preocupaciones y cegados por nuestras expectativas, sin ser capaces de reconocer la presencia de lo divino. Hoy volvemos a encontrar en el Evangelio un recordatorio de que no estamos solos en nuestro camino lleno de desafíos y dudas. Es una llamada a abrir nuestros ojos y nuestros corazones, a reconocer a Jesús en nuestras vidas, a permitir que las Escrituras nos hablen, y a compartir con otros la Buena Noticia con corazones llenos de amor y esperanza. En cada Eucaristía estamos invitados a recordar que Jesús sigue revelándose en los momentos más inesperados.

Jueves

ABRIL **24**

Hch 3,11-26
Sal 8. *Señor, dueño nuestro, ¡qué admirable es tu nombre en toda la tierra!*
Lc 24,35-48

Ellos contaron (...), y cómo reconocieron a Jesús al partir el pan. Todavía estaban hablando de estas cosas, cuando Jesús se puso en medio de ellos y los saludó diciendo: "Paz a vosotros". Ellos, sobresaltados y muy asustados, pensaron que estaban viendo un espíritu. Pero Jesús les dijo: "¿Por qué estáis tan asustados y por qué tenéis esas dudas en vuestro corazón? Ved mis manos y mis pies: ¡soy yo mismo! Tocadme y mirad: un espíritu no tiene carne ni huesos como veis que yo tengo". Al decirles esto, les mostró las manos y los pies. Pero como ellos no acababan de creerlo, a causa de la alegría y el asombro que sentían, Jesús les preguntó: "¿Tenéis aquí algo de comer?". Le dieron un trozo de pescado asado, y él lo tomó y lo comió en su presencia. Luego les dijo: "A esto me refería cuando, estando aún con vosotros, os anuncié que todo lo que está escrito acerca de mí en la ley de Moisés, en los libros de los profetas y en los salmos, tenía que cumplirse". Entonces les abrió la mente para que comprendieran las Escrituras, y les dijo: "Está escrito que el Mesías tenía que morir y que resucitaría al tercer día; y que en su nombre, y comenzando desde Jerusalén, hay que anunciar a todas las naciones que se vuelvan a Dios, para que él les perdone sus pecados. Vosotros sois testigos de estas cosas".

El saludo de Jesús, «Paz a vosotros», es más que una simple bienvenida; es fruto de la reconciliación definitiva entre Dios y la humanidad. Siente esa paz en tu corazón. La resurrección de Jesús no es solo una victoria sobre la muerte, sino también el punto de partida para una nueva forma de vida. Reflexiona ahora sobre cómo la presencia de Jesús transforma nuestro miedo en misión, nuestro asombro en acción. Estamos llamados a ser testigos de estas verdades, no solo como historias del pasado, sino como realidades vivas que deben ser compartidas con el mundo.

25 ABRIL

Viernes
OCTAVA DE PASCUA

Hch 4,1-12
Sal 117. *La piedra que desecharon los arquitectos es ahora la piedra angular.*
Jn 21,1-14

Después de esto, Jesús se apareció otra vez a sus discípulos (...): Estaban juntos Simón Pedro, Tomás, al que llamaban el Gemelo, Natanael, que era de Caná de Galilea, los hijos de Zebedeo y otros dos discípulos de Jesús. Simón Pedro les dijo: "Me voy a pescar". Ellos contestaron: "Nosotros también vamos contigo". Fueron, pues, y subieron a una barca; pero aquella noche no pescaron nada. Cuando comenzaba a amanecer, Jesús se apareció en la orilla, pero los discípulos no sabían que fuera él. Jesús les preguntó: "Muchachos, ¿no habéis pescado nada?". "Nada" -le contestaron. Jesús les dijo: "Echad la red a la derecha de la barca y pescaréis". Así lo hicieron, y luego no podían sacar la red por los muchos peces que habían cogido. Entonces aquel discípulo a quien Jesús quería mucho le dijo a Pedro: "¡Es el Señor!" Apenas oyó Simón Pedro que era el Señor, se vistió, porque estaba sin ropa, y se lanzó al agua. (...) Al bajar a tierra encontraron un fuego encendido, con un pez encima, y pan. (...) Jesús les dijo: "Venid a comer". Ninguno de los discípulos se atrevía a preguntarle quién era, porque sabían que era el Señor. Jesús se acercó, tomó en sus manos el pan y se lo dio; y lo mismo hizo con el pescado. Ésta fue la tercera vez que Jesús se apareció a sus discípulos después de haber resucitado.

La pregunta de Jesús, «Muchachos, ¿no habéis pescado nada?», es más que una simple indagación; es una invitación a reconocer su necesidad y la incapacidad que tienen por sí mismos. La pesca milagrosa es la manifestación física de la provisión divina que supera todas las expectativas cuando seguimos las instrucciones del Señor. También en nuestra propia vida, cuando nos enfrentamos al fracaso o la incertidumbre, Jesús está listo para encontrarnos donde estemos, para llenar nuestras redes vacías, y nutrirnos tanto espiritual como físicamente. Nos llama a confiar en su guía, a buscar su presencia apasionadamente y a recibir su provisión con gratitud.

Hch 4,13-21

Sal 117. *Te doy gracias, Señor, porque me escuchaste.*

Mc 16,9-15

Jesús, después de resucitado, al amanecer el primer día de la semana, se apareció primero a María Magdalena, de la que había expulsado siete demonios. Ella fue y lo comunicó a los que habían andado con Jesús, que entonces estaban tristes y llorando. Al oírla decir que Jesús vivía y que ella le había visto, no la creyeron. Después se apareció Jesús, bajo otra forma, a dos de ellos que caminaban dirigiéndose al campo. Éstos fueron y lo comunicaron a los demás, pero tampoco a ellos les creyeron. Más tarde se apareció Jesús a los once discípulos, mientras estaban sentados a la mesa. Los reprendió por su falta de fe y su terquedad, porque no habían creído a los que le habían visto resucitado. Y les dijo: "Id por todo el mundo y anunciad a todos la buena noticia".

María Magdalena es la primera en verlo resucitado. Su transformación muestra cómo Jesús toca nuestras vidas en nuestros momentos más bajos y nos eleva para ser portadores de su luz. María acude con prontitud a compartir la noticia con los discípulos que están consumidos por la tristeza y el duelo. Sin embargo, la respuesta que recibe es pura incredulidad. Estas interacciones reflejan nuestras propias luchas y dudas de fe, donde a menudo desconfiamos de las experiencias espirituales profundas, especialmente cuando desafían nuestra comprensión del mundo. Este pasaje nos llama a superar nuestra incredulidad. En la resurrección, encontramos no solo la afirmación de la vida después de la muerte, sino también el impulso para vivir renovados y llevar el mensaje de esperanza a todos los rincones del mundo.

Hch 5,12-16

Por medio de los apóstoles se hacían muchas señales y milagros entre la gente, y todos se reunían en el pórtico de Salomón (…), la gente los estimaba mucho. Y aumentó el número de personas, tanto hombres como mujeres, que creían en el Señor (…).

Sal 117. Dad gracias al Señor porque es bueno, porque es eterna su misericordia.

Ap 1,9-11a.12-13.17-19

Yo, Juan, (…) vi a uno semejante a un hijo de hombre, vestido con una túnica que le llegaba hasta los pies y con un cinturón de oro a la altura del pecho. Al verle caí como muerto a sus pies. Pero él, poniendo su mano derecha sobre mí, me dijo: "No tengas miedo: yo soy el primero y el último, y el que vive. Estuve muerto, pero ahora vivo para siempre. Yo tengo las llaves del reino de la muerte. Escribe lo que has visto: lo que ahora hay y lo que va a haber después".

Jn 20,19-31

Al llegar la noche de aquel mismo día, primero de la semana, los discípulos estaban reunidos y tenían las puertas cerradas por miedo a los judíos. Jesús entró y, poniéndose en medio de los discípulos, los saludó diciendo: "¡Paz a vosotros!". Dicho esto, les mostró las manos y el costado. Y ellos se alegraron de ver al Señor. Luego Jesús dijo de nuevo: "¡Paz a vosotros! Como el Padre me envió a mí, también yo os envío a vosotros". Dicho esto, sopló sobre ellos y añadió: "Recibid el Espíritu Santo. A quienes perdonéis los pecados, les quedarán perdonados; y a quienes no se los perdonéis, les quedarán sin perdonar". Tomás (…) no estaba con ellos cuando llegó Jesús (…). Ocho días después se hallaban los discípulos reunidos de nuevo en una casa, y esta vez también estaba Tomás. Tenían las puertas cerradas, pero Jesús entró, y poniéndose en medio de ellos los saludó diciendo: "¡Paz a vosotros!". Luego dijo a Tomás: "Mete aquí tu dedo y mira mis manos, y trae tu mano y métela en mi costado. ¡No seas incrédulo, sino cree!". Tomás exclamó entonces: "¡Mi Señor y mi Dios!". Jesús le dijo: "¿Crees porque me has visto? ¡Dichosos los que creen sin haber visto!" (…).

Observamos cómo los apóstoles, fortalecidos por el Espíritu Santo, realizan signos y milagros que son un testimonio palpable de la presencia continua de Jesús. El salmo nos invita a reconocer la bondad de Dios y su misericordia inagotable. El relato del Apocalipsis, revela la gloria de Cristo resucitado como principio y fin de todas las cosas; y señala la misión que confía a sus seguidores: ser testigos.

La paz que Jesús ofrece repetidamente a sus discípulos al aparecer ante ellos resucitado es un regalo que sana el miedo y el desconcierto. Su invitación a tocar sus heridas nos enseña que nuestra fe no descansa únicamente en lo que podemos ver o entender, sino en la confianza en su palabra y presencia.

Esos «benditos» por creer sin haber visto somos sin duda nosotros. Al igual que los discípulos, estamos invitados a ser portadores de la paz de Cristo, a sanar con nuestras acciones y palabras, y a anunciar valientemente la Buena Nueva de Jesús. *Que así lo haga, Señor. Amén.*

Hch 4,23-31
Sal 2. *Dichosos los que se refugian en ti, Señor.*
Jn 3,1-8

Un fariseo llamado Nicodemo, hombre importante entre los judíos, fue de noche a visitar a Jesús. Le dijo: "Maestro, sabemos que has venido de parte de Dios a enseñarnos, porque nadie puede hacer los milagros que tú haces si Dios no está con él". Jesús le dijo: "Te aseguro que el que no nace de nuevo no puede ver el reino de Dios". Nicodemo le preguntó: "Pero ¿cómo puede nacer un hombre que ya es viejo? ¿Acaso puede entrar otra vez dentro de su madre para volver a nacer?". Jesús le contestó: "Te aseguro que el que no nace del agua y del Espíritu no puede entrar en el reino de Dios. Lo que nace de padres humanos es humano; lo que nace del Espíritu es espíritu. No te extrañes si te digo: 'Tenéis que nacer de nuevo'. El viento sopla donde quiere y, aunque oyes su sonido, no sabes de dónde viene ni a dónde va. Así son todos los que nacen del Espíritu".

Hoy se nos ofrece una profunda lección sobre el poder de la oración, especialmente en momentos de adversidad y oposición. Pedro y Juan regresan con sus compañeros, no con un espíritu de derrota, de miedo o desánimo, sino para unirse en oración. La oración que ofrecen está profundamente arraigada en la historia de la salvación. Piden fuerza para afrontar los problemas y continuar proclamando el Evangelio. Nosotros, ¿hemos nacido de nuevo?; en tiempos de dificultad o intimidación, ¿nos volvemos hacia Dios con confianza y permitimos que su Espíritu nos llene de la fortaleza necesaria para actuar con valentía? ¿Buscamos en comunidad, apoyándonos en la oración, cumplir la voluntad de Dios? Hemos de sentirnos nacidos del Espíritu.

1Jn 1,5–2,2
Sal 102. *Bendice, alma mía, al Señor.*
Mt 11,25-30

Por aquel tiempo, Jesús dijo: "Te alabo, Padre, Señor del cielo y de la tierra, porque has mostrado a los sencillos las cosas que ocultaste a los sabios y entendidos. Sí, Padre, porque así lo has querido. Mi Padre me ha entregado todas las cosas.

Nadie conoce realmente al Hijo, sino el Padre; y nadie conoce realmente al Padre, sino el Hijo y aquellos a quienes el Hijo quiera darlo a conocer. Venid a mí todos los que estáis cansados y agobiados, y yo os haré descansar. Aceptad el yugo que os impongo, y aprended de mí, que soy paciente y de corazón humilde; así encontraréis descanso. Porque el yugo y la carga que yo os impongo son ligeros".

La primera carta de Juan nos presenta una reflexión esencial sobre la naturaleza de Dios: «Dios es luz y en él no hay ninguna oscuridad». Esta afirmación inicial establece un marco para entender la santidad y pureza absoluta de Dios. Vivir en la luz, tal como Juan lo describe, es más que el mero acto de evitar el pecado; es un compromiso constante con la transparencia, la honestidad y la verdad. La luz no solamente ilumina, sino que también expone. En este sentido, vivir en la luz de Dios es someterse voluntariamente a su escrutinio, permitiendo que cada rincón oscuro de nuestro ser sea transformado por su presencia. La confesión de los pecados no es simplemente un acto de verbalización, sino un proceso profundo de auténtica autoevaluación y renovación espiritual. Ese es el descanso que Jesús nos promete.

Hch 5,17-26
Sal 33. *Si el afligido invoca al Señor, él lo escucha.*
Jn 3,16-21

En aquel tiempo dijo Jesús a Nicodemo: "Tanto amó Dios al mundo, que dio a su Hijo único, para que todo aquel que cree en él no muera, sino que tenga vida eterna. Porque Dios no envió a su Hijo al mundo para condenar al mundo, sino para salvarlo. El que cree en el Hijo de Dios no está condenado; pero el que no cree, ya ha sido condenado por no creer en el Hijo único de Dios. Los que no creen ya han sido condenados, pues, como hacían cosas malas, cuando la luz vino al mundo prefirieron la oscuridad a la luz. Todos los que hacen lo malo odian la luz, y no se acercan a ella para que no se descubra lo que están haciendo. Pero los que viven conforme a la verdad, se acercan a la luz para que se vea que sus acciones están de acuerdo con la voluntad de Dios".

Tal como nos dice el texto del evangelio, el de Dios no es un amor pasivo o condicional; sino un amor que sacrifica, que se entrega completamente por el bien del otro. La misión de Jesús es redentora, no punitiva. Nos asegura que la voluntad divina es, ante todo, salvar y restaurar. El pecado y la maldad buscan siempre la oscuridad, porque la luz amenaza con exponer lo que está oculto. Esto no implica que los que siguen a Cristo sean perfectos, sino que su deseo es vivir de manera transparente y auténtica. La invitación de Jesús a Nicodemo es también una invitación para nosotros: creer en el Hijo de Dios. En un mundo lleno de oscuridad y desesperación, estas palabras de Jesús nos llaman a vivir en la luz de su verdad y amor, y a reflejar esa luz.

Jueves

SAN JOSÉ, OBRERO (ML)

Gn 1,26–2,3
Sal 89. *Haz prósperas, Señor, las obras de nuestras manos.*
Mt 13,54-58

En aquel tiempo Jesús fue a su propia tierra, donde comenzó a enseñar en la sinagoga del lugar. La gente, admirada, decía: "¿De dónde ha sacado este todo lo que sabe? ¿Cómo puede hacer tales milagros? ¿No es éste el hijo del carpintero? Y su madre, ¿no es María? ¿No son sus hermanos Santiago, José, Simón y Judas, y no viven sus hermanas también aquí, entre nosotros? ¿De dónde ha sacado todo esto?". Y no quisieron hacerle caso. Por eso, Jesús les dijo: "En todas partes se honra a un profeta, menos en su propia tierra y en su propia casa". Y no hizo allí muchos milagros, porque aquella gente no creía en él.

El asombro de la gente ante la sabiduría y los milagros de Jesús se transforma rápidamente en escepticismo y sospecha; no pueden reconciliar la imagen del Jesús que conocieron desde niño, hijo de un carpintero, con la autoridad y el poder que ahora mostraba. ¿Y tú? ¿Estás también cerrado a la posibilidad de que alguien cercano a ti pueda tener un profundo conocimiento o habilidades especiales? ¿Cómo afectan nuestras percepciones previas a la hora de reconocer y responder a la verdad y la autoridad? La fe y la apertura son esenciales para experimentar plenamente lo milagroso y lo sagrado en nuestras vidas. Es bueno preguntarse sobre las propias barreras internas y reflexionar sobre nuestra capacidad de experimentar lo extraordinario en lo ordinario.

Hch 5,34-42
Sal 26. *Una cosa pido al Señor: habitar en su casa.*
Jn 6,1-15

(...). Mucha gente le seguía porque había visto las señales milagrosas que hacía sanando a los enfermos. Jesús subió a un monte y se sentó con sus discípulos. Ya estaba cerca la Pascua, la fiesta de los judíos. Al levantar la vista y ver la mucha gente que le seguía, Jesús dijo a Felipe: "¿Dónde vamos a comprar comida para toda esta gente?". Pero lo dijo por ver qué contestaría Felipe, porque Jesús mismo sabía bien lo que había de hacer. Felipe le respondió: "Ni siquiera doscientos denarios de pan bastarían para que cada uno recibiese un poco". Entonces otro de sus discípulos (...) le dijo: "Aquí hay un niño que tiene cinco panes de cebada y dos peces, pero ¿qué es esto para tanta gente?". Jesús respondió: "Haced que todos se sienten". Había mucha hierba en aquel lugar, y se sentaron (...). Jesús tomó en sus manos los panes, y después de dar gracias a Dios los repartió entre los que estaban sentados. Hizo lo mismo con los peces, dándoles todo lo que querían. Cuando estuvieron satisfechos, Jesús dijo a sus discípulos: "Recoged los trozos sobrantes, para que no se desperdicie nada". Ellos los recogieron, y llenaron doce canastas (...).

Está cerca la fiesta de la Pascua, un tiempo en el que Israel recuerda la providencia y la liberación por parte de Dios, y la multitud sigue a Jesús no solo por sus enseñanzas, sino porque han visto las señales de su poder sanador. Este trasfondo de expectativa y necesidad es crucial para entender la significación del milagro. La pregunta a Felipe no surge de la duda, sino como una prueba de fe y como una forma de enseñanza. Jesús busca provocar la reflexión en sus discípulos. Lo que parece insignificante puede transformarse en abundancia sobrepasando todas las expectativas. Es una invitación a confiar en que Dios puede hacer mucho con poco y que nuestra responsabilidad a menudo reside en ofrecer lo que tenemos, por pequeño que sea.

1Co 15,1-8
Sal 18. *A toda la tierra alcanza su pregón.*
Jn 14,6-14

En aquel tiempo Jesús dijo: "Yo soy el camino, la verdad y la vida. Solamente por mí se puede llegar al Padre. Si me conocéis, también conoceréis a mi Padre; y desde ahora ya le conocéis y le estáis viendo". Felipe le dijo entonces: "Señor, déjanos ver al Padre y con eso nos basta". Jesús le contestó: "Felipe, ¿tanto tiempo hace que estoy con vosotros y todavía no me conoces? El que me ve a mí ve al Padre: ¿por qué me pides que os deje ver al Padre? ¿No crees que yo estoy en el Padre y el Padre en mí? Las cosas que yo os digo no las digo por mi propia cuenta. El Padre, que vive en mí, es el que hace su propia obra. Creedme que yo estoy en el Padre y el Padre en mí; si no, creed al menos por las propias obras. Os aseguro que el que cree en mí hará también las obras que yo hago; y hará otras todavía más grandes, porque yo voy al Padre. Y todo lo que pidáis en mi nombre yo lo haré, para que por el Hijo se manifieste la gloria del Padre. Yo haré cualquier cosa que me pidáis en mi nombre".

Jesús no solo resucitó; se presentó a aquellos que lo amaban, fortaleciendo su fe y enviándolos a compartir la Buenas Nueva. En esta carta, Pablo nos recuerda la importancia de recordar y mantenerse firme en el evangelio recibido y ofrece a los corintios –y a nosotros hoy– una oportunidad de verificar la veracidad de sus afirmaciones a través de los testimonios directos. La muerte, sepultura y resurrección de Cristo no solo cumplen las profecías del Antiguo Testamento, sino que también ofrecen un fundamento histórico al cristianismo. La resurrección de Jesús no es un mito alegórico, sino un evento real, afirmado por numerosos testigos presenciales, incluyendo a Pedro, los apóstoles y más de quinientos hermanos al mismo tiempo. Él es, como dijo a Felipe, «el camino, la verdad y la vida».

Hch 5,27b-32.40b-41

(…) Pedro y los demás apóstoles contestaron: "Es nuestro deber obedecer a Dios antes que a los hombres. El Dios de nuestros antepasados resucitó a Jesús, el mismo a quien vosotros matasteis colgándolo de una cruz. (…)". Entonces, los azotaron (…). Los apóstoles salieron de la presencia de las autoridades muy contentos, porque Dios los había considerado dignos de sufrir injurias por causa del nombre de Jesús.

Sal 29. *Te ensalzaré, Señor, porque me has librado.*

Ap 5,11-14

(…) Oí también que todas las cosas creadas por Dios en el cielo, en la tierra, debajo de la tierra y en el mar, decían: "¡Al que está sentado en el trono, y al Cordero, sea dada la alabanza, el honor, la gloria y el poder por todos los siglos!". Los cuatro seres vivientes respondían: "¡Amén!" (…).

Jn 21,1-19

Después de esto, Jesús se apareció otra vez a sus discípulos, a orillas del lago de Tiberias. (…) Cuando comenzaba a amanecer, Jesús se apareció en la orilla, pero los discípulos no sabían que fuera él. Jesús les preguntó: "Muchachos, ¿no habéis pescado nada?". "Nada" -le contestaron. Jesús les dijo: "Echad la red a la derecha de la barca y pescaréis". Así lo hicieron, y luego no podían sacar la red por los muchos peces que habían cogido. Entonces aquel discípulo a quien Jesús quería mucho le dijo a Pedro: "¡Es el Señor!". (…) Cuando ya habían comido, Jesús preguntó a Simón Pedro: "Simón, hijo de Juan, ¿me amas más que estos?". Pedro le contestó: "Sí, Señor, tú sabes que te quiero". Jesús le dijo: "Apacienta mis corderos". Volvió a preguntarle: "Simón, hijo de

Juan, ¿me amas?". Pedro le contestó: "Sí, Señor, tú sabes que te quiero". Jesús le dijo: "Apacienta mis ovejas". Por tercera vez le preguntó: "Simón, hijo de Juan, ¿me quieres?". Pedro, entristecido porque Jesús le preguntaba por tercera vez si le quería, le contestó: "Señor, tú lo sabes todo: tú sabes que te quiero". Jesús le dijo: "Apacienta mis ovejas. Te aseguro que cuando eras más joven te vestías para ir a donde querías; pero cuando seas viejo, extenderás los brazos y otro te vestirá y te llevará a donde no quieras ir". (…) Después le dijo: "¡Sígueme!".

Contempla la figura de Jesús resucitado que se nos revela en estas lecturas. Imagínate siendo interrogado amorosamente por Jesús: «¿Me amas?». Piensa en cómo cada aspecto de tu vida puede ser una respuesta a esta pregunta. Después te dice: «¡Sígueme!». Jesús también te restaura a ti en un diálogo lleno de amor y perdón. Esta interacción resalta la misericordia y la invitación a seguirlo, a pesar de tus fallos y errores.

Ora en tu interior con el salmo, un himno de gratitud y reconocimiento del poder y la misericordia de Dios, nuestro refugio en medio de las tormentas de la vida. En la celebración de la Pascua resuena con especial fuerza, al recordarnos que la resurrección de Jesús es la victoria definitiva sobre la muerte y el pecado.

Renueva en tu corazón la fe y fortalece tu deseo de seguir a Cristo, no solo en momentos de alegría y victoria, sino también en los desafíos y sacrificios diarios. Y no temas…

Hch 6,8-15
Sal 118. *Dichoso el que camina en la voluntad del Señor.*
Jn 6,22-29

Al día siguiente, la gente que permanecía en la otra orilla del lago advirtió que los discípulos se habían ido en la única barca que allí había, y que Jesús no iba con ellos. Mientras tanto, otras barcas llegaron de la ciudad de Tiberias a un lugar cerca de donde habían comido el pan después de que el Señor diera gracias. Así que, al no ver allí a Jesús ni a sus discípulos, la gente subió a las barcas y se dirigió en busca suya a Cafarnaún. Al llegar a la otra orilla del lago, encontraron a Jesús y le preguntaron: "Maestro, ¿cuándo has venido aquí?". Jesús les dijo: "Os aseguro que vosotros no me buscáis porque hayáis visto las señales milagrosas, sino porque habéis comido hasta hartaros. No trabajéis por la comida que se acaba, sino por la comida que permanece y os da vida eterna. Ésta es la comida que os dará el Hijo del hombre, porque Dios, el Padre, ha puesto su sello en él". Le preguntaron: "¿Qué debemos hacer para que nuestras obras sean las obras de Dios?". Jesús les contestó: "La obra de Dios es que creáis en aquel que él ha enviado".

En la tranquilidad de tu corazón, considera qué significa realmente creer en Jesús. No se trata solo de aceptar su existencia o admirar sus enseñanzas, sino de entregarle la vida y permitir que su presencia te transforme. Jesús te pregunta personalmente: «¿Me buscas por lo que puedo darte, o porque realmente crees en mí?». Reflexiona sobre cómo podrías responder de manera que refleje una verdadera y profunda sinceridad. Jesús nos desafía a buscar no la «comida que se acaba», sino la «comida que permanece y da vida eterna». Jesús distingue claramente entre las necesidades temporales y las espirituales. Es una metáfora poderosa que nos habla de la necesidad espiritual más profunda del ser humano: la salvación y la relación eterna con Dios.

Martes

MAYO 6

Hch 7,51–8,1a
Sal 30. *A tus manos, Señor, encomiendo mi espíritu.*
Jn 6,30-35

En aquel tiempo dijeron los judíos a Jesús: "¿Y qué señal puedes darnos para que, al verla, te creamos? ¿Cuáles son tus obras? Nuestros antepasados comieron el maná en el desierto, como dice la Escritura: 'Dios les dio a comer pan del cielo'". Jesús les contestó: "Os aseguro que no fue Moisés quien os dio el pan del cielo. ¡Mi Padre es quien os da el verdadero pan del cielo! Porque el pan que Dios da es aquel que ha bajado del cielo y da vida al mundo". Ellos le pidieron: "Señor, danos siempre ese pan". Y Jesús les dijo: "Yo soy el pan que da vida. El que viene a mí, nunca más tendrá hambre, y el que en mí cree, nunca más tendrá sed".

Esteban, lleno del Espíritu Santo, no retrocede ante la muerte, sino que, al igual que Cristo, ofrece perdón a sus ejecutores. Este acto no solo consolida su fe, sino que también planta semillas de transformación, como ocurre con Saulo. Su martirio muestra la confrontación entre la verdad anunciada y el valor y la resistencia humanos. La referencia de Juan al «pan de vida» nos recuerda la esencia de la Eucaristía: Jesús se ofrece a sí mismo como sustento espiritual eterno. Este pan que da vida es una promesa de salvación y de comunión perpetua con Dios, y contrasta con el maná del desierto, que sostenía la vida física pero no impartía vida eterna. Reconoce tu sed de eternidad, habla con Jesús en tu corazón e implora su presencia en tu vida diciendo: «Señor, dame siempre de ese pan».

Hch 8,1b-8
Sal 65. *Aclamad al Señor, tierra entera.*
Jn 6,35-40

En aquel tiempo Jesús dijo: "Yo soy el pan que da vida. El que viene a mí, nunca más tendrá hambre, y el que en mí cree, nunca más tendrá sed. Pero, como ya os dije, vosotros no creéis, aunque me habéis visto. Todos los que el Padre me da vienen a mí, y a los que vienen a mí no los echaré fuera. Porque no he venido del cielo para hacer mi propia voluntad, sino para hacer la voluntad de mi Padre, que me ha enviado. Y la voluntad del que me ha enviado es que yo no pierda a ninguno de los que me ha dado, sino que los resucite el día último. Porque la voluntad de mi Padre es que todo aquel que ve al Hijo de Dios y cree en él tenga vida eterna, y yo le resucitaré en el día último".

Esta es una de las afirmaciones más profundas y reveladoras que Jesús hace acerca de sí mismo: «Yo soy el pan que da vida». Jesús profundiza en el significado espiritual y eterno de su presencia entre nosotros. Jesús ofrece satisfacer esta hambre eterna, prometiendo que aquellos que vienen a Él «nunca más tendrán hambre» ni «sed». El pasaje culmina con la promesa de la resurrección: «Yo le resucitaré en el día último». Este no es solo un consuelo para aquellos que enfrentan la muerte o han perdido seres queridos; es una afirmación radical de que la vida que Jesús ofrece trasciende incluso la muerte física. Al meditar sobre este pasaje, puedes reflexionar sobre tu propia «hambre» y «sed» espirituales. ¿Buscas satisfacción en fuentes que no pueden saciarte verdaderamente? Ora en tu interior: *Señor, muéstrate a mí. Confío plenamente en ti. Amén.*

Jueves

MAYO 8

Hch 8,26-40
Sal 65. *Aclamad al Señor, tierra entera.*
Jn 6,44-51

Jesús les dijo: "Nadie puede venir a mí si no lo trae el Padre, que me ha enviado; y yo lo resucitaré el día último. En los libros de los profetas se dice: 'Dios instruirá a todos'. Así que todos los que escuchan al Padre y aprenden de él vienen a mí. No es que alguien haya visto al Padre. El único que ha visto al Padre es el que ha venido de Dios. Os aseguro que quien cree tiene vida eterna. Yo soy el pan que da vida. Vuestros antepasados comieron el maná en el desierto, y sin embargo murieron; pero yo hablo del pan que baja del cielo para que quien coma de él no muera. Yo soy el pan vivo que ha bajado del cielo; el que coma de este pan vivirá para siempre. El pan que yo daré es mi propio cuerpo. Lo daré por la vida del mundo".

Hoy Jesús nos ofrece una promesa transformadora que trasciende el tiempo y el espacio. «Nadie puede venir a mí si no lo trae el Padre, que me ha enviado». No es por nuestros propios esfuerzos o entendimiento que llegamos a Cristo, sino por el movimiento del Padre hacia nosotros. Esto nos lleva a reconocer nuestra dependencia total de la gracia divina. Nos recuerda que Dios es el actor principal en nuestra relación con Él, invitándonos siempre a una comunión más profunda. Jesús te invita hoy a permanecer abierto y receptivo a la continua revelación de Dios en tu vida, asegurando que este aprendizaje espiritual es lo que te guiará hacia la verdadera sabiduría. Este pasaje nos llama a profundizar nuestra fe, a confiar más plenamente en la gracia de Dios y a vivir en la seguridad de que, a través de Cristo, tenemos una promesa de vida que trasciende la muerte.

Hch 9,1-20
Sal 116. *Id al mundo entero y proclamad el Evangelio.*
Jn 6,52-59

Los judíos se pusieron a discutir unos con otros: "¿Cómo puede éste darnos a comer su propio cuerpo?". Jesús les dijo: "Os aseguro que si no coméis el cuerpo del Hijo del hombre y no bebéis su sangre, no tendréis vida. El que come mi cuerpo y bebe mi sangre tiene vida eterna; y yo le resucitaré el día último. Porque mi cuerpo es verdadera comida, y mi sangre verdadera bebida. El que come mi cuerpo y bebe mi sangre vive unido a mí, y yo vivo unido a él. El Padre, que me ha enviado, tiene vida, y yo vivo por él. De la misma manera, el que me coma vivirá por mí. Hablo del pan que ha bajado del cielo. Este pan no es como el maná que comieron vuestros antepasados, que murieron a pesar de haberlo comido. El que coma de este pan, vivirá para siempre". Jesús enseñó estas cosas en la reunión de la sinagoga en Cafarnaún.

Busquemos comprender el misterio profundo de las palabras de Jesús. Nos hablas de comer tu cuerpo y beber tu sangre. Esto desafía nuestra comprensión. Abre nuestro corazón y nuestra mente para que podamos recibirte plenamente, para que nos acerquemos a la Eucaristía no solo como un rito, sino como un encuentro verdadero contigo. Lleva la luz de tu presencia a los rincones más oscuros de nuestra vida y nuestro mundo. Y en esos momentos, en los que nos sentimos débiles y confundidos, recuérdanos que eres Tú quien nos sostiene y nutre. Jesús, te pido que la esperanza de la resurrección llene mi espíritu. *Contigo no temo, confío en tu gracia y tu infinito amor, que se revela plenamente en el sacramento de tu Cuerpo y Sangre.* Amén.

Hch 9,31-42

Sal 115. *¿Cómo pagaré al Señor todo el bien que me ha hecho?*

Jn 6,60-69

Al oír todo esto, muchos de los que seguían a Jesús dijeron: "Su enseñanza es muy difícil de aceptar. ¿Quién puede hacerle caso?". Jesús, dándose cuenta de lo que estaban murmurando, les preguntó: "¿Esto os ofende? ¿Qué pasaría si vierais al Hijo del hombre subir a donde antes estaba? El espíritu es el que da vida; el cuerpo de nada aprovecha. Las cosas que yo os he dicho son espíritu y vida. Pero todavía hay algunos de vosotros que no creen". Es que Jesús sabía desde el principio quiénes eran los que no creían, y quién el que le iba a traicionar. Y añadió: "Por eso os he dicho que nadie puede venir a mí si el Padre no lo trae". Desde entonces dejaron a Jesús muchos de los que le habían seguido, y ya no andaban con él. Jesús preguntó a los doce discípulos: "¿También vosotros queréis iros?". Simón Pedro le contestó: "Señor, ¿a quién iremos? Tus palabras son palabras de vida eterna. Nosotros sí hemos creído, y sabemos que tú eres el Santo de Dios".

Señor, tu llamada es muy exigente, y tu camino es estrecho. Tus palabras desafían las comodidades y certezas a las que a menudo nos aferramos. Danos la gracia de la fortaleza espiritual. Ayúdanos a no alejarnos cuando el camino parezca demasiado arduo. Como a los discípulos que se quedaron contigo, haznos responder con un corazón firme y lleno de fe. ¿A quién iremos sino a ti? Solo Tú tienes palabras de vida eterna. *Fortalece, Jesús, mi fe para que pueda reconocer en ti la verdadera fuente de vida y sabiduría. Y cuando vea a otros que se alejan, cuando sienta la tentación de seguirlos, renueva en mí la convicción de Pedro. Que mi respuesta sea siempre: Sé que tú eres el Santo de Dios.* Amén.

Hch 13,14.43-52

(...) Una vez terminada la reunión en la sinagoga, muchos de los judíos y de los que se habían convertido al judaísmo siguieron a Pablo y Bernabé. Y estos les aconsejaban que permanecieran firmes en el llamamiento que habían recibido por el amor de Dios. (...) Pero al ver tanta gente, los judíos se llenaron de envidia y comenzaron a contradecir a Pablo y a insultarle. Pablo y Bernabé respondieron con valentía: "Teníamos el deber de anunciar el mensaje de Dios en primer lugar a vosotros, que sois judíos; pero, puesto que lo rechazáis y no os consideráis dignos de la vida eterna, nos iremos a los no judíos (...)". Al oír esto, los que no eran judíos se alegraron y comenzaron a decir que el mensaje del Señor era bueno; y creyeron todos los que estaban destinados a la vida eterna (...).

Sal 99. *Somos su pueblo y ovejas de su rebaño.*

Ap 7,9.14b-17

Después de esto miré, y vi una gran multitud de todas las naciones, razas, pueblos y lenguas. Estaban de pie delante del trono y delante del Cordero, y eran tantos que nadie podía contarlos. Iban vestidos de blanco y llevaban palmas en las manos. Y él me dijo: "Éstos son los que han pasado por la gran aflicción, los que han lavado sus ropas y las han blanqueado en la sangre del Cordero (...)".

Jn 10,27-30

En aquel tiempo dijo Jesús: "Mis ovejas reconocen mi voz, y yo las conozco y ellas me siguen. Yo les doy vida eterna y jamás perecerán ni nadie me las quitará. Lo que el Padre me ha dado es más grande que todo, y nadie se lo puede quitar. El Padre y yo somos uno solo".

Hoy vemos a Pablo y Bernabé enfrentándose al rechazo y la hostilidad de sus contemporáneos, una circunstancia que afrontan con valentía. El salmo nos recuerda que estamos llamados a reconocer nuestra identidad como el pueblo de Dios. Somos ovejas de su rebaño, guiados por su amorosa presencia. Esta relación íntima con Él nos ofrece consuelo y seguridad, sabiendo que siempre está cerca.

En el evangelio, Jesús nos asegura que sus ovejas, quienes reconocen su voz y le siguen, recibirán la vida eterna y nunca serán arrebatadas de su mano, revelando la profundidad de una relación íntima y eterna con Él. Meditemos en cómo cada uno de nosotros está llamado a responder a esta voz que nos conoce y nos llama por nuestro nombre, invitándonos a seguir el camino que conduce a la vida plena y eterna.

Señor, en este día, te pedimos que nos ayudes a escuchar y a reconocer tu voz en medio del ruido del mundo. Que podamos seguirte con confianza, sabiendo que tú eres el camino hacia pastos verdes y aguas tranquilas. Inspíranos a vivir con la valentía de Pablo y Bernabé.

Que nuestra vida refleje siempre tu amor y tu luz, aun en medio de las dificultades y de la oposición del mundo. Sabemos que no será fácil. Pero Tú no dejas de estar a nuestro lado. Amén.

Hch 11,1-18
Sal 41. *Mi alma tiene sed de ti, Dios vivo.*
Jn 10,1-10

En aquel tiempo Jesús dijo: "Os aseguro que el que no entra por la puerta en el redil de las ovejas, sino que se mete por otro lado, es ladrón y salteador. El que entra por la puerta, ése es el pastor que cuida las ovejas. El guarda le abre la puerta, y el pastor llama a cada oveja por su nombre y las ovejas reconocen su voz. Él las saca del redil, y cuando ya han salido todas, va delante de ellas, y las ovejas le siguen porque reconocen su voz. En cambio no siguen a un extraño, sino que huyen de él porque no conocen la voz de los extraños". Jesús les puso esta comparación, pero ellos no entendieron lo que les quería decir. Volvió Jesús a decirles: "Os aseguro que yo soy la puerta por donde entran las ovejas. Todos los que vinieron antes de mí fueron ladrones y salteadores, pero las ovejas no les hicieron caso. Yo soy la puerta: el que por mí entra será salvo; entrará y saldrá, y encontrará pastos. El ladrón viene solamente para robar, matar y destruir; pero yo he venido para que tengan vida y la tengan en abundancia".

Jesús se nos revela como la puerta auténtica, la entrada segura al redil donde encontramos refugio y descanso. Que su Espíritu nos ayude a reconocer y rechazar las falsas promesas que, como ladrones, buscan robar nuestra paz, destruir las esperanza y matar nuestra fe. En un mundo lleno de ruidos y distracciones, hemos de ser capaces de escuchar y discernir su voz, la única que trae verdad y vida. *Señor, no solo me llamas a entrar, sino también a salir y explorar, a vivir en abundancia la vida que me has dado. Ayúdame para que esta promesa me impulse a vivir con generosidad, amor y coraje, compartiendo con otros la alegría del Evangelio. Que nunca pierda de vista que eres la puerta verdadera, y a través de ti encuentre la libertad y el descanso verdaderos. Amén.*

Hch 11,19-26
Sal 86. *Alabad al Señor, todas las naciones.*
Jn 10,22-30

Era invierno, y en Jerusalén celebraban la fiesta en que se conmemoraba la dedicación del templo. Jesús estaba en el templo, paseando por el pórtico de Salomón. Los judíos le rodearon y le preguntaron: "¿Hasta cuándo nos vas a tener en dudas? Si tú eres el Mesías, dínoslo de una vez". Jesús les contestó: "Ya os lo he dicho y no me habéis creído. Las cosas que yo hago con la autoridad de mi Padre lo demuestran claramente; pero vosotros no creéis porque no sois de mis ovejas. Mis ovejas reconocen mi voz, y yo las conozco y ellas me siguen. Yo les doy vida eterna y jamás perecerán ni nadie me las quitará. Lo que el Padre me ha dado es más grande que todo, y nadie se lo puede quitar. El Padre y yo somos uno solo".

La imagen de las ovejas y el pastor es poderosamente simbólica. Jesús se posiciona como ese Pastor supremo, cuya voz promete no solo liderazgo y dirección, sino también la salvación definitiva: «Yo les doy vida eterna y jamás perecerán». En estas palabras, hay una garantía de protección frente a cualquier adversidad. Porque Jesús habla anclado en su poderosa unión con el Padre. Esta unidad no solo enfatiza la divinidad de Jesús y su autoridad única, sino que también ofrece una visión profunda de la relación interconectada entre Dios y sus fieles. Busca ahora el silencio y el discernimiento interior para oír más claramente la voz de aquel que te llama por tu nombre, y manifiesta estar dispuesto a seguirle con fe y confianza, sabiendo que en su presencia encontramos la verdadera seguridad y la promesa de vida eterna.

Hch 1,15-17.20-26
Sal 112. *El Señor lo sentó con los príncipes de su pueblo.*
Jn 15,9-17

En aquel tiempo, Jesús dijo a los discípulos: "Yo os amo como el Padre me ama a mí; permaneced, pues, en el amor que os tengo. Si obedecéis mis mandamientos, permaneceréis en mi amor, como yo obedezco los mandamientos de mi Padre y permanezco en su amor. Os hablo así para que os alegréis conmigo y vuestra alegría sea completa. Mi mandamiento es éste: Que os améis unos a otros como yo os he amado. No hay amor más grande que el que a uno le lleva a dar la vida por sus amigos. Vosotros sois mis amigos si hacéis lo que os mando. Ya no os llamo siervos, porque el siervo no sabe lo que hace su amo; os llamo amigos, porque os he dado a conocer todo lo que mi Padre me ha dicho. Vosotros no me escogisteis a mí, sino que yo os he escogido a vosotros y os he encargado que vayáis y deis mucho fruto, y que ese fruto permanezca. Así el Padre os dará todo lo que le pidáis en mi nombre. Esto es, pues, lo que os mando: Que os améis unos a otros".

Jesús nos asegura: «Vosotros sois mis amigos si hacéis lo que os mando». Como sus seguidores, estamos llamados a emular su ejemplo. Es un camino de humilde servicio, donde la grandeza se mide por la capacidad de servir a los demás. La felicidad, según Jesús, se encuentra en entender y poner en práctica estas enseñanzas. Esto implica un compromiso constante de mente, corazón y acción. Jesús también nos pide que demos fruto, que nos amemos. Examina cómo estás viviendo este mandato, qué mandamientos te cuesta más cumplir, y cómo puedes dar más vida por tus «amigos». *Ayúdame, Señor, pues Tú sabes que no es fácil. Amén.*

Hch 13,13-25
Sal 88. *Cantaré eternamente tus misericordias, Señor.*
Jn 13,16-20

En aquel tiempo dijo Jesús: "Os aseguro que ningún sirviente es más que su señor y ningún enviado es más que el que lo envía. Dichosos vosotros si entendéis estas cosas y las ponéis en práctica. No me estoy refiriendo a todos vosotros: yo sé a quiénes he escogido. Pero tiene que cumplirse lo que dice la Escritura: 'El que come conmigo se ha vuelto contra mí'. Os digo esto de antemano, para que, cuando suceda, creáis que yo soy. Os aseguro que quien recibe al que yo envío me recibe a mí, y quien me recibe a mí recibe al que me ha enviado".

Hoy se nos invita a una profunda introspección sobre el significado de ser discípulos en un mundo lleno de desafíos y contradicciones. Jesús nos dice: «ningún sirviente es más que su señor». Es un recordatorio de la necesidad de la humildad. Estamos llamados a emular su ejemplo, no a superarlo. Jesús subraya una verdad profunda. Recibir a los enviados de Cristo es recibir a Cristo mismo, y en última instancia, al Padre. Esta enseñanza nos desafía a ver a Cristo en los demás. Jesús, ayúdame. *Que tus palabras me impulsen a vivir con autenticidad mi fe y a estar firme en tu verdad. Amén.*

Hch 13,26-33
Sal 2. *Tú eres mi Hijo: yo te he engendrado hoy.*
Jn 14,1-6

En aquel tiempo dijo Jesús: "No os angustiéis: creed en Dios y creed también en mí. En la casa de mi Padre hay muchos lugares donde vivir; si no fuera así, no os habría dicho que voy a prepararos un lugar. Y después de ir y prepararos un lugar, vendré otra vez para llevaros conmigo, para que vosotros también estéis donde yo voy a estar. Ya sabéis el camino que lleva a donde yo voy". Tomás dijo a Jesús: "Señor, no sabemos a dónde vas: ¿cómo vamos a saber el camino?". Jesús le contestó: "Yo soy el camino, la verdad y la vida. Solamente por mí se puede llegar al Padre".

En un momento de ansiedad y miedo, Jesús nos recuerda que la solución no está en entender completamente nuestras circunstancias, sino en confiar en Quien tiene control sobre todas las cosas. Es una imagen conmovedora de lo que nos espera más allá de esta vida. No es solo una promesa de refugio o descanso. La casa del Padre es el lugar de la hospitalidad divina, donde hay espacio suficiente para todos los que aceptan su invitación. Jesús no ofrece un método o una ideología; Él mismo es el Camino. En Él encontramos la verdad última sobre Dios y la vida que conduce a la eternidad. Recibe en tu corazón la invitación de Jesús. En tus dudas y confusiones, recuerda que no necesitamos todas las respuestas cuando conocemos a Aquel que es la respuesta definitiva.

Hch 13,44-52
Sal 97. *Los confines de la tierra han contemplado la victoria de nuestro Dios.*
Jn 14,7-14

En aquel tiempo dijo Jesús: "Si me conocéis, también conoceréis a mi Padre; y desde ahora ya le conocéis y le estáis viendo". Felipe le dijo entonces: "Señor, déjanos ver al Padre y con eso nos basta". Jesús le contestó: "Felipe, ¿tanto tiempo hace que estoy con vosotros y todavía no me conoces? El que me ve a mí ve al Padre: ¿por qué me pides que os deje ver al Padre? ¿No crees que yo estoy en el Padre y el Padre en mí? Las cosas que yo os digo no las digo por mi propia cuenta. El Padre, que vive en mí, es el que hace su propia obra. Creedme que yo estoy en el Padre y el Padre en mí; si no, creed al menos por las propias obras. Os aseguro que el que cree en mí hará también las obras que yo hago; y hará otras todavía más grandes, porque yo voy al Padre. Y todo lo que pidáis en mi nombre yo lo haré, para que por el Hijo se manifieste la gloria del Padre. Yo haré cualquier cosa que me pidáis en mi nombre".

La invitación a conocer a Jesús es una invitación a entrar en una relación más profunda y personal con el Dios del universo, quien se ha hecho visible y accesible a través de su Hijo. La petición de Felipe refleja un anhelo humano profundo por una certeza tangible de lo divino. Sin embargo, la respuesta de Jesús no solo es una corrección, sino también una revelación: «El que me ve a mí ve al Padre». No necesitamos, pues, buscar más allá de Cristo para encontrar a Dios: toda la plenitud de Dios habita en Él y se revela a través de Él. *Señor Jesús, enséñame a conocerte más profundamente, para conocer verdaderamente al Padre. Infunde en mí esa fe que trascienda el entendimiento y me permita creer plenamente en la unión misteriosa entre tú y el Padre. Inspírame para hacer obras que reflejen tu amor y tu verdad en el mundo. Amén.*

Hch 14,21b-27

Después de anunciar la buena noticia en Derbe, donde ganaron muchos creyentes, volvieron a Listra, Iconio y Antioquía. En estos lugares animaron a los creyentes, a quienes, recomendándoles que siguieran firmes en la fe, les decían que para entrar en el reino de Dios hay que sufrir muchas aflicciones. (...) Al llegar a Antioquía reunieron a los de la iglesia y les contaron (...) cómo el Señor había abierto la puerta a los no judíos para que también pudieran creer.

Sal 144. *Bendeciré tu nombre por siempre jamás, Dios mío, mi rey.*

Ap 21,1-5a

Vi después un cielo nuevo y una tierra nueva; el primer cielo y la primera tierra habían dejado de existir, y también el mar. (...) Y oí una fuerte voz que venía del trono y decía: "Dios habita aquí con los hombres. (...) Secará todas las lágrimas de ellos, y ya no habrá muerte, ni llanto, ni lamento, ni dolor, porque todo lo que antes existía ha dejado de existir. (...) Yo hago nuevas todas las cosas".

Jn 13,31-33a.34-35

Después de haber salido Judas, Jesús dijo: "Ahora se manifiesta la gloria del Hijo del hombre, y la gloria de Dios se manifiesta en él. Y si él manifiesta la gloria de Dios, también Dios manifestará la gloria del Hijo del hombre. Hijitos míos, ya no estaré mucho tiempo con vosotros. Me buscaréis, pero lo mismo que dije a los judíos os digo ahora a vosotros: No podréis ir a donde yo voy. Os doy este mandamiento nuevo: Que os améis los unos a los otros. Así como yo os amo, debéis también amaros los unos a los otros. Si os amáis los unos a los otros, todo el mundo conocerá que sois mis discípulos".

San Pablo nos invita a reflexionar sobre nuestra propia resistencia ante la oposición de otros y las dificultades. ¿Cómo respondemos a las pruebas de nuestra vida cristiana? ¿Nos mantenemos firmes en nuestra confianza en el Señor, especialmente en tiempos de adversidad? El salmo nos alienta a bendecir el nombre de Dios eternamente. La práctica de bendecir a Dios en todas las circunstancias refuerza nuestra relación con Él y nos mantiene anclados en su amor y fidelidad. El Apocalipsis nos presenta la promesa divina de un futuro sin dolor, lágrimas, muerte o sufrimiento.

En el evangelio, Jesús nos da el mandamiento del amor. El amor que describe no es un sentimiento pasajero, sino una acción constante de la voluntad que busca el bien del otro. Debemos amar como Él nos amó. Este amor es el verdadero signo distintivo de los discípulos de Jesús. En un mundo que a menudo está dividido por el odio y la indiferencia, este mandamiento es tanto un desafío como una guía. ¿Refleja nuestra vida diaria el amor sacrificial de Jesús?

Señor, fortalécenos para que podamos permanecer firmes en la fe a pesar de las dificultades, confiando en tu gracia y en tu guía. Enséñanos a amarnos unos a otros como tú nos has amado, para que en nuestro amor el mundo pueda reconocer la huella de tus discípulos. Amén.

Hch 14,5-18
Sal 113B. *No a nosotros, Señor, no a nosotros, sino á tu nombre da la gloria.*
Jn 14,21-26

En aquel tiempo dijo Jesús: "El que recibe mis mandamientos y los obedece, demuestra que me ama. Y mi Padre amará al que me ama, y yo también le amaré y me mostraré a él". Judas (no el Iscariote) le preguntó: "Señor, ¿por qué vas a mostrarte a nosotros y no a la gente del mundo?". Jesús le contestó: "El que me ama hace caso a mi palabra; y mi Padre le amará, y mi Padre y yo vendremos a vivir con él. El que no me ama no hace caso a mis palabras. Las palabras que estáis escuchando no son mías, sino del Padre, que me ha enviado. Os he dicho todo esto mientras permanezco con vosotros; pero el Espíritu Santo, el defensor que el Padre enviará en mi nombre, os enseñará todas las cosas y os recordará todo lo que os he dicho".

Hoy Jesús conecta el amor con la obediencia de una manera íntima: aquellos que realmente lo aman serán amados por el Padre, y a ellos se les revelará Jesús mismo. Esta revelación está condicionada al amor y la obediencia, se trata de un compromiso del corazón que se manifiesta en acciones concretas. *Amado Señor Jesús, tú nos has enseñado que el verdadero amor se manifiesta en la obediencia. Ayúdame a recibir tus mandamientos no como cargas, sino como los signos de tu amor y caminos hacia la libertad verdadera. Señor, enséñame a entender profundamente que tú y el Padre deseáis hacer morada en mi corazón. Aumenta mi fe, aumenta mi amor y fortalece mi obediencia. Amén.*

Hch 14,19-28
Sal 144. *Que tus fieles, Señor, proclamen la gloria de tu reinado.*
Jn 14,27-31a

En aquel tiempo dijo Jesús: "Os dejo la paz. Mi paz os doy, pero no como la dan los que son del mundo. No os angustiéis ni tengáis miedo. Ya me oísteis decir que me voy, y que vendré para estar otra vez con vosotros. Si de veras me amaseis os habríais alegrado al saber que voy al Padre, porque él es más que yo. Os digo esto de antemano para que, cuando suceda, creáis. Ya no hablaré mucho con vosotros, porque viene el que manda en este mundo. Él no tiene ningún poder sobre mí, pero así ha de ser, para que el mundo sepa que yo amo al Padre y que hago lo que él me ha encargado".

Jesús te ofrece hoy un regalo de inmenso valor: su paz. En un mundo donde la ansiedad y el temor parecen ser constantes, Jesús nos invita a abrazar su paz que trasciende toda comprensión humana. Jesús también nos invita a mirar más allá de nuestras emociones inmediatas, confiando en los propósitos más elevados de Dios. Finalmente, Jesús menciona a las fuerzas del mal, pero es crucial saber que estas no tienen poder real sobre Él. *Señor Jesucristo, Príncipe de la Paz, ayúdame a acoger esta paz en mi corazón, especialmente en momentos de incertidumbre y miedo. Protégeme de las influencias del mal en este mundo, y ayúdame a permanecer fiel a ti, sin importar las pruebas y las tentaciones. Amén.*

Hch 15,1-6
Sal 121. *Vamos alegres a la casa del Señor.*
Jn 15,1-8

En aquel tiempo dijo Jesús: "Yo soy la vid verdadera y mi Padre es el viñador. Si uno de mis sarmientos no da fruto, lo corta; pero si da fruto, lo poda y lo limpia para que dé más. Vosotros ya estáis limpios por las palabras que os he hablado. Seguid unidos a mí como yo sigo unido a vosotros. Un sarmiento no puede dar fruto por sí mismo si no está unido a la vid. De igual manera, vosotros no podéis dar fruto si no permanecéis unidos a mí. Yo soy la vid y vosotros sois los sarmientos. El que permanece unido a mí y yo unido a él, da mucho fruto; pues sin mí nada podéis hacer. El que no permanece unido a mí será echado fuera, y se secará como los sarmientos que se recogen y se queman en el fuego. Si permanecéis unidos a mí, y si sois fieles a mis enseñanzas, pedid lo que queráis y se os dará. Mi Padre recibe honor cuando vosotros dais mucho fruto y llegáis así a ser verdaderos discípulos míos".

Dios actúa en nosotros, removiendo lo que es infructuoso y cultivando lo que beneficia nuestro crecimiento espiritual. Esto nos llama a reflexionar sobre cómo la Palabra de Dios actúa en nuestras vidas: ¿Permitimos que nos limpie, nos forme y nos guíe? Jesús enfatiza la necesidad de permanecer unidos a Él. Este «permanecer» no es pasivo; implica una elección activa de buscarlo constantemente y vivir en conformidad con sus enseñanzas. *Señor Jesucristo, Vid verdadera, ayúdame a recibir con gratitud la poda del Padre, entendiendo que cada corte en mi vida será para bien mío, y para que pueda dar un fruto más abundante. Limpia mi corazón y mi mente. Que pueda ser un sarmiento saludable, que lleva mucho fruto. Que mi oración refleje siempre un corazón alineado con tus deseos y tus propósitos. Concédenos, a todos tus discípulos, la gracia de ser verdaderos portadores de tu amor y tu luz en este mundo. Amén.*

Jueves

PASCUA 5ª SEMANA (f)

Hch 15,7-21
Sal 95. *Contad las maravillas del Señor a todas las naciones.*
Jn 15,9-11

En aquel tiempo dijo Jesús: "Yo os amo como el Padre me ama a mí; permaneced, pues, en el amor que os tengo. Si obedecéis mis mandamientos, permaneceréis en mi amor, como yo obedezco los mandamientos de mi Padre y permanezco en su amor. Os hablo así para que os alegréis conmigo y vuestra alegría sea completa".

El amor que Jesús tiene por nosotros refleja el amor del Padre hacia Él. Este amor no es superficial ni temporal; es un amor eterno, profundo y sacrificial. Jesús nos llama a «permanecer» en este amor, lo cual sugiere una relación continua, viva y en crecimiento con Él. La obediencia a los mandamientos de Jesús no es simplemente un acto de cumplimiento legalista, sino una respuesta de amor que mantiene nuestra conexión con Él, al igual que Jesús permanece en el amor del Padre a través de su propia obediencia. *Señor Jesucristo, Fuente de amor y alegría, gracias por amarme con el mismo amor con el que el Padre te ama a ti. Ayúdame a permanecer en este amor cada día, buscando no solo entenderlo con mi mente, sino vivirlo en mi corazón y mis acciones. Que mi obediencia a tus mandamientos sea una respuesta de amor que profundice mi conexión contigo. Amén.*

Hch 15,22-31
Sal 56. *Te daré gracias ante los pueblos, Señor.*
Jn 15,12-17

En aquel tiempo dijo Jesús: "Mi mandamiento es éste: Que os améis unos a otros como yo os he amado. No hay amor más grande que el que a uno le lleva a dar la vida por sus amigos. Vosotros sois mis amigos si hacéis lo que os mando.

Ya no os llamo siervos, porque el siervo no sabe lo que hace su amo; os llamo amigos, porque os he dado a conocer todo lo que mi Padre me ha dicho. Vosotros no me escogisteis a mí, sino que yo os he escogido a vosotros y os he encargado que vayáis y deis mucho fruto, y que ese fruto permanezca. Así el Padre os dará todo lo que le pidáis en mi nombre. Esto es, pues, lo que os mando: Que os améis unos a otros".

El mandamiento de Jesús es profundo y exigente; se trata de un amor que está dispuesto a darlo todo, incluso la vida, por el bien de otros. Esto implica una elección consciente y un esfuerzo constante para vivir de manera que refleje el amor de Cristo, buscando activamente el bien de otros y poniendo sus necesidades a la par o incluso antes que las propias. A través de nuestro amor, reflejamos la naturaleza de Dios y cumplimos nuestro propósito más elevado. *Señor, gracias por el amor incomparable que has mostrado al dar tu vida por mí. Ayúdame a comprender más profundamente lo que significa amar como tú has amado y a vivir ese amor en cada aspecto de mi vida Que el fruto de mi vida permanezca. Que el mundo pueda conocer tu amor a través de mis acciones y palabras. Amén.*

Hch 16,1-10
Sal 99. *Aclama al Señor, tierra entera.*
Jn 15,18-21

En aquel tiempo dijo Jesús: "Si el mundo os odia, sabed que a mí me odió primero. Si fuerais del mundo, la gente del mundo os amaría como ama a los suyos. Pero yo os escogí de entre los que son del mundo, y por eso el mundo os odia, porque ya no sois del mundo. Acordaos de lo que os dije: 'Ningún sirviente es más que su amo'. Si a mí me han perseguido, también a vosotros os perseguirán; y si han hecho caso a mi palabra, también harán caso a la vuestra. Todo esto van a haceros por mi causa, porque no conocen al que me envió".

Jesús prepara a sus discípulos para las pruebas, una experiencia que Él mismo ha vivido. Su advertencia es clara: el odio del mundo se extenderá a aquellos que lo sigan fielmente. El vínculo entre el maestro y el discípulo es profundo, e implica no solo la enseñanza y el aprendizaje, sino también compartir sufrimientos y persecuciones. ¿Cómo respondemos a la oposición o al rechazo por nuestras creencias? Jesús nos ofrece no solo una perspectiva para entender estas pruebas, sino también la promesa de su presencia y apoyo a través de ellas. *Señor Jesús, gracias por tu franqueza y tu guía en medio de las dificultades. Ayúdame a estar preparado para la oposición no con miedo o desesperanza, sino con la fortaleza y la gracia que provienen de ti. Amén.*

Hch 15,1-2.22-29

(...) Los apóstoles y los ancianos (...) mandaron la siguiente carta: "Nosotros, los apóstoles y ancianos, hermanos vuestros, saludamos a los hermanos no judíos que viven en Antioquía, Siria y Cilicia. (...) Ha parecido bien al Espíritu Santo y a nosotros no imponeros más cargas que estas indispensables: que no comáis carne de animales ofrecidos en sacrificio a los ídolos, que no comáis sangre ni tampoco carne de animales ahogados, y que evitéis toda inmoralidad sexual. Si os guardáis de estas cosas, actuaréis correctamente. Que os vaya bien".

Sal 66. *Oh Dios, que te alaben los pueblos, que todos los pueblos te alaben.*

Ap 21,10-14.22-23

En la visión que me hizo ver el Espíritu, el ángel me llevó a un monte grande y alto, y me mostró la gran ciudad santa de Jerusalén, que bajaba del cielo, de la presencia de Dios. La ciudad brillaba con el resplandor de Dios (...). La ciudad no necesita sol ni luna que la alumbren, porque la alumbra el resplandor de Dios, y su lámpara es el Cordero.

Jn 14,23-29

En aquel tiempo Jesús dijo: "El que me ama hace caso a mi palabra; y mi Padre le amará, y mi Padre y yo vendremos a vivir con él. El que no me ama no hace caso a mis palabras. Las palabras que estáis escuchando no son mías, sino del Padre, que me ha enviado. Os he dicho todo esto mientras permanezco con vosotros; pero el Espíritu Santo, el defensor que el Padre enviará en mi nombre, os enseñará todas las cosas y os recordará todo lo que os he dicho. Os dejo la paz. Mi paz os doy, pero no como la dan los que son del mundo. No os angustiéis ni tengáis miedo. Ya me oísteis decir que me voy, y que vendré para estar otra vez con vosotros. Si de veras me amaseis os habríais alegrado al saber que voy al Padre, porque él es más que yo. Os digo esto de antemano, para que, cuando suceda, creáis".

En Hechos, vemos cómo la Iglesia primitiva resuelve un conflicto sobre las prácticas culturales y religiosas evitando imponer cargas innecesarias a los nuevos creyentes no judíos y manteniendo el foco en lo esencial del Evangelio: la fe en Cristo y la obediencia a sus mandamientos. En el evangelio, Jesús promete que él y el Padre habitarán con aquellos que lo aman y guardan su palabra, enfatizando la importancia de la obediencia nacida del amor. La conexión entre estas lecturas nos muestra un hilo común: la presencia de Dios lo ilumina todo, eliminando la necesidad de cualquier otra fuente de luz o guía.

Padre Celestial, te damos gracias por la unidad que nos ofreces en tu Hijo, Jesucristo. Guíanos a través de tu Espíritu Santo. Fortalécenos para enfrentar y resolver los conflictos dentro de nuestra comunidad con sabiduría y amor, siempre buscando lo que contribuye a la construcción mutua y a la expansión de tu Reino. Que vivamos cada día en la esperanza de tu venida, y que tu paz llene nuestros corazones y disipe todo miedo y ansiedad. Amén

26 MAYO

Lunes

SAN FELIPE NERI (MO)

Hch 16,11-15
Sal 149. *El Señor ama a su pueblo.*
Jn 15,26–16,4a

En aquel tiempo dijo Jesús: "Pero cuando venga el defensor, el Espíritu de la verdad, que yo enviaré de parte del Padre, él será mi testigo. Y también vosotros seréis mis testigos, porque habéis estado conmigo desde el principio. Os digo estas cosas para que no perdáis vuestra fe en mí. Os expulsarán de las sinagogas, e incluso llegará el momento en que cualquiera que os mate creerá que le está prestando un servicio a Dios. Eso lo harán porque no nos han conocido ni al Padre ni a mí. Os digo esto para que, cuando llegue el momento, os acordéis de que ya os lo había dicho".

La promesa del envío del Espíritu Santo subraya que los discípulos no estarán solos en su misión; contarán con una guía divina que los fortalecerá y les permitirá testificar con autoridad. Jesús también advierte a sus discípulos sobre las severas persecuciones y las amenazas de muerte que tendrán que afrontar. Eso también forma parte del plan divino. *Espíritu Santo, Defensor y Guía, ven y llena nuestros corazones con tu presencia consoladora y fortalecedora. Ayúdanos a ser fieles testigos de Jesucristo, especialmente en tiempos de dificultad y persecución. Que siempre recordemos que no estamos solos, que tú estás con nosotros, enseñándonos y recordándonos todo lo que Jesús nos ha dicho. Amén.*

Martes

PASCUA 6ª SEMANA (f)

Hch 16,22-34
Sal 137. *Señor, tu derecha me salva.*
Jn 16,5-11

En aquel tiempo dijo Jesús: "Ahora me voy para estar con el que me envió, y ninguno de vosotros me pregunta a dónde voy; al contrario, os habéis puesto muy tristes porque os he dicho estas cosas. Pero os digo la verdad: es mejor para vosotros que me vaya. Porque si no me voy, el defensor no vendrá a vosotros; pero si me voy, os lo enviaré. Cuando él venga, mostrará claramente a la gente del mundo dónde está la culpa, dónde la inocencia y dónde el juicio. La culpa la mostrará en ellos, porque no creen en mí; la inocencia, en mí, porque voy al Padre y ya no me veréis; y el juicio, en el que manda en este mundo, porque ya ha sido condenado".

Mientras que Jesús estuvo físicamente presente entre un grupo limitado de personas en una región geográfica específica, el Espíritu Santo estará disponible eternamente para todos los creyentes, guiándolos hacia toda verdad y justicia. Esta enseñanza es central para comprender no solo la naturaleza del ministerio del Espíritu Santo sino también la dinámica del reino de Dios. El Espíritu consuela y guía, desafía y convence, y juega un papel crucial en la manifestación de la justicia divina en el mundo. *Señor Jesucristo, tú prometiste el don del Espíritu Santo. Gracias por tu sabiduría y tu amor. Ayúdanos a comprender y valorar profundamente la presencia y la obra del Espíritu Santo en nuestras vidas. Que no nos sintamos abandonados, sino fortalecidos y guiados por su presencia constante. Amén.*

Hch 17,15.22–18,1
Sal 148. *Llenos están el cielo y la tierra de tu gloria.*
Jn 16,12-15

En aquel tiempo dijo Jesús: "Tengo mucho más que deciros, pero en este momento sería demasiado para vosotros. Cuando venga el Espíritu de la verdad, os guiará a toda la verdad, porque no hablará por su propia cuenta, sino que dirá todo lo que oye y os hará saber las cosas que van a suceder. Él me honrará, porque recibirá de lo que es mío y os lo dará a conocer. Todo lo que tiene el Padre, también es mío; por eso os he dicho que el Espíritu recibirá de lo que es mío y os lo dará a conocer".

Jesús nos promete el Espíritu Santo, el «Espíritu de la verdad» que nos guiará gradualmente hacia una comprensión más completa. Es un proceso dinámico y personalizado, adaptado a cada creyente en su camino espiritual. *Amado Espíritu Santo, Guía y Consolador, te doy gracias por la promesa de Jesús. Te pido que abras mi mente y mi corazón. Ayúdame a escuchar tu voz y a seguir tus enseñanzas con fidelidad. Enséñame a confiar en el proceso de aprendizaje espiritual que has dispuesto para mí, sabiendo que cada paso en mi camino de fe es guiado por tu mano amorosa. Amén.*

Hch 18,1-8
Sal 97. *El Señor revela a las naciones su victoria.*
Jn 16,16-20

En aquel tiempo dijo Jesús: "Dentro de poco ya no me veréis, pero un poco más tarde volveréis a verme". Algunos de los discípulos de Jesús se preguntaban unos a otros: "¿Qué quiere decir con eso? Nos dice que dentro de poco no le veremos, y que un poco más tarde le volveremos a ver, y que es porque va al Padre. ¿Qué significa 'dentro de poco'? No entendemos de qué está hablando". Jesús, dándose cuenta de que querían hacerle preguntas, les dijo: "Os he dicho que dentro de poco no me veréis, y que un poco más tarde me volveréis a ver; ¿es eso lo que os estáis preguntando? Os aseguro que vosotros lloraréis y estaréis tristes, mientras que la gente del mundo se alegrará. Sin embargo, aunque estéis tristes, vuestra tristeza se convertirá en alegría".

La declaración de Jesús plantea un profundo contraste entre la perspectiva temporal y la eterna, y subraya cómo la comprensión humana está a menudo limitada por la experiencia inmediata. La reacción de los discípulos revela una tensión común en la experiencia humana: el deseo de entender completamente los eventos y promesas antes de que ocurran, y el miedo por el futuro. Jesús reconoce esta tensión y nos asegura que algunas verdades del reino de Dios solo se comprenden plenamente después de que se han experimentado. El contraste entre el luto de los discípulos y la alegría del mundo también es significativo. Muestra que nuestra percepción sobre los eventos del mundo puede ser radicalmente diferente a lo dispuesto en el plan de Dios.

30 MAYO

Viernes

San Fernando (ML)

Hch 18,9-18
Sal 46. *Dios es el rey del mundo.*
Jn 16,20-23a

En aquel tiempo dijo Jesús: "Os aseguro que vosotros lloraréis y estaréis tristes, mientras que la gente del mundo se alegrará. Sin embargo, aunque estéis tristes, vuestra tristeza se convertirá en alegría. Cuando una mujer va a dar a luz, se angustia, porque le ha llegado la hora; pero cuando ya ha nacido la criatura, la madre se olvida del dolor a causa de la alegría de que un niño haya venido al mundo. Así también, vosotros os angustiáis ahora, pero yo volveré a veros y entonces vuestro corazón se llenará de alegría, de una alegría que nadie os podrá quitar. Aquel día ya no me preguntaréis nada".

Jesús anticipa la angustia de sus seguidores cuando dejen de tener su presencia física. Pero les asegura, al mismo tiempo, una alegría inquebrantable que está por venir. La comparación de Jesús con el proceso de dar a luz es particularmente evocadora. Nos recuerda que a menudo las transiciones más dolorosas de la vida pueden llevar a las mayores alegrías. *Señor Jesucristo, gracias por la seguridad de que, a pesar de las tribulaciones del mundo, me ofreces una alegría que ninguna circunstancia puede destruir. Enséñame a aferrarme a esta verdad, especialmente cuando estoy desanimado o me siento perdido. Que pueda vivir cada día en la plenitud de esta alegría, compartiéndola con quienes me rodean y siendo testigo de tu amor y tu poder transformador. Amén.*

Sof 3,14-18
Sal. Is 12,2-6. *Qué grande es en medio de ti el Santo de Israel.*
Lc 1,39-56

Por aquellos días, María se dirigió de prisa a un pueblo de la región montañosa de Judea, y entró en casa de Zacarías y saludó a Isabel. Cuando Isabel oyó el saludo de María, la criatura se movió en su vientre, y ella quedó llena del Espíritu Santo. Entonces, con voz muy fuerte, dijo Isabel: "¡Dios te ha bendecido más que a todas las mujeres, y ha bendecido a tu hijo! (...) ¡Dichosa tú por haber creído que han de cumplirse las cosas que el Señor te ha dicho!". María dijo: "Mi alma alaba la grandeza del Señor. Mi espíritu se alegra en Dios mi Salvador, porque Dios ha puesto sus ojos en mí, su humilde esclava, y desde ahora me llamarán dichosa; porque el Todopoderoso ha hecho en mí grandes cosas. ¡Santo es su nombre! Dios tiene siempre misericordia de quienes le honran. Actuó con todo su poder: deshizo los planes de los orgullosos, derribó a los reyes de sus tronos y puso en alto a los humildes. Llenó de bienes a los hambrientos y despidió a los ricos con las manos vacías. Ayudó al pueblo de Israel, su siervo, y no se olvidó de tratarlo con misericordia. Así lo había prometido a nuestros antepasados, a Abraham y a sus futuros descendientes" (...).

Este encuentro es uno de los momentos más emotivos y significativos en la historia de la salvación. Muestra la conexión íntima entre dos mujeres unidas por la fe y la esperanza en Dios. Nos invita a reflexionar sobre cómo Dios también actúa en nuestras vidas y nos recuerda la importancia de la humildad y la confianza en Dios. *Señor, Tú que miraste la humildad de tu sierva María, enséñame a vivir con la misma disposición, siempre listo para servir y responder a tu llamada con un corazón puro y humilde. Que siempre recuerde tu fidelidad y tus promesas, y que viva cada día en la esperanza y la alegría que me brindas a través de Jesucristo, nuestro Señor. Amén.*

Hch 1,1-11

En mi primer libro, excelentísimo Teófilo, escribí acerca de todo lo que Jesús había hecho y enseñado desde el principio y hasta el día en que subió al cielo. Antes de irse escogió a sus apóstoles, y por medio del Espíritu Santo les dio instrucciones sobre lo que debían hacer. Y después de muerto se les presentó en persona, dándoles así pruebas evidentes de que estaba vivo. Durante cuarenta días se dejó ver de ellos y les hablaba del reino de Dios. (...) Les dijo: "Esperad a que se cumpla la promesa que mi Padre os hizo y de la cual yo os hablé (...), pero dentro de pocos días vosotros seréis bautizados con el Espíritu Santo" (...).

Sal 46. *Dios asciende entre aclamaciones; el Señor, al son de trompetas.*

Ef 1,17-23

Pido al Dios de nuestro Señor Jesucristo, al Padre glorioso, que os dé sabiduría espiritual para entender su revelación y conocerle mejor. Pido a Dios que ilumine vuestra mente para que sepáis cuál es la esperanza a la que habéis sido llamados, cuán gloriosa y rica es la herencia que Dios da a los que pertenecen a su pueblo y cuán grande y sin límites es su poder, (...) el mismo que Dios mostró con tanta fuerza y potencia cuando resucitó a Cristo y lo hizo sentar a su derecha en el cielo, poniéndolo por encima de todo poder, autoridad, dominio y señorío (...).

Lc 24,46-53

En aquel tiempo Jesús dijo a sus discípulos: "Está escrito que el Mesías tenía que morir y que resucitaría al tercer día; y que en su nombre, y comenzando desde Jerusalén, hay que anunciar a todas las naciones que se vuelvan a Dios, para que él les perdone sus pecados.

Vosotros sois testigos de estas cosas. Y yo enviaré sobre vosotros lo que mi Padre prometió. Pero vosotros quedaos aquí, en Jerusalén, hasta que recibáis el poder que viene de Dios". Luego Jesús los llevó fuera de la ciudad, hasta Betania, y alzando las manos los bendijo. Y mientras los bendecía se apartó de ellos y fue llevado al cielo. Ellos, después de adorarle, volvieron muy contentos a Jerusalén. Y estaban siempre en el templo, alabando a Dios.

Contempla la grandeza del plan de Dios para la humanidad, manifestado en la resurrección y ascensión de Jesucristo. Hoy le vemos instruyendo a sus discípulos sobre su misión. Es un momento de transición y esperanza. Los discípulos, tras recibir la bendición de Jesús, regresan a Jerusalén llenos de alegría y dedicados a la alabanza continua en el templo.

Reflexiona sobre tu propia misión. Al igual que los discípulos, estamos llamados a esperar y recibir el poder del Espíritu Santo, que nos capacita y nos guía.

Encuentra un lugar tranquilo y cómodo hoy. Imagina que estás recibiendo directamente la sabiduría espiritual que menciona Pablo. Visualiza la esperanza como una luz brillante y cálida dentro de ti, llenándote de paz y alegría. Siente el poder del Espíritu actuando en ti, dándote fuerza, coraje y determinación para enfrentar cualquier desafío. Repite en tu mente: «El poder de Dios está en mí. Soy fuerte en el Señor». Abre lentamente los ojos y lleva contigo esta sensación de paz y propósito a lo largo de la semana.

Hch 19,1-8
Sal 67. *Reyes de la tierra, cantad a Dios.*
Jn 16,29-33

Entonces dijeron sus discípulos: "Ahora estás hablando con claridad, sin usar comparaciones. Ahora vemos que sabes todas las cosas y que no es necesario que nadie te haga preguntas. Por esto creemos que has venido de Dios". Jesús les contestó: "¿Así que ahora creéis? Pues llega la hora, y ya es ahora mismo, cuando os dispersaréis cada uno por su lado, y me dejaréis solo. Aunque no estoy solo, puesto que el Padre está conmigo. Os digo todo esto para que encontréis paz en vuestra unión conmigo. En el mundo habréis de sufrir, pero tened valor, yo he vencido al mundo".

Parece fácil creer y confiar en Dios cuando todo va bien, pero nuestra fe se pone a prueba en los momentos de dificultad. Jesús nos recuerda que no estamos solos. Él ha vencido al mundo y nos invita a encontrar paz en nuestra unión con él. La victoria de Jesús sobre el mundo no significa la ausencia de problemas, sino la presencia constante de su paz y su compañía en medio de ellos. Nos llama a tener valor y a mantener nuestra fe, confiando en que su poder y su amor nos sostendrán. Piensa en los desafíos y dificultades que enfrentas actualmente en tu vida. Visualiza a Jesús a tu lado, recordándote que no estás solo en tus pruebas. Repite en tu mente: «Jesús ha vencido al mundo. Puedo tener paz y valor».

Martes

SAN CARLOS LUANGA Y COMP. (MO)

Hch 20,17-27
Sal 67. *Reyes de la tierra, cantad a Dios.*
Jn 17,1-11a

Habiendo dicho estas cosas, Jesús miró al cielo y dijo: "Padre, la hora ha llegado. Glorifica a tu Hijo, para que también tu Hijo te glorifique a ti. Pues tú has dado a tu Hijo autoridad sobre todos los hombres, para que dé vida eterna a los que le confiaste. Y la vida eterna consiste en que te conozcan a ti, el único Dios verdadero, y a Jesucristo, a quien tú enviaste. Yo te he glorificado aquí en el mundo, pues he terminado lo que me encargaste que hiciera. Ahora pues, Padre, dame en tu presencia la misma gloria que yo tenía contigo desde antes que existiera el mundo. A los que del mundo escogiste para confiármelos, les he hecho saber quién eres. Eran tuyos, y tú me los confiaste y han hecho caso a tu palabra. Ahora saben que todo lo que me confiaste viene de ti, pues les he dado el mensaje que me diste y lo han aceptado. Han comprendido que en verdad he venido de ti, y han creído que tú me enviaste. Te ruego por ellos. No ruego por los que son del mundo, sino por los que me confiaste, porque son tuyos. Yo no voy a seguir en el mundo, pero ellos sí van a seguir en el mundo, mientras que yo voy para estar contigo".

Esta reflexión nos invita a considerar nuestra propia relación con Dios. Nos recuerda que la vida eterna comienza aquí y ahora, en nuestro conocimiento y relación con Dios y con Jesucristo. También nos desafía a vivir de tal manera que la gloria de Dios se haga visible en nosotros, manifestando su amor y su verdad en nuestras vidas cotidianas. Reflexiona sobre lo que significa para ti glorificar a Dios en tu vida. Piensa en tu relación con Él. ¿Cómo puedes profundizar en este conocimiento y vivir una vida que refleje esta relación transformadora? Termina tu meditación con una oración de agradecimiento por la salvación y por la vida eterna que te ha sido dada. Lleva contigo esta sensación de paz, propósito y conexión divina a lo largo del día.

Hch 20,28-38
Sal 67. *Reyes de la tierra, cantad a Dios.*
Jn 17,11b-19

En aquel tiempo dijo Jesús: "Padre santo, cuídalos con el poder de tu nombre, el nombre que me has dado, para que estén completamente unidos, como tú y yo. Cuando estaba con ellos en este mundo, los cuidaba y los protegía con el poder de tu nombre, el nombre que me has dado. Y ninguno de ellos se perdió, sino aquel que ya estaba perdido, para que se cumpliera lo que dice la Escritura. Ahora voy a ti; pero digo estas cosas mientras estoy en el mundo, para que ellos se llenen de la misma perfecta alegría que yo tengo. Yo les he comunicado tu palabra; pero el mundo los odia porque no son del mundo, como tampoco yo soy del mundo. No te pido que los saques del mundo, sino que los protejas del mal. Así como yo no soy del mundo, tampoco ellos son del mundo. Conságralos a ti por medio de la verdad: tu palabra es la verdad. Como me enviaste a mí al mundo, así yo los envío. Y por causa de ellos me consagro a mí mismo, para que también ellos sean consagrados por medio de la verdad".

Dios nos escucha. Quiere que todos sus hijos se unan en una comunión perfecta, como Él está en Jesús y Jesús está en Él. Quiere que esta unidad sea un testimonio poderoso para el mundo, para que todos crean en su amor. Hemos de reflejar esa verdad en nuestra vida diaria, mostrando el reflejo de su amor a todos los que nos rodean. *Que tu presencia en mí sea una luz que brille en medio de la oscuridad. Deseo estar contigo, Señor, para ver tu gloria y experimentar tu amor eterno. Fortaléceme y guíame en el camino que has preparado para mí. Que tu amor esté siempre en mi corazón. Padre justo, aunque el mundo no te conoce, yo te conozco y sé que tú enviaste a Jesús. Gracias por revelarte a mí y por continuar haciéndolo. Amén.*

Jueves

San Bonifacio (MO)

Hch 22,30; 23,6-11
Sal 15. *Protégeme, Dios mío,
que me refugio en ti.*
Jn 17,20-26

En aquel tiempo dijo Jesús: "No te ruego solamente por éstos, sino también por los que han de creer en mí al oír el mensaje de ellos. Te pido que todos ellos estén unidos; que como tú, Padre, estás en mí y yo en ti, también ellos estén en nosotros, para que el mundo crea que tú me enviaste. Les he dado la misma gloria que tú me diste, para que sean una sola cosa como tú y yo somos una sola cosa: yo en ellos y tú en mí, para que lleguen a ser perfectamente uno y así el mundo sepa que tú me enviaste y que los amas como me amas a mí. Padre, tú me los confiaste, y quiero que estén conmigo donde yo voy a estar, para que vean mi gloria, la gloria que me has dado; porque me has amado desde antes de la creación del mundo. Padre justo, los que son del mundo no te conocen; pero yo te conozco, y éstos también saben que tú me enviaste. Les he dado a conocer quién eres, y seguiré haciéndolo, para que el amor que me tienes esté en ellos, y yo mismo esté en ellos".

Visualiza la comunidad global de creyentes, de diferentes culturas, razas y orígenes, unidos en amor y reflejando la unidad perfecta entre el Padre y el Hijo. Siente la conexión espiritual que te une a esta gran familia de fe. *Padre amoroso, me acerco a ti con gratitud por tu amor y tu cuidado constante. Gracias por la oración de Jesús, que abarca a todos los creyentes, incluyéndome a mí. Me siento honrado y bendecido por ser parte de su intercesión. Te pido que nos unas a todos tus hijos en una comunión perfecta, como tú estás en Jesús y Jesús está en ti. Que esta unidad sea un testimonio poderoso para el mundo, para que todos crean que tú enviaste a Jesús y que nos amas con el mismo amor que tienes por Él. Amén.*

6

Viernes

Hch 25,13-21
Sal 102. *El Señor puso en el cielo su trono.*
Jn 21,15-19

Cuando ya habían comido, Jesús preguntó a Simón Pedro: "Simón, hijo de Juan, ¿me amas más que estos?". Pedro le contestó: "Sí, Señor, tú sabes que te quiero". Jesús le dijo: "Apacienta mis corderos". Volvió a preguntarle: "Simón, hijo de Juan, ¿me amas?". Pedro le contestó: "Sí, Señor, tú sabes que te quiero". Jesús le dijo: "Apacienta mis ovejas". Por tercera vez le preguntó: "Simón, hijo de Juan, ¿me quieres?". Pedro, entristecido porque Jesús le preguntaba por tercera vez si le quería, le contestó: "Señor, tú lo sabes todo: tú sabes que te quiero". Jesús le dijo: "Apacienta mis ovejas. Te aseguro que cuando eras más joven te vestías para ir a donde querías; pero cuando seas viejo, extenderás los brazos y otro te vestirá y te llevará a donde no quieras ir". Al decir esto, Jesús estaba dando a entender de qué manera Pedro había de morir, y cómo iba a glorificar a Dios con su muerte. Después le dijo: "¡Sígueme!".

Siente la intensidad de este momento, la conexión profunda entre Jesús y Pedro. Permanece en silencio. Haz presente en tu corazón la presencia amorosa de Jesús, su llamada a amarlo y a seguirlo. *Señor Jesús, me acerco a ti con un corazón humilde y agradecido. Quiero seguirte, incluso cuando el camino sea difícil y lleno de desafíos. Dame la valentía y la perseverancia para extender mis brazos y aceptar tu voluntad en todas las cosas. Padre, te pido que me guíes cada día, que me llenes con tu Espíritu Santo para vivir en fidelidad a tu palabra. Que mi vida glorifique tu nombre y que, al final de mis días, pueda decir con confianza que he seguido a Jesús con todo mi ser. Amén.*

Hch 28,16-20.30-31
Sal 10. *Los buenos verán tu rostro, Señor.*
Jn 21,20-25

Pedro se volvió y vio que detrás de él venía el discípulo a quien Jesús quería mucho, el mismo que en la cena había estado junto a él y le había preguntado: "Señor, ¿quién es el que va a traicionarte?". Cuando Pedro le vio, preguntó a Jesús: "Señor, ¿y qué hay de este?". Jesús le contestó: "Si yo quiero que permanezca hasta mi regreso, ¿qué te importa a ti? Tú sígueme". Por esto corrió entre los hermanos el rumor de que aquel discípulo no moriría. Pero Jesús no había dicho que no moriría, sino: "Si yo quiero que permanezca hasta mi regreso, ¿qué te importa a ti?". Éste es el mismo discípulo que da testimonio de estas cosas y lo ha escrito. Y sabemos que dice la verdad. Jesús hizo otras muchas cosas. Tantas que, si se escribieran una por una, creo que en todo el mundo no cabrían los libros que podrían escribirse.

Quizá podrías estar comparándote con otros o distrayéndote por caminos ajenos. ¿Hay envidias, celos o inseguridades que necesiten ser entregados a Dios? Siente la invitación de Jesús a dejar estas preocupaciones y a confiar en su plan único para ti. Ora en tu corazón: *Señor Jesús, me acerco a ti con humildad. Gracias por tu amor. Ayúdame a centrarme en mi camino contigo, a dejar de lado las comparaciones y distracciones que pueden apartarme. Reconozco que a veces me preocupo demasiado por el camino de los demás y me olvido de confiar en tu plan perfecto para mí. Dame la gracia de confiar plenamente en ti y de seguirte con un corazón decidido y fiel. Que mi vida sea un reflejo de tu amor y de tu verdad, y que pueda seguirte con un corazón lleno de fe y confianza. Amén.*

8 DOMINGO
JUNIO

Hch 2,1-11

Cuando llegó la fiesta de Pentecostés, todos los creyentes se encontraban reunidos en un mismo lugar. De pronto, un gran ruido que venía del cielo, como de un viento fuerte, resonó en toda la casa donde estaban. Y se les aparecieron lenguas como de fuego, repartidas sobre cada uno de ellos. Todos quedaron llenos del Espíritu Santo, y comenzaron a hablar en otras lenguas según el Espíritu les daba que hablasen. Por aquellos días había en Jerusalén judíos cumplidores de sus deberes religiosos, llegados de todas las partes del mundo (...) se decían unos a otros: "(...) ¡Y todos les oímos contar en nuestras propias lenguas las maravillas de Dios!".

Sal 103. *Envía tu Espíritu, Señor, y repuebla la faz de la tierra.*

1Co 12,3b-7.12-13

Tampoco puede decir nadie: "¡Jesús es Señor!", si no está hablando por el poder del Espíritu Santo. Los dones que recibimos son diversos, pero el que los concede es un mismo Espíritu. Hay diversas maneras de servir, pero todas lo son por encargo de un mismo Señor. Y hay diversos poderes para actuar, pero es un mismo Dios el que lo realiza todo en todos. Dios da a cada uno alguna prueba de la presencia del Espíritu, para provecho de todos. El cuerpo humano, aunque está formado por muchas partes, es un solo cuerpo. Así también Cristo. De la misma manera, todos nosotros, judíos o no judíos, esclavos o libres, fuimos bautizados para formar un solo cuerpo por medio de un solo Espíritu; y a todos se nos dio a beber de ese mismo Espíritu.

Jn 20,19-23

Al llegar la noche de aquel mismo día, primero de la semana, los discípulos estaban reunidos y tenían las puertas cerradas por miedo a los judíos. Jesús entró y, poniéndose en medio de los discípulos, los saludó diciendo: "¡Paz a vosotros!". Dicho esto, les mostró las manos y el costado. Y ellos se alegraron de ver al Señor. Luego Jesús dijo de nuevo: "¡Paz a vosotros! Como el Padre me envió a mí, también yo os envío a vosotros". Dicho esto, sopló sobre ellos y añadió: "Recibid el Espíritu Santo. A quienes perdonéis los pecados, les quedarán perdonados; y a quienes no se los perdonéis, les quedarán sin perdonar".

Contempla la escena de Pentecostés descrita en los Hechos de los Apóstoles. Siente el gran ruido que viene del cielo, como un viento fuerte que llena toda la casa. Reflexiona sobre el poder transformador del Espíritu Santo.

Ahora, céntrate en el saludo de paz de Jesús a sus discípulos en el evangelio de Juan. Imagina en esa habitación cerrada, llena de miedo. Siente el aliento de vida y amor de Jesús al decir: «Recibid el Espíritu Santo». Permanece en silencio, dejando que esta verdad llene tu corazón y mente. Siente la presencia del Espíritu Santo en ti, llenándote de paz, poder y propósito.

Señor Jesús, gracias por tu paz que nos ofreces en medio de nuestros miedos y ansiedades. Espíritu Santo, te pido que me guíes y me llenes de sabiduría y discernimiento. Que pueda reconocer y usar los dones que nos has dado para glorificar a Dios y servir a los demás. Ayúdame a ser instrumento de tu perdón y gracia en el mundo. Amén.

Hch 1,12-14
Sal 86. *¡Qué pregón tan glorioso para ti, ciudad de Dios!*
Jn 19,25-34

Junto a la cruz de Jesús estaban su madre y la hermana de su madre, María, esposa de Cleofás, y María Magdalena. Cuando Jesús vio a su madre y junto a ella al discípulo a quien él quería mucho, dijo a su madre: "Mujer, ahí tienes a tu hijo". Luego dijo al discípulo: "Ahí tienes a tu madre". Desde entonces, aquel discípulo la recibió en su casa. Después de esto, como Jesús sabía que ya todo se había cumplido, y para que se cumpliera la Escritura, dijo: "Tengo sed". Había allí una jarra llena de vino agrio. Empaparon una esponja en el vino, la ataron a una rama de hisopo y se la acercaron a la boca. Jesús bebió el vino agrio y dijo: "Todo está cumplido". Luego inclinó la cabeza y murió. Era el día de la preparación de la Pascua. Los judíos no querían que los cuerpos quedasen en las cruces durante el sábado, (...) al acercarse a Jesús vieron que ya había muerto. Por eso no le quebraron las piernas. Sin embargo, uno de los soldados le atravesó el costado con una lanza, y al momento salió sangre y agua.

El dolor y la tristeza envuelven este momento: la agonía de una madre viendo a su hijo sufrir y morir. Pero de ahí puede nacer una gran alegría: «Ahí tienes a tu madre». ¿Qué significa para ti recibir a María como madre? Piensa en la bondad, la ternura y el amor que ella representa. Considera cómo puedes abrir tu corazón para recibir su cuidado y protección. *Santa María, madre de Dios y madre nuestra, intercede por mí. Madre amorosa, que pueda sentir tu presencia maternal en cada momento, recordando que nunca estamos solos, porque tú estás con nosotros. Que tu ejemplo de fidelidad y entrega me inspire a vivir de manera más plena como discípulo de Cristo. Amén.*

2Co 1,18-22
Sal 118. *Haz brillar, Señor, tu rostro sobre tu siervo.*
Mt 5,13-16

En aquel tiempo dijo Jesús: "Vosotros sois la sal de este mundo. Pero si la sal deja de ser salada, ¿cómo seguirá salando? Ya no sirve para nada, así que se la arroja a la calle y la gente la pisotea. Vosotros sois la luz de este mundo. Una ciudad situada en lo alto de un monte no puede ocultarse; y una lámpara no se enciende para taparla con alguna vasija, sino que se la pone en alto para que alumbre a todos los que están en la casa. Del mismo modo, procurad que vuestra luz brille delante de la gente, para que, viendo el bien que hacéis, alaben todos a vuestro Padre que está en el cielo".

Considera las oportunidades que tienes cada día para ser sal y luz en tu familia, tu comunidad y tu lugar de trabajo. *Señor Jesús, ayúdame a comprender la profundidad de esta llamada y a vivirla con fidelidad. Te pido, Señor, que me ayudes a ser sal en un mundo que a menudo pierde su sabor espiritual. Dame la gracia de preservar la verdad, purificar lo que está corrupto y añadir sabor a la vida de los demás con mis palabras y acciones. Quiero ser luz en medio de la oscuridad. Ayúdame a brillar, a no esconder mis dones y talentos, sino a utilizarlos para tu gloria. Que mis buenas obras sean visibles para que otros puedan verlas y alabar a nuestro Padre celestial. Amén.*

2Co 3,4-11
Sal 98. *Santo eres, Señor, Dios nuestro.*
Mt 5,17-19

En aquel tiempo dijo Jesús: "No penséis que yo he venido a poner fin a la ley de Moisés y a las enseñanzas de los profetas. No he venido a ponerles fin, sino a darles su verdadero sentido. Porque os aseguro que mientras existan el cielo y la tierra no se le quitará a la ley ni un punto ni una coma, hasta que suceda lo que tenga que suceder. Por eso, el que quebrante uno de los mandamientos de la ley, aunque sea el más pequeño, y no enseñe a la gente a obedecerlos, será considerado el más pequeño en el reino de los cielos. Pero el que los obedezca y enseñe a otros a hacer lo mismo, será considerado grande en el reino de los cielos".

Hoy se nos invita a confiar en la gracia de Dios y no en nuestras propias capacidades. San Pablo nos recuerda que nuestra fuerza solo puede venir de Dios, quien nos ha hecho servidores de un nuevo pacto, un pacto del Espíritu que da vida. También Jesús nos aclara que no vino a abolir la ley, sino a darle su verdadero sentido. La ley escrita puede condenar, pero el Espíritu de Dios nos trae la verdadera vida y la auténtica justicia. *Señor, ayúdame a confiar únicamente en tu gracia y no en mis propias fuerzas. Que tu Espíritu Santo me guíe para vivir conforme a tu voluntad, dando testimonio de tu amor y justicia. Amén.*

Is 6,1-4.8
Sal 22. *El Señor es mi pastor, nada me falta.*
Jn 17,1-2.9.14-26

Habiendo dicho estas cosas, Jesús miró al cielo y dijo: "Padre (…). Te ruego por (…) los que me confiaste, porque son tuyos. No te pido que los saques del mundo, sino que los protejas del mal. Así como yo no soy del mundo, tampoco ellos son del mundo. Conságralos a ti por medio de la verdad: tu palabra es la verdad. Como me enviaste a mí al mundo, así yo los envío. Y por causa de ellos me consagro a mí mismo, para que también ellos sean consagrados por medio de la verdad. No te ruego solamente por estos, sino también por los que han de creer en mí al oír el mensaje de ellos. Te pido que todos ellos estén unidos; que como tú, Padre, estás en mí y yo en ti, también ellos estén en nosotros, para que el mundo crea que tú me enviaste. Les he dado la misma gloria que tú me diste, para que sean una sola cosa como tú y yo somos una sola cosa: yo en ellos y tú en mí, para que lleguen a ser perfectamente uno y así el mundo sepa que tú me enviaste y que los amas como me amas a mí. Padre, tú me los confiaste, y quiero que estén conmigo donde yo voy a estar, para que vean mi gloria, la gloria que me has dado; porque me has amado desde antes de la creación del mundo. Padre justo, los que son del mundo no te conocen; pero yo te conozco, y estos también saben que tú me enviaste. Les he dado a conocer quién eres, y seguiré haciéndolo, para que el amor que me tienes esté en ellos, y yo mismo esté en ellos".

¿**C**rees firmemente que Jesús intercede por nosotros ante el Padre hasta el fin de los tiempos? En su oración, pide que seamos uno, así como Él y el Padre son uno. Nos consagra en la verdad y nos envía al mundo para llevar su mensaje de amor y unidad. *Señor Jesús, Sumo y Eterno Sacerdote, conságrame en tu verdad y hazme uno contigo. Y haz que yo sepa vivir intensamente este gran misterio que me supera… Que mi vida sea un reflejo de tu amor y unidad, y que, a través de mi testimonio, otros puedan conocer y experimentar tu salvación. Amén.*

13 JUNIO

Viernes

SAN ANTONIO DE PADUA (MO)

2Co 4,7-15
Sal 115. *Te ofreceré, Señor, un sacrificio de alabanza.*
Mt 5,27-32

En aquel tiempo dijo Jesús: "Habéis oído que antes se dijo: 'No cometas adulterio'. Pero yo os digo que cualquiera que mira con codicia a una mujer ya cometió adulterio con ella en su corazón. Por tanto, si tu ojo derecho te hace caer en pecado, sácalo y échalo lejos de ti; mejor es que pierdas una sola parte del cuerpo y no que todo tu cuerpo sea arrojado al infierno. Y si tu mano derecha te hace caer en pecado, córtala y échala lejos de ti; mejor es que pierdas una sola parte del cuerpo y no que todo tu cuerpo sea arrojado al infierno. También se dijo: 'Cualquiera que se separe de su esposa deberá darle un certificado de separación'. Pero yo os digo que todo aquel que se separa de su esposa, a no ser en caso de inmoralidad sexual, la pone en peligro de cometer adulterio. Y el que se casa con una mujer separada también comete adulterio".

Si de verdad somos seguidores de Cristo, llevamos en nosotros su muerte, para que su vida también se manifieste en nosotros. A pesar de las dificultades, somos fortalecidos por la fe y la esperanza de la resurrección. Hoy Jesús nos llama a una pureza radical de corazón, evitando no solo los actos de maldad, de falsedad y pecado, sino incluso los deseos que nos alejan de Dios. *Señor, en medio de mis tribulaciones y mis dudas, ayúdame a llevar siempre la vida de Jesús en mi cuerpo mortal. Purifica mi corazón y mis pensamientos para que pueda vivir en la pureza y santidad que tú deseas. Amén.*

Sábado

2Co 5,14-21
Sal 102. *El Señor es
compasivo y misericordioso.*
Mt 5,33-37

En aquel tiempo dijo Jesús: "También habéis oído que se dijo a los antepasados: 'No dejes de cumplir lo que hayas ofrecido bajo juramento al Señor'. Pero yo os digo que no juréis por nada ni por nadie. No juréis por el cielo, porque es el trono de Dios; ni por la tierra, porque es el estrado de sus pies; ni por Jerusalén, porque es la ciudad del gran Rey. Ni siquiera juréis por vuestra propia cabeza, porque no podéis hacer que os salga blanco o negro ni un solo cabello. Si decís 'Sí', que sea sí; y si decís 'No', que sea no. Lo que se aparta de esto, es malo".

San Pablo nos recuerda que el amor de Cristo nos impulsa a vivir para Él, que murió y resucitó por nosotros. Somos nuevas criaturas en Cristo, llamadas a ser embajadoras de la reconciliación. No vivimos para nosotras mismas. Jesús te exhorta a ser sincero y auténtico, dejando que tu «sí» sea «sí» y tu «no» sea «no». *Señor, transforma mi vida con tu amor y hazme una nueva criatura en Cristo. Ayúdame a ser un verdadero embajador de tu reconciliación, viviendo en sinceridad, amor y verdad. Que toda mi vida refleje tu amor y tu justicia siempre. Amén.*

Pr 8,22-31

El Señor me creó al principio de su obra, antes de que comenzara a crearlo todo. Me formó en el principio del tiempo, antes de que creara la tierra. Me engendró antes de que existieran los grandes mares, antes de que brotaran los ríos y los manantiales. Antes de afirmar los cerros y los montes, el Señor ya me había engendrado; aún no había creado la tierra y sus campos, ni el polvo del que el mundo está formado. Cuando afirmó la bóveda del cielo sobre las aguas del gran mar, allí estaba yo. Cuando afirmó las nubes en el cielo y reforzó las fuentes del mar profundo; cuando ordenó a las aguas del mar no salirse de sus límites; cuando puso las bases de la tierra, allí estaba yo, fielmente, a su lado. Yo era su constante fuente de alegría, y jugueteaba en su presencia a todas horas; jugueteaba en el mundo creado, ¡me sentía feliz por el género humano!

Sal 8. *Señor, dueño nuestro, ¡qué admirable es tu nombre en toda la tierra!*

Rm 5,1-5

Así pues, ya hechos justos gracias a la fe, tenemos paz con Dios por medio de nuestro Señor Jesucristo. Por Cristo gozamos del favor de Dios por medio de la fe, y estamos firmes y nos gloriamos de la esperanza de tener parte en la gloria de Dios. Y no solo esto, sino que incluso nos gloriamos de los sufrimientos, porque sabemos que el sufrimiento da firmeza para soportar, y esa firmeza nos permite ser aprobados por Dios, y el ser aprobados por Dios nos llena de esperanza. Una esperanza que no defrauda, porque Dios ha llenado con su amor nuestro corazón por medio del Espíritu Santo que nos ha dado.

Jn 16,12-15

En aquel tiempo dijo Jesús: "Tengo mucho más que deciros, pero en este momento sería demasiado para vosotros. Cuando venga el Espíritu de la verdad, os guiará a toda la verdad, porque no hablará por su propia cuenta, sino que dirá todo lo que oye y os hará saber las cosas que van a suceder. Él me honrará, porque recibirá de lo que es mío y os lo dará a conocer. Todo lo que tiene el Padre, también es mío; por eso os he dicho que el Espíritu recibirá de lo que es mío y os lo dará a conocer".

Hoy es en nuestra Iglesia la solemnidad de la Santísima Trinidad, en la que celebramos y reconocemos la presencia misteriosa del Padre, del Hijo y del Espíritu Santo en nuestra vida.

Dios, en su misterio trinitario, nos llama a vivir en comunión y a ser reflejo de su amor y unidad. La paz y la esperanza que tenemos en Dios son frutos de esta comunión trinitaria.

Ora a lo largo del día en tu corazón con estas palabras u otras parecidas: Santísima Trinidad, Padre, Hijo y Espíritu Santo, te doy gracias por tu amor y tu presencia en mi vida. Ayúdame a vivir en comunión contigo y con mis hermanos, siendo un reflejo de tu unidad y amor en el mundo. Amén.

2Co 6,1-10
Sal 97. *El Señor da a conocer su victoria.*
Mt 5,38-42

En aquel tiempo dijo Jesús: "Habéis oído que antes se dijo: 'Ojo por ojo y diente por diente'. Pero yo os digo: No resistáis a quien os haga algún daño. Al contrario, si alguien te pega en la mejilla derecha, ofrécele también la otra. Si alguien te demanda y te quiere quitar la túnica, déjale también la capa. Y si alguien te obliga a llevar carga una milla, ve con él dos. Al que te pida algo, dáselo; y no le vuelvas la espalda a quien te pida prestado".

Las lecturas nos llaman a aprovechar en el devenir de nuestra vida los momentos más oportunos de ser siervo fiel de Dios, demostrando su presencia cada día a través de la paciencia, la pureza, el amor sincero y el poder de Dios. Jesús nos llama a responder al mal con el bien, ofreciendo siempre más de lo que se nos da. *Señor, yo sé que hoy es el día de la salvación, y quiero aprovechar este momento para servirte con fidelidad. Llena mi vida de paciencia, pureza y amor sincero, y ayúdame a responder al mal con el bien, siguiendo siempre tus enseñanzas. Amén.*

2Co 8,1-9
Sal 145. *Alaba, alma mía, al Señor.*
Mt 5,43-48

En aquel tiempo dijo Jesús: "También habéis oído que antes se dijo: 'Ama a tu prójimo y odia a tu enemigo'. Pero yo os digo: Amad a vuestros enemigos y orad por los que os persiguen. Así seréis hijos de vuestro Padre que está en el cielo, pues él hace que su sol salga sobre malos y buenos, y envía la lluvia sobre justos e injustos. Porque si amáis solamente a quienes os aman, ¿qué recompensa tendréis? ¡Hasta los que cobran impuestos para Roma se portan así! Y si saludáis solamente a vuestros hermanos, ¿qué hacéis de extraordinario? ¡Hasta los paganos se portan así! Vosotros, pues, sed perfectos, como vuestro Padre que está en el cielo es perfecto".

En la primera lectura se nos habla hoy del generoso espíritu de los macedonios, que dieron más allá de sus posibilidades por amor a Dios y al prójimo. Jesús nos llama a amar a nuestros enemigos y a orar por quienes nos persiguen, para ser verdaderos hijos del Padre celestial. Esto no es fácil, pero lo pide nuestro Señor. *Dame, Padre, un corazón generoso y dispuesto a dar más allá de mis posibilidades por amor a ti y a mis hermanos. Ayúdame a amar a mis enemigos y a orar por quienes me persiguen, para reflejar tu amor perfecto en mi vida. Amén.*

18 JUNIO

Miércoles

2Co 9,6-11
Sal 111. *Dichoso quien teme al Señor.*
Mt 6,1-6.16-18

En aquel tiempo dijo Jesús: "No practiquéis vuestra religión delante de los demás sólo para que os vean. Si hacéis eso, no obtendréis ninguna recompensa de vuestro Padre que está en el cielo. Por tanto, cuando ayudes a los necesitados no lo publiques a los cuatro vientos, como hacen los hipócritas en las sinagogas y en las calles para que la gente los elogie. Os aseguro que con eso ya tienen su recompensa. Tú, por el contrario, cuando ayudes a los necesitados, no se lo cuentes ni siquiera a tu más íntimo amigo. Hazlo en secreto, y tu Padre, que ve lo que haces en secreto, te dará tu recompensa. Cuando oréis, no seáis como los hipócritas, a quienes les gusta orar de pie en las sinagogas y en las esquinas de las plazas, para que la gente los vea. Os aseguro que con eso ya tienen su recompensa. Pero tú, cuando ores, entra en tu cuarto, cierra la puerta y ora en secreto a tu Padre. Y tu Padre, que ve lo que haces en secreto, te dará tu recompensa. Cuando ayunéis, no pongáis el gesto compungido, como los hipócritas, que aparentan aflicción para que la gente vea que están ayunando. Os aseguro que con eso ya tienen su recompensa. Pero tú, cuando ayunes, lávate la cara y arréglate bien, para que la gente no advierta que estás ayunando. Solamente lo sabrá tu Padre, que está a solas contigo, y él te dará tu recompensa".

La primera lectura nos recuerda que «el que siembra poco, poco cosecha; el que siembra mucho, mucho cosecha». Esto significa que Dios ama al que da con alegría y nos asegura que, si damos generosamente, seremos colmados de bendiciones de toda clase. Jesús nos llama hoy a practicar nuestra fe con discreción y sinceridad, orando, pero también obrando sin ostentación, para que nuestro Padre, que ve en lo secreto, nos recompense. *Señor, hazme un sembrador generoso en tu viña. Que mi corazón se llene de alegría al dar y servir en tu nombre. Ayúdame a vivir mi fe con sinceridad y humildad, buscando tu aprobación y no la de los hombres. Amén.*

Jueves

Tiempo Ordinario 11ª semana (f)

2Co 11,1-11
Sal 110. *Justicia y verdad son las obras de tus manos, Señor.*
Mt 6,7-15

En aquel tiempo dijo Jesús: "Y al orar no repitas palabras inútilmente, como hacen los paganos, que se imaginan que por su mucha palabrería Dios les hará más caso. No seáis como ellos, porque vuestro Padre sabe lo que necesitáis aun antes de habérselo pedido. Vosotros debéis orar así: 'Padre nuestro que estás en el cielo, santificado sea tu nombre. Venga tu reino. Hágase tu voluntad en la tierra así como se hace en el cielo. Danos hoy el pan que necesitamos. Perdónanos nuestras ofensas como también nosotros perdonamos a quienes nos han ofendido. Y no nos expongas a la tentación, sino líbranos del maligno'. Porque si vosotros perdonáis a los demás el mal que os hayan hecho, vuestro Padre que está en el cielo os perdonará también a vosotros; pero si no perdonáis a los demás, tampoco vuestro Padre perdonará el mal que vosotros hacéis".

En esta segunda carta, Pablo expresa con vehemencia su celo por la comunidad de Corinto, porque está deseando presentarla pura ante Cristo. Nos advierte contra los falsos maestros y contra lo que pueda desviarnos de la devoción sincera a Cristo. Jesús nos enseña a orar con sinceridad, con insistencia, y a confiar en que el Padre sabe lo que necesitamos antes de pedirlo, invitándonos a perdonar a los demás como Él nos perdona. *Señor Jesús, protege mi corazón de los engaños y las dudas; mantén mi devoción pura y sincera. Enséñame a orar de verdad, con humildad y confianza, perdonando a los demás como tú me perdonas. Fortalece mi fe y guíame. Amén.*

2Co 11,18.21b-30
Sal 33. *El Señor libra a los justos de sus angustias.*
Mt 6,19-23

En aquel tiempo dijo Jesús: "No acumuléis riquezas en la tierra, donde la polilla destruye y las cosas se echan a perder, y donde los ladrones entran a robar. Acumulad más bien vuestras riquezas en el cielo, donde la polilla no destruye, ni las cosas se echan a perder, ni los ladrones entran a robar. Porque donde esté tu riqueza, allí estará también tu corazón. Los ojos son como la lámpara del cuerpo. Si tus ojos son buenos, todo tu cuerpo será luminoso; pero si tus ojos son malos, todo tu cuerpo será oscuridad. Y si la luz que hay en ti resulta ser oscuridad, ¡qué negra no será la propia oscuridad!".

Es sorprendente ver cómo san Pablo se jacta de sus debilidades y sufrimientos, mostrando que el verdadero poder se manifiesta en la debilidad. No es fácil entender esto en un mundo que propugna la ostentación y la supremacía sobre los demás. Jesús nos advierte contra el acaparamiento de riquezas y nos insta a acumular tesoros en el cielo, donde nuestra verdadera riqueza debe estar. Se trata de la riqueza del corazón... *Señor, muéstrame tu poder y fortaleza en medio de mi debilidad. Ayúdame a vivir sin apegos a las riquezas materiales. Que mi corazón esté siempre contigo y mis tesoros allá en el Cielo. Ilumina mi vida con tu luz y verdad. Amén.*

2Co 12,1-10
Sal 33. *Gustad y ved qué bueno es el Señor.*
Mt 6,24-34

En aquel tiempo dijo Jesús: "Nadie puede servir a dos amos, porque odiará a uno y querrá al otro, o será fiel a uno y despreciará al otro. No se puede servir a Dios y al dinero. Por tanto, os digo: No estéis preocupados por lo que habéis de comer o beber para vivir, ni por la ropa con que habéis de cubrir vuestro cuerpo. ¿No vale la vida más que la comida y el cuerpo más que la ropa? Mirad las aves que vuelan por el cielo: ni siembran ni siegan ni almacenan en graneros la cosecha (...), ¿acaso no valéis vosotros más que las aves? (...) ¿Y por qué estar preocupados por la ropa? Mirad cómo crecen los lirios del campo: no trabajan ni hilan. Sin embargo, os digo que ni aun el rey Salomón, con todo su lujo, se vestía como uno de ellos. Pues si Dios viste así a la hierba, que hoy está en el campo y mañana se quema en el horno, ¿no os vestirá con mayor razón a vosotros, gente falta de fe? (...) Los que no conocen a Dios se preocupan por todas esas cosas, pero vosotros tenéis un Padre celestial que ya sabe que las necesitáis. Por lo tanto, buscad primeramente el reino de los cielos y el hacer lo que es justo delante de Dios, y todas esas cosas se os darán por añadidura. No estéis, pues, preocupados por el día de mañana, porque mañana ya habrá tiempo de preocuparse. A cada día le basta con sus propios problemas".

En la primera lectura, Pablo enfatiza que la gracia de Dios es suficiente y que su poder se perfecciona en la debilidad. Jesús nos invita a confiar en la providencia divina, y a no preocuparnos por nuestras necesidades materiales. Debemos pues enfocarnos en buscar primero el reino de Dios. *Señor, en medio de mis debilidades y dificultades, permíteme encontrar tu fuerza y gracia. Ayúdame a confiar plenamente en tu providencia, sin preocuparme por el mañana, sabiendo que tú cuidas de mí. Que en mi vida busque siempre primero tu reino y tu justicia. Amén.*

Gn 14,18-20

En aquel tiempo Melquisedec, que era rey de Salem y sacerdote del Dios altísimo, sacó pan y vino y bendijo a Abram con estas palabras: "Que te bendiga el Dios altísimo, creador del cielo y de la tierra; y alabado sea el Dios altísimo, que te hizo vencer a tus enemigos". Entonces Abram dio a Melquisedec la décima parte de lo que había recobrado.

Sal 109. *Tú eres sacerdote eterno, según el rito de Melquisedec.*

1Co 11,23-26

Hermanos, yo recibí del Señor esta enseñanza que os he transmitido: que el Señor Jesús, la noche en que fue traicionado, tomó pan en sus manos, y después de dar gracias a Dios lo partió y dijo: "Esto es mi cuerpo, entregado a muerte en favor vuestro. Haced esto en memoria de mí". Así también, después de la cena, tomó en sus manos la copa y dijo: "Esta copa es el nuevo pacto confirmado con mi sangre. Cada vez que bebáis, hacedlo en memoria de mí". De manera que, hasta que venga el Señor, proclamáis su muerte cada vez que coméis de este pan y bebéis de esta copa.

Lc 9,11b-17

En aquel tiempo Jesús recibió a la gente, les habló del reino de Dios y sanó a los enfermos. Cuando ya comenzaba a hacerse tarde, se acercaron a Jesús los doce discípulos y le dijeron: "Despide a la gente, para que vayan a descansar y a buscar comida por las aldeas y los campos cercanos, porque en este lugar no hay nada". Jesús les dijo: "Dadles vosotros de comer". Contestaron: "No tenemos más que cinco panes y dos peces, a menos que vayamos a comprar comida para toda esta gente". Eran unos cinco mil hombres. Pero Jesús dijo a sus discípulos: "Haced que se sienten en grupos, como de cincuenta en cincuenta". Así lo hicieron, y se sentaron todos. Luego Jesús tomó en sus manos los cinco panes y los dos peces, y mirando al cielo dio gracias a Dios, los partió y los dio a sus discípulos para que los repartieran entre la gente. La gente comió hasta quedar satisfecha, y todavía llenaron doce canastas con los trozos que sobraron.

En esta fiesta del Corpus Christi se nos invita a recordar el sacrificio de Jesús, quien se ofrece como el pan de vida y el vino de la alegría y la alianza que nos salva. Jesús, hoy como ayer, muestra su compasión y poder para alimentar nuestras necesidades tanto físicas como espirituales.

San Pablo nos lo recuerda, proclamando que, cada vez que participamos en la Eucaristía, anunciamos la muerte del Señor hasta que Él vuelva.

Señor Jesús, gracias por el maravilloso don de tu cuerpo y sangre en la Eucaristía. Que al recibirte, mi fe se fortalezca y mi vida sea un testimonio de tu amor y sacrificio. Ayúdame a vivir de verdad tu amor y compasión todos los días Amén.

Gn 12,1-9

Sal 32. *Dichoso el pueblo que el Señor se escogió como heredad.*

Mt 7,1-5

En aquel tiempo dijo Jesús: "No juzguéis a nadie, para que Dios no os juzgue a vosotros. Pues Dios os juzgará de la misma manera que vosotros juzguéis a los demás; y con la misma medida con que midáis, Dios os medirá a vosotros. ¿Por qué miras la paja que tu hermano tiene en su ojo y no te fijas en el tronco que tú tienes en el tuyo? Y si tú tienes un tronco en el tuyo, ¿cómo podrás decirle a tu hermano: 'Déjame sacarte la paja que tienes en el ojo'? ¡Hipócrita!, sácate primero el tronco de tu propio ojo, y así podrás ver bien para sacar la paja del ojo de tu hermano".

Dios llamó a Abraham a dejar todo lo conocido, su casa y modo de vida, para seguirlo a una tierra prometida, pero desconocida para él, prometiendo bendecirlo y hacer de él una gran nación. Jesús nos advierte: No debemos juzgar a los demás, pues seremos juzgados con la misma medida. ¡Cuidado con la hipocresía! Primero debemos quitar la viga de nuestro propio ojo antes de ver la paja en el ojo ajeno. *Señor, dame la fe de Abraham para seguirte sin reservas, confiando en tus promesas. Líbrame de juzgar a los demás y ayúdame a reconocer mis propios fallos, buscando tu perdón y tu gracia. Que mi vida sea bendición para los demás y refleje siempre tu amor y tu justicia. Amén.*

Martes

NATIVIDAD DE SAN JUAN BAUTISTA (S)

Is 49,1-6
Sal 138. *Te doy gracias, porque me has plasmado portentosamente.*
Hch 13,22-26
Lc 1,57-66.80

Al cumplirse el tiempo en que Isabel había de dar a luz, tuvo un hijo. Sus vecinos y parientes fueron a felicitarla cuando supieron que el Señor había sido tan bueno con ella. A los ocho días llevaron a circuncidar al niño, y querían ponerle el nombre de su padre, Zacarías. Pero la madre dijo: "No. Tiene que llamarse Juan". Le contestaron: "No hay nadie en tu familia con ese nombre". Entonces preguntaron por señas al padre del niño, para saber qué nombre quería ponerle. El padre pidió una tabla para escribir, y escribió: "Su nombre es Juan". Y todos se quedaron admirados. En aquel mismo momento, Zacarías recobró el habla y comenzó a alabar a Dios. Todos los vecinos estaban asombrados, y en toda la región montañosa de Judea se contaba lo sucedido. Cuantos lo oían se preguntaban a sí mismos: "¿Qué llegará a ser este niño?". Porque ciertamente el Señor mostraba su poder en favor de él. El niño crecía y se hacía fuerte espiritualmente, y vivió en lugares desiertos hasta el día en que se dio a conocer a los israelitas.

Celebramos el nacimiento de Juan el Bautista, el precursor de Cristo. Desde el seno de su madre, Juan fue llamado para preparar el camino del Señor, anunciando la venida de la salvación definitiva de parte de Dios. Su vida fue un testimonio de humildad y obediencia a la voluntad de Dios. *Señor, te doy gracias por el ejemplo de san Juan Bautista, que preparó el camino para tu venida. Ayúdame a ser un testigo fiel de tu amor y tu verdad, a anunciar tu salvación con humildad y obediencia. Que mi vida sea un reflejo de tu luz y que guíe a otros hacia ti. Amén.*

Gn 15,1-12.17-18
Sal 104. *El Señor se acuerda de su alianza eternamente.*
Mt 7,15-20

En aquel tiempo dijo Jesús: "¡Cuidado con los falsos profetas! Vienen a vosotros disfrazados de ovejas, pero por dentro son lobos feroces. Por sus frutos los conoceréis, pues no se recogen uvas de los espinos ni higos de los cardos. Así, todo árbol bueno da buen fruto; pero el árbol malo da fruto malo. El árbol bueno no puede dar mal fruto, ni el árbol malo dar fruto bueno. Todo árbol que no dé buen fruto será cortado y arrojado al fuego. De modo que por sus frutos los conoceréis".

Llamamos a Abraham «padre de los creyentes»; y sin embargo, duda sobre la promesa de Dios por no tener un hijo. Pero Dios establece un pacto con él, prometiéndole tierra y descendencia. La fe nace de la confianza sin límites… Y Abraham acaba confiando… Jesús nos advierte contra los falsos profetas. Todos seremos conocidos por nuestros frutos. Debemos pues ser como árboles buenos que dan buen fruto. *Señor, fortalece mi fe en tus promesas, como lo hiciste con Abraham. Ayúdame a discernir y evitar a los falsos profetas para que mi vida dé buenos frutos en tu nombre. Que tu Espíritu Santo me guíe siempre hacia la verdad y la confianza. Amén.*

Jueves

Gn 16,1-12.15-16
Sal 105. *Dad gracias al Señor porque es bueno.*
Mt 7,21-29

En aquel tiempo dijo Jesús: "No todos los que me dicen 'Señor, Señor' entrarán en el reino de los cielos, sino sólo los que hacen la voluntad de mi Padre celestial. Aquel día muchos me dirán: 'Señor, Señor, nosotros hablamos en tu nombre, y en tu nombre expulsamos demonios, y en tu nombre hicimos muchos milagros'. Pero yo les contestaré: 'Nunca os conocí. ¡Apartaos de mí, malhechores!'. Todo el que oye mis palabras y hace caso a lo que digo es como un hombre prudente que construyó su casa sobre la roca. Vino la lluvia, crecieron los ríos y soplaron los vientos contra la casa; pero no cayó, porque tenía sus cimientos sobre la roca. Pero todo el que oye mis palabras y no hace caso a lo que digo, es como un tonto que construyó su casa sobre la arena. Vino la lluvia, crecieron los ríos y soplaron los vientos, y la casa se derrumbó. ¡Fue un completo desastre!". Cuando Jesús acabó de hablar, la gente estaba admirada de cómo les enseñaba, porque lo hacía con plena autoridad y no como sus maestros de la ley.

La historia de Sara, Abraham y Agar muestra las consecuencias de la falta de fe y confianza en el plan de Dios. Sin embargo, Dios interviene y promete multiplicar los descendientes de Agar. La confianza es fundamental en el camino de la fe… Jesús nos enseña que solo aquellos que hacen la voluntad del Padre entrarán en el reino de los cielos. Debemos construir nuestra vida sobre la roca sólida de sus enseñanzas. *Señor, ayúdame a confiar plenamente en tu plan y a no dejarme llevar por la duda y la desconfianza. Que mis acciones reflejen siempre tu voluntad. Haz que mi vida esté firmemente cimentada en tus palabras y enseñanzas para que pueda resistir las pruebas y dificultades. Amén.*

27 JUNIO

Viernes

SAGRADO CORAZÓN DE JESÚS (S)

Ez 34,11-16
Sal 22. *El Señor es mi pastor,
nada me falta.*
Rm 5,5b-11
Lc 15,3-7

En aquel tiempo Jesús les contó esta parábola: "¿Quién de vosotros, si tiene cien ovejas y pierde una de ellas, no deja las otras noventa y nueve en el campo y va en busca de la oveja perdida, hasta encontrarla? Y cuando la encuentra la pone contento sobre sus hombros, y al llegar a casa junta a sus amigos y vecinos y les dice: '¡Felicitadme, porque ya he encontrado la oveja que se me había perdido!'. Os digo que hay también más alegría en el cielo por un pecador que se convierte, que por noventa y nueve justos que no necesitan convertirse".

Celebramos el Sagrado Corazón de Jesús, símbolo de su amor infinito y misericordioso. Jesús nos muestra su compasión al buscar y rescatar a la oveja perdida. San Pablo nos recuerda que Dios nos ama y nos ha reconciliado consigo mismo a través de Cristo. Somos pues llamados a ser testigos de este amor y misericordia en el mundo. *Sagrado Corazón de Jesús, confío en ti, inflama mi corazón con tu amor. Ayúdame a ser un instrumento de tu misericordia, buscando y ayudando a los perdidos y necesitados. Que tu amor transforme mi vida y me haga un verdadero testigo de tu compasión y gracia. Amén.*

Sábado

INMACULADO CORAZÓN DE LA VIRGEN MARÍA (ML)

Is 61,9-11
Sal 70. *Mi boca contará tu salvación.*
Lc 2,41-51

Los padres de Jesús iban cada año a Jerusalén para la fiesta de la Pascua. Y así, cuando Jesús cumplió doce años, fueron todos allá, como era costumbre en esa fiesta. Pero pasados aquellos días, cuando volvían a casa, el niño Jesús se quedó en Jerusalén sin que sus padres se dieran cuenta. Pensando que Jesús iba entre la gente hicieron un día de camino; pero luego, al buscarlo entre los parientes y conocidos, no lo encontraron. Así que regresaron a Jerusalén para buscarlo allí. Al cabo de tres días lo encontraron en el templo, sentado entre los maestros de la ley, escuchándolos y haciéndoles preguntas. Y todos los que le oían se admiraban de su inteligencia y de sus respuestas. Cuando sus padres le vieron, se sorprendieron. Y su madre le dijo: "Hijo mío, ¿por qué nos has hecho esto? Tu padre y yo te hemos estado buscando llenos de angustia". Jesús les contestó: "¿Por qué me buscabais? ¿No sabéis que tengo que ocuparme en las cosas de mi Padre?". Pero ellos no entendieron lo que les decía. Jesús volvió con ellos a Nazaret, donde vivió obedeciéndolos en todo. Su madre guardaba todo esto en el corazón.

Hoy, la fiesta del Inmaculado Corazón de María nos recuerda el amor y obediencia de la Madre de Dios. María guardaba y meditaba todo en su corazón, mostrando su disposición a cumplir la voluntad divina. Y Jesús, incluso de niño, demuestra la plena conciencia de su misión divina. La fidelidad y humildad de María y Jesús son un ejemplo para nosotros. *Inmaculado Corazón de María, guía mi alma hacia la pureza y la obediencia a Dios. Que tu ejemplo de amor y humildad inspire mis acciones diarias. Ayúdame a guardar y meditar la Palabra de Dios, y a vivir siempre en fidelidad a su voluntad. Amén.*

Hch 12,1-11

El rey Herodes comenzó por aquel tiempo a perseguir a algunos de la iglesia. Ordenó matar a filo de espada a Santiago, el hermano de Juan, y como vio que esto había agradado a los judíos, hizo apresar también a Pedro. (...) Pensaba presentarlo ante el pueblo una vez pasada la Pascua. Así que Pedro permanecía en la cárcel, bien vigilado; pero los de la iglesia seguían orando a Dios por él con gran fervor. La noche anterior al día en que Herodes le iba a presentar ante el pueblo, Pedro estaba durmiendo entre dos soldados, sujeto con dos cadenas, en tanto que otros soldados vigilaban la cárcel delante de la puerta. De pronto apareció un ángel del Señor, y la celda se llenó de luz. (...) Al instante cayeron las cadenas de las manos de Pedro (...) Salieron, y en seguida, después de haber caminado una calle, el ángel le dejó. Pedro comprendió entonces y dijo: "Ahora veo que realmente el Señor ha enviado a su ángel para librarme de Herodes y de todo lo que querían hacerme los judíos".

Sal 33. *El Señor me libró de todas mis ansias.*

2Tm 4,6-8.17-18

Yo ya estoy para ser ofrecido en sacrificio: ya se acerca la hora de mi muerte. He peleado la buena batalla, he llegado al término de la carrera, me he mantenido fiel. Ahora me espera la corona merecida que el Señor, el Juez justo, me dará en aquel día. Y no me la dará solamente a mí, sino también a todos los que con amor esperan su regreso. Pero el Señor sí me ayudó, y me dio fuerzas para llevar a buen término la predicación del mensaje de salvación y hacer que lo oyeran todos los paganos. Así el Señor me libró de la boca del león, y me librará de todo mal, y me salvará llevándome a su reino celestial. ¡Gloria a él para siempre! Amén.

Mt 16,13-19

Cuando Jesús llegó a la región de Cesarea de Filipo preguntó a sus discípulos: "¿Quién dice la gente que es el Hijo del hombre?". Ellos contestaron: "Unos dicen que Juan el Bautista; otros, que Elías, y otros, que Jeremías o algún profeta". "Y vosotros, ¿quién decís que soy?". -les preguntó. Simón Pedro le respondió: "Tú eres el Mesías, el Hijo del Dios viviente". Entonces Jesús le dijo: "Dichoso tú, Simón, hijo de Jonás, porque ningún hombre te ha revelado esto, sino mi Padre que está en el cielo. Y yo te digo que tú eres Pedro, y sobre esta piedra voy a edificar mi Iglesia; y el poder de la muerte no la vencerá. Te daré las llaves del reino de los cielos: lo que ates en este mundo, también quedará atado en el cielo; y lo que desates en este mundo, también quedará desatado en el cielo".

Celebramos a los grandes apóstoles san Pedro y san Pablo, pilares de la Iglesia. A través de sus vidas y sacrificios, aprendemos el valor de la fe y el testimonio valiente de Cristo. Ambos lo dejaron todo por seguir a Jesús; y, aunque enfrentaron persecuciones, perseveraron en su misión. Jesús reconoce la fe de Pedro y lo establece como la roca sobre la cual edificará su Iglesia.

Señor, te doy gracias por san Pedro y san Pablo, ejemplos de fe y valentía. Fortalece mi fe para seguir sus pasos y ser un testigo valiente de tu amor y verdad como ellos. Que mi vida sea una roca firme sobre la cual otros puedan encontrar apoyo en su camino hacia ti. Amén.

Gn 18,16-33
Sal 102. *El Señor es compasivo y misericordioso.*
Mt 8,18-22

Jesús, viéndose rodeado por la multitud, ordenó pasar a la otra orilla del lago. Se le acercó entonces un maestro de la ley, que le dijo: "Maestro, deseo seguirte adondequiera que vayas". Jesús le contestó: "Las zorras tienen cuevas, y las aves, nidos; pero el Hijo del hombre no tiene donde recostar la cabeza". Otro, que era uno de sus discípulos, le dijo: "Señor, déjame ir primero a enterrar a mi padre". Jesús le contestó: "Sígueme, y deja que los muertos entierren a sus muertos".

Abraham intercede por Sodoma, mostrando su compasión y justicia, aun sabiendo que allí reina el pecado. Dios escucha su súplica y le muestra su misericordia infinita. Jesús nos llama a seguirlo sin reservas, incluso anteponiéndolo a nuestras responsabilidades y proyectos más importantes. La verdadera entrega a Cristo implica ponerlo en el centro de nuestra vida. *Señor, dame un corazón compasivo y justo como el de Abraham. Te pido por los que cometen iniquidad. Ayúdame a seguirte sin reservas, poniendo siempre tu voluntad por encima de todo. Que mi vida sea un reflejo de tu amor y misericordia, y que siempre busque servirte con fidelidad y entrega total. Amén.*

Martes

TIEMPO ORDINARIO 13ª SEMANA (f)

JULIO

1

Gn 19,15-29
Sal 25. *Tengo ante los ojos,
Señor, tu bondad.*
Mt 8,23-27

Jesús subió a la barca, y sus discípulos le acompañaron. De pronto se desató sobre el lago una tempestad tan fuerte que las olas cubrían la barca. Pero Jesús se había dormido. Sus discípulos fueron a despertarle, diciendo: "¡Señor, sálvanos! ¡Nos estamos hundiendo!". Él les contestó: "¿Por qué tanto miedo? ¡Qué poca es vuestra fe!". Dicho esto se levantó, dio una orden al viento y al mar, y todo quedó completamente en calma. Ellos, asombrados, se preguntaban: "¿Quién es éste, que hasta los vientos y el mar le obedecen?".

A veces nos encontramos atrapados en situaciones que parecen no tener salida. Pero el Señor, en su infinita misericordia, nos extiende su mano y nos ofrece una vía de escape. ¿Estamos dispuestos a tomar esa mano sin mirar atrás, confiando plenamente en su plan, incluso cuando no comprendemos completamente el camino que se nos presenta por delante, la tormenta que nos rodea? Señor, ayúdame a confiar en ti y a no mirar **atrás**. *Dame la valentía para seguir adelante, incluso cuando las circunstancias sean difíciles. Amén.*

Gn 21,5.8-20
Sal 33. *Si el afligido invoca al Señor, él lo escucha.*
Mt 8,28-34

Cuando llegó Jesús a la otra orilla del lago, a la tierra de Gadara, salieron dos endemoniados de entre las tumbas y se acercaron a él. Eran tan feroces que nadie podía pasar por aquel camino. Y se pusieron a gritar: "¡No te metas con nosotros, Jesús, Hijo de Dios! ¿Has venido aquí para atormentarnos antes de tiempo?". A cierta distancia estaba comiendo una gran piara de cerdos, y los demonios rogaron a Jesús: "Si nos expulsas, déjanos entrar en aquellos cerdos". "Id" -les dijo Jesús. Los demonios salieron de los hombres y entraron en los cerdos, y al momento todos los cerdos echaron a correr pendiente abajo hasta el lago, y se ahogaron. Los que cuidaban de los cerdos salieron huyendo, y al llegar al pueblo contaron lo sucedido, todo lo que había pasado con los endemoniados. Entonces salieron los del pueblo al encuentro de Jesús, y al verle le rogaron que se fuera de aquellos lugares.

Dios no abandona a los desamparados. En el desierto o entre tumbas, cuando todo parece perdido, vemos cómo el Señor provee y escucha. Además de en el evangelio, también en la historia de Agar e Ismael, vemos cómo Dios siempre está atento a nuestras necesidades y no nos deja solos. *Dios de bondad infinita, yo sé que Tú siempre escuchas mis clamores y que nunca me abandonas. Te pido que me des la fe para confiar en tiempos de dificultad y fortaleza para seguir adelante, sabiendo que Tú estás conmigo siempre. Amén.*

Jueves

SANTO TOMÁS, APÓSTOL (F)

Ef 2,19-22
Sal 116. *Id al mundo entero y proclamad el Evangelio.*
Jn 20,24-29

En aquellos días Tomás, uno de los doce discípulos, al que llamaban el Gemelo, no estaba con ellos cuando llegó Jesús. Después le dijeron los otros discípulos: "Hemos visto al Señor". Tomás les contestó: "Si no veo en sus manos las heridas de los clavos, y si no meto mi dedo en ellas y mi mano en su costado, no lo creeré". Ocho días después se hallaban los discípulos reunidos de nuevo en una casa, y esta vez también estaba Tomás. Tenían las puertas cerradas, pero Jesús entró, y poniéndose en medio de ellos los saludó diciendo: "¡Paz a vosotros!". Luego dijo a Tomás: "Mete aquí tu dedo y mira mis manos, y trae tu mano y métela en mi costado. ¡No seas incrédulo, sino cree!". Tomás exclamó entonces: "¡Mi Señor y mi Dios!". Jesús le dijo: "¿Crees porque me has visto? ¡Dichosos los que creen sin haber visto!".

La duda de Tomás es humana; nos muestra que la fe puede coexistir con la inseguridad. Jesús no rechaza a Tomás por esas dudas, sino que le ofrece pruebas de su resurrección. Nuestras dudas, aunque nos desconcierten, pueden ser una parte natural de nuestra fe. Y Jesús está dispuesto a ayudarnos a superarlas. *Señor Jesús, fortaléceme y ayúdame a superar mis dudas. Como Tomás, soy débil y humano; pero quiero creer sin ver. Abre mi corazón a Tu verdad y permíteme experimentar tu presencia viva en mi vida diaria. Amén.*

4 JULIO

Viernes

Gn 23,1-4.19; 24,1-8.62-67
Sal 105. *Dad gracias al Señor
porque es bueno.*
Mt 9,9-13

Al salir Jesús de allí, vio a un hombre llamado Mateo, que estaba sentado en el lugar donde cobraba los impuestos para Roma. Jesús le dijo: "Sígueme". Mateo se levantó y le siguió. Sucedió que Jesús estaba comiendo en la casa, y muchos cobradores de impuestos, y otra gente de mala fama, llegaron y se sentaron también a la mesa con Jesús y sus discípulos. Al ver esto, los fariseos preguntaron a los discípulos: "¿Cómo es que vuestro maestro come con los cobradores de impuestos y los pecadores?" Jesús los oyó y les dijo: "Los que gozan de buena salud no necesitan médico, sino los enfermos. Id y aprended qué significan estas palabras de la Escritura: 'Quiero que seáis compasivos, y no que me ofrezcáis sacrificios'. Pues yo no he venido a llamar a los justos, sino a los pecadores".

La fidelidad de Abraham a la voluntad misteriosa de Dios, incluso a la hora de buscar una esposa para Isaac, nos muestra la importancia de la confianza en Dios, en todos los aspectos de nuestra vida. Es necesario comprender que Su plan es perfecto, y que, al seguir sus mandamientos, recibimos bendiciones incesantes y una guía segura en la vida. Algo así sintió Mateo ante la llamada de Jesús. *Señor, dame sabiduría y valentía para obedecer tus mandatos en todos los aspectos de mi vida. Que pueda confiar en tu plan, sabiendo que siempre buscas lo mejor para mí y para los que amo. Amén.*

Gn 27,1-5.15-29
Sal 134. *Alabad al Señor porque es bueno.*
Mt 9,14-17

Los seguidores de Juan el Bautista se acercaron a Jesús y le preguntaron: "Nosotros y los fariseos ayunamos con frecuencia: ¿Por qué tus discípulos no ayunan?". Jesús les contestó: "¿Acaso pueden estar tristes los invitados a una boda mientras el novio está con ellos? Pero llegará el momento en que se lleven al novio, y entonces ayunarán. Nadie remienda un vestido viejo con un trozo de tela nueva, porque lo nuevo encoge y tira del vestido viejo, y el desgarrón se hace mayor. Tampoco se echa vino nuevo en odres viejos, porque los odres revientan, y tanto el vino como los odres se pierden. Por eso hay que echar el vino nuevo en odres nuevos, para que se conserven ambas cosas".

Jacob, con la ayuda de su madre, engaña a su padre Isaac para obtener la bendición destinada a Esaú. Pero, aunque el medio no es correcto, vemos cómo Dios puede servirse incluso de nuestras imperfecciones y maldades para cumplir su propósito. Porque la gracia de Dios puede obrar incluso a través de nuestras debilidades. Hemos de abrir la mente para aceptar la novedad que Dios trae a nuestra vida, sin tratar de entenderla. *Padre eterno, Dios de gracia y bondad, te pido que transformes mis errores y debilidades en oportunidades para que tu voluntad se cumpla. Enséñame a confiar y a buscar siempre la verdad y la justicia en mis acciones. Amén.*

Is 66,10-14c

Alegraos con Jerusalén, llenaos de gozo con ella todos los que la amáis; uníos a su alegría todos los que habéis llorado por ella; y ella, como una madre, os alimentará de sus consuelos hasta que estéis satisfechos. Porque yo, el Señor, digo: "Yo haré que la paz venga sobre ella como un río (…). Como una madre consuela a su hijo, así os consolaré yo, y encontraréis el consuelo en Jerusalén. Cuando veáis esto, vuestro corazón se alegrará; vuestro cuerpo se renovará como la hierba".

Sal 65. *Aclamad al Señor, tierra entera.*

Ga 6,14-18

En cuanto a mí, de nada quiero presumir sino de la cruz de nuestro Señor Jesucristo. Pues por medio de la cruz de Cristo, el mundo ha muerto para mí y yo he muerto para el mundo. De nada vale el estar o no circuncidados; lo que sí vale es el haber sido creados de nuevo. Recibid paz y misericordia todos los que vivís según esta regla y todos los del Israel de Dios. (…) Hermanos, que nuestro Señor Jesucristo derrame su gracia sobre todos vosotros. Amén.

Lc 10,1-12.17-20

Después de esto escogió también el Señor a otros setenta y dos, y los mandó delante de él, de dos en dos, a todos los pueblos y lugares a donde tenía que ir. Les dijo: "Ciertamente la mies es mucha, pero los obreros son pocos. Por eso, pedidle al Dueño de la mies que mande obreros a recogerla. Andad y ved que os envío como a corderos en medio de lobos. No llevéis bolsa ni monedero ni sandalias, y no os detengáis a saludar a nadie en el camino. Cuando entréis en una casa, saludad primero diciendo: 'Paz a esta casa'. Si en ella hay gente de paz, vuestro deseo de paz se cumplirá; si no, no se cumplirá. Y quedaos en la misma casa, comiendo y bebiendo lo que tengan, pues el obrero tiene derecho a su salario. No andéis de casa en casa. Al llegar a un pueblo donde os reciban bien, comed lo que os ofrezcan; y sanad a los enfermos del lugar y decidles: 'El reino de Dios ya está cerca de vosotros'. Pero si llegáis a un pueblo y no os reciben, salid a las calles diciendo: '¡Hasta el polvo de vuestro pueblo que se ha pegado a nuestros pies nos lo sacudimos en protesta contra vosotros! Pero sabed que el reino de Dios está cerca' (…)". Los setenta y dos regresaron muy contentos, diciendo: "¡Señor, hasta los demonios nos obedecen en tu nombre!". Jesús les dijo: "(…) no os alegréis de que los espíritus os obedezcan, sino de que vuestros nombres ya estén escritos en el cielo".

La llamada exultante a alegrarse con Jerusalén y experimentar su consuelo es una invitación a participar en la alegría de la vida en Dios. La paz y la prosperidad de Dios son para los que se unen a su pueblo y cumplen sus mandatos. Solo en Dios encontramos nuestro verdadero hogar y consuelo. Solo en cumplir la misión a que Él nos envía encontramos nuestro verdadero descanso y gozo.

Padre celestial, lléname de tu paz este domingo. Úneme a cuantos amo y dame tu verdadera alegría. Que pueda encontrar consuelo en tu presencia y compartir esta dicha con los demás, siendo testigo de tu amor y bondad en el mundo. Amén.

Gn 28,10-22a
Sal 90. *Dios mío, confío en ti.*
Mt 9,18-26

Mientras Jesús les estaba hablando, llegó un jefe de los judíos, se arrodilló ante él y le dijo: "Mi hija acaba de morir, pero si tú vienes y pones tu mano sobre ella, volverá a la vida". Jesús se levantó, y acompañado de sus discípulos se fue con él. Entonces una mujer que desde hacía doce años estaba enferma, con hemorragias, se acercó a Jesús por detrás y tocó el borde de su capa. Porque pensaba: "Con solo tocar su capa quedaré sana". Pero Jesús, volviéndose, vio a la mujer y le dijo: "Ánimo, hija, por tu fe has quedado sanada". Y desde aquel momento quedó sana. Cuando Jesús llegó a casa del jefe de los judíos, y vio a los músicos que estaban preparados para el entierro y a la gente que lloraba a gritos, les dijo: "Salid de aquí. La muchacha no está muerta, sino dormida". La gente se burlaba de Jesús, pero él los hizo salir; luego entró, tomó de la mano a la muchacha y ella se levantó. Y por toda aquella región corrió la noticia de lo sucedido.

Jacob es capaz de vislumbrar en sueños una escalera que llega al cielo, y así recibe la promesa de protección y bendición de parte de Dios. Esta visión nos recuerda que Dios está cerca, guiando nuestros pasos y cumpliendo su promesa de no dejarnos abandonados en nuestro viaje por la vida. Tan cerca, que una palabra suya basta para sanarnos. *Señor, gracias por tus promesas y por estar siempre a mi lado. Ayúdame a confiar y a sentir tu presencia amorosa en cada paso que doy. Que mi vida sea un reflejo de lo que esperas de mí en tu plan generoso, aunque ahora no pueda comprender del todo su sentido. Amén.*

Martes

Tiempo Ordinario 14ª semana (f)

Gn 32,22-32
Sal 16. *Yo con mi apelación vengo a tu presencia, Señor.*
Mt 9,32-38

Mientras los ciegos salían, algunas personas trajeron a Jesús un mudo que estaba endemoniado. Jesús expulsó al demonio, y en seguida el mudo comenzó a hablar. La gente, asombrada, decía: "¡Nunca se ha visto cosa igual en Israel!". Pero los fariseos decían: "El propio jefe de los demonios es quien ha dado a este el poder de expulsarlos". Jesús recorría todos los pueblos y aldeas enseñando en las sinagogas de cada lugar. Anunciaba la buena noticia del reino y curaba toda clase de enfermedades y dolencias. Viendo a la gente, sentía compasión, porque estaban angustiados y desvalidos como ovejas que no tienen pastor. Dijo entonces a sus discípulos: "Ciertamente la mies es mucha, pero los obreros son pocos. Por eso, pedid al Dueño de la mies que mande obreros a recogerla".

Jacob lucha con Dios y, por su arrojo y tenacidad, es bendecido con un nuevo nombre, «Israel». Esta lucha simboliza nuestras propias batallas espirituales, en las que, a través de la persistencia y la fe, encontramos nuestra verdadera identidad en Dios. Que no retorzamos la honrada búsqueda de la verdad hasta convertirla en una batalla para mantener inmóvil nuestro estatus o nuestras ventajas. *Dios mío, en mis luchas diarias, dame la fuerza para perseverar y no venirme abajo. Ayúdame a saber quién soy en ti y a ser transformado por tu amor. Amén.*

Gn 41,55-57; 42,5-7.17-24a
Sal 32. *Que tu misericordia, Señor, venga sobre nosotros, como lo esperamos de ti.*
Mt 10,1-7

Jesús llamó a sus doce discípulos y les dio autoridad para expulsar a los espíritus impuros y para curar toda clase de enfermedades y dolencias. Éstos son los nombres de los doce apóstoles: primero Simón, llamado también Pedro, y su hermano Andrés; Santiago y su hermano Juan, hijos de Zebedeo; Felipe y Bartolomé; Tomás y Mateo, el que cobraba impuestos para Roma; Santiago, hijo de Alfeo, y Tadeo; Simón el cananeo, y Judas Iscariote, el que traicionó a Jesús. Jesús envió a estos doce con las siguientes instrucciones: "No os dirijáis a las regiones de los paganos ni entréis en los pueblos de Samaria; id más bien a las ovejas perdidas del pueblo de Israel. Id y anunciad que el reino de los cielos está cerca".

Dios puede transformar el dolor y la traición en oportunidades de redención y salvación. Eso es, en resumen, la dramática historia de José y sus hermanos. El pasaje del Génesis nos muestra cómo, a través del perdón y la reconciliación, Dios nos llama a ser instrumentos de su paz. Los discípulos recogen el testigo de los doce hermanos para llevar el Reino a todos. *Señor, enséñame a perdonar y a buscar la reconciliación. Transforma mis heridas en oportunidades para tu gracia y hazme un instrumento de tu paz y amor en el mundo. Amén.*

Jueves

Tiempo Ordinario 14ª semana (f)

Gn 44,18-21.23b-29; 45,1-5
Sal 104. *Recordad las maravillas que hizo el Señor.*
Mt 10,7-15

En aquel tiempo dijo Jesús a los apóstoles: "Id y anunciad que el reino de los cielos está cerca. Sanad a los enfermos, resucitad a los muertos, limpiad de su enfermedad a los leprosos y expulsad a los demonios. Gratis habéis recibido este poder: dadlo gratis. No llevéis oro ni plata ni cobre ni provisiones para el camino. No llevéis ropa de repuesto ni sandalias ni bastón, pues el obrero tiene derecho a su sustento. Cuando lleguéis a un pueblo o aldea, buscad a alguien digno de confianza y quedaos en su casa hasta que salgáis de allí. Al entrar en la casa, saludad a los que viven en ella. Si la gente de la casa lo merece, la paz de vuestro saludo quedará en ella; si no lo merece, volverá a vosotros. Y si no os reciben ni quieren escucharos, salid de la casa o del pueblo y sacudíos el polvo de los pies. Os aseguro que en el día del juicio el castigo de ese pueblo será más duro que el de los habitantes de la región de Sodoma y Gomorra".

José revela su identidad a sus hermanos y les asegura que todo lo sucedido fue parte del plan de Dios para salvar vidas. Esta historia nos enseña que debemos confiar siempre en los propósitos divinos, incluso cuando no entendemos las circunstancias que se nos presentan momentáneamente. Aquello que Dios nos da, lo hace gratuitamente, por amor. Nosotros debemos corresponder devolviéndoselo a nuestros hermanos y hermanas más necesitados. *Padre, ayúdame a confiar en tu plan para mi vida. Aunque no siempre comprenda tus caminos, dame la fe para creer que las piezas acabarán ajustándose, y que todo obra para bien mío según tus propósitos. Amén.*

11 JULIO

Viernes

Pr 2,1-9
Sal 33. *Bendigo al Señor en todo momento.*
Mt 19,27-29

En aquel tiempo Pedro dijo: "Nosotros, que hemos dejado cuanto teníamos y te hemos seguido, ¿qué vamos a recibir?". Jesús le respondió: "Os aseguro que cuando llegue el tiempo de la renovación de todas las cosas, cuando el Hijo del hombre se siente en su trono glorioso, vosotros, que me habéis seguido, os sentaréis también en doce tronos para juzgar a las doce tribus de Israel. Y todos los que por causa mía hayan dejado casa, hermanos, hermanas, padre, madre, hijos o tierras, recibirán cien veces más, y también recibirán la vida eterna".

Pedro pregunta a Jesús. Quiere conocer la recompensa que le corresponde por seguirle. Y el Maestro responde con la promesa de la vida eterna y con bendiciones futuras abundantes. Esto nos recuerda que nuestro amor y dedicación a Cristo no son trabajos en vano, porque su premio será mucho mayor de lo que podemos imaginar. *Señor Jesús, gracias por tus promesas. Confío en ti. Ayúdame a seguirte con todo mi corazón, confiando en que tus bendiciones son mayores que cualquier sacrificio. Que mi vida refleje tu amor y gracia. Amén.*

Sábado

TIEMPO ORDINARIO 14ª SEMANA (f)

Gn 49,29-33; 50,15-26a
Sal 104. *Humildes, buscad al Señor y revivirá vuestro corazón.*
Mt 10,24-33

En aquel tiempo dijo Jesús a los apóstoles: "Ningún discípulo es más que su maestro y ningún criado es más que su amo. El discípulo debe conformarse con llegar a ser como su maestro, y el criado, como su amo. Si al jefe de la casa llaman Beelzebú, ¿cómo llamarán a los miembros de su familia? No tengáis, pues, miedo a la gente. Porque nada hay secreto que no llegue a descubrirse ni nada oculto que no llegue a conocerse. Lo que os digo en la oscuridad, decidlo a la luz del día; lo que os digo en secreto, proclamadlo desde las azoteas de las casas. No tengáis miedo a quienes pueden matar el cuerpo, pero no pueden matar el alma; temed más bien a aquel que puede destruir el cuerpo y el alma en el infierno. ¿No se venden dos pajarillos por una pequeña moneda? Sin embargo, ni uno de ellos cae a tierra sin que vuestro Padre lo permita. En cuanto a vosotros, hasta los cabellos de la cabeza los tenéis contados uno por uno. Así que no tengáis miedo: vosotros valéis más que muchos pajarillos. Si alguien se declara a favor mío delante de los hombres, también yo me declararé a favor suyo delante de mi Padre que está en el cielo; pero al que me niegue delante de los hombres, también yo le negaré delante de mi Padre que está en el cielo".

José tranquiliza a sus hermanos, asegurándoles que Dios transformó sus malas intenciones en un bien mayor. Este acto de perdón y comprensión destaca el poder de la gracia divina para sanar relaciones destruidas y transformar las vidas según su amor. Nada hay que no llegue a conocerse. También nuestras intenciones, buenas, malas, tibias, acabarán por definirnos. *Dios misericordioso y de bondad infinita, tu gracia transforma el mal en bien. Ayúdame a perdonar como tú perdonas y a confiar en tu poder para restaurar y sanar. Que tu amor guíe mis acciones siempre. Amén.*

Dt 30,10-14

Habló Moisés al pueblo diciendo: "Si es que obedecéis al Señor vuestro Dios y cumplís sus mandamientos y leyes escritos en este libro de la ley, y os volvéis a él con todo vuestro corazón y con toda vuestra alma. Este mandamiento que hoy os doy no es demasiado difícil para vosotros ni está fuera de vuestro alcance. (…) Al contrario, el mandamiento está muy cerca de vosotros; está en vuestros labios y en vuestro pensamiento, para que podáis cumplirlo".

Sal 68. *Humildes, buscad al Señor, y revivirá vuestro corazón.*

Col 1,15-20

Cristo es la imagen visible de Dios, que es invisible; es su Hijo primogénito, anterior a todo lo creado. Por medio de él creó Dios todo cuanto hay en el cielo y en la tierra, lo visible y lo invisible, y también los seres espirituales que poseen dominio, autoridad y poder. Todo fue creado por medio de él y para él. Cristo existe antes de todas las cosas, y por él se mantiene todo en orden. Además, Cristo es la cabeza del cuerpo que es la Iglesia (…).

Lc 10,25-37

Un maestro de la ley fue a hablar con Jesús, y para ponerle a prueba le preguntó: "Maestro, ¿qué debo hacer para alcanzar la vida eterna?". Jesús le contestó: "¿Qué está escrito en la ley? (…)". El maestro de la ley respondió: "Ama al Señor tu Dios con todo tu corazón, con toda tu alma, con todas tus fuerzas y con toda tu mente; y ama a tu prójimo como a ti mismo". Jesús le dijo: "Bien contestado. Haz eso y tendrás la vida". Pero el maestro de la ley, queriendo justificar su pregunta, dijo a Jesús: "¿Y quién es mi prójimo?". Jesús le respondió: "Un hombre que bajaba por el camino de Jerusalén a Jericó fue asaltado por unos bandidos (…), le golpearon y se fueron dejándolo medio muerto. Casualmente pasó un sacerdote por aquel mismo camino, pero al ver al herido dio un rodeo y siguió adelante. Luego pasó por allí un levita, que al verlo dio también un rodeo y siguió adelante. Finalmente, un hombre de Samaria que viajaba por el mismo camino, le vio y sintió compasión de él. Se le acercó, le curó las heridas con aceite y vino, y se las vendó. Luego lo montó en su propia cabalgadura, lo llevó a una posada y cuidó de él. Al día siguiente, el samaritano sacó dos denarios, se los dio al posadero y le dijo: 'Cuida a este hombre. Si gastas más, te lo pagaré a mi regreso'. Pues bien, ¿cuál de aquellos tres te parece que fue el prójimo del hombre asaltado por los bandidos?". El maestro de la ley contestó: "El que tuvo compasión de él". Jesús le dijo: "Ve, pues, y haz tú lo mismo".

Jesús confirma el mandamiento del amor a Dios y al prójimo como el único camino hacia la vida eterna. La parábola del buen samaritano nos desafía este domingo de verano una vez más. Y nos recuerda que debemos mostrar compasión y actuar con misericordia siempre, teniendo a todos como prójimos según esta voluntad divina.

Ten presente hoy este deseo de Jesús para ti. Y ora así: *Señor, enséñame a amar como Tú amas. Que pueda ver a cada persona como mi prójimo y sepa actuar con compasión y misericordia en todas mis acciones. Llena mi corazón de tu amor incondicional. Amén.*

Ex 1,8-14.22
Sal 123. *Nuestro auxilio es el nombre del Señor.*
Mt 10,34-11,1

En aquel tiempo dijo Jesús a los apóstoles: "No penséis que yo he venido a traer paz al mundo: no he venido a traer paz, sino guerra. He venido a causar discordia: a poner al hombre contra su padre, a la hija contra su madre y a la nuera contra su suegra; de modo que los enemigos de uno serán sus propios familiares. El que ama a su padre o a su madre más que a mí, no es digno de mí; el que ama a su hijo o a su hija más que a mí, no es digno de mí; y el que no toma su cruz y me sigue, no es digno de mí. El que tra-te de salvar su vida, la perderá; en cambio, el que pierda su vida por causa mía, la salvará. El que os recibe a vosotros, me recibe a mí; y el que me recibe a mí, recibe al que me envió. El que recibe a un profeta por ser profeta, recibirá la recompensa que merece un profeta; y el que recibe a un justo por ser justo, recibirá la recompensa que merece un justo. Y cualquiera que dé aunque sólo sea un vaso de agua fresca al más humilde de mis discípulos por ser mi discípulo, os aseguro que no quedará sin recompensa". Cuando Jesús terminó de dar instrucciones a sus doce discípulos, se fue de allí a enseñar y anunciar el mensaje en los pueblos de aquella región.

A pesar de la opresión, el pueblo de Dios crece y se fortalece. Esta historia del Éxodo nos recuerda que, incluso en tiempos de adversidad, Dios está con nosotros y nos ayuda a florecer y cumplir su propósito. Esto es un gran misterio. No te desazones. Lo que ahora no puedes ver ni comprender, un día será iluminado. Tan solo pon de tu parte, da la vida y recibe a sus enviados. *Dios de fortaleza, en medio de las pruebas de cada día, ayúdame a recordar que Tú estás conmigo. Dame la fuerza para crecer y florecer bajo tu gracia y tu amor, confiando siempre en tu plan perfecto para mi vida. Amén.*

Martes

SAN BUENAVENTURA (MO)

Ex 2,1-15a
Sal 68. *Humildes, buscad al Señor y revivirá vuestro corazón.*
Mt 11,20-24

Entonces comenzó Jesús a reprender a los pueblos donde había hecho la mayor parte de sus milagros, porque la gente no se había convertido a Dios. Decía Jesús: "¡Ay de ti, Corazín! ¡Ay de ti, Betsaida! Porque si en Tiro y Sidón se hubieran hecho los milagros que se han hecho entre vosotras, ya hace tiempo que su gente se habría convertido a Dios, cubierta de ropas ásperas y de ceniza. Por eso os digo que, en el día del juicio, vuestro castigo será más duro que el de la gente de Tiro y Sidón. Y tú, Cafarnaún, ¿crees que van a levantarte hasta el cielo? ¡Hasta lo más hondo del abismo serás arrojada! Porque si en Sodoma se hubieran hecho los milagros que se han hecho en ti, esa ciudad habría permanecido hasta el día de hoy. Por eso te digo que, en el día del juicio, tu castigo será más duro que el de los habitantes de la región de Sodoma".

Moisés, cuyo nombre significa «salvado de las aguas», se convierte en el instrumento de Dios para liberar a su pueblo. Su historia nos muestra que Dios puede usar nuestras vidas, incluso con sus errores y defectos, como medio para cumplir sus propósitos divinos. Hemos de mantener el corazón abierto a sus signos y milagros cotidianos. *Señor, usa mi vida para tus propósitos. Aunque me sienta insuficiente, aunque ahora no lo pueda comprender todo, confío en que tu poder se perfecciona en mi debilidad. Deseo ser un pequeño instrumento de tu amor y liberación en el mundo que sufre. Amén.*

Ex 3,1-6.9-12
Sal 102. *El Señor es compasivo y misericordioso.*
Mt 11,25-27

Por aquel tiempo, Jesús dijo: "Te alabo, Padre, Señor del cielo y de la tierra, porque has mostrado a los sencillos las cosas que ocultaste a los sabios y entendidos. Sí, Padre, porque así lo has querido. Mi Padre me ha entregado todas las cosas. Nadie conoce realmente al Hijo, sino el Padre; y nadie conoce realmente al Padre, sino el Hijo y aquellos a quienes el Hijo quiera darlo a conocer".

Dios se revela a Moisés en el incomprensible misterio la zarza que arde y no se consume. Después lo llama a la misión de liberar a su pueblo. Este encuentro nos recuerda que Dios se manifiesta en nuestras vidas, quizás en el momento más inesperado, y así nos llama a ser agentes de su obra redentora. No necesitamos grandes conocimientos, tan solo una profunda sencillez. *Señor, abre mis ojos para ver tu verdadera presencia en mi vida. Dame el valor para responder a tu llamada a ser un instrumento de tu liberación y amor para los demás. Amén.*

Ex 3,13-20
Sal 104. *El Señor se acuerda de su alianza eternamente.*
Mt 11,28-30

Por aquel tiempo, Jesús dijo: "Venid a mí todos los que estáis cansados y agobiados, y yo os haré descansar. Aceptad el yugo que os impongo, y aprended de mí, que soy paciente y de corazón humilde; así encontraréis descanso. Porque el yugo y la carga que yo os impongo son ligeros".

Dios revela su nombre eterno y misterioso a Moisés: «Yo Soy». Así muestra su presencia imperecedera y constante. Esta revelación nos invita a confiar en el Dios que siempre está con nosotros, con los cansados y agobiados, guiándonos y sosteniéndonos con su ser bondadoso, creador, infinito, amoroso... *Padre eterno, gracias por ser el «Yo Soy» en mi vida. Ayúdame a confiar en tu presencia constante y a buscar tu misteriosa presencia en todas las cosas. Que mi vida refleje tu fidelidad. Amén.*

Ex 11,10–12,14
Sal 115. *Alzaré la copa de la salvación invocando el nombre del Señor.*
Mt 12,1-8

Por aquel tiempo, Jesús caminaba un sábado entre los sembrados. Sus discípulos sintieron hambre y comenzaron a arrancar espigas y a comer los granos. Los fariseos, al verlo, dijeron a Jesús: "Mira, tus discípulos hacen algo que no está permitido en sábado". Él les contestó: "¿No habéis leído lo que hizo David en una ocasión en que él y sus compañeros tuvieron hambre? Entró en la casa de Dios y comió los panes consagrados, que no les estaba permitido comer ni a él ni a sus compañeros, sino solamente a los sacerdotes. ¿O no habéis leído en la ley de Moisés que los sacerdotes en el templo no cometen pecado por trabajar los sábados? Pues os digo que aquí hay algo más importante que el templo. Vosotros no habéis entendido qué significan estas palabras de la Escritura: 'Quiero que seáis compasivos, y no que me ofrezcáis sacrificios'. Si lo hubierais entendido, no condenaríais a quienes no han cometido falta alguna. Pues bien, el Hijo del hombre tiene autoridad sobre el sábado".

La Pascua fue instituida por Dios como un auténtico recordatorio de su liberación. Desde la libertad de la esclavitud en Egipto, nos llama a recordar siempre sus obras y a vivir en gratitud. Pero, para el cristiano, celebrar la Pascua es reconocer la fidelidad de Dios y su amor liberador en Jesús, el Hijo Amado, el señor del sábado. *Señor, gracias por tu liberación y tus constantes bendiciones. Ayúdame a vivir una vida de gratitud y a recordar siempre tus grandes obras. Que mi vida sea un testimonio de tu amor y gracia. Amén.*

Ex 12,37-42
Sal 135. *Dad gracias al Señor porque es eterna su misericordia.*
Mt 12,14-21

En aquel tiempo los fariseos, al salir, comenzaron a hacer planes para matar a Jesús. Jesús, al saberlo, se marchó de allí; mucha gente le seguía, y él sanaba a todos los enfermos, pero les ordenaba que no hablaran de él públicamente. Esto sucedió para que se cumpliese lo que había dicho el profeta Isaías: "Este es mi siervo, a quien he escogido, mi amado, en quien me deleito. Pondré sobre él mi Espíritu y proclamará justicia a las naciones. No disputará ni gritará; nadie oirá su voz en las calles. No romperá la caña quebrada ni apagará el pábilo que humea, hasta que haga triunfar la justicia. Y las naciones pondrán en él su esperanza".

La salida de Egipto del pueblo de Dios es un acto de fe y obediencia. Nos enseña que, aunque el camino pueda ser incierto, seguir la voluntad misteriosa de Dios nos llevará a la libertad verdadera y a las promesas eternas cumplidas. Así como fue cumpliendo cada una de las promesas del Antiguo Testamento, Jesús cumplirá en nuestra vida también las promesas que nos ha hecho. *Padre eterno, Dios de liberación, guíame en los caminos que ahora percibo inciertos, y dame la fe y la decisión para seguir tu guía en mi vida. Confío en que tus promesas se cumplirán y que tu amor me llevará a la verdadera libertad. Amén.*

Gn 18,1-10a

El Señor se apareció a Abraham en el encinar de Mamré (…). Abraham alzó la mirada y vio a tres hombres que estaban de pie frente a él. Al verlos, se levantó rápidamente a recibirlos, se inclinó hasta tocar el suelo con la frente y dijo: "Mi señor, por favor te suplico que no te vayas en seguida. Si te parece bien, haré traer un poco de agua para que os lavéis los pies, y luego descansad un rato bajo la sombra del árbol. Ya que habéis pasado por donde vive este servidor vuestro, os traeré algo de comer para que repongáis vuestras fuerzas antes de seguir vuestro camino". "Bueno, está bien" -contestaron ellos (…). Al terminar de comer, (…) uno de ellos dijo: "El año próximo volveré a visitarte, y para entonces tu esposa Sara tendrá un hijo".

Sal 14. *Señor, ¿quién puede hospedarse en tu tienda?*

Col 1,24-28

Ahora me alegro de lo que sufro por vosotros, porque de esta manera voy completando en mi propio cuerpo lo que falta de los sufrimientos de Cristo por la Iglesia, que es su cuerpo. Dios ha hecho de mí un servidor de la Iglesia, por el encargo que me dio para bien vuestro de anunciar en forma completa su mensaje, es decir, el designio secreto que desde hace siglos y generaciones tenía Dios escondido, pero que ahora ha manifestado a los suyos. A estos, Dios les quiso dar a conocer la gloriosa riqueza que ese designio encierra para los no judíos. Y ese designio secreto es Cristo, que habita en vosotros y que es la esperanza de la gloria que habéis de recibir. Nosotros anunciamos a Cristo, aconsejando y enseñando a todos en toda sabiduría para presentarlos perfectos en Cristo.

Lc 10,38-42

Seguían ellos su camino. Jesús entró en una aldea, donde una mujer llamada Marta le recibió en su casa. Marta tenía una hermana llamada María, la cual, sentada a los pies de Jesús, escuchaba sus palabras. Pero Marta, atareada con sus muchos quehaceres, se acercó a Jesús y le dijo: "Señor, ¿no te importa que mi hermana me deje sola con todo el trabajo? Dile que me ayude". Jesús le contestó: "Marta, Marta, estás preocupada e inquieta por muchas cosas; sin embargo, solo una es necesaria. María ha escogido la mejor parte, y nadie se la quitará".

La hospitalidad de Abraham y Sara cumple una antigua tradición. Lo hubieran hecho con cualquiera. Pero esta vez los visitantes traen la promesa de un hijo. Esto nos enseña sobre la importancia de la acogida y cómo, al servir a los demás, podemos encontrarnos con Dios.

La acogida se puede dar de múltiples maneras. Al estilo de Marta, poniéndonos a disposición de los demás en sus necesidades más físicas, o como María, abriendo el oído y el corazón para la escucha. En cualquier caso, «solo una cosa es necesaria», acoger a Dios en nuestro corazón.

Señor, este domingo me pongo ante ti y abro mi corazón. Enséñame a ser hospitalario y a ver tu presencia en cada persona que encuentro. Abre mi corazón y hogar a quienes lo necesiten. Y yo sabré ver el regalo de tu gracia en ellos. Amén.

21 JULIO

Lunes

Ex 14,5-18
Sal: Ex 15,1-6. *Cantaré al Señor, sublime es su victoria.*
Mt 12,38-42

Algunos de los fariseos y maestros de la ley dijeron entonces a Jesús: "Maestro, queremos verte hacer alguna señal milagrosa". Jesús les contestó: "Esta gente malvada e infiel pide una señal milagrosa, pero no se le dará más señal que la del profeta Jonás. Porque así como Jonás estuvo tres días y tres noches en el vientre del gran pez, así también el Hijo del hombre estará tres días y tres noches dentro de la tierra. Los habitantes de Nínive se levantarán en el día del juicio, cuando se juzgue a la gente de este tiempo, y la condenarán; porque los de Nínive se convirtieron a Dios cuando oyeron el mensaje de Jonás, y lo que hay aquí es más que Jonás. También en el día del juicio, cuando se juzgue a la gente de este tiempo, la reina del Sur se levantará y la condenará; porque ella vino de lo más lejano de la tierra para escuchar la sabiduría de Salomón, y lo que hay aquí es más que Salomón".

Dios tiene poder suficiente para salvarnos en nuestras mayores dificultades. La liberación y el paso de las aguas del mar Rojo es un recordatorio de esto que tanto olvidamos. El poder de Dios siempre está ahí y es indestructible. Como los israelitas, podemos confiar en que abrirá un camino donde parece no haberlo. Pero no cuando se lo exijamos, no como condición previa a nuestra fe. *Señor, en mis momentos de desesperación, muéstrame tu poder salvador. Abre un camino ante mí y guíame con tu mano poderosa por entre las sombras que a veces parecen querer hundirme y ahogarme. Confío en tu capacidad para hacer lo imposible posible. Amén.*

Martes

SANTA MARÍA MAGDALENA (F)

Cnt 3,1-4b
Sal 62. *Mi alma está sedienta de ti, Dios mío.*
Jn 20,1-2.11-18

El primer día de la semana, María Magdalena fue al sepulcro muy temprano, cuando todavía estaba oscuro, y vio quitada la piedra que tapaba la entrada. María se quedó fuera, junto al sepulcro, llorando. Y llorando como estaba, se agachó a mirar dentro y vio dos ángeles vestidos de blanco, sentados donde había estado el cuerpo de Jesús, uno a la cabecera y el otro a los pies. Los ángeles le preguntaron: "Mujer, ¿por qué lloras?". Ella les dijo: "Porque se han llevado a mi Señor y no sé dónde lo han puesto". Apenas dicho esto, volvió la cara y vio allí a Jesús, aunque no sabía que fuera él. Jesús le preguntó: "Mujer, ¿por qué lloras? ¿A quién buscas?". Ella, pensando que era el que cuidaba el huerto, le dijo: "Señor, si tú te lo has llevado, dime dónde lo has puesto, para que yo vaya a buscarlo". Jesús entonces le dijo: "¡María!". Ella se volvió y le respondió en hebreo: "¡Rabuní! (que quiere decir 'Maestro')". Jesús le dijo: "Suéltame, porque todavía no he ido a reunirme con mi Padre. Pero ve y di a mis hermanos que voy a reunirme con el que es mi Padre y vuestro Padre, mi Dios y vuestro Dios". Entonces fue María Magdalena y contó a los discípulos que había visto al Señor, y también lo que él le había dicho.

María Magdalena, mujer apasionada, será la primera testigo de la resurrección de Jesús. Su figura entrañable nos muestra la importancia del amor y la devoción a Jesús. Su encuentro con el Cristo resucitado transforma su dolor en gozo y esperanza. *Señor resucitado, quiero, como María Magdalena, encontrarte y experimentar la alegría de tu presencia.* Transforma mis lágrimas en gozo y mi desesperanza en esperanza viva, pues a veces solo veo oscuridad. Amén.

Ga 2,19-20

Sal 33. *Bendigo al Señor en todo momento.*

Jn 15,1-8

En aquel tiempo Jesús dijo: "Yo soy la vid verdadera y mi Padre es el viñador. Si uno de mis sarmientos no da fruto, lo corta; pero si da fruto, lo poda y lo limpia para que dé más. Vosotros ya estáis limpios por las palabras que os he hablado. Seguid unidos a mí como yo sigo unido a vosotros. Un sarmiento no puede dar fruto por sí mismo si no está unido a la vid. De igual manera, vosotros no podéis dar fruto si no permanecéis unidos a mí. Yo soy la vid y vosotros sois los sarmientos. El que permanece unido a mí y yo unido a él, da mucho fruto; pues sin mí nada podéis hacer. El que no permanece unido a mí será echado fuera, y se secará como los sarmientos que se recogen y se queman en el fuego. Si permanecéis unidos a mí, y si sois fieles a mis enseñanzas, pedid lo que queráis y se os dará. Mi Padre recibe honor cuando vosotros dais mucho fruto y llegáis así a ser verdaderos discípulos míos".

Hoy Jesús nos muestra la imagen de la vid y los sarmientos para hablarnos de la importancia de estar unidos a Él. Qué verdad es que necesitamos vivir en el Espíritu. Como sarmientos, solo podremos dar fruto si permanecemos en la vid, que es Jesús. Sin Él, nuestra vida espiritual se marchita. Al estar conectados a Cristo, recibimos la fuerza espiritual necesaria para florecer y dar frutos verdaderos. *Señor, ayúdame a permanecer unido a ti. Fortalece mi fe y no me dejes de tu mano. Que cada día de mi vida sea un testimonio de tu amor y gracia. Amén.*

Jueves

Ex 19,1-2.9-11.16-20b
Sal: Dn 3,52-56. *A ti gloria y alabanza por los siglos.*
Mt 13,10-17

Los discípulos se acercaron a Jesús, y le preguntaron por qué hablaba a la gente por medio de parábolas. Jesús les contestó: "A vosotros, Dios os da a conocer los secretos de su reino; pero a ellos no. Pues al que tiene, se le dará más y tendrá de sobra; pero al que no tiene, hasta lo que tiene se le quitará. Por eso les hablo por medio de parábolas; porque ellos miran, pero no ven; escuchan, pero no oyen ni entienden. En ellos se cumple lo que dijo el profeta Isaías: 'Por mucho que escuchéis, no entenderéis; por mucho que miréis, no veréis. Pues la mente de este pueblo está embotada: son duros de oído y han cerrado sus ojos, para no ver ni oír, para no entender ni volverse a mí y que yo los sane'. Pero dichosos vosotros, porque tenéis ojos que ven y oídos que oyen. Os aseguro que muchos profetas y gente buena desearon ver lo que vosotros veis, y no lo vieron; desearon oír lo que vosotros oís, y no lo oyeron".

Hoy Jesús nos explica por qué habla en parábolas, revelando los secretos del reino de Dios solo a aquellos que ponen atención a sus palabras. Nos recuerda que la comprensión espiritual es un don que debemos recibir con humildad y gratitud. Dios nos llama siempre a estar atentos y abiertos a su Palabra en los múltiples acontecimientos de nuestra vida. *Padre Eterno, abre mis ojos y oídos para entender tus misterios. Porque a veces me quedo a ciegas… No comprendo y empiezo a vacilar. Dame la gracia de recibir tus enseñanzas con un corazón abierto y dispuesto a cambiar. Que tu Palabra transforme mi vida y me acerque más a tu Corazón misericordioso. Amén.*

Hch 4,33; 5,12.27-33; 12,2
Sal 66. *Oh Dios, que te alaben los pueblos, que todos los pueblos te alaben.*
2Co 4,7-15
Mt 20,20-28

La madre de los hijos de Zebedeo se acercó con ellos a Jesús, y se arrodilló para pedirle un favor. Jesús le preguntó: "¿Qué quieres?". Ella le dijo: "Manda que estos dos hijos míos se sienten en tu reino uno a tu derecha y el otro a tu izquierda". Jesús contestó: "No sabéis lo que pedís. ¿Podéis beber la copa amarga que voy a beber yo?". Le dijeron: "Podemos". Jesús les respondió: "Vosotros beberéis esa copa de amargura, pero el sentaros a mi derecha o a mi izquierda no me corresponde a mí darlo. Será para quienes mi Padre lo ha preparado". Cuando los otros diez discípulos oyeron todo esto, se enojaron con los dos hermanos. Pero Jesús los llamó y les dijo: "Sabéis que, entre los paganos, los jefes gobiernan con tiranía a sus súbditos y los grandes descargan sobre ellos el peso de su autoridad. Pero entre vosotros no debe ser así. Al contrario, el que entre vosotros quiera ser grande, que sirva a los demás; y el que entre vosotros quiera ser el primero, que sea vuestro esclavo. Porque, del mismo modo, el Hijo del hombre no ha venido para ser servido, sino para servir y dar su vida en pago de la libertad de todos".

Hoy celebramos a Santiago, apóstol y mártir. Su vida al servicio del Evangelio es ejemplo del camino de sacrificio y amor de todo buen seguidor de Jesús. La verdadera grandeza en el Reino se encuentra en servir a los demás. A través de su vida, Santiago nos muestra que seguir a Jesús implica un compromiso firme y, a veces, doloroso; pero lleno de esperanza y con la promesa de la resurrección. *Señor Santiago, intercede por mí, que tenga yo la humildad y el valor para servir a los demás como tú lo hiciste. Que tu ejemplo me inspire a vivir una vida de entrega y servicio, confiando siempre en el amor y la promesa de vida eterna de nuestro Señor. Amén.*

Ex 24,3-8
Sal 49. *Ofrece a Dios un sacrificio de alabanza.*
Mt 13,24-30

Jesús les contó esta otra parábola: "El reino de los cielos puede compararse a un hombre que sembró buena semilla en su campo; pero mientras todos estaban durmiendo, llegó un enemigo que sembró mala hierba entre el trigo, y se fue. Cuando creció el trigo y se formó la espiga, apareció también la mala hierba. Entonces los labradores fueron a decirle al dueño: 'Señor, si la semilla que sembraste en el campo era buena, ¿cómo es que ha salido mala hierba?'. El dueño les dijo: 'Un enemigo ha hecho esto'. Los labradores le preguntaron: '¿Quieres que vayamos a arrancar la mala hierba?'. Pero él les dijo: 'No, porque al arrancar la mala hierba podéis arrancar también el trigo. Es mejor dejarlos crecer juntos, hasta la siega; entonces mandaré a los segadores a recoger primero la mala hierba y atarla en manojos, para quemarla, y que luego guarden el trigo en mi granero'".

Hoy, en la fiesta de los padres de la Virgen, la Iglesia nos recuerda la parábola del trigo y la cizaña, que nos habla sobre la coexistencia del bien y el mal en el mundo. Dios, en su infinita paciencia y sabiduría, permite que ambos crezcan juntos hasta el tiempo de la cosecha. Nuestra tarea es confiar y trabajar a la vez diligentemente en el campo del Señor, cultivando la bondad y la justicia. *Señor, dame paciencia y discernimiento, para vivir en un mundo donde el bien y el mal coexisten. Que esto no me desconcierte. Ayúdame a ser sembrador de tu verdad y de tu amor, confiando en tu sabiduría hasta el juicio final, cuando tu luz me haga descubrir lo que ahora está velado a mis ojos. Amén.*

Gn 18,20-32

El Señor dijo a Abraham: "La gente de Sodoma y Gomorra tiene tan mala fama, y su pecado es tan grave, que ahora voy allá para ver si en verdad su maldad es tan grande como se me ha dicho. Así lo sabré". (…) Abraham (…) le preguntó: "¿Vas a destruir a los inocentes junto con los culpables? Tal vez haya cincuenta personas inocentes en la ciudad. (…) Tú, que eres el Juez supremo de todo el mundo, ¿no harás justicia?". Entonces el Señor le contestó: "Si encuentro cincuenta inocentes en la ciudad de Sodoma, por ellos perdonaré a todos los que viven allí". Pero Abraham volvió a decirle: "Perdona que sea tan atrevido (…) pero, ¿qué pasará si encuentras solamente veinte inocentes?". Y el Señor respondió: "Por esos veinte, no destruiré la ciudad". Todavía insistió Abraham: "Por favor, mi Señor, no te enojes conmigo: (…) ¿qué harás, en caso de encontrar únicamente diez?". El Señor le dijo: "Incluso por esos diez, no destruiré la ciudad".

Sal 137. *Cuando te invoqué, Señor, me escuchaste.*

Col 2,12-14

Al ser bautizados, fuisteis sepultados con Cristo y resucitados con él, porque creísteis en el poder de Dios, que le resucitó (…) ahora Dios os ha dado vida juntamente con Cristo, en quien nos ha perdonado todos los pecados (…).

Lc 11,1-13

Estaba Jesús una vez orando en cierto lugar. Cuando terminó, uno de sus discípulos le rogó: "Señor, enséñanos a orar, lo mismo que Juan enseñaba a sus discípulos". Jesús les contestó: "Cuando oréis, decid: Padre, santificado sea tu nombre. Venga tu reino. Danos cada día el pan que necesitamos. Perdónanos nuestros pecados, porque también nosotros perdonamos a todos los que nos han ofendido. Y no nos expongas a la tentación". También les dijo Jesús: "(...) Pedid y Dios os dará, buscad y encontraréis, llamad a la puerta y se os abrirá. Porque el que pide, recibe; el que busca, encuentra y al que llama a la puerta, se le abre. (...) Pues si vosotros, que sois malos, sabéis dar cosas buenas a vuestros hijos, ¡cuánto más el Padre que está en el cielo dará el Espíritu Santo a quienes se lo pidan!".

El mal forma parte de este mundo... La intercesión de Abraham por Sodoma nos muestra el poder de la oración intercesora. La misericordia de Dios es eterna. Aunque el mal abunda, Dios está dispuesto a perdonar, en atención al bien de unos pocos justos. Esta enseñanza nos anima a ser constantes en la oración y a interceder por los demás, confiando en la compasión divina.

Y la mejor manera de orar es la que Nuestro Señor Jesucristo nos enseña: el Padrenuestro, el diálogo con nuestro Padre amoroso en el que nos ponemos en sus manos y le pedimos aquello que necesitamos cada día. Y la insistencia en la oración es para que nuestro corazón no olvide nunca de dónde nos vienen los dones de cada día.

Dios misericordioso, enséñame a tener un corazón compasivo y lleno de fe. Que pueda confiar, aunque el mal me rodee. Ayúdame a esperar en tu misericordia y a ser un instrumento de tu paz y justicia en el mundo. Y haz que el Espíritu Santo venga a mi vida. Amén.

Ex 32,15-24.30-34
Sal 105. *Dad gracias al Señor porque es bueno.*
Mt 13,31-35

Jesús les contó también esta parábola: "El reino de los cielos se puede comparar a una semilla de mostaza que un hombre siembra en su campo. Es sin duda la más pequeña de todas las semillas, pero cuando ha crecido es más grande que las otras plantas del huerto; llega a hacerse como un árbol entre cuyas ramas van a anidar los pájaros". También les contó esta parábola: "El reino de los cielos se puede comparar a la levadura que una mujer mezcla con tres medidas de harina para que toda la masa fermente". Jesús habló de todo esto a la gente por medio de parábolas, y sin parábolas no les hablaba, para que se cumpliera lo que había dicho el profeta: "Hablaré por medio de parábolas; diré cosas que han estado en secreto desde la creación del mundo".

Hoy, con las parábolas de la semilla de mostaza y la levadura, Jesús nos enseña que el reino de Dios, aunque comienza siendo muy pequeño, tiene un poder transformador enorme. Eso tiene que ver conmigo y contigo. Porque nuestra fe y nuestras buenas obras, aunque parezcan insignificantes, pueden tener un impacto grande y positivo en el mundo. *Señor, fortalece mi fe. Ayúdame a entender que mis pequeñas acciones, realizadas con amor, pueden contribuir grandemente a extender tu Reino. Hazme un instrumento de tu amor y paz. Amén.*

Martes

<small>SANTOS MARTA, MARÍA Y LÁZARO (MO)</small>

Ex 33,7-11; 34,5b-9.28
Sal 102. *El Señor es
compasivo y misericordioso.*
Jn 11,19-27

Muchos judíos habían ido a visitar a Marta y María, para consolarlas por la muerte de su hermano. Cuando Marta supo que Jesús estaba llegando, salió a recibirle; pero María se quedó en la casa. Marta dijo a Jesús: Señor, si hubieras estado aquí, mi hermano no habría muerto. Pero aun ahora yo sé que Dios te dará cuanto le pidas. Jesús le contestó: Tu hermano volverá a vivir. Marta le dijo: Sí, ya sé que volverá a vivir cuando los muertos resuciten, en el día último. Jesús le dijo entonces: Yo soy la resurrección y la vida. El que cree en mí, aunque muera, vivirá; y ninguno que esté vivo y crea en mí morirá jamás. ¿Crees esto? Ella le dijo: Sí, Señor, yo creo que tú eres el Mesías, el Hijo de Dios, el que tenía que venir al mundo.

Hoy celebramos a los amigos del Señor. Ellas, aun en su dolor, muestran una fe profunda en Jesús. Su confesión de fe en Él, como la resurrección y la vida, es un testimonio poderoso de esperanza cristiana. Este ejemplo de fe nos consuela en medio del sufrimiento y la pérdida. *Señor Jesús, como Marta, María y Lázaro, yo sé que Tú eres la resurrección y la vida. Ayúdame a confiar en ti en tiempos de dolor y pérdida. Fortalece mi fe para que siempre crea en tu poder y en tus promesas de vida eterna. Amén.*

30 JULIO

Miércoles

TIEMPO ORDINARIO 17ª SEMANA (f)

Ex 34,29-35
Sal 98. *Santo eres, Señor,
Dios nuestro.*
Mt 13,44-46

En aquel tiempo Jesús dijo: "El reino de los cielos se puede comparar a un tesoro escondido en un campo. Un hombre encuentra el tesoro, y vuelve a esconderlo allí mismo; lleno de alegría, va, vende todo lo que posee y compra aquel campo. También se puede comparar el reino de los cielos a un comerciante que anda buscando perlas finas; cuando encuentra una de gran valor, va, vende todo lo que posee y compra la perla".

Jesús compara hoy el reino de los cielos con un tesoro escondido y con una perla de gran valor, enseñándonos con ello que el Reino es algo por lo que vale la pena renunciar a todo lo demás. Nada tiene valor frente a las promesas de Dios. Esta enseñanza nos desafía a evaluar nuestras prioridades y a buscar primero el Reino. *Señor, ayúdame a buscarlo, a considerarlo como el mayor tesoro de mi vida. No dejes que nada material me obnubile. Que esté dispuesto a renunciar a todo lo que me aleja de ti y a valorar tu amor y gracia por encima de todo. Haz que confíe solo en ti y que mi vida refleje tu gloria. Amén.*

Jueves

SAN IGNACIO DE LOYOLA (MO)

JULIO **31**

Ex 40,16-21.34-38
Sal 83. *¡Qué deseables son tus moradas, Señor de los ejércitos!*
Mt 13,47-53

En aquel tiempo dijo Jesús: "Puede compararse también el reino de los cielos a una red echada al mar, que recoge toda clase de peces. Cuando la red está llena, los pescadores la arrastran a la orilla y se sientan a escoger los peces: ponen los buenos en canastas y tiran los malos. Así sucederá al fin del mundo: saldrán los ángeles a separar a los malos de los buenos, y arrojarán a los malos al horno encendido, donde llorarán y les rechinarán los dientes". Jesús preguntó: "¿Entendéis todo esto?". "Sí, Señor" -contestaron ellos. Entonces Jesús añadió: "Cuando un maestro de la ley está instruido acerca del reino de los cielos, se parece a un padre de familia que de lo que tiene guardado saca cosas nuevas y cosas viejas". Cuando Jesús terminó de contar estas parábolas se fue de allí.

Esta maravillosa parábola de la red y los peces nos recuerda que, al final de los tiempos, habrá una separación definitiva entre el bien y el mal. Esta enseñanza nos llama a vivir una vida de justicia y santidad, sabiendo que nuestras acciones tienen consecuencias eternas. *Señor, ayúdame a vivir una vida justa y santa en tu presencia. Soy consciente de que un día daré cuenta de mis acciones. No dejes que me aparte de ti. Que tu gracia me guíe y transforme, para que pueda estar al final entre los justos en tu Reino eterno. Amén.*

Lv 23,1.4-11.15-16.27.34b-37
Sal 80. *Aclamad a Dios, nuestra fuerza.*
Mt 13,54-58

En aquel tiempo Jesús llegó a su propia tierra, donde comenzó a enseñar en la sinagoga del lugar. La gente, admirada, decía: "¿De dónde ha sacado éste todo lo que sabe? ¿Cómo puede hacer tales milagros? ¿No es éste el hijo del carpintero? Y su madre, ¿no es María? ¿No son sus hermanos Santiago, José, Simón y Judas, y no viven sus hermanas también aquí, entre nosotros? ¿De dónde ha sacado todo esto?". Y no quisieron hacerle caso. Por eso, Jesús les dijo: "En todas partes se honra a un profeta, menos en su propia tierra y en su propia casa". Y no hizo allí muchos milagros, porque aquella gente no creía en él.

Hoy, en la lectura del evangelio, vemos una vez más que Jesús no fue reconocido en su propia tierra, debido a la falta de fe de su gente. ¿Y tú? ¿Le reconoces en tu vida? Recuerda este día la importancia de la fe y la humildad para saber ver las obras de Dios en tu vida. Pide hoy a Dios que te conceda un corazón abierto y creyente, capaz de ver su mano en cada momento y en cada persona que encuentras. Tal vez hoy te hable en alguna circunstancia u ocasión. Él siempre habla…

Sábado

Tiempo Ordinario 17ª semana (f)

Lv 25,1.8-17

Sal 66. *Oh Dios, que te alaben los pueblos, que todos los pueblos te alaben.*

Mt 14,1-12

Por aquel mismo tiempo, Herodes, que gobernaba en Galilea, oyó hablar de Jesús y dijo a los que tenía a su servicio: "Ése es Juan el Bautista. Ha resucitado, y por eso tiene poderes milagrosos". Es que Herodes había hecho apresar a Juan, y lo había encadenado en la cárcel. Fue a causa de Herodías, esposa de su hermano Filipo, pues Juan decía a Herodes: "No puedes tenerla por mujer". Herodes quería matar a Juan, pero temía a la gente, porque todos tenían a Juan por profeta. En el cumpleaños de Herodes, la hija de Herodías salió a bailar delante de los invitados, y le gustó tanto a Herodes que prometió bajo juramento darle cualquier cosa que le pidiera. Ella entonces, aconsejada por su madre, le dijo: "Dame en una bandeja la cabeza de Juan el Bautista". Esto entristeció al rey Herodes, pero como había hecho un juramento en presencia de sus invitados, mandó que se la dieran. Envió, pues, a que cortaran la cabeza a Juan en la cárcel. Luego la pusieron en una bandeja y se la dieron a la muchacha, y ella se la llevó a su madre. Más tarde llegaron los seguidores de Juan, que tomaron el cuerpo y lo enterraron. Después fueron y dieron la noticia a Jesús.

L a dramática historia de Juan el Bautista nos recuerda el poder destructivo de la venganza y de la falta de justicia. Él fue fiel a la verdad, al propósito fundamental de su vocación. Ora hoy por aquellos que sufren injusticias y persecuciones. Pide a Dios la valentía de Juan para defender la verdad y la justicia, aun cuando encuentres cada día oposición o peligro.

Ecl 1,2; 2,21-23

Estos son los dichos del Predicador, hijo de David, que reinó en Jerusalén. ¡Vana ilusión, vana ilusión! ¡Todo es vana ilusión! pues hay quien pone sabiduría, conocimientos y experiencia en su trabajo, tan sólo para dejárselo todo a quien no trabajó para obtenerlo. ¡Y también esto es vana ilusión y una gran injusticia! En fin, ¿qué saca el hombre de tanto trabajar y preocuparse en este mundo? Toda su vida es de sufrimientos, es una carga molesta; ni siquiera de noche descansa su mente. ¡Y esto también es vana ilusión!

Sal 89. *Señor, tú has sido nuestro refugio de generación en generación.*

Col 3,1-5.9-11

Por lo tanto, ya que habéis sido resucitados con Cristo, buscad las cosas del cielo, donde está Cristo sentado a la derecha de Dios. Pensad en las cosas del cielo, no en las de la tierra. (...) Cristo es vuestra vida. Cuando él aparezca, vosotros también apareceréis con él y tendréis parte en su gloria. Haced morir, pues, todo lo que de terrenal hay en vosotros: que nadie cometa inmoralidades sexuales, ni haga cosas impuras, ni siga sus pasiones y malos deseos, ni sea avaro, que es una forma de idolatría. No os mintáis unos a otros, puesto que (...) os habéis revestido de la nueva naturaleza, la del nuevo hombre, que se va renovando a imagen de Dios, su Creador, para llegar a conocerlo plenamente. Ya no tiene importancia el ser griego o judío, el estar circuncidado o no estarlo, el ser extranjero, inculto, esclavo o libre; lo que importa es que Cristo es todo y está en todos.

Lc 12,13-21

Uno de entre la gente dijo a Jesús: "Maestro, dile a mi hermano que reparta conmigo la herencia". Jesús le contestó: "Amigo, ¿quién me ha puesto sobre vosotros como juez o partidor?". También dijo: "Guardaos de toda avaricia, porque la vida no depende del poseer muchas cosas". Entonces les contó esta parábola: "Había un hombre rico, cuyas tierras dieron una gran cosecha. El rico se puso a pensar: '¿Qué haré? ¡No tengo donde guardar mi cosecha!' Y se dijo: 'Ya sé qué voy a hacer: derribaré mis graneros y construiré otros más grandes en los que guardar toda mi cosecha y mis bienes. Luego me diré: Amigo, ya tienes muchos bienes guardados para muchos años; descansa, come, bebe y goza de la vida'. Pero Dios le dijo: 'Necio, vas a morir esta misma noche: ¿para quién será lo que tienes guardado?' Eso le pasa al hombre que acumula riquezas para sí mismo, pero no es rico delante de Dios".

Es domingo, día de escucha y atención a la Palabra. Las lecturas de hoy nos invitan a reflexionar sobre la vanidad que hay detrás de las riquezas materiales y la importancia de buscar los bienes eternos por encima de todo. Jesús nos advierte sobre la avaricia y nos llama a ser ricos solamente ante Dios y no ante los hombres. Dios ve lo que hay en cada corazón…

Te imploro, Espíritu Santo, que me guíes en la búsqueda de los verdaderos tesoros del cielo y me des la sabiduría para vivir con humildad y generosidad. Amén.

4

Lunes

SAN JUAN MARÍA VIANNEY (MO)

Nm 11,4b-15
Sal 80. *Aclamad a Dios, nuestra fuerza.*
Mt 14,13-21

Cuando Jesús recibió aquella noticia, se fue de allí, él solo, en una barca, a un lugar apartado. Pero la gente, al saberlo, salió de los pueblos para seguirle por tierra. Al bajar Jesús de la barca, viendo a la multitud, sintió compasión de ellos y sanó a los que estaban enfermos. Como se hacía de noche, los discípulos se acercaron a él y le dijeron: "Ya es tarde y éste es un lugar solitario. Despide a la gente, para que vayan a las aldeas y se compren comida". Jesús les contestó: "No es necesario que vayan. Dadles vosotros de comer". Respondieron: "No tenemos aquí más que cinco panes y dos peces". Jesús les dijo: "Traédmelos". Mandó entonces a la multitud que se recostara sobre la hierba. Luego tomó en sus manos los cinco panes y los dos peces y, mirando al cielo, dio gracias a Dios, partió los panes, se los dio a los discípulos y ellos los repartieron entre la gente. Todos comieron hasta quedar satisfechos, y todavía llenaron doce canastas con los trozos sobrantes. Los que comieron eran unos cinco mil hombres, sin contar las mujeres y los niños.

Jesús multiplica los panes y los peces, mostrando con ello su compasión y su poder. Reflexiona sobre cómo Dios puede usar tus pequeños actos de fe para hacer grandes obras. Ora hoy pidiendo la gracia de confiar solamente en su providencia y poder ser generoso con lo que tienes, sabiendo que Él lo multiplicará todo con su inmenso poder.

Martes

<small>Tiempo Ordinario 18ª semana (f)</small>

Nm 12,1-13
Sal 50. *Misericordia, Señor: hemos pecado.*
Mt 14,22-36

En aquel tiempo, Jesús hizo subir a sus discípulos a la barca, para que llegasen antes que él a la otra orilla del lago, mientras él despedía a la gente. Cuando ya la hubo despedido, subió Jesús al monte para orar a solas, y al llegar la noche aún seguía allí él solo. Entre tanto, la barca se había alejado mucho de tierra firme y era azotada por las olas, porque tenía el viento en contra. De madrugada, Jesús fue hacia ellos andando sobre el agua. Los discípulos, al verle andar sobre el agua, se asustaron y gritaron llenos de miedo: "¡Es un fantasma!". Pero Jesús les habló, diciéndoles: "¡Ánimo, soy yo, no tengáis miedo!". Pedro le respondió: "Señor, si

eres tú, mándame ir a ti andando sobre el agua". "Ven" -dijo Jesús. Bajó Pedro de la barca y comenzó a andar sobre el agua en dirección a Jesús, pero al notar la fuerza del viento, tuvo miedo; y comenzando a hundirse, gritó: "¡Sálvame, Señor!". Al momento, Jesús le tomó de la mano y le dijo: "¡Qué poca fe! ¿Por qué has dudado?". En cuanto subieron a la barca, se calmó el viento. Entonces los que estaban en la barca se pusieron de rodillas delante de Jesús y dijeron: "¡Verdaderamente tú eres el Hijo de Dios!". Atravesaron el lago y llegaron a tierra, en Genesaret. La gente del lugar reconoció a Jesús, y la noticia se extendió por toda aquella región. Le llevaban los enfermos y le rogaban que les dejara tocar siquiera el borde de su capa. Y todos los que la tocaban quedaban sanados.

Cierra los ojos y trata de imaginar a Jesús caminando sobre el agua. Siente tú también cómo calma el temor de sus discípulos. Esta escena nos recuerda que, en medio de nuestras tempestades personales, Jesús está siempre presente y nos invita a tener fe. Ora para que, en los momentos de duda y miedo, puedas escuchar cómo te dice: «¡Ánimo, soy yo, no tengas miedo!».

6 AGOSTO

Miércoles

Dn 7,9-10.13-14
Sal 96. *El Señor reina,
altísimo sobre toda la tierra.*
Lc 9,28b-36

En aquel tiempo, Jesús subió a un monte a orar, acompañado de Pedro, Santiago y Juan. Mientras oraba, cambió el aspecto de su rostro y sus ropas se volvieron muy blancas y brillantes. Y aparecieron dos hombres conversando con él: eran Moisés y Elías, que estaban rodeados de un resplandor glorioso y hablaban de la partida de Jesús de este mundo, que iba a tener lugar en Jerusalén. Aunque Pedro y sus compañeros tenían mucho sueño, permanecieron despiertos y vieron la gloria de Jesús y a los dos hombres que estaban con él. Cuando aquellos hombres se separaban ya de Jesús, Pedro le dijo: "Maestro, ¡qué bien que estemos aquí! Vamos a hacer tres chozas: una para ti, otra para Moisés y otra para Elías". Pero Pedro no sabía lo que decía. Mientras hablaba, una nube los envolvió en sombra; y al verse dentro de la nube, tuvieron miedo. Entonces de la nube salió una voz que dijo: "Éste es mi Hijo, mi elegido. Escuchadle". Después que calló la voz, vieron que Jesús estaba solo. Ellos guardaron esto en secreto, y por entonces no contaron a nadie lo que habían visto.

Hoy, en la fiesta de la Transfiguración, se nos revela la gloria de Jesús y la confirmación de su misión divina. En este día, no olvides pedir a Dios que te permita contemplar su gloria y ser transformado por su luz. Que tu vida refleje la presencia de Cristo y sea un testimonio vivo de su amor y de su amoroso poder.

Nm 20,1-13
Sal 94. *Ojalá escuchéis hoy la voz del Señor: "No endurezcáis vuestro corazón".*
Mt 16,13-23

Cuando Jesús llegó a la región de Cesarea de Filipo preguntó a sus discípulos: "¿Quién dice la gente que es el Hijo del hombre?". Ellos contestaron: "Unos dicen que Juan el Bautista; otros, que Elías, y otros, que Jeremías o algún profeta". "Y vosotros, ¿quién decís que soy?". -les preguntó. Simón Pedro le respondió: "Tú eres el Mesías, el Hijo del Dios viviente". Entonces Jesús le dijo: "Dichoso tú, Simón, hijo de Jonás, porque ningún hombre te ha revelado esto, sino mi Padre que está en el cielo. Y yo te digo que tú eres Pedro, y sobre esta piedra voy a edificar mi iglesia; y el poder de la muerte no la vencerá. Te daré las llaves del reino de los cielos: lo que ates en este mundo, también quedará atado en el cielo; y lo que desates en este mundo, también quedará desatado en el cielo". Luego Jesús ordenó a sus discípulos que no dijeran a nadie que él era el Mesías. A partir de entonces, Jesús comenzó a explicar a sus discípulos que tenía que ir a Jerusalén, y que los ancianos, los jefes de los sacerdotes y los maestros de la ley le harían sufrir mucho. Les dijo que lo iban a matar, pero que al tercer día resucitaría. Entonces Pedro le llevó aparte y comenzó a reprenderle, diciendo: "¡Dios no lo quiera, Señor! ¡Eso no te puede pasar!". Pero Jesús se volvió y dijo a Pedro: "¡Apártate de mí, Satanás, pues me pones en peligro de caer! ¡Tú no ves las cosas como las ve Dios, sino como las ven los hombres!".

Rodéate de silencio. En tu interior, trata de ver a Pedro reconociendo a Jesús como el Mesías. Pero luego, siente en tu persona su reprimenda por pensar a veces como los hombres y no como Dios. Reflexiona sobre la importancia de alinear los pensamientos y deseos con la voluntad del Padre. Pide la gracia de discernir y aceptar los planes divinos, aunque no los comprendas.

Viernes

Dt 4,32-40
Sal 76. *Recuerdo las proezas del Señor.*
Mt 16,24-28

En aquel tiempo Jesús dijo a sus discípulos: "El que quiera ser mi discípulo, olvídese de sí mismo, cargue con su cruz y sígame. Porque el que quiera salvar su vida, la perderá; en cambio, el que pierda su vida por causa mía, la recobrará. ¿De qué sirve al hombre ganar el mundo entero, si pierde la vida? ¿O cuánto podrá pagar el hombre por su vida? El Hijo del hombre va a venir con la gloria de su Padre y con sus ángeles, y entonces recompensará a cada uno conforme a sus hechos. Os aseguro que algunos de los que están aquí no morirán sin haber visto al Hijo del hombre venir como rey".

Jesús nos llama hoy a tomar nuestra cruz y seguirle. Piensa en qué es lo que significa realmente ser discípulo de Cristo, qué significa renunciar a uno mismo y entregarse a su servicio. Ora en tu corazón pidiendo la fortaleza y el valor necesarios para cargar con las cruces diarias. *Señor Jesús, confío en que Tú me acompañas en cada paso del camino. Amén.*

Sábado

SANTA TERESA BENEDICTA DE LA CRUZ, PATRONA DE EUROPA (F)

Os 2,16b.17de.21-22

Sal 44. *Escucha, hija, mira: inclina el oído.*

Mt 25,1-13

Jesús les dijo: "El reino de los cielos podrá entonces compararse a diez muchachas que, en una boda, tomaron sus lámparas de aceite y salieron a recibir al novio. Cinco de ellas eran descuidadas y cinco previsoras. Las descuidadas llevaron sus lámparas, pero no tomaron aceite de repuesto; en cambio, las previsoras llevaron frascos de aceite además de las lámparas. Como el novio tardaba en llegar, les entró sueño a todas y se durmieron. Cerca de medianoche se oyó gritar: ¡Ya viene el novio! ¡Salid a recibirle!' Entonces todas las muchachas se levantaron y comenzaron a preparar sus lámparas, y las descuidadas dijeron a las previsoras: 'Dadnos un poco de vuestro aceite, porque nuestras lámparas van a apagarse'. Pero las muchachas previsoras contestaron: 'No, porque entonces no alcanzará para nosotras ni para vosotras. Más vale que vayáis a donde lo venden y compréis para vosotras mismas'. Pero mientras las cinco muchachas iban a comprar el aceite, llegó el novio; y las que habían sido previsoras entraron con él a la fiesta de la boda, y se cerró la puerta. Llegaron después las otras muchachas, diciendo: '¡Señor, señor, ábrenos!' Pero él les contestó: 'Os aseguro que no sé quiénes sois'". "Permaneced despiertos –añadió Jesús–, porque no sabéis el día ni la hora.

La parábola de las diez vírgenes nos recuerda la importancia de estar siempre preparados para la venida del Señor. Reflexiona sobre tu vida espiritual. ¿Estás verdaderamente listo, verdaderamente preparado, para recibir a Cristo? Pide la gracia de vivir vigilante, con tu lámpara encendida y el corazón lleno del Espíritu Santo. Repítete: *Confío y espero en ti, Señor. Amén.*

Sab 18,6-9

Lo que aquella noche había de suceder, nuestros antepasados lo supieron de antemano, para que, teniendo tal seguridad, se sintieran animados por las promesas en que habían creído. Tu pueblo esperó al mismo tiempo la salvación de los inocentes y la perdición de sus enemigos, pues con los mismos medios castigaste a estos y nos honraste llamándonos a ti (...).

Sal 32. *Dichoso el pueblo que el Señor se escogió como heredad.*

Hb 11,1-2.8-19

Tener fe es tener la plena seguridad de recibir aquello que se espera; es estar convencidos de la realidad de cosas que no vemos. Nuestros antepasados fueron aprobados por Dios porque tuvieron fe. Por fe sabemos que Dios formó el universo mediante su palabra, de modo que lo que ahora vemos fue hecho de cosas que no eran visibles. Por fe, Abraham, cuando Dios lo llamó, obedeció y salió para ir al lugar que le iba a dar como herencia. (...) También por fe, Abraham recibió fuerzas para ser padre, porque creyó que Dios cumpliría sin falta su promesa, a pesar de que Sara no podía tener hijos y él ya era demasiado viejo. (...) Por fe, Abraham, cuando Dios le puso a prueba, tomó a Isaac para ofrecerlo en sacrificio (...).

Lc 12,32-48

En aquel tiempo dijo Jesús: "No tengáis miedo, pequeño rebaño, que el Padre, en su bondad, ha decidido daros el reino. Vended lo que tenéis y dad a los necesitados; procuraos bolsas que no envejezcan, riquezas sin fin en el cielo, donde el ladrón no puede entrar ni la polilla destruye. Pues donde esté vuestra riqueza, allí estará también vuestro corazón. Estad preparados y mantened vuestras lámparas encendidas. Sed como criados que esperan que su amo regrese de una boda, para abrirle la puerta tan pronto como llegue y llame. ¡Dichosos los criados a quienes su amo, al llegar, encuentre despiertos! Os aseguro que los hará sentar a la mesa y se dispondrá a servirles la comida. Dichosos ellos, si los encuentra despiertos aunque llegue a medianoche o de madrugada. (…) ¡Dichoso el criado a quien su amo, al llegar, encuentra cumpliendo con su deber! De verdad os digo que el amo le pondrá al cargo de todos sus bienes. Pero si ese criado, pensando que su amo va a tardar en volver, comienza a maltratar a los demás criados y a las criadas, y se pone a comer, beber y emborracharse, el día que menos lo espera y a una hora que no sabe llegará su amo y lo castigará. (…) A quien mucho se le da, también se le pedirá mucho; a quien mucho se le confía, se le exigirá mucho más".

Las lecturas de este día dedicado al Señor nos hablan de la fe y la confianza en las promesas de Dios! ¡Qué importante es esto! Jesús nos anima a no tener miedo, porque el Padre nos ha dado ya el Reino. Así que no temas…

Reflexiona hoy sobre la confianza en Dios y piensa cómo puedes fortalecer tu fe. Recapacita sobre tu corazón, ¿dónde está? ¿Cuál es tu mayor riqueza?

Te pido, Señor que, al igual que Abraham, pueda caminar confiado en tus promesas, sabiendo que eres fiel y cumples siempre lo que prometes. Amén.

Dt 10,12-22
Sal 147. *Glorifica al Señor, Jerusalén.*
Mt 17,22-27

Mientras andaban juntos por la región de Galilea, Jesús les dijo: "El Hijo del hombre va a ser entregado en manos de los hombres, y lo matarán; pero al tercer día resucitará". Esta noticia los llenó de tristeza. Cuando Jesús y sus discípulos llegaron a Cafarnaún, los que cobraban el impuesto para el templo fueron a ver a Pedro, y le preguntaron: "¿Tu maestro no paga el impuesto para el templo?". "Sí, lo paga" -contestó Pedro. Luego, al entrar Pedro en casa, Jesús se dirigió a él en primer lugar, diciendo: "¿Qué te parece, Simón? ¿A quiénes cobran impuestos y contribuciones los reyes de este mundo: a sus propios súbditos o a los extranjeros?". Pedro contestó: "A los extranjeros". "Por lo tanto -añadió Jesús-, los propios súbditos no tienen que pagar nada. Pero, para que nadie se ofenda, ve al lago y echa el anzuelo. En la boca del primer pez que pesques encontrarás una moneda que será suficiente para pagar mi impuesto y el tuyo. Llévatela y págalos".

En el evangelio de hoy, Jesús predice su pasión y nos enseña sobre la necesidad de la humildad y el espíritu de servicio. Reflexiona sobre lo que es la verdadera grandeza en el reino de Dios, grandeza que se encuentra en la humildad y el servicio a los demás. Ora para que puedas imitar a Jesús en su humildad y generosidad, sirviendo a los demás con amor y dedicación.

Dt 31,1-8
Sal: Dt 32,3-4.7-9.12. *La porción del Señor fue su pueblo.*
Mt 18,1-5.10.12-14

En aquella misma ocasión se acercaron a Jesús los discípulos y le preguntaron: "¿Quién es el más importante en el reino de los cielos?". Jesús llamó a un niño, lo puso en medio de ellos y dijo: "Os aseguro que si no cambiáis y os volvéis como niños, no entraréis en el reino de los cielos. El más importante en el reino de los cielos es aquel que se humilla y se vuelve como este niño. Y el que recibe en mi nombre a un niño como éste, a mí me recibe. No despreciéis a ninguno de estos pequeños. Pues os digo que sus ángeles en el cielo contemplan siempre el rostro de mi Padre celestial. ¿Qué os parece? Si un hombre tiene cien ovejas y se le extravía una de ellas, ¿no dejará las otras noventa y nueve en el monte e irá a buscar la extraviada? Y si logra encontrarla, os aseguro que se alegrará más por esa oveja que por las noventa y nueve que no se extraviaron. Del mismo modo, vuestro Padre que está en el cielo no quiere que se pierda ninguno de estos pequeños".

Jesús nos llama hoy con amor a ser como niños para así poder entrar en el reino de los cielos. Medita sobre las cualidades de los niños: la humildad, la confianza y la pureza de corazón. Ora para que puedas en tu vida cultivar estas virtudes. Y acércate a Dios con un corazón sencillo y confiado. Recuerda que puedes encontrarle en su Palabra y en las personas que te rodean.

Dt 34,1-12
Sal 65. *Bendito sea Dios, que me ha devuelto la vida.*
Mt 18,15-20

En aquel tiempo dijo Jesús a los discípulos: "Si tu hermano te ofende, habla con él a solas para moverle a reconocer su falta. Si te hace caso, has ganado a tu hermano. Si no te hace caso, llama a una o dos personas más, porque toda acusación debe basarse en el testimonio de dos o tres testigos. Si tampoco les hace caso a ellos, díselo a la congregación; y si tampoco hace caso a la congregación, considéralo como un pagano o como uno de esos que cobran impuestos para Roma. Os aseguro que todo lo que atéis en este mundo, también quedará atado en el cielo; y todo lo que desatéis en este mundo, también quedará desatado en el cielo. Además os digo que si dos de vosotros os ponéis de acuerdo aquí en la tierra para pedir algo en oración, mi Padre que está en el cielo os lo dará. Porque donde dos o tres se reúnen en mi nombre, allí estoy yo en medio de ellos".

Hoy Jesús nos instruye sobre la reconciliación y la importancia de resolver nuestras diferencias. Reflexiona sobre las relaciones de tu vida. Piensa un poco en si hay alguien a quien necesitas perdonar o pedir perdón. Ora pidiendo al Espíritu Santo que te guíe en el camino de la reconciliación y te dé la gracia de restaurar en el amor de Cristo tus relaciones rotas.

Jos 3,7-10a.11.13-17
Sal 113A. *Aleluya.*
Mt 18,21–19,1

Entonces Pedro fue y preguntó a Jesús: "Señor, ¿cuántas veces he de perdonar a mi hermano, si me ofende? ¿Hasta siete?". Jesús le contestó: "No te digo hasta siete veces, sino hasta setenta veces siete. Por eso, el reino de los cielos se puede comparar a un rey que quiso hacer cuentas con sus funcionarios. Había comenzado a hacerlas, cuando le llevaron a uno que le debía muchos millones. Como aquel funcionario no tenía con qué pagar, el rey ordenó que lo vendieran como esclavo, junto con su esposa, sus hijos y todo lo que tenía, a fin de saldar la deuda. El funcionario cayó de rodillas delante del rey, rogándole: 'Señor, ten paciencia conmigo y te lo pagaré todo'. El rey tuvo compasión de él, le perdonó la deuda y lo dejó ir en libertad. Pero al salir, aquel funcionario se encontró con un compañero que le debía una pequeña cantidad. Lo agarró del cuello y (…) le hizo meter en la cárcel hasta que pagara la deuda. Esto disgustó mucho a los demás compañeros, que fueron a contar al rey todo lo sucedido. El rey entonces le mandó llamar y le dijo: '¡Malvado!, yo te perdoné toda aquella deuda porque me lo rogaste. Pues también tú debiste tener compasión de tu compañero, del mismo modo que yo tuve compasión de ti'. Tanto se indignó el rey, que ordenó castigarle hasta que pagara toda la deuda". Jesús añadió: "Esto mismo hará con vosotros mi Padre celestial, si cada uno no perdona de corazón a su hermano". Después de haber dicho estas cosas, Jesús se marchó de Galilea y llegó a la región de Judea que está al oriente del Jordán.

Jesús nos llama a perdonar sin límites. Reflexiona sobre la misericordia de Dios y cómo poder ser fiel reflejo de esa misericordia en tu vida. Ora para que seas capaz de perdonar de corazón a quienes te han ofendido. Sigue el ejemplo de Cristo.

Ap 11,19a; 12,1-6a.10ab
Sal 44. *De pie a tu derecha está la reina, enjoyada con oro de Ofir.*
1Co 15,20-27a
Lc 1,39-56

Por aquellos días, María se dirigió de prisa a un pueblo de la región montañosa de Judea, y entró en casa de Zacarías y saludó a Isabel. Cuando Isabel oyó el saludo de María, la criatura se movió en su vientre, y ella quedó llena del Espíritu Santo. Entonces, con voz muy fuerte, dijo Isabel: "¡Dios te ha bendecido más que a todas las mujeres, y ha bendecido a tu hijo! ¿Quién soy yo para que venga a visitarme la madre de mi Señor? Tan pronto como he oído tu saludo, mi hijo se ha movido de alegría en mi vientre. ¡Dichosa tú por haber creído que han de cumplirse las cosas que el Señor te ha dicho!".

María dijo: "Mi alma alaba la grandeza del Señor. Mi espíritu se alegra en Dios mi Salvador, porque Dios ha puesto sus ojos en mí, su humilde esclava, y desde ahora me llamarán dichosa; porque el Todopoderoso ha hecho en mí grandes cosas. ¡Santo es su nombre! Dios tiene siempre misericordia de quienes le honran. Actuó con todo su poder: deshizo los planes de los orgullosos, derribó a los reyes de sus tronos y puso en alto a los humildes. Llenó de bienes a los hambrientos y despidió a los ricos con las manos vacías. Ayudó al pueblo de Israel, su siervo, y no se olvidó de tratarlo con misericordia. Así lo había prometido a nuestros antepasados, a Abraham y a sus futuros descendientes". María se quedó con Isabel unos tres meses, y después regresó a su casa.

Celebramos la Asunción de María al cielo. Busca un momento de quietud y soledad para reflexionar sobre la vida de fe de María, su humildad y su obediencia a la voluntad de Dios. Ora en tu corazón para que, al igual que Ella, seas capaz de vivir en completa entrega a Dios, confiando en su plan para tu vida. Confía en Dios y pide a la Virgen que interceda para alcanzar la gloria celestial que Él nos ha prometido.

Jos 24,14-29
Sal 15. *Tú, Señor, eres el lote de mi heredad.*
Mt 19,13-15

Llevaron unos niños a Jesús, para que pusiera sobre ellos las manos y orara por ellos; pero los discípulos reprendían a quienes los llevaban. Entonces Jesús dijo: "Dejad que los niños vengan a mí y no se lo impidáis, porque el reino de los cielos es de quienes son como ellos". Puso las manos sobre los niños y se fue de aquel lugar.

Imagina la escena. Jesús rodeado de niños. Fíjate en cómo los acoge. Hoy el Señor nos invita a tener un corazón puro y sencillo. Reflexiona sobre cómo puedes abrir tu corazón a la simplicidad y la inocencia de los niños. Ora al Padre para que te dé la gracia de vivir con un espíritu sencillo, sin grandes aspiraciones ni vanidades; confiando plenamente en su amor y protección.

Jr 38,4-6.8-10

En aquel tiempo los funcionarios dijeron al rey: "Hay que matar a este hombre, pues con sus palabras desmoraliza a los soldados que aún quedan en la ciudad, y a toda la gente. Este hombre no busca el bien del pueblo, sino su mal". El rey Sedequías les respondió: "Está bien, haced con él lo que queráis. Yo nada puedo contra vosotros". Entonces ellos se apoderaron de Jeremías y lo metieron en la cisterna del príncipe Malquías (...). Un etíope llamado Ébed-Mélec, hombre de confianza en el palacio real, oyó decir que habían metido a Jeremías en la cisterna. Por aquel tiempo, el rey estaba en una sesión en la puerta de Benjamín. Entonces Ébed-Mélec salió del palacio real y fue a decirle al rey: "Majestad, lo que esos hombres han hecho con Jeremías es un crimen. Lo han metido en una cisterna, y allí está muriéndose de hambre, porque ya no hay pan en la ciudad". En seguida el rey ordenó a Ébed-Mélec que se llevara con él a treinta hombres para sacar a Jeremías de la cisterna, antes que muriera.

Sal 39. *Señor, date prisa en socorrerme.*

Hb 12,1-4

Nosotros, teniendo a nuestro alrededor tantas personas que han demostrado su fe, dejemos a un lado todo lo que nos estorba y el pecado que nos enreda, y corramos con fortaleza la carrera que tenemos por delante. Fijemos nuestra mirada en Jesús, pues de él procede nuestra fe y él es quien la perfecciona. Jesús sufrió en la cruz, despreciando la vergüenza de semejante muerte, porque sabía que después del sufrimiento tendría gozo y alegría; y está sentado a la derecha del trono de Dios. Por lo tanto, meditad en el ejemplo de Jesús, que sufrió tanta contradicción por parte de los pecadores; por eso, no os canséis ni os desaniméis. Pues aún no habéis tenido que llegar hasta la muerte en vuestra lucha contra el pecado.

Lc 12,49-53

En aquel tiempo dijo Jesús: "He venido a encender fuego en el mundo, ¡y cómo querría que ya estuviera ardiendo! Tengo que pasar por una terrible prueba, ¡y cómo he de sufrir hasta que haya terminado! ¿Creéis que he venido a traer paz a la tierra? Pues os digo que no, sino división. Porque, de ahora en adelante, cinco en una familia estarán divididos, tres contra dos y dos contra tres. El padre estará contra su hijo y el hijo contra su padre; la madre contra su hija y la hija contra su madre; la suegra contra su nuera y la nuera contra su suegra".

Las lecturas de este domingo nos hablan acerca del sufrimiento y la fidelidad en medio de las pruebas. En ocasiones, nos permitimos apremiar a Dios para que nos saque de nuestras tribulaciones: «Date prisa en socorrerme», pero los tiempos de Dios no son nuestros tiempos.

Jesús nos llama a fijar nuestra mirada en Él y a perseverar en la fe. Reflexionemos, pues, sobre las dificultades que enfrentamos en este momento, y cómo podemos encontrar la fortaleza en Cristo.

Padre Bueno, te pido que, a través de las pruebas en mi camino y a pesar de ellas, pueda hacer crecer mi fe y mi confianza en ti. Amén.

Jue 2,11-19
Sal 105. *Acuérdate de mí,
Señor, por amor a tu pueblo.*
Mt 19,16-22

Un joven fue a ver a Jesús y le preguntó: "Maestro, ¿qué he de hacer de bueno para tener vida eterna?". Jesús le contestó: "¿Por qué me preguntas acerca de lo bueno? Bueno solamente hay uno. Pero si quieres entrar en la vida, cumple los mandamientos". "¿Cuáles?". -preguntó el joven. Jesús le dijo: "No mates, no cometas adulterio, no robes, no digas mentiras en perjuicio de nadie, honra a tu padre y a tu madre, y ama a tu prójimo como a ti mismo". "Todo eso ya lo he cumplido -dijo el joven-. ¿Qué más me falta?". Jesús le contestó: "Si quieres ser perfecto, ve, vende lo que tienes y dáselo a los pobres. Así tendrás riquezas en el cielo. Luego ven y sígueme". Cuando el joven oyó esto, se fue triste, porque era muy rico.

Cierra los ojos. Sitúate en la posición del joven rico y trata de ver cómo se entristece al escuchar la invitación de Jesús a vender sus bienes y seguirle. Reflexiona con sinceridad sobre tus propios apegos y sobre lo que te impide seguir de manera más plena a Cristo. Ora en tu interior para que Dios te dé la libertad de desprenderte de lo material y seguirle con un corazón generoso y dispuesto.

Jue 6,11-24a
Sal 84. *Dios anuncia la paz a su pueblo.*
Mt 19,23-30

Jesús dijo entonces a sus discípulos: "Os aseguro que difícilmente entrará un rico en el reino de los cielos. Os lo repito: le es más fácil a un camello pasar por el ojo de una aguja que a un rico entrar en el reino de Dios". Al oírlo, sus discípulos se asombraron más aún, y decían: "Entonces, ¿quién podrá salvarse?". Jesús los miró y les contestó: "Para los hombres esto es imposible, pero no para Dios". Pedro entonces añadió: "Nosotros, que hemos dejado cuanto teníamos y te hemos seguido, ¿qué vamos a recibir?". Jesús les respondió: "Os aseguro que cuando llegue el tiempo de la renovación de todas las cosas, cuando el Hijo del hombre se siente en su trono glorioso, vosotros, que me habéis seguido, os sentaréis también en doce tronos para juzgar a las doce tribus de Israel. Y todos los que por causa mía hayan dejado casa, hermanos, hermanas, padre, madre, hijos o tierras, recibirán cien veces más, y también recibirán la vida eterna. Muchos que ahora son los primeros, serán los últimos; y muchos que ahora son los últimos, serán los primeros".

Hoy Jesús nos instruye sobre las dificultades que encuentran los ricos para entrar en el reino de los cielos. Puede que no te consideres rico, pero reflexiona sobre tus propias prioridades y sobre cómo vivir una vida de simplicidad y generosidad sin apegos. Ora para que Dios te ayude a poner la confianza no en las riquezas materiales, sino solo en su amor y providencia.

Jue 9,6-15
Sal 20. *Señor, el rey se alegra por tu fuerza.*
Mt 20,1-16

En aquel tiempo Jesús dijo: "El reino de los cielos se puede comparar al dueño de una finca que salió muy de mañana a contratar trabajadores para su viña. Acordó con ellos pagarles el salario de un día y los mandó a trabajar a su viña. Volvió a salir sobre las nueve de la mañana y vio a otros que estaban en la plaza, desocupados. Les dijo: 'Id también vosotros a trabajar a mi viña. Os daré lo que sea justo'. Y ellos fueron. El dueño salió de nuevo hacia el mediodía, y otra vez a las tres de la tarde, e hizo lo mismo. Alrededor de las cinco de la tarde volvió a la plaza y encontró a otros desocupados. (...) Entonces les dijo: 'Id también vosotros a trabajar a mi viña'. Cuando llegó la noche, el dueño dijo al encargado del trabajo: 'Llama a los trabajadores, y págales empezando por los últimos y terminando por los primeros'. Se presentaron, pues, los que habían entrado a trabajar alrededor de las cinco de la tarde, y cada uno recibió el salario completo de un día. Cuando les tocó el turno a los que habían entrado primero, pensaron que recibirían más; pero cada uno de ellos recibió también el salario de un día. Al cobrarlo, comenzaron a murmurar contra el dueño. (...) Pero el dueño contestó a uno de ellos: 'Amigo, no te estoy tratando injustamente. ¿Acaso no acordaste conmigo recibir el salario de un día? Pues toma tu paga y vete. Si a mí me parece bien dar a éste que entró a trabajar al final lo mismo que te doy a ti, es porque tengo el derecho de hacer lo que quiera con mi dinero. ¿O quizá te da envidia el que yo sea bondadoso?'. De modo que los que ahora son los últimos, serán los primeros; y los que ahora son los primeros, serán los últimos".

Esta parábola nos enseña la generosidad de Dios. ¿Cómo percibes la justicia y la gracia divina en tu vida? Ora para que puedas aceptar de corazón la generosidad de Dios. Siente que su amor es infinito y para todos y ¡alégrate por las bendiciones que otros reciben!

Jue 11,29-39a
Sal 39. *Aquí estoy, Señor, para hacer tu voluntad.*
Mt 22,1-14

Jesús se puso a hablarles otra vez por medio de parábolas. Les dijo: "El reino de los cielos puede compararse a un rey que hizo un banquete para la boda de su hijo. Envió a sus criados a llamar a los invitados, pero éstos no quisieron acudir. Volvió a enviar más criados, encargándoles: 'Decid a los invitados que ya tengo preparado el banquete. He hecho matar mis novillos y reses cebadas, y todo está preparado: que vengan a la boda'. Pero los invitados no hicieron caso. Uno se fue a sus tierras, otro a sus negocios y otros echaron mano a los criados del rey y los maltrataron hasta matarlos. Entonces el rey, lleno de ira, ordenó a sus soldados que mataran a aquellos asesinos y quemaran su pueblo. Luego dijo a sus criados: 'Todo está preparado para la boda, pero aquellos invitados no merecían venir. Id, pues, por las calles principales, e invitad a la boda a cuantos encontréis'. Los criados salieron a las calles y reunieron a todos los que encontraron, malos y buenos, y así la sala del banquete se llenó de convidados. Cuando el rey entró a ver a los convidados, se fijó en uno que no iba vestido para la boda. Le dijo: 'Amigo, ¿cómo has entrado aquí, si no vienes vestido para la boda?'. Pero el otro se quedó callado. Entonces el rey dijo a los que atendían las mesas: 'Atadlo de pies y manos y arrojadlo fuera, a la oscuridad. Allí llorará y le rechinarán los dientes'. Porque muchos son llamados, pero pocos escogidos".

Hoy Jesús compara el reino de los cielos con un banquete de bodas. Reflexionemos sobre nuestra disposición a aceptar la invitación de Dios a vivir conforme a su voluntad. Ora para que tu corazón esté siempre abierto a la gracia y preparado para entrar en el gran banquete celestial.

22 AGOSTO

Viernes

<small>Santa María Virgen, Reina (MO)</small>

Rut 1,1.3-6.14b-16.22
Sal 145. *Alaba, alma mía, al Señor.*
Mt 22,34-40

Los fariseos se reunieron al saber que Jesús había hecho callar a los saduceos. Uno de aquellos, maestro de la ley, para tenderle una trampa le preguntó: "Maestro, ¿cuál es el mandamiento más importante de la ley?". Jesús le dijo: "'Ama al Señor tu Dios con todo tu corazón, con toda tu alma y con toda tu mente'. Éste es el más importante y el primero de los mandamientos. Y el segundo es parecido a éste: 'Ama a tu prójimo como a ti mismo'. De estos dos mandamientos pende toda la ley de Moisés y las enseñanzas de los profetas".

En el evangelio de hoy Jesús resume toda la Ley en dos mandamientos: amar a Dios y al prójimo. Dedica unos minutos a reflexionar sobre cómo estás viviendo estos mandamientos en tu día a día. Ora en tu corazón para que el amor de Dios te llene completamente y te impulse a amar y a servir a los demás con generosidad y alegría.

Rut 2,1-3.8-11; 4,13-17
Sal 127. *Ésta es la bendición del hombre que teme al Señor.*
Mt 23,1-12

Después de esto, Jesús habló a la gente y a sus discípulos, diciendo: "Los maestros de la ley y los fariseos son los encargados de interpretar la ley de Moisés. Por lo tanto, obedecedlos y haced todo lo que os digan. Pero no sigáis su ejemplo, porque dicen una cosa y hacen otra. Atan cargas pesadas, imposibles de soportar, y las echan sobre los hombros de los demás, mientras que ellos mismos no quieren tocarlas ni siquiera con un dedo. Todo lo hacen para que la gente los vea. Les gusta llevar sobre la frente y en los brazos cajitas con textos de las Escrituras, y vestir ropas con grandes borlas. Desean los mejores puestos en los banquetes, los asientos de honor en las sinagogas, ser saludados con todo respeto en la calle y que la gente los llame maestros. Pero vosotros no os hagáis llamar maestros por la gente, porque todos sois hermanos y uno solo es vuestro Maestro. Y no llaméis padre a nadie en la tierra, porque uno solo es vuestro Padre: el que está en el cielo. Ni os hagáis llamar jefes, porque vuestro único Jefe es Cristo. El más grande entre vosotros debe servir a los demás. Porque el que a sí mismo se engrandece será humillado; y el que se humilla será engrandecido".

Jesús critica la hipocresía de los fariseos y nos llama a sus seguidores a guardar la autenticidad de vida. Pensemos bien, por tanto, en la coherencia entre nuestras palabras y nuestras acciones. Oremos para que Dios nos conceda un corazón puro y sincero, que viva de acuerdo con su palabra y su amor.

Is 66,18-21

El Señor dice: "Entonces vendré yo mismo a reunir a todos los pueblos y naciones, y vendrán y verán mi gloria. Yo les daré una señal: dejaré que escapen algunos y los enviaré a las naciones (…); ellos anunciarán mi gloria entre las naciones. Harán venir de todas las naciones a todos vuestros compatriotas, a caballo, en carros, en literas, en mulas y en camellos. Serán una ofrenda para mí en Jerusalén, mi monte santo, como las ofrendas que en vasos limpios traen los israelitas a mi templo. Yo, el Señor, lo he dicho. A algunos de ellos los elegiré para que sean sacerdotes y levitas. Yo, el Señor, lo he dicho".

Sal 116. *Id al mundo entero y proclamad el Evangelio.*

Hb 12,5-7.11-13

Habéis olvidado ya lo que Dios os aconseja como a hijos suyos. Dice en la Escritura: "No desprecies, hijo mío, la corrección del Señor ni te desanimes cuando te reprenda. Porque el Señor corrige a quien él ama y castiga a aquel a quien recibe como hijo". Soportad la corrección, y así Dios os tratará como a hijos. ¿Acaso hay algún hijo a quien su padre no corrija? Ciertamente ningún castigo es agradable en el momento de recibirlo, sino que duele; pero si uno aprende la lección, obtiene la paz como premio merecido. Así pues, renovad las fuerzas de vuestras manos cansadas y de vuestras rodillas debilitadas, y buscad el camino derecho, para que sane el pie que está cojo y no se tuerza más.

Lc 13,22-30

En su camino a Jerusalén, Jesús enseñaba en los pueblos y aldeas por donde pasaba. Alguien le preguntó: "Señor, ¿son pocos los que se salvan?". Él contestó: "Procurad entrar por la puerta estrecha, porque os digo que muchos querrán entrar y no podrán. Después que el dueño de la casa se levante y cierre la puerta, vosotros, los que estáis fuera, llamaréis y diréis: '¡Señor, ábrenos!'. Pero él os contestará: 'No sé de dónde sois'. Entonces comenzaréis a decir: 'Hemos comido y bebido contigo, y tú enseñaste en nuestras calles'. Pero él os contestará: 'Ya os digo que no sé de dónde sois. ¡Apartaos de mí, malhechores!'. Allí lloraréis y os rechinarán los dientes al ver que Abraham, Isaac, Jacob y todos los profetas están en el reino de Dios, y que vosotros sois echados fuera. Porque vendrá gente del norte, del sur, del este y del oeste, y se sentará a la mesa en el reino de Dios. Y mirad, algunos de los que ahora son los últimos serán los primeros; y algunos que ahora son los primeros serán los últimos".

Las lecturas de este domingo nos invitan de manera insistente a estar atentos a la voz del Señor, a «anunciar su gloria a las naciones». Estamos enviados a proclamar su Buena Nueva entre quienes no le conocen, también entre quienes vemos que olvidan su voz y sus mandatos.

Reflexiona hoy sobre las puertas estrechas que debes atravesar para entrar en el Reino. Sin buscar ser el primero que se siente a la mesa.

Te pido, Señor, que me concedas la humildad de servir como el último y el valor para anunciar tu Evangelio. Amén.

1Ts 1,1-5.8b-10
Sal 149. *El Señor ama a su pueblo.*
Mt 23,13-22

En aquel tiempo Jesús dijo a la gente: "¡Ay de vosotros, maestros de la ley y fariseos, hipócritas!, que cerráis a todos la puerta del reino de los cielos. Ni vosotros entráis ni dejáis entrar a los que quisieran hacerlo. ¡Ay de vosotros, maestros de la ley y fariseos, hipócritas!, que recorréis tierra y mar para ganar un adepto, y cuando lo habéis ganado hacéis de él una persona dos veces más merecedora del infierno que vosotros mismos. ¡Ay de vosotros, guías ciegos!, que decís: 'El que hace una promesa jurando por el templo no se compromete a nada; el que queda comprometido es el que jura por el oro del templo'. ¡Estúpidos y ciegos! ¿Qué es más importante, el oro o el templo por el que el oro queda consagrado? También decís: 'El que hace una promesa jurando por el altar no se compromete a nada; el que queda comprometido es el que jura por la ofrenda que está sobre el altar'. ¡Ciegos! ¿Qué es más importante, la ofrenda o el altar por el que la ofrenda queda consagrada? El que jura por el altar no sólo jura por el altar, sino también por todo lo que hay encima de él; y el que jura por el templo no sólo jura por el templo, sino también por Dios, que vive allí. Y el que jura por el cielo jura por el trono de Dios y por Dios mismo, que se sienta en él".

Hoy Jesús denuncia la hipocresía de los líderes religiosos. Cierra los ojos. Mira a Jesús. Reflexiona sobre tu propia vida. ¿Estás viviendo auténticamente la fe en Cristo? Ora para que el Espíritu Santo te ayude a vivir con integridad y autenticidad, reflejando el amor y la verdad de Cristo en todo lo que haces.

Martes

1Ts 2,1-8
Sal 138. *Señor, tú me sondeas y me conoces.*
Mt 23,23-26

En aquel tiempo dijo Jesús a la gente: "¡Ay de vosotros, maestros de la ley y fariseos, hipócritas!, que separáis para Dios la décima parte de la menta, del anís y del comino, pero no hacéis caso de las enseñanzas más importantes de la ley, como son la justicia, la misericordia y la fidelidad. Esto es lo que se debe hacer, sin dejar de hacer lo otro. ¡Guías ciegos, que coláis el mosquito y tragáis el camello! ¡Ay de vosotros, maestros de la ley y fariseos, hipócritas!, que limpiáis por fuera el vaso y el plato, pero por dentro estáis llenos de lo que habéis obtenido con el robo y la avaricia. Fariseo ciego, ¡limpia primero el vaso por dentro, y así quedará limpio también por fuera!".

Jesús nos llama a cuidar lo interior, el corazón, y no solo las apariencias. También nos habla de la importancia de ser o de seguir a buenos modelos de conducta, personas que muestren coherencia entre su enseñanza y su obra. Reflexiona sobre la pureza de tu corazón y tus verdaderas intenciones. Ora para que Dios limpie tu interior y te haga persona verdadera, hijo suyo, con una bondad y justicia que provengan de un corazón transformado por su amor.

1Ts 2,9-13
Sal 138. *Señor, tú me sondeas y me conoces.*
Mt 23,27-32

En aquel tiempo dijo Jesús a la gente: "¡Ay de vosotros, maestros de la ley y fariseos, hipócritas!, que sois como sepulcros blanqueados, hermosos por fuera pero llenos por dentro de huesos de muerto y toda clase de impurezas. Así sois vosotros: por fuera, ante la gente, parecéis buenos, pero por dentro estáis llenos de hipocresía y maldad. ¡Ay de vosotros, maestros de la ley y fariseos, hipócritas!, que construís los sepulcros de los profetas y adornáis los monumentos funerarios de los hombres justos, y luego decís: 'Si hubiéramos vivido en los tiempos de nuestros antepasados, no los habríamos ayudado a matar a los profetas'. Con esto, vosotros mismos os reconocéis descendientes de aquellos que mataron a los profetas. ¡Acabad de hacer, pues, lo que vuestros antepasados comenzaron!".

Una vez más de tantas, hoy Jesús critica a los fariseos por su hipocresía. Imagina su reprimenda… Reflexionemos sobre las áreas de nuestra vida en las que necesitamos ser más auténticos, ser más del estilo de Jesús. Oremos para que Dios nos conceda la gracia de vivir con transparencia y sinceridad, alejándonos de toda hipocresía y buscando siempre la verdad.

Jueves

<small>San Agustín</small> (MO)

<small>AGOSTO</small>
28

1Ts 3,7-13
Sal 89. *Sácianos de tu misericordia, Señor, y estaremos alegres.*
Mt 24,42-51

En aquel tiempo dijo Jesús: "Permaneced despiertos, porque no sabéis qué día vendrá vuestro Señor. Entended que si el dueño de una casa supiera a qué hora de la noche va a llegar el ladrón, permanecería despierto y no dejaría que nadie entrara en su casa a robar. Así también, vosotros estad preparados, porque el Hijo del hombre vendrá cuando menos lo esperéis. ¿Quién es el criado fiel y atento, puesto por el amo al frente de la casa para dar a la servidumbre la comida a sus horas? ¡Dichoso el criado a quien su amo, al llegar, encuentra cumpliendo con su deber! Os aseguro que el amo le pondrá al cargo de todos sus bienes. Pero si ese criado es un malvado, y pensando que su amo va a tardar comienza a maltratar a los demás criados, y se junta con borrachos a comer y beber, el día que menos lo espere y a una hora que no sabe llegará su amo y le castigará: le condenará a correr la misma suerte que los hipócritas. Entonces llorará y le rechinarán los dientes".

En las lecturas de hoy, se nos llama a estar vigilantes y preparados. Atentos a la llegada del Señor a nuestra vida para no llorar y que nos rechinen los dientes por lo que pudimos haber hecho o evitado cuando tuvimos tiempo. Reflexiona sobre tu vida espiritual y recapacita: ¿estás listo para la venida del Señor? Ora pidiendo al Espíritu Santo que te mantenga despierto y firme en la fe, siempre preparado para encontrarte con Cristo en cualquier momento de tu vida.

1Ts 4,1-8
Sal 96. *Alegraos, justos, con el Señor.*
Mc 6,17-29

En aquel tiempo Herodes, por causa de Herodías, había mandado apresar a Juan y le había hecho encadenar en la cárcel. Herodías era esposa de Felipe, hermano de Herodes, pero Herodes se había casado con ella. Y Juan le había dicho a Herodes: "No puedes tener por tuya a la mujer de tu hermano". Herodías odiaba a Juan y quería matarlo; pero no podía, porque Herodes le temía y le protegía sabiendo que era un hombre justo y santo; y aun cuando al oírle se quedaba perplejo, le escuchaba de buena gana. Pero Herodías vio llegar su oportunidad cuando Herodes, en su cumpleaños, dio un banquete a sus jefes y comandantes y a las personas importantes de Galilea. La hija de Herodías entró en el lugar del banquete y bailó, y tanto gustó el baile a Herodes y a los que estaban cenando con él, que el rey dijo a la muchacha: "Pídeme lo que quieras y yo te lo daré". Y le juró una y otra vez que le daría cualquier cosa que pidiera, aunque fuese la mitad del país que él gobernaba. Ella salió y preguntó a su madre: "¿Qué puedo pedir?". Le contestó: "Pide la cabeza de Juan el Bautista". La muchacha entró de prisa donde estaba el rey y le dijo: "Quiero que ahora mismo me des en una bandeja la cabeza de Juan el Bautista". El rey se disgustó mucho, pero como había hecho un juramento en presencia de sus invitados, no quiso negarle lo que pedía. Así que envió en seguida a un soldado con la orden de traerle la cabeza de Juan. Fue el soldado a la cárcel, le cortó la cabeza a Juan y la puso en una bandeja. Se la dio a la muchacha y ella se la entregó a su madre. Cuando los seguidores de Juan lo supieron, tomaron el cuerpo y lo pusieron en una tumba.

Celebramos el martirio de san Juan Bautista. En esta terrible historia se nos recuerda el valor de la verdad. Piensa en tu propia disposición a defender la verdad, aun a costa de sacrificios. Ora pidiendo fortaleza para ser testigo valiente de la fe, siguiendo el ejemplo del Bautista.

1Ts 4,9-11
Sal 97. *El Señor llega para regir los pueblos con rectitud.*
Mt 25,14-30

En aquel tiempo dijo Jesús: "El reino de los cielos es como un hombre que, a punto de viajar a otro país, llamó a sus criados y los dejó al cargo de sus negocios. A uno le entregó cinco mil monedas, a otro dos mil y a otro mil: a cada cual conforme a su capacidad (…). El criado que recibió las cinco mil monedas negoció con el dinero y ganó otras cinco mil. Del mismo modo, el que recibió dos mil ganó otras dos mil. Pero el que recibió mil, fue y escondió el dinero (…) en un hoyo que cavó en la tierra. Al cabo de mucho tiempo regresó el señor (…) y se puso a hacer cuentas con ellos. Llegó primero el que había recibido las cinco mil monedas, y (…) le dijo: 'Señor, tú me entregaste cinco mil, y aquí tienes otras cinco mil que he ganado'. El señor le dijo: 'Muy bien, eres un criado bueno y fiel. Y como has sido fiel en lo poco, yo te pondré al cargo de mucho más. Entra y alégrate conmigo'. Después llegó el criado que había recibido las dos mil monedas, y dijo: 'Señor, tú me entregaste dos mil, y aquí tienes otras dos mil que he ganado'. El señor le dijo: 'Muy bien, eres un criado bueno y fiel (…)'. Por último llegó el criado que había recibido mil monedas y dijo a su amo: 'Señor, (…) tuve miedo; así que fui y escondí tu dinero (…). Aquí tienes lo que es tuyo'. El amo le contestó: 'Tú eres un criado malo y holgazán. (…), debías haber llevado mi dinero al banco, y yo, a mi regreso, lo habría recibido junto con los intereses'. Y dijo a los que allí estaban: '(…) a este criado inútil arrojadlo fuera, a la oscuridad. Allí llorará y le rechinarán los dientes'".

Jesús nos instruye hoy sobre el uso de los talentos que Dios nos ha dado. Medita y entabla una conversación sincera con Él. ¿Cómo estás utilizando los dones recibidos? ¿Son para la gloria de Dios, para el bien de los demás? Ora en tu interior para que Dios te dé la sabiduría y el coraje necesarios para invertir tus talentos en su servicio, multiplicando las bendiciones en tu vida y en las de los demás.

Eclo 3,17-18.20.28-29

Hijo mío, sé humilde en todo lo que hagas y te estimarán más que al que hace muchos regalos. Cuanto más grande seas, más deberás humillarte; así agradarás a Dios, que revela a los humildes sus secretos. La desgracia del orgulloso no tiene remedio, pues es el retoño de una mala planta (…).

Sal 67. *Preparaste, oh Dios, casa para los pobres.*

Hb 12,18-19.22-24a

Vosotros no os habéis acercado, como los israelitas, a algo que se podía tocar y que ardía en llamas, y donde había oscuridad, tinieblas y tempestad; ni habéis oído el sonido de la trompeta ni la voz de Dios. (…) Vosotros, por el contrario, os habéis acercado al monte Sión y a la ciudad del Dios viviente, la Jerusalén celestial, y a muchos miles de ángeles reunidos para alabar a Dios (…). Os habéis acercado a Dios, el Juez de todos, a los espíritus de los hombres buenos que Dios ha hecho perfectos, a Jesús, mediador de un nuevo pacto.

Lc 14,1.7-14

Sucedió que un sábado fue Jesús a comer a casa de un jefe fariseo, y otros fariseos le estaban espiando. Al ver Jesús que los invitados escogían los asientos de honor en la mesa, les dio este consejo: "Cuando alguien te invite a una fiesta de bodas, no te sientes en el lugar principal, no sea que llegue otro invitado más importante que tú, y el que os invitó a los dos venga a decirte: 'Deja tu sitio a este otro'. Entonces tendrás que ir con vergüenza a ocupar el último asiento. Al contrario, cuando te inviten, siéntate en el último lugar, para que cuando venga el que te invitó te diga: 'Amigo, pásate a este sitio de más categoría'. Así quedarás muy bien delante de los que están sentados contigo a la mesa. Porque el que a sí mismo se engrandece será humillado, y el que se humilla será engrandecido". Dijo también al hombre que le había invitado: "Cuando des una comida o una cena, no invites a tus amigos, a tus hermanos, a tus parientes o a tus vecinos ricos; porque ellos a su vez te invitarán, y quedarás así recompensado. Al contrario, cuando des una fiesta, invita a los pobres, a los inválidos, a los cojos y a los ciegos; así serás feliz, porque ellos no te pueden pagar, pero tú recibirás tu recompensa cuando los justos resuciten".

Las lecturas de este santo día de descanso y oración nos invitan a la humildad y a la gratitud por las bendiciones recibidas de Dios, por el Mediador de la nueva alianza que nos acoge como hermanos y nos enseña a tener un corazón compasivo.

¿Consideras que se te debe algo? ¿Impones tu presencia como premio para los demás? ¿O más bien te apartas de los focos y realizas una labor callada entre quienes te rodean? Valora la importancia de vivir con un corazón humilde y agradecido.

Señor, ayúdame a reconocer tus dones y a vivir con una actitud de servicio y humildad, siempre dispuesto a compartir con los demás aquello que poseo. Especialmente con quienes sé que no me pueden corresponder. Amén.

1

1Ts 4,13-18
Sal 95. *El Señor llega a regir la tierra.*
Lc 4,16-30

Jesús fue a Nazaret (…). Un sábado entró en la sinagoga, como era su costumbre, y se puso en pie para leer las Escrituras. Le dieron a leer el libro del profeta Isaías, y al abrirlo encontró el lugar donde estaba escrito: "El Espíritu del Señor está sobre mí, porque me ha consagrado para llevar la buena noticia a los pobres; me ha enviado a anunciar libertad a los presos y a dar vista a los ciegos; a poner en libertad a los oprimidos; a anunciar el año favorable del Señor". (…) Todos los presentes le miraban atentamente. Él comenzó a hablar, diciendo: "Hoy mismo se ha cumplido esta Escritura delante de vosotros". Todos hablaban bien de Jesús y estaban admirados de la belleza de su palabra. Se preguntaban: "¿No es este el hijo de José?". Jesús les respondió: "(…) Os aseguro que ningún profeta es bien recibido en su propia tierra. Verdaderamente había muchas viudas en Israel en tiempos del profeta Elías, cuando no llovió durante tres años y medio y hubo mucha hambre en todo el país. Sin embargo, Elías no fue enviado a ninguna de las viudas israelitas, sino a una de Sarepta, cerca de la ciudad de Sidón. También había en Israel muchos enfermos de lepra en tiempos del profeta Eliseo, pero ninguno de ellos fue sanado, sino Naamán, que era de Siria". Al oír esto, todos los que estaban en la sinagoga se llenaron de ira. Se levantaron y echaron del pueblo a Jesús. Lo llevaron a lo alto del monte sobre el que se alzaba el pueblo, para arrojarle abajo. Pero Jesús pasó por en medio de ellos y se fue.

Intenta imaginar a Jesús en la sinagoga. Su voz resuena firme cuando declara que el Espíritu del Señor está sobre Él para liberar y sanar. Observa cómo su propio pueblo no lo acepta… Reflexiona un momento sobre tu propia disposición a reconocer y aceptar a Cristo en tu vida diaria. ¿Lo rechazas como hicieron en Nazaret, o lo acoges con fe y humildad? Pide a Dios la gracia de abrir el corazón para recibir su mensaje y ser transformado por su amor.

Martes

TIEMPO ORDINARIO 22ª SEMANA (f)

2

1Ts 5,1-6.9-11

Sal 26. *Espero gozar de la dicha del Señor en el país de la vida.*

Lc 4,31-37

Llegó Jesús a Cafarnaún, un pueblo de Galilea, y los sábados enseñaba a la gente; y se admiraban de cómo les enseñaba, porque hablaba con plena autoridad. En la sinagoga había un hombre que tenía un demonio o espíritu impuro que gritaba con fuerza: "¡Déjanos! ¿Por qué te metes con nosotros, Jesús de Nazaret? ¿Has venido a destruirnos? Yo te conozco: ¡Sé que eres el Santo de Dios!". Jesús reprendió a aquel demonio diciéndole: "¡Cállate y deja a ese hombre!". Entonces el demonio arrojó al hombre al suelo delante de todos y salió de él sin hacerle ningún daño. Todos se asustaron y se decían unos a otros: "¿Qué palabras son ésas? ¡Este hombre da órdenes con plena autoridad y poder a los espíritus impuros y los hace salir!". La fama de Jesús se extendía por todos los lugares de la región.

En la lectura de hoy Jesús muestra su autoridad al liberar a un hombre poseído por un espíritu impuro. Es un hombre que sufre… Este poder de Jesús nos recuerda que Él tiene el control sobre todo mal, sobre todo sufrimiento humano… Piensa que, al enfrentar tus propios desafíos espirituales y vitales, puedes pedirle a Jesús que te libere de tus ataduras. Pide la fortaleza y la fe necesarias para confiar en su poder salvador. Siéntelo cerca de ti…

3

Miércoles

SAN GREGORIO MAGNO (MO)

Col 1,1-8
Sal 51. *Confío en tu misericordia, Señor, por siempre jamás.*
Lc 4,38-44

Jesús salió de la sinagoga y entró en casa de Simón. La suegra de Simón estaba enferma, con mucha fiebre, y rogaron a Jesús que la sanase. Jesús se inclinó sobre ella y reprendió a la fiebre, y la fiebre la dejó. Al momento, ella se levantó y se puso a atenderlos. Al ponerse el sol, todos los que tenían enfermos de diferentes enfermedades los llevaron a Jesús; él puso las manos sobre cada uno de ellos y los sanó. De muchos enfermos salieron también demonios que gritaban: "¡Tú eres el Hijo de Dios!". Pero Jesús reprendía a los demonios y no los dejaba hablar, porque sabían que él era el Mesías. Al amanecer, Jesús salió de la ciudad y se dirigió a un lugar apartado. Pero la gente le buscó hasta encontrarle. Querían retenerlo para que no se marchase, pero Jesús les dijo: "También tengo que anunciar las buenas noticias del reino de Dios a los otros pueblos, porque para esto he sido enviado". Así iba Jesús anunciando el mensaje en las sinagogas de Judea.

Una vez más, se nos muestra la compasión y el poder sanador del Hijo de Dios. Se nos dice que, al amanecer, Jesús buscó un lugar apartado para orar. Piensa en esto: Jesús siempre ora; su contacto con el Padre Eterno es constante; Jesús siempre está enseñándonos la importancia de la oración. *Padre mío, dame la gracia de encontrar momentos de silencio para estar contigo, y descargar en ti mis agobios y preocupaciones, confiando en tu amor y misericordia. Amén.*

Jueves

TIEMPO ORDINARIO 22ª SEMANA (f)

Col 1,9-14
Sal 97. *El Señor da a conocer su victoria.*
Lc 5,1-11

En una ocasión se encontraba Jesús a orillas del lago de Genesaret, y se sentía apretujado por la multitud que quería oír el mensaje de Dios. Vio Jesús dos barcas en la playa. Estaban vacías, porque los pescadores habían bajado de ellas a lavar sus redes. Jesús subió a una de las barcas, que era de Simón, y le pidió que la alejara un poco de la orilla. Luego se sentó en la barca y comenzó a enseñar a la gente. Cuando terminó de hablar dijo a Simón: "Lleva la barca lago adentro, y echad allí vuestras redes, para pescar". Simón le contestó: "Maestro, hemos estado trabajando toda la noche sin pescar nada; pero, puesto que tú lo mandas, echaré las redes". Cuando lo hicieron, recogieron tal cantidad de peces que las redes se rompían. Entonces hicieron señas a sus compañeros de la otra barca, para que fueran a ayudarlos. Ellos fueron, y llenaron tanto las dos barcas que les faltaba poco para hundirse. Al ver esto, Simón Pedro se puso de rodillas delante de Jesús y le dijo: "¡Apártate de mí, Señor, porque soy un pecador!". Porque Simón y todos los demás estaban asustados por aquella gran pesca que habían hecho. También lo estaban Santiago y Juan, hijos de Zebedeo, que eran compañeros de Simón. Pero Jesús dijo a Simón: "No tengas miedo. Desde ahora vas a pescar hombres". Entonces llevaron las barcas a tierra, lo dejaron todo y se fueron con Jesús.

Incluso cuando todo parece ilógico, cuando lo imposible se hace presente, el Evangelio nos enseña a confiar en las palabras de Jesús. Pedro reconoce su pecado y su indignidad ante la grandeza de Cristo. Le ha costado mucho confiar… Porque confiar sin reservas no siempre es fácil. Pide hoy la gracia de tener la humildad de Pedro y su disposición a seguir a Jesús sin reservas, confiando en su palabra y su poder.

5 SEPTIEMBRE

Viernes

TIEMPO ORDINARIO 22ª SEMANA (f)

Col 1,15-20
Sal 99. *Entrad en la presencia del Señor con vítores.*
Lc 5,33-39

En aquel tiempo los letrados y fariseos le dijeron a Jesús: "Los seguidores de Juan y los de los fariseos ayunan mucho y hacen muchas oraciones, pero tus discípulos no dejan de comer y beber". Jesús les contestó: "¿Acaso podéis hacer que ayunen los invitados a una boda mientras el novio está con ellos? Ya llegará el momento en que se lleven al novio; cuando llegue ese día, ayunarán". También les contó esta parábola: "Nadie corta un trozo de un vestido nuevo para arreglar un vestido viejo. De hacerlo así, echará a perder el vestido nuevo; además el trozo nuevo no quedará bien en el vestido viejo. Ni tampoco se echa vino nuevo en odres viejos, porque el vino nuevo hace que los odres revienten, y tanto el vino como los odres se pierden. Por eso hay que echar el vino nuevo en odres nuevos. Y nadie que beba vino añejo querrá después beber el nuevo, porque dirá que el añejo es mejor".

Estamos invitados a comprender la novedad del reino de Dios. A través de estas parábolas, se nos llama a abrirnos a la renovación y la transformación espiritual permanente. No hay nada peor que un espíritu envejecido y desconfiado. Para Él todo es nuevo; ¡siempre es novedad! Reflexiona sobre las áreas de tu vida que necesitan ser renovadas y pide la presencia del Espíritu Santo, pide hacerte receptivo a su presencia siempre nueva.

Col 1,21-23
Sal 53. *Dios es mi auxilio.*
Lc 6,1-5

Un sábado pasaba Jesús entre los sembrados. Sus discípulos arrancaban espigas de trigo, las desgranaban entre las manos y se comían los granos. Entonces algunos fariseos les preguntaron: "¿Por qué hacéis algo que no está permitido en sábado?". Jesús les contestó: "¿No habéis leído lo que hizo David en una ocasión en que él y sus compañeros tuvieron hambre? Entró en la casa de Dios y tomó los panes consagrados, comió de ellos y dio también a sus compañeros, a pesar de que solamente a los sacerdotes les estaba permitido comer de aquel pan". Y añadió: "El Hijo del hombre tiene autoridad sobre el sábado".

Jesús nos enseña hoy que el Hijo del hombre es Señor del sábado, y que se debe priorizar la compasión sobre la rigidez de la ley. Reflexiona sobre tu vida, tu entorno, ¿cómo puedes ser más misericordioso y compasivo en tus acciones diarias? Recuerda poner el amor y la humanidad por encima de reglas y tradiciones. No seas una persona rígida… ¡Abre tu corazón!

Sab 9,13-18

¿Qué hombre conoce los planes de Dios? ¿Quién puede imaginar lo que el Señor quiere? Débil es la inteligencia de los hombres y falsas muchas veces sus reflexiones; el cuerpo mortal es un peso para el alma; estando hecho de barro, oprime la mente, en la que bullen tantos pensamientos. Con dificultad imaginamos las cosas de la tierra, y trabajosamente hallamos lo que está a nuestro alcance. Pero, ¿quién puede descubrir las cosas celestiales? Nadie puede conocer tus planes sino aquel a quien das sabiduría y sobre quien desde el cielo envías tu santo espíritu. Gracias a la sabiduría han podido los hombres seguir el buen camino y aprender lo que te agrada: fueron salvados gracias a ella.

Sal 89. *Señor, tú has sido nuestro refugio de generación en generación.*

Flm 1,9b-10.12-17

Yo, Pablo, ya anciano y ahora preso por causa de Cristo Jesús, te pido un favor para Onésimo, que aquí en la cárcel ha venido a ser mi hijo en la fe. Te lo envío de nuevo: trátalo como a mí mismo. Yo habría querido que se quedase aquí conmigo, para que me sirviera en tu lugar mientras estoy preso por causa del Evangelio. Pero no quiero hacer nada que tú antes no hayas aprobado, para que el favor que me haces no sea por obligación sino por tu propia voluntad. Tal vez Onésimo se apartó de ti por algún tiempo para que ahora le tengas para siempre, no ya como un esclavo sino como algo mejor: como un hermano querido. Yo le quiero mucho, pero tú debes quererle todavía más, no solo como persona sino también como hermano en el Señor. Así pues, si me tienes por hermano en la fe, recíbele como si se tratara de mí mismo.

Lc 14,25-33

Jesús iba de camino acompañado por mucha gente. En esto se volvió y dijo: "Si alguno no me ama más que a su padre, a su madre, a su esposa, a sus hijos, a sus hermanos y a sus hermanas, y aun más que a sí mismo, no puede ser mi discípulo. Y el que no toma su propia cruz y me sigue, no puede ser mi discípulo. Si alguno de vosotros quiere construir una torre, ¿acaso no se sentará primero a calcular los gastos y ver si tiene dinero para terminarla? No sea que, una vez puestos los cimientos, si no puede terminarla, todos los que lo vean comiencen a burlarse de él, diciendo: 'Este hombre empezó a construir, pero no pudo terminar'. O si un rey tiene que ir a la guerra contra otro rey, ¿no se sentará primero a calcular si con diez mil soldados podrá hacer frente a quien va a atacarle con veinte mil? Y si no puede hacerle frente, cuando el otro rey esté todavía lejos le enviará mensajeros a pedirle la paz. Así pues, cualquiera de vosotros que no renuncie a todo lo que tiene no puede ser mi discípulo".

Es el día del Señor. Jesús nos llama hoy y siempre a amarle más que a nuestras relaciones más cercanas… Esto puede sonar duro… Pero también nos llama hoy a llevar nuestra cruz. Detente un momento y reflexiona sobre tus prioridades y compromisos. ¿Estás disponible para a sacrificar todo por seguir a Cristo? No temas…

Señor, dame hoy la gracia de amarte con todo mi corazón. Ayúdame a aceptar con valentía las cruces que me toca llevar, confiando en tu promesa de vida eterna. No me dejes olvidar tu poder y tu amor. Amén.

Miq 5,1-4a
Sal 12. *Desbordo de gozo con el Señor.*
Mt 1,1-16.18-23

La lista de los antepasados de Jesucristo, descendiente de David y de Abraham: Abraham fue padre de Isaac, este lo fue de Jacob y este de Judá y sus hermanos. Judá y Tamar fueron los padres de Fares y Zérah (...). Aram fue padre de Aminadab, este lo fue de Nahasón y este de Salmón. Salmón y Rahab fueron los padres de Booz. Booz y Rut fueron los padres de Obed. Obed fue padre de Jesé. Jesé fue padre del rey David, y el rey David fue padre de Salomón, cuya madre fue la que había sido esposa de Urías. Salomón fue padre de Roboam, (...). Después de la deportación a Babilonia, (...) Eliud fue padre de Eleazar, este lo fue de Matán y este de Jacob. Jacob fue padre de José, el marido de María, y ella fue la madre de Jesús, a quien llamamos el Mesías. El nacimiento de Jesucristo fue así: María, su madre, estaba comprometida para casarse con José; pero antes de vivir juntos se encontró encinta por el poder del Espíritu Santo. José, su esposo, que era un hombre justo y no quería denunciar públicamente a María, decidió separarse de ella en secreto. Ya había pensado hacerlo así, cuando un ángel del Señor se le apareció en sueños y le dijo: "José, descendiente de David, no tengas miedo de tomar a María por esposa, porque el hijo que espera es obra del Espíritu Santo. María tendrá un hijo y tú le pondrás por nombre Jesús. Se llamará así porque salvará a su pueblo de sus pecados". Todo esto sucedió para que se cumpliera lo que el Señor había dicho por medio del profeta: "La virgen quedará encinta, y tendrá un hijo al que pondrán por nombre Emanuel (que significa: 'Dios con nosotros')".

Celebramos el nacimiento de María, madre de Jesús. La humildad y la fe de nuestra Señora son un ejemplo para nosotros. Piensa hoy en tu estado de ánimo. ¿Sientes dudas o temor? ¿Cómo es tu disposición a aceptar la voluntad de Dios en tu vida. Ora durante un momento. Pide para que puedas imitar la fe y obediencia de María, acogiendo con amor y alegría el plan de Dios para tu vida.

Col 2,6-15
Sal 144. *El Señor es bueno con todos.*
Lc 6,12-19

Por aquellos días, Jesús se fue a un cerro a orar, y pasó toda la noche orando a Dios. Cuando se hizo de día, reunió a sus discípulos y escogió a doce de ellos, a los cuales llamó apóstoles. Éstos fueron: Simón, a quien puso también el nombre de Pedro; Andrés, hermano de Simón; Santiago, Juan, Felipe, Bartolomé, Mateo, Tomás, Santiago hijo de Alfeo; Simón el celote, Judas hijo de Santiago, y Judas Iscariote, que traicionó a Jesús. Jesús bajó del cerro con ellos, y se detuvo en un llano. Se habían reunido allí muchos de sus seguidores y mucha gente de toda la región de Judea, y de Jerusalén y de la costa de Tiro y Sidón. Habían venido para oír a Jesús y para que los curase de sus enfermedades. Los que sufrían a causa de espíritus impuros, también quedaban sanados. Así que toda la gente quería tocar a Jesús, porque los sanaba a todos con el poder que de él salía.

Jesús elige a los doce apóstoles después de una noche en oración. En todo momento, Jesús ora dirigiendo su voluntad al Padre. Este acto nos recuerda la importancia de la oración en nuestras decisiones. ¿Te has parado a pensar en cómo involucras a Dios en tus elecciones diarias? Date unos minutos para hacerlo. Y pide la gracia de buscar su voluntad a través de la oración constante. Confía en su guía y amor.

Col 3,1-11
Sal 144. *El Señor es bueno con todos.*
Lc 6,20-26

Jesús miró a sus discípulos y les dijo: "Dichosos vosotros los pobres, porque el reino de Dios os pertenece. Dichosos los que ahora tenéis hambre, porque quedaréis satisfechos. Dichosos los que ahora lloráis, porque después reiréis. Dichosos vosotros cuando la gente os odie, cuando os expulsen, cuando os insulten y cuando desprecien vuestro nombre como cosa mala, por causa del Hijo del hombre. Alegraos mucho, llenaos de gozo en aquel día, porque recibiréis un gran premio en el cielo; pues también maltrataron así sus antepasados a los profetas. Pero ¡ay de vosotros los ricos, porque ya habéis tenido vuestra alegría! ¡Ay de vosotros los que ahora estáis satisfechos, porque tendréis hambre! ¡Ay de vosotros los que ahora reís, porque vais a llorar de tristeza! ¡Ay de vosotros cuando todos os alaben, porque así hacían los antepasados de esta gente con los falsos profetas!".

Hoy Jesús proclama las bienaventuranzas. Es como el programa que nos muestra los valores del reino de Dios: humildad, misericordia y justicia. Jesús promete consuelo y recompensa eterna a quienes sufren y son perseguidos por su causa. Reflexiona sobre la manera en que vives estos valores en tu vida diaria y pide la gracia de ser un verdadero discípulo, una verdadera discípula. ¿Confías en las promesas de Jesús? ¿Te desalientas? No dejes de sentir cerca a tu Señor.

Col 3,12-17
Sal 150. *Todo ser que alienta alabe al Señor.*
Lc 6,27-38

Jesús dijo a sus discípulos: "Pero a vosotros que me escucháis os digo: Amad a vuestros enemigos, haced bien a los que os odian, bendecid a los que os maldicen, orad por los que os insultan. Al que te pegue en una mejilla ofrécele también la otra, y al que te quite la capa déjale que se lleve también tu túnica. Al que te pida algo dáselo, y al que te quite lo que es tuyo, no se lo reclames. Haced con los demás como queréis que los demás hagan con vosotros. Si amáis solamente a quienes os aman, ¿qué hacéis de extraordinario? ¡Hasta los pecadores se portan así! Y si hacéis bien solamente a quienes os hacen bien a vosotros, ¿qué tiene de extraordinario? ¡También los pecadores se portan así! Y si dais prestado sólo a aquellos de quienes pensáis recibir algo, ¿qué hacéis de extraordinario? ¡También los pecadores se prestan entre sí esperando recibir unos de otros! Amad a vuestros enemigos, haced el bien y dad prestado sin esperar nada a cambio. Así será grande vuestra recompensa y seréis hijos del Dios altísimo, que es también bondadoso con los desagradecidos y los malos. Sed compasivos, como también vuestro Padre es compasivo. No juzguéis a nadie y Dios no os juzgará a vosotros. No condenéis a nadie y Dios no os condenará. Perdonad y Dios os perdonará. Dad a otros y Dios os dará a vosotros: llenará vuestra bolsa con una medida buena, apretada, sacudida y repleta. Dios os medirá con la misma medida con que vosotros midáis a los demás".

Jesús nos llama a amar a nuestros enemigos y a hacer el bien sin esperar nada a cambio. ¿Has pensado alguna vez que este amor incondicional es un reflejo del amor de Dios por nosotros? Cierra tus ojos. Trae a tu mente la actitud que tienes hacia aquellos que te han herido o con quienes tienes conflictos. ¿Confías de corazón en lo que te pide Jesús? *Señor mío, dame la gracia de perdonar y amar a mis hermanos tal y como Tú nos amas. Amén.*

12 SEPTIEMBRE

Viernes

1Tm 1,1-2.12-14
Sal 15. *Tú, Señor, eres el lote de mi heredad.*
Lc 6,39-42

Jesús les puso esta comparación: "¿Acaso puede un ciego servir de guía a otro ciego? ¿No caerán los dos en algún hoyo? El discípulo no es más que su maestro: sólo cuando termine su aprendizaje llegará a ser como su maestro. ¿Por qué miras la paja que tiene tu hermano en el ojo y no te fijas en el tronco que tú tienes en el tuyo? Y si no te das cuenta del tronco que tienes en tu ojo, ¿cómo te atreves a decirle a tu hermano: 'Hermano, déjame sacarte la paja que tienes en el ojo'? ¡Hipócrita!, saca primero el tronco de tu ojo y así podrás ver bien para sacar la paja del ojo de tu hermano".

Hoy Jesús nos advierte una vez más: juzgar a los demás nos obliga a mirar en nuestro interior. Estamos llamados a examinar primero nuestras propias faltas. A buscar en nosotros aquello que nos molesta de los demás. ¿Tiendes a criticar y juzgar con demasiada ligereza? Piénsalo bien y pide a Dios la humildad que necesites para reconocer tus debilidades y el regalo de la gracia para mirar con comprensión y misericordia a los demás.

1Tm 1,15-17
Sal 112. *Bendito sea el nombre del Señor, ahora y por siempre.*
Lc 6,43-49

Jesús dijo a sus discípulos: "No hay árbol bueno que dé mal fruto ni árbol malo que dé fruto bueno. Cada árbol se conoce por su fruto: no se recogen higos de los espinos ni se vendimian uvas de las zarzas. El hombre bueno dice cosas buenas porque el bien está en su corazón, y el hombre malo dice cosas malas porque el mal está en su corazón. Pues de lo que rebosa su corazón, habla su boca. ¿Por qué me llamáis 'Señor, Señor' y no hacéis lo que yo os digo? Voy a deciros a quién se parece aquel que viene a mí, y me oye y hace lo que digo: se parece a un hombre que para construir una casa cavó profundamente y puso los cimientos sobre la roca. Cuando creció el río, el agua dio con fuerza contra la casa, pero no pudo moverla porque estaba bien construida. Pero el que me oye y no hace lo que yo digo se parece a un hombre que construyó su casa sobre la tierra, sin cimientos; y cuando el río creció y dio con fuerza contra ella, se derrumbó y quedó completamente destruida".

Esta parábola de la roca es tan sabia... Tiene mucho que enseñarnos. Jesús nos enseña a construir nuestra vida sobre la roca firme de sus enseñanzas. ¡Qué fácilmente caemos en la inconsistencia de los pensamientos y las dudas! Cuando vienen las dificultades, nos venimos abajo... Pero una fe arraigada en Cristo no se tambalea. Reflexiona un momento sobre los cimientos de tu vida espiritual. *Padre bueno, te imploro la sabiduría y la fortaleza para vivir según tu Palabra, confiando en tu promesa. Hazme sentir que Tú me sostienes en todo momento. Amén.*

Nm 21,4b-9

Los israelitas salieron del monte Hor en dirección al mar Rojo. En el camino, la gente perdió la paciencia, y empezaron a hablar contra Dios y contra Moisés. Decían: "¿Para qué nos sacasteis de Egipto? ¿Para hacernos morir en el desierto? No tenemos ni agua ni comida. ¡Ya estamos cansados de esta comida miserable!". El Señor les envió serpientes venenosas, que los mordieron, y muchos israelitas murieron. Entonces fueron a donde estaba Moisés y le dijeron: "¡Hemos pecado al hablar contra el Señor y contra ti! ¡Pídele al Señor que aleje de nosotros las serpientes!". Moisés pidió al Señor que perdonara a los israelitas, y el Señor le dijo: "Hazte una serpiente como ésas, y ponla en el asta de una bandera. Cuando alguien sea mordido por una serpiente, que mire a la serpiente del asta y se salvará".

Sal 77. *No olvidéis las acciones del Señor.*

Flp 2,6-11

Cristo Jesús: Aunque era de naturaleza divina, no se aferró al hecho de ser igual a Dios, sino que renunció a lo que le era propio y tomó naturaleza de siervo. Nació como un hombre, y al presentarse como hombre se humilló a sí mismo y se hizo obediente hasta la muerte, hasta la muerte en la cruz. Por eso, Dios lo exaltó al más alto honor y le dio el más excelente de todos los nombres, para que al nombre de Jesús caigan de rodillas todos los que están en los cielos, en la tierra y debajo de la tierra, y todos reconozcan que Jesucristo es Señor, para gloria de Dios Padre.

Jn 3,13-17

En aquel tiempo dijo Jesús: "Nadie ha subido al cielo sino el que bajó del cielo, el Hijo del hombre. Y así como Moisés levantó la serpiente en el desierto, así también el Hijo del hombre ha de ser levantado, para que todo el que cree en él tenga vida eterna. Tanto amó Dios al mundo, que dio a su Hijo único, para que todo aquel que cree en él no muera, sino que tenga vida eterna. Porque Dios no envió a su Hijo al mundo para condenar al mundo, sino para salvarlo".

Hoy celebramos el gran misterio de la cruz de Cristo, símbolo de amor y redención. También el pueblo judío miró hacia lo alto para encontrar la salvación. Jesús, colocado en lo alto, a través de su sacrificio, nos ofrece vida eterna. Humillándose a sí mismo hasta lo más bajo, es exaltado al más alto honor por el Padre. Por su obediencia.

Jesús está en la cruz, está ahí porque te ama de verdad. ¿Qué significa la cruz en tu vida? ¿Hacia dónde diriges tu mirada cuando llegan los conflictos, las angustias, las malas noticias?

Jesucristo, Señor mío, que pueda abrazar este enorme misterio de mis cruces diarias, con fe y esperanza; sabiendo que, a través de ellas, participo en tu obra redentora. Amén.

1Tm 2,1-8
Sal 27. *Bendito el Señor, que escuchó mi voz suplicante.*
Jn 19,25-27

Junto a la cruz de Jesús estaban su madre y la hermana de su madre, María, esposa de Cleofás, y María Magdalena. Cuando Jesús vio a su madre y junto a ella al discípulo a quien él quería mucho, dijo a su madre: "Mujer, ahí tienes a tu hijo". Luego dijo al discípulo: "Ahí tienes a tu madre". Desde entonces, aquel discípulo la recibió en su casa.

Cierra los ojos y trata de ver a María al pie de la cruz. Ella nos muestra su fe inquebrantable en medio del dolor. Todo parece injusto, pero ha de tener su sentido… Reflexiona sobre tu propia fortaleza y confianza en Dios en los momentos más oscuros. Pide hoy a María que te acompañe en las pruebas y te enseñe a confiar en la fidelidad de Dios. Y no dejes de hallar consuelo en su amor maternal.

1Tm 3,1-13
Sal 100. *Andaré con rectitud de corazón.*
Lc 7,11-17

Después de esto se dirigió Jesús a un pueblo llamado Naín. Iba acompañado de sus discípulos y de mucha otra gente. Al acercarse al pueblo vio que llevaban a enterrar a un muerto, hijo único de su madre, que era viuda. Mucha gente del pueblo la acompañaba. Al verla, el Señor tuvo compasión de ella y le dijo: "No llores". En seguida se acercó y tocó la camilla, y los que la llevaban se detuvieron. Jesús dijo al muerto: "Muchacho, a ti te digo, ¡levántate!". Entonces el muerto se sentó y comenzó a hablar, y Jesús se lo entregó a la madre. Al ver esto, todos tuvieron miedo y comenzaron a alabar a Dios diciendo: "Un gran profeta ha aparecido entre nosotros". También decían: "Dios ha venido a ayudar a su pueblo". Y por toda Judea y sus alrededores corrió la noticia de lo que había hecho Jesús.

Qué bien se nos muestra la compasión y el poder total de nuestro amado Maestro sobre la muerte cuando se nos cuenta que Jesús resucita al hijo de la viuda de Naín, una mujer que ha quedado sola. Que llora su tristeza. ¿Puedes imaginar cómo se sentía ella? ¿Te has sentido así alguna vez? Jesús nos ofrece compañía y consuelo en nuestros momentos de dolor y pérdida. Pide la gracia de confiar en su promesa de vida eterna. Y piensa que también tú puedes llevar consuelo a los demás en sus momentos de tristeza.

1Tm 3,14-16
Sal 110. *Grandes son las obras del Señor.*
Lc 7,31-35

En aquel tiempo Jesús dijo: "¿A qué compararé la gente de este tiempo? ¿A qué se parece? Se parece a los niños que se sientan a jugar en la plaza y gritan a sus compañeros: 'Tocamos la flauta y no bailasteis; cantamos canciones tristes y no llorasteis'. Porque vino Juan el Bautista, que ni come pan ni bebe vino, y decís que tiene un demonio. Luego ha venido el Hijo del hombre, que come y bebe, y decís que es un glotón y bebedor, amigo de gente de mala fama y de los que cobran los impuestos para Roma. Pero la sabiduría de Dios se demuestra por todos sus resultados".

Jesús señala hoy la incoherencia de quienes critican. Tanto Juan el Bautista como Él son juzgados con ligereza. ¡Es injusto! Pero, ¿cómo de receptivos somos con el mensaje de Dios en este momento de nuestras vidas? ¿No encontramos motivos para quejarnos del trato que nos brindan los demás, de cómo se hacen las cosas? ¿Estamos abiertos a su Palabra y su verdad, o nos aferramos a nuestros prejuicios e ideas personales? *Señor, dame un corazón dispuesto a escuchar a mis hermanos y hermanas, dispuesto a aceptar tu sabiduría en mi vida, tu manera de amar. Amén.*

Jueves

TIEMPO ORDINARIO 24ª SEMANA (f)

1Tm 4,12-16
Sal 110. *Grandes son las obras del Señor.*
Lc 7,36-50

Un fariseo invitó a Jesús a comer (...). Estaba sentado a la mesa cuando una mujer de mala fama (...) llegó con un frasco de alabastro lleno de perfume. Llorando, se puso junto a los pies de Jesús y comenzó a bañarlos con sus lágrimas. Luego los secó con sus cabellos, los besó y derramó sobre ellos el perfume. Al ver esto, el fariseo (...) pensó: "Si este hombre fuera verdaderamente un profeta se daría cuenta de quién y qué clase de mujer es esta pecadora que le está tocando". Entonces Jesús dijo al fariseo: "Simón, tengo algo que decirte". "Dímelo, Maestro" -contestó el fariseo. Jesús siguió: "Dos hombres debían dinero a un prestamista. Uno le debía quinientos denarios, y el otro cincuenta: pero, como no le podían pagar, el prestamista perdonó la deuda a los dos. Ahora dime: ¿cuál de ellos le amará más?". Simón le contestó: "Me parece que aquel a quien más perdonó". Jesús le dijo: "Tienes razón". Y volviéndose a la mujer, dijo a Simón: "¿Ves esta mujer? Entré en tu casa y no me diste agua para los pies; en cambio, esta mujer me ha bañado los pies con lágrimas y los ha secado con sus cabellos. No me besaste, pero ella, desde que entré, no ha dejado de besarme los pies. No derramaste aceite sobre mi cabeza, pero ella ha derramado perfume sobre mis pies. Por esto te digo que sus muchos pecados le son perdonados, porque amó mucho; pero aquel a quien poco se perdona, poco amor manifiesta". Luego dijo a la mujer: "Tus pecados te son perdonados". Los otros invitados que estaban allí comenzaron a preguntarse: "¿Quién es éste que hasta perdona pecados?". Pero Jesús añadió, dirigiéndose a la mujer: "Por tu fe has sido salvada. Vete tranquila".

Jesús perdona a una mujer pecadora. Le muestra con una sonrisa amable que el amor y el arrepentimiento sincero son más importantes que el juicio. Así de profunda es la misericordia de Dios. ¿De verdad crees en esto? Pide la gracia de reconocer tus propias faltas, buscar con sinceridad su perdón y sentir el corazón renovado por su amor.

1Tm 6,2c-12
Sal 48. *Dichosos los pobres en el espíritu, porque de ellos es el reino de los cielos.*
Lc 8,1-3

Después de esto, Jesús anduvo por muchos pueblos y aldeas proclamando y anunciando el reino de Dios. Le acompañaban los doce apóstoles y algunas mujeres que él había librado de espíritus malignos y enfermedades. Entre ellas estaba María, la llamada Magdalena, de la que habían salido siete demonios; también Juana, esposa de Cuza, el administrador de Herodes; y Susana, y otras muchas que los ayudaban con lo que tenían.

Cierra los ojos. Imagina a esas mujeres que acompañaban a Jesús, que le han sido fieles y que han sido transformadas por su amor. Reflexiona sobre el papel de la gratitud y el servicio en tu vida de fe. ¿Te sientes una persona amada por Jesús? *Señor Jesús, dame un corazón agradecido que sirva a los demás con generosidad y alegría, como hicieron esas mujeres que te acompañaban y ayudaban en tu caminar. Amén.*

Sábado

1Tm 6,13-16
Sal 99. *Entrad en la presencia del Señor con vítores.*
Lc 8,4-15

Mucha gente que estaba allí, más otra llegada de los pueblos, se reunió junto a Jesús, y él les contó esta parábola: "Un sembrador salió a sembrar su semilla. Y al sembrar, una parte de ella cayó en el camino, y fue pisoteada y las aves se la comieron. Otra parte cayó entre las piedras, y brotó, pero se secó por falta de humedad. Otra parte cayó entre espinos, y al nacer juntamente los espinos, la ahogaron. Pero otra parte cayó en buena tierra, y creció y dio una buena cosecha, hasta de cien granos por semilla". Esto dijo Jesús, y añadió con voz fuerte: "¡Los que tienen oídos, oigan!". Los discípulos preguntaron a Jesús qué significaba aquella parábola. Él les dijo: "A vosotros, Dios os da a conocer los secretos de su reino; pero a los otros les hablo por medio de parábolas, para que por mucho que miren no vean y por mucho que oigan no entiendan. Esto significa la parábola: La semilla representa el mensaje de Dios. La parte que cayó por el camino representa a los que oyen el mensaje, pero viene el diablo y se lo quita del corazón para que no crean y se salven. La semilla que cayó entre las piedras representa a los que oyen el mensaje y lo reciben con gusto, pero luego, a la hora de la prueba, fallan. La semilla que cayó entre espinos representa a los que oyen, pero poco a poco se dejan ahogar por las preocupaciones, las riquezas y los placeres, de modo que no llegan a dar fruto. Pero la semilla que cayó en buena tierra representa a las personas que con corazón bueno y dispuesto oyen el mensaje y lo guardan, y permaneciendo firmes dan una buena cosecha".

Hoy la parábola del sembrador nos invita a examinar la manera en que recibimos la Palabra de Dios en nuestra vida cotidiana. ¿Cómo es el terreno de tu corazón? ¿Eres una persona receptiva o dejas que las preocupaciones ahoguen la Palabra en tu vida diaria? Ora. Pide un corazón fértil que acoja y dé fruto abundante para el reino de Dios.

Am 8,4-7

Así dice el Señor: "Oíd esto, vosotros que oprimís a los humildes y arruináis a los pobres del país (…). El Señor ha jurado por la gloria de Jacob: Nunca olvidaré lo que han hecho".

Sal 112. *Alabad al Señor, que alza al pobre.*

1Tm 2,1-8

Ante todo recomiendo que se hagan a Dios peticiones, oraciones, súplicas y acciones de gracias por toda la humanidad. Se debe orar por los que gobiernan y por todas las autoridades, para que podamos gozar de una vida tranquila y pacífica, llena de reverencia a Dios y respetable en todos los sentidos. (…) Así pues, quiero que los hombres oren en todas partes, y que eleven sus manos a Dios con pureza de corazón y sin enojos ni discusiones.

Lc 16,1-13

Jesús contó también esto a sus discípulos: "Un hombre rico tenía un administrador que fue acusado de malversación de bienes. El amo le llamó y le dijo: '¿Qué es eso que me dicen de ti? Dame cuenta de tu trabajo porque no puedes seguir siendo mi administrador'. El administrador se puso a pensar: '¿Qué haré ahora que el amo me deja sin empleo? No tengo fuerzas para cavar la tierra, y me da vergüenza pedir limosna… Ah, ya sé qué hacer para que haya quienes me reciban en sus casas cuando me quede sin trabajo'. Llamó entonces uno por uno a los que tenían alguna deuda con el amo, y preguntó al primero: '¿Cuánto debes a mi amo?' Le contestó: 'Cien barriles de aceite'. El administrador le dijo: 'Aquí está tu recibo. Siéntate en seguida y apunta sólo cincuenta'. Después preguntó a otro: 'Y tú, ¿cuánto le debes?'

Éste le contestó: 'Cien medidas de trigo'. Le dijo: 'Aquí está tu recibo. Apunta sólo ochenta'. El amo reconoció que aquel administrador deshonesto había actuado con astucia. Y es que, tratándose de sus propios negocios, los que pertenecen al mundo son más listos que los que pertenecen a la luz. Os aconsejo que uséis las riquezas de este mundo malo para ganaros amigos, para que cuando esas riquezas se acaben haya quien os reciba en las moradas eternas. El (...) que es deshonesto en lo poco, también es deshonesto en lo mucho. De manera que, si con las riquezas de este mundo malo no os portáis honradamente, ¿quién os confiará las verdaderas riquezas? Y si no os portáis honradamente con lo ajeno, ¿quién os dará lo que os pertenece? Ningún criado puede servir a dos amos, porque odiará a uno y querrá al otro, o será fiel a uno y despreciará al otro. No se puede servir a Dios y al dinero".

Es domingo. No olvides lo que significa este día para el cristiano. Somos seguidores de Cristo. Y confiamos en su palabra y su poder. Hoy se nos llama a usar nuestras riquezas solo para hacer el bien. Porque la verdadera riqueza está en el servicio y la justicia. ¿Cómo utilizas tus recursos económicos y tus dones personales? ¿Estás sirviendo a Dios o al dinero?

Quiero ser, Señor, un administrador fiel de cuanto he recibido de manera gratuita en mi vida, y emplear lo que tengo para promover el amor y la justicia en el mundo. Es a ti a quien sigo, no dejes que lo olvide. Amén.

Esd 1,1-6
Sal 125. *El Señor ha estado grande con nosotros.*
Lc 8,16-18

En aquel tiempo Jesús dijo: "Nadie enciende una lámpara para taparla con una olla o ponerla debajo de la cama, sino que la pone en alto para que tengan luz los que entran. De la misma manera, no hay nada escondido que no llegue a descubrirse ni nada secreto que no llegue a conocerse y ponerse en claro. Así que oíd bien, pues al que tiene se le dará más; pero al que no tiene, hasta lo poco que cree tener se le quitará".

Jesús nos llama a ser luz en medio del mundo, sin esconder nuestro testimonio, sin guardar la fe solo para la esfera más íntima y privada. Reflexiona sobre la manera en que vives nuestra fe públicamente. ¿Eres verdadero testigo de Cristo en tus acciones y palabras? Ora sinceramente para que tu vida refleje la luz de Cristo, iluminando sin miedo a quienes te rodean y atrayéndolos hacia Dios.

Esd 6,7-8.12b.14-20
Sal 121. *Vamos alegres a la casa del Señor.*
Lc 8,19-21

La madre y los hermanos de Jesús acudieron a donde él estaba, pero no pudieron acercársele porque había mucha gente. Alguien avisó a Jesús: "Tu madre y tus hermanos están ahí fuera y quieren verte". Él contestó: "Los que oyen el mensaje de Dios y lo ponen en práctica, ésos son mi madre y mis hermanos".

En el texto de hoy Jesús redefine su familia como aquellos que escuchan y ponen en práctica la Palabra de Dios. ¿Formas tú parte de la familia íntima de Jesús? ¿Cómo es tu relación personal con Dios? Describe en tu alma, con pocas palabras, tu comunidad de fe. ¿Estáis viviendo como verdaderos hermanos y hermanas en Cristo? Pide la gracia de ser fieles oyentes y hacedores de la Palabra de Dios, construyendo una comunidad unida en el amor y la escucha.

Esd 9,5-9
Sal: Tb 13,2-4.6. *Bendito sea Dios, que vive eternamente.*
Lc 9,1-6

Reunió Jesús a sus doce discípulos y les dio poder y autoridad para expulsar toda clase de demonios y sanar enfermedades. Los envió a anunciar el reino de Dios y a sanar a los enfermos. Les dijo: "No llevéis nada para el camino: ni bastón ni bolsa ni pan ni dinero ni ropa de repuesto. En cualquier casa donde entréis, quedaos hasta que os vayáis del lugar. Y si en algún pueblo no os quieren recibir, salid de él y sacudíos el polvo de los pies, para que les sirva de advertencia". Salieron, pues, y fueron por todas las aldeas anunciando la buena noticia y sanando enfermos.

Contempla esta escena en la que Jesús envía a sus discípulos con autoridad para sanar y proclamar el Reino. Siéntete tú incluido entre ellos. Ahora piensa en tu misión como cristiano, como discípula, como seguidor. ¿Cómo de dispuesto te sientes para llevar el mensaje de Jesús a los demás? *Señor Jesús, dame el coraje y la fe necesarios para ser verdadero discípulo, verdadera discípula, para confiar solamente en el poder de Dios para obrar frente al mal. Amén.*

Ag 1,1-8
Sal 149. *El Señor ama a su pueblo.*
Lc 9,7-9

El rey Herodes oyó hablar de Jesús y de todo lo que hacía. Y no sabía qué pensar, porque unos decían que era Juan, que había resucitado; otros, que había aparecido el profeta Elías, y otros, que era alguno de los antiguos profetas que había resucitado. Pero Herodes dijo: "Yo mismo mandé que cortaran la cabeza a Juan. ¿Quién, pues, será éste de quien oigo contar tantas cosas?". Por eso Herodes tenía ganas de ver a Jesús.

Herodes, cuando se pregunta quién es Jesús, no deja de mostrarnos su soberbia; pero también la curiosidad y el miedo que siente ante lo desconocido. «¿Quién es este de quien oigo contar tantas cosas?». Esa debe ser también mi pregunta. ¿Deseo conocer a Jesús más profundamente? ¿Me acerco a Él con fe, con duda, con curiosidad? *Padre bueno, dame un corazón abierto que busque sinceramente la verdad en Cristo y se deje transformar por su amor. Amén.*

Ag 1,15b–2,9

Sal 42. *Espera en Dios, que volverás a alabarlo: "Salud de mi rostro, Dios mío".*

Lc 9,18-22

Un día estaba Jesús orando, él solo. Luego sus discípulos se le reunieron, y él les preguntó: "¿Quién dice la gente que soy yo?". Ellos contestaron: "Unos dicen que Juan el Bautista; otros dicen que Elías, y otros, que uno de los antiguos profetas, que ha resucitado". "Y vosotros, ¿quién decís que soy?" -les preguntó. Pedro le respondió: "El Mesías de Dios". Pero Jesús les encargó mucho que no se lo dijeran a nadie. Les decía Jesús: "El Hijo del hombre tendrá que sufrir mucho, y será rechazado por los ancianos, por los jefes de los sacerdotes y por los maestros de la ley. Lo van a matar, pero al tercer día resucitará".

P edro se siente emocionado cuando reconoce a Jesús como el Mesías. ¿Has vivido tú alguna vez en tu corazón la fuerza de ese reconocimiento? Sin embargo, la fuerza de esta certeza queda empañada por el sufrimiento que Jesús anuncia. ¿Cómo ves tú a Jesús? ¿Solo como un salvador glorioso, o aceptas también el camino de la cruz? Pide hoy la gracia de seguir a Jesús en todas las circunstancias, aceptando tanto la alegría como el sacrificio.

Sábado

SAN VICENTE DE PAÚL (MO)

Zac 2,5-9.14-15a
Sal: Jr 31,10-13. *El Señor nos guardará como un pastor a su rebaño.*
Lc 9,43b-45

Mientras todos seguían asombrados por lo que Jesús había hecho, dijo él a sus discípulos: "Oíd bien esto y no lo olvidéis: el Hijo del hombre va a ser entregado en manos de los hombres". Pero ellos no entendían estas palabras, pues Dios no les había permitido entenderlo. Además tenían miedo de pedirle a Jesús que se las explicase.

Jesús nos anuncia su entrega. Es realista: el mal va a intentar destruirle… Y los hombres van a colaborar con el mal: es el anuncio de la cruz… Pero los discípulos no comprenden este enorme misterio. Tampoco ahora tenemos una comprensión más clara del sufrimiento en la vida cristiana. ¿Qué hay de ti? ¿Aceptas los misterios de Dios con fe, incluso cuando no los entiendes? *Dame, Señor, sabiduría y confianza para aceptar tus caminos. Permíteme sentir la certeza de tu amor, que me sostiene. Amén.*

Am 6,1a.4-7

¡Ay de los que llevan una vida fácil en Sión! Recostados en lujosos divanes de marfil, (…). ¡Pero nada les importa la ruina del país! Vosotros seréis los primeros en ir al destierro, y cesará el alboroto de vuestros banquetes.

Sal 145. *Alaba, alma mía, al Señor.*

1Tm 6,11-16

Tú, hombre de Dios, huye de todo eso. Lleva una vida de rectitud, de devoción a Dios, de fe, de amor, de constancia y de humildad de corazón. Pelea la buena batalla de la fe: no dejes escapar la vida eterna, pues para eso te llamó Dios y por eso hiciste una buena profesión de tu fe delante de muchos testigos. Ahora, delante de Dios, que da vida a todo lo que existe, y delante de Cristo Jesús (…): mantén una conducta pura e irreprensible hasta la venida de nuestro Señor Jesucristo. (…) ¡Suyos sean para siempre el honor y el poder! Amén.

Lc 16,19-31

En aquel tiempo dijo Jesús: "Había una vez un hombre rico, que vestía ropas espléndidas y todos los días celebraba brillantes fiestas. Había también un mendigo llamado Lázaro, el cual, lleno de llagas, se sentaba en el suelo a la puerta del rico. Este mendigo deseaba llenar su estómago de lo que caía de la mesa del rico; y los perros se acercaban a lamerle las llagas. Un día murió el mendigo, y los ángeles lo llevaron junto a Abraham, al paraíso. Y el rico también murió, y lo enterraron. El rico, padeciendo en el lugar al que van los muertos, levantó los ojos y vio de lejos a Abraham, y a Lázaro con él. Entonces gritó: '¡Padre Abraham, ten compasión de mí! Envía a Lázaro, a que moje la punta de su dedo en agua y venga a refrescar mi lengua, porque estoy sufriendo mucho entre estas llamas'. Pero Abraham le contestó: 'Hijo, recuerda que a ti te fue muy bien en la vida y que a Lázaro le fue muy mal. Ahora él recibe consuelo aquí, y tú en cambio estás sufriendo. Pero además hay un gran abismo abierto entre nosotros y vosotros; de modo que los que quieren pasar de aquí ahí, no pueden, ni los de ahí tampoco pueden pasar aquí'. El rico dijo: 'Te suplico entonces, padre Abraham, que envíes a Lázaro a casa de mi padre, donde tengo cinco hermanos. Que les hable, para que no vengan también ellos a este lugar de tormento'. Abraham respondió: 'Ellos ya tienen lo que escribieron Moisés y los profetas: ¡que les hagan caso!' El rico contestó: 'No se lo harán, padre Abraham. En cambio, sí que se convertirán si se les aparece alguno de los que ya han muerto'. Pero Abraham le dijo: 'Si no quieren hacer caso a Moisés y a los profetas, tampoco creerán aunque algún muerto resucite'".

Hombre rico, hombre pobre. Hombre que banquetea, hombre que sirve. Hoy las lecturas nos recuerdan la importancia de la justicia, la empatía con el que sufre y la compasión.

¿Cuáles son tus prioridades? ¿Has emprendido últimamente alguna acción hacia los necesitados? ¿Vives tu vida diaria con un corazón generoso y justo?

Señor, dame hoy la gracia de ver a los demás con tus ojos y de actuar con amor y misericordia, recordando siempre que mi trato a los demás refleja mi relación contigo. Amén.

Dn 7,9-10.13-14
Sal 137. *Delante de los ángeles tañeré para ti, Señor.*
Jn 1,47-51

En aquel tiempo, cuando Jesús vio acercarse a Natanael, dijo: "Aquí viene un verdadero israelita, en quien no hay engaño". Natanael le preguntó: "¿De qué me conoces?". Jesús le respondió: "Te vi antes que Felipe te llamara, cuando estabas debajo de la higuera". Natanael le dijo: "Maestro, ¡tú eres el Hijo de Dios, tú eres el Rey de Israel!". Jesús le contestó: "¿Me crees solamente por haberte dicho que te vi debajo de la higuera? ¡Pues cosas más grandes que estas verás!". Y añadió: "Os aseguro que veréis el cielo abierto, y a los ángeles de Dios subir y bajar sobre el Hijo del hombre".

Celebramos a los arcángeles Miguel, Gabriel y Rafael, mensajeros y protectores de Dios. Que nos recuerdan que hay seres invisibles que no nos abandonan porque el Eterno Padre nos cuida… Reflexiona sobre tu confianza en la presencia y la acción de los ángeles en tu vida. Ora rogando la intercesión de los arcángeles, pidiendo su protección y guía en tu camino espiritual, solicita que te ayuden a ser un fuerte y fiel mensajero del amor de Dios.

Zac 8,20-23
Sal 86. *Dios está con nosotros.*
Lc 9,51-56

Cuando ya se acercaba el tiempo en que Jesús había de subir al cielo, emprendió con valor su viaje a Jerusalén. Envió por delante mensajeros, que fueron a una aldea de Samaria para prepararle alojamiento; pero los samaritanos no quisieron recibirle, porque se daban cuenta de que se dirigía a Jerusalén. Cuando sus discípulos Santiago y Juan vieron esto le dijeron: "Señor, si quieres, diremos que baje fuego del cielo para que acabe con ellos". Pero Jesús se volvió y los reprendió. Luego se fueron a otra aldea.

San Jerónimo dedicó su vida al estudio y traducción de las Escrituras. Fue un hombre de Dios que no temió, pese a las grandes dificultades que encontró en su vida. ¿Cómo es tu relación con la Palabra de Dios? ¿Dedicas tiempo a leer y meditar la Biblia? Ora pidiendo un amor profundo a las Escrituras e implora la sabiduría necesaria para comprenderlas y aplicarlas en tu vida diaria, para no rechazar a los mensajeros de Dios cuando parecen dirigirte a lugares que te inquietan.

Miércoles

Neh 2,1-8
Sal 136. *Que se me pegue la lengua al paladar si no me acuerdo de ti.*
Lc 9,57-62

Mientras iban de camino, un hombre dijo a Jesús: "Señor, deseo seguirte adondequiera que vayas". Jesús le contestó: "Las zorras tienen cuevas y las aves nidos, pero el Hijo del hombre no tiene donde recostar la cabeza". Jesús dijo a otro: "Sígueme". Pero él respondió: "Señor, déjame ir primero a enterrar a mi padre". Jesús le contestó: "Deja que los muertos entierren a sus muertos. Tú ve y anuncia el reino de Dios". Otro le dijo: "Señor, quiero seguirte, pero deja que primero me despida de los míos". Jesús le contestó: "El que pone la mano en el arado y vuelve la vista atrás, no sirve para el reino de Dios".

Ya sabemos que seguir a Jesús exige de nosotros una entrega total, sin reservas ni condiciones. También experimentamos, a menudo, el tener que enfrentamos a decisiones que ponen a prueba nuestra fe y determinación. Ponte en presencia de Jesús. Reflexiona sobre las veces que has puesto excusas para no seguirle de manera plena. Pide la gracia de entregarte completamente a su voluntad, dejando atrás todo lo que te impide seguirle con corazón sincero y decidido. No temas. Confía.

Neh 8,1-4a.5-6.7b-12
Sal 18. *Los mandatos del Señor son rectos y alegran el corazón.*
Lc 10,1-12

Después de esto escogió también el Señor a otros setenta y dos, y los mandó delante de él, de dos en dos, a todos los pueblos y lugares a donde tenía que ir. Les dijo: "Ciertamente la mies es mucha, pero los obreros son pocos. Por eso, pedidle al Dueño de la mies que mande obreros a recogerla. Andad y ved que os envío como a corderos en medio de lobos. No llevéis bolsa ni monedero ni sandalias, y no os detengáis a saludar a nadie en el camino. Cuando entréis en una casa, saludad primero diciendo: 'Paz a esta casa'. Si en ella hay gente de paz, vuestro deseo de paz se cumplirá; si no, no se cumplirá. Y quedaos en la misma casa, comiendo y bebiendo lo que tengan, pues el obrero tiene derecho a su salario. No andéis de casa en casa. Al llegar a un pueblo donde os reciban bien, comed lo que os ofrezcan; y sanad a los enfermos del lugar y decidles: 'El reino de Dios ya está cerca de vosotros'. Pero si llegáis a un pueblo y no os reciben, salid a las calles diciendo: '¡Hasta el polvo de vuestro pueblo que se ha pegado a nuestros pies nos lo sacudimos en protesta contra vosotros! Pero sabed que el reino de Dios está cerca'. Os digo que, en aquel día, el castigo de ese pueblo será más duro que el de los habitantes de Sodoma".

Dios no nos abandona. Él nos puso bajo la custodia de sus ángeles. Nunca olvides esto. Jesús envía a sus discípulos como corderos en medio de lobos, confiando en la providencia y el poder de Dios. También hoy los ángeles custodian nuestro camino y nos protegen. Reflexiona sobre tu confianza en Dios y en la misión que te encomienda. Ora en tu corazón, confiando en la guía y protección de tus ángeles custodios.

Ba 1,15-22
Sal 78. *Líbranos, Señor, por el honor de tu nombre.*
Lc 10,13-16

En aquel tiempo dijo Jesús: "¡Ay de ti, Corazín! ¡Ay de ti, Betsaida! Porque si en Tiro y Sidón se hubieran hecho los milagros que se han hecho entre vosotras, ya hace tiempo que su gente se habría vuelto a Dios y lo habría demostrado poniéndose ropas ásperas y sentándose en ceniza. Pero en el día del juicio el castigo para vosotras será peor que para la gente de Tiro y Sidón. Y tú, Cafarnaún, ¿crees que serás levantada hasta el cielo? ¡Hasta lo más hondo del abismo serás arrojada! El que os escucha a vosotros me escucha a mí, y el que os rechaza a vosotros me rechaza a mí; y el que a mí me rechaza, rechaza al que me envió".

Jesús lamenta la falta de arrepentimiento de aquellas ciudades tercas que, habiendo visto sus milagros, se negaban a reconocerlo. Esto nos llama a reflexionar sobre nuestra propia respuesta a las maravillas de Dios en nuestra vida. ¿Eres agradecido? ¿Te conmueves o te vuelves indiferente? Pide a Dios un corazón sensible y dispuesto a cambiar, reconociendo su presencia y acción en tu día a día.

Sábado

SAN FRANCISCO DE ASÍS (MO)

OCTUBRE 4

Ba 4,5-12.27-29
Sal 68. *El Señor escucha a sus pobres.*
Lc 10,17-24

Los setenta y dos regresaron muy contentos, diciendo: "¡Señor, hasta los demonios nos obedecen en tu nombre!". Jesús les dijo: "Sí, pues yo veía a Satanás caer del cielo como un rayo. Os he dado poder para que pisotéeis serpientes y alacranes, y para que triunféis sobre toda la fuerza del enemigo sin sufrir ningún daño. Pero no os alegréis de que los espíritus os obedezcan, sino de que vuestros nombres ya estén escritos en el cielo". En aquel momento, Jesús, lleno de alegría por el Espíritu Santo, dijo: "Te alabo, Padre, Señor del cielo y de la tierra, porque has mostrado a los sencillos las cosas que ocultaste a los sabios y entendidos. Sí, Padre, porque así lo has querido. Mi Padre me ha entregado todas las cosas. Nadie sabe quién es el Hijo, sino el Padre; y nadie sabe quién es el Padre, sino el Hijo y aquellos a quienes el Hijo quiera darlo a conocer". Volviéndose a los discípulos les dijo aparte: "Dichosos quienes vean lo que estáis viendo vosotros, porque os digo que muchos profetas y reyes desearon ver lo que vosotros veis, y no lo vieron; desearon oír lo que vosotros oís, y no lo oyeron".

Trata de imaginar a los discípulos regresando llenos de gozo por su misión. Fíjate en que Jesús les recuerda que la verdadera alegría está en saber que sus nombres están escritos en el cielo. Estas palabras son también para ti… Reflexiona sobre tus prioridades y alegrías. Pide la gracia de vivir con humildad y sencillez, como san Francisco de Asís, y de encontrar la mayor satisfacción en ser hijo de Dios.

Hab 1,2-3; 2,2-4

Señor, ¿hasta cuándo gritaré pidiendo ayuda sin que tú me escuches? ¿Hasta cuándo clamaré a causa de la violencia sin que vengas a librarnos? ¿Por qué me haces ver tanta angustia y maldad? Estoy rodeado de violencia y destrucción; por todas partes hay pleitos y luchas. El Señor me contestó: "Escribe en tablas de barro lo que te voy a mostrar, de modo que pueda leerse de corrido. Aún no ha llegado el momento de que esta visión se cumpla, pero no dejará de cumplirse. Tú espera, aunque parezca tardar, pues llegará en el momento preciso. Escribe que los malvados son orgullosos, pero los justos vivirán por su fidelidad a Dios".

Sal 94. *Ojalá escuchéis hoy la voz del Señor: "No endurezcáis vuestro corazón".*

2Tm 1,6-8.13-14

Te recomiendo que avives el fuego del don que Dios te concedió cuando te impuse las manos. Pues Dios no nos ha dado un espíritu de temor, sino un espíritu de poder, amor y buen juicio. No te avergüences, pues, de dar testimonio a favor de nuestro Señor, ni tampoco te avergüences de mí, preso por causa suya. Antes bien, con las fuerzas que Dios te da, acepta tu parte en los sufrimientos por causa del Evangelio. Sigue el modelo de la sana enseñanza que de mí has recibido, y vive en la fe y el amor que tenemos por estar unidos a Cristo Jesús. Con la ayuda del Espíritu Santo que vive en nosotros, cuida de la buena doctrina que Dios te ha confiado.

Lc 17,5-10

Los apóstoles pidieron al Señor: "Danos más fe". El Señor les contestó: "Si tuvierais fe, aunque fuera tan pequeña como una semilla de mostaza, podríais decirle a esta morera: 'Desarráigate de aquí y plántate en el mar', y el árbol os obedecería. Si uno de vosotros tiene un criado que regresa del campo después de haber estado arando o cuidando el ganado, ¿acaso le dice: 'Pasa y siéntate a comer'? No, sino que le dice: 'Prepárame la cena y estáte atento a servirme mientras como y bebo. Después podrás tú comer y beber'. Y tampoco da las gracias al criado por haber hecho lo que le mandó. Igualmente vosotros, cuando ya hayáis hecho todo lo que Dios os manda deberéis decir: 'Somos servidores inútiles; no hicimos más que cumplir con nuestra obligación'".

En este día, dedicado al Señor, siente la alegría de saber que Cristo vive para siempre. Las lecturas nos invitan a la perseverancia y la fe. Aunque a veces parezca que Dios tarda en responder, Él cumple sus promesas en el momento preciso.

La fe, aunque sea pequeña como una semilla de mostaza, tiene un poder transformador. Piensa un poco en tus propias dificultades y tu necesidad de confiar plenamente en Dios, en las fuerzas que Él te da.

Señor, te pido que mi fe sea fortalecida; y que, en todas las cosas, busque hacer tu voluntad con humildad y constancia, aunque me parezca que no me escuchas. Dame fortaleza para dar testimonio sin descanso de tu amor. Amén.

TIEMPO ORDINARIO 27ª SEMANA (f)

Jon 1,1–2,1.11
Sal: Jon 2,3-5.8. *Sacaste mi vida de la fosa, Señor.*
Lc 10,25-37

Un maestro de la ley fue a hablar con Jesús, y para ponerle a prueba le preguntó: "Maestro, ¿qué debo hacer para alcanzar la vida eterna?". Jesús le contestó: "¿Qué está escrito en la ley? ¿Qué lees en ella?". El maestro de la ley respondió: "Ama al Señor tu Dios con todo tu corazón, con toda tu alma, con todas tus fuerzas y con toda tu mente; y ama a tu prójimo como a ti mismo". Jesús le dijo: "Bien contestado. Haz eso y tendrás la vida". Pero el maestro de la ley, queriendo justificar su pregunta,] dijo a Jesús: "¿Y quién es mi prójimo?". Jesús le respondió: "Un hombre que bajaba por el camino de Jerusalén a Jericó fue asaltado por unos bandidos. Le quitaron hasta la ropa que llevaba puesta, le golpearon y se fueron dejándolo medio muerto. Casualmente pasó un sacerdote por aquel mismo camino, pero al ver al herido dio un rodeo y siguió adelante. Luego pasó por allí un levita, que al verlo dio también un rodeo y siguió adelante. Finalmente, un hombre de Samaria que viajaba por el mismo camino, le vio y sintió compasión de él. Se le acercó, le curó las heridas con aceite y vino, y se las vendó. Luego lo montó en su propia cabalgadura, lo llevó a una posada y cuidó de él. Al día siguiente, el samaritano sacó dos denarios, se los dio al posadero y le dijo: 'Cuida a este hombre. Si gastas más, te lo pagaré a mi regreso'. Pues bien, ¿cuál de aquellos tres te parece que fue el prójimo del hombre asaltado por los bandidos?". El maestro de la ley contestó: "El que tuvo compasión de él". Jesús le dijo: "Ve, pues, y haz tú lo mismo".

La parábola del buen samaritano nos recuerda de nuevo que nuestro prójimo es cualquiera que necesite de nuestra ayuda. Jesús nos llama a amar sin límites y a actuar con misericordia. ¿Cómo tratas a quienes encuentras en el camino? ¿Estás dispuesto a ser compasivo? Pide un corazón sensible y generoso, dispuesto a servir y amar sin esperar nada a cambio.

Jon 3,1-10

Sal 129. *Si llevas cuentas de los delitos, Señor, ¿quién podrá resistir?*

Lc 10,38-42

Seguían ellos su camino. Jesús entró en una aldea, donde una mujer llamada Marta le recibió en su casa. Marta tenía una hermana llamada María, la cual, sentada a los pies de Jesús, escuchaba sus palabras. Pero Marta, atareada con sus muchos quehaceres, se acercó a Jesús y le dijo: "Señor, ¿no te importa que mi hermana me deje sola con todo el trabajo? Dile que me ayude". Jesús le contestó: "Marta, Marta, estás preocupada e inquieta por muchas cosas; sin embargo, solo una es necesaria. María ha escogido la mejor parte, y nadie se la quitará".

Vemos cómo Marta se preocupa, afanada por las tareas del hogar, mientras María elige escuchar a Jesús. Esta historia nos invita a reflexionar sobre nuestras prioridades. ¿Estás tú tan ocupado con tus responsabilidades que olvidas lo más importante: estar en cada momento con Jesús? Pide la gracia de encontrar equilibrio en tu vida. Proponte dedicar tiempo a escuchar a Dios y a nutrir tu relación con Él.

Jon 4,1-11
Sal 85. *Tú, Señor, eres lento a la cólera, rico en piedad.*
Lc 11,1-4

Estaba Jesús una vez orando en cierto lugar. Cuando terminó, uno de sus discípulos le rogó: "Señor, enséñanos a orar, lo mismo que Juan enseñaba a sus discípulos". Jesús les contestó: "Cuando oréis, decid: Padre, santificado sea tu nombre. Venga tu reino. Danos cada día el pan que necesitamos. Perdónanos nuestros pecados, porque también nosotros perdonamos a todos los que nos han ofendido. Y no nos expongas a la tentación".

Jesús enseña a sus discípulos a orar, ofreciéndonos el Padrenuestro como modelo. Esta oración nos recuerda nuestra dependencia de Dios y la necesidad de perdón y provisión diaria. ¿Cómo es nuestra vida de oración? ¿Es constante y sincera? Pidamos a Dios que nos enseñe a orar con un corazón humilde y confiado, reconociendo nuestra necesidad de su gracia y misericordia.

Mal 3,13-20a

Sal 1. *Dichoso el hombre que ha puesto su confianza en el Señor.*

Lc 11,5-13

También les dijo Jesús: "Supongamos que uno de vosotros tiene un amigo, y que a medianoche va a su casa y le dice: 'Amigo, préstame tres panes, porque otro amigo mío acaba de llegar de viaje a mi casa y no tengo nada que ofrecerle'. Sin duda, aquél le contestará desde dentro: '¡No me molestes! La puerta está cerrada y mis hijos y yo estamos acostados. No puedo levantarme a darte nada'. Pues bien, os digo que aunque no se levante a dárselo por ser su amigo, se levantará por serle importuno y le dará cuanto necesite. Por esto os digo: Pedid y Dios os dará, buscad y encontraréis, llamad a la puerta y se os abrirá. Porque el que pide, recibe; el que busca, encuentra y al que llama a la puerta, se le abre. ¿Acaso algún padre entre vosotros sería capaz de darle a su hijo una culebra cuando le pide pescado? ¿O de darle un alacrán cuando le pide un huevo? Pues si vosotros, que sois malos, sabéis dar cosas buenas a vuestros hijos, ¡cuánto más el Padre que está en el cielo dará el Espíritu Santo a quienes se lo pidan!".

U<small></small>na vez más, Jesús nos anima a ser persistentes en la oración. Son muchas las veces que insiste en esto… Él nos asegura que Dios, nuestro Padre, nos escucha y responde siempre. De modo que no temas, confía en la bondad de Dios y ora cada día. No te desanimes en esas peticiones que haces…, sabiendo que Dios siempre quiere lo mejor para nosotros y que nos concede su Espíritu Santo.

Jl 1,13-15; 2,1-2
Sal 9. *El Señor juzgará el orbe con justicia.*
Lc 11,15-26

Jesús estaba expulsando un demonio que había dejado mudo a un hombre. Cuando el demonio salió, el mudo comenzó a hablar. La gente se quedó asombrada, aunque algunos dijeron: "Beelzebú, el jefe de los demonios, es quien ha dado a este hombre poder para expulsarlos". Otros, para tenderle una trampa, le pidieron una señal milagrosa del cielo. Pero él, que sabía lo que estaban pensando, les dijo: "Todo país dividido en bandos enemigos se destruye a sí mismo, y sus casas se derrumban una tras otra. Así también, si Satanás se divide contra sí mismo, ¿cómo mantendrá su poder? Digo esto porque afirmáis que yo expulso a los demonios por el poder de Beelzebú. Pues si yo expulso a los demonios por el poder de Beelzebú, ¿quién da a vuestros seguidores el poder para expulsarlos? Por eso, ellos mismos demuestran que estáis equivocados. Pero si yo expulso a los demonios por el poder de Dios, es que el reino de Dios ya ha llegado a vosotros. Cuando un hombre fuerte y bien armado cuida de su casa, lo que guarda en ella está seguro. Pero si otro más fuerte que él llega y le vence, le quita las armas en las que confiaba y reparte sus bienes como botín. El que no está conmigo está contra mí; y el que conmigo no recoge, desparrama (...).

Jesús expulsa a un demonio... y luego es acusado de hacerlo... Hoy nuestro amado Maestro nos enseña que un reino dividido no puede mantenerse. Reflexiona sobre tu unidad interior. También en tu vida y comunidad. ¿Trabajamos juntos por el reino de Dios, o permitimos que las divisiones nos debiliten? *Señor, te pido por la unidad y te pido también fortaleza para resistir las tentaciones que intentan alejarme de tu amor y tu verdad. Amén.*

Jl 4,12-21
Sal 96. *Alegraos, justos, con el Señor.*
Lc 11,27-28

Mientras Jesús decía estas cosas, una mujer gritó de en medio de la gente: "¡Dichosa la mujer que te dio a luz y te crió!". Él contestó: "¡Dichosos más bien los que escuchan el mensaje de Dios y le obedecen!".

Atiende: Jesús te dice a ti que los verdaderamente benditos son aquellos que escuchan y obedecen la Palabra de Dios. Piensa en tu propia disposición a vivir según las enseñanzas de Jesús. ¿Escuchas y obedeces su Palabra con corazón abierto? Pide la gracia de ser oyente y fiel cumplidor de su Palabra. Encuentra bendición en esa fidelidad a su voluntad.

2Re 5,14-17

En aquellos días Naamán fue y se sumergió siete veces en el Jordán, según se lo había ordenado el profeta; y su carne se volvió como la de un muchacho, y quedó limpio. Entonces él y todos sus acompañantes fueron a ver a Eliseo. Al llegar ante él, Naamán le dijo: "¡Ahora estoy convencido de que en toda la tierra no hay Dios, sino solo en Israel! Por lo tanto, te ruego que aceptes un regalo de este servidor tuyo". Pero Eliseo le contestó: "Juro por el Señor, que me está viendo, que no lo aceptaré". Y aunque Naamán insistió, Eliseo se negó a aceptarlo. Entonces Naamán dijo: "En ese caso permite que me lleve dos cargas de mula de tierra de Israel; porque este servidor tuyo no volverá a ofrecer holocaustos ni sacrificios a otros dioses, sino al Señor".

Sal 97. *El Señor revela a las naciones su salvación.*

2Tm 2,8-13

Acuérdate de Jesucristo, que resucitó y que era descendiente del rey David: éste es el Evangelio que predico. Y por este Evangelio soporto sufrimientos; incluso el estar encadenado como un criminal. ¡Pero la palabra de Dios no está encadenada! Por eso lo soporto todo en bien de los que Dios ha escogido, para que también ellos alcancen la salvación gloriosa y eterna en Cristo Jesús. Esto es muy cierto: Si morimos con él, también viviremos con él; si sufrimos, tendremos parte en su reino; si le negamos, también él nos negará; si no somos fieles, él sigue siendo fiel, porque no puede negarse a sí mismo.

Lc 17,11-19

En su camino a Jerusalén, pasó Jesús entre las regiones de Samaria y Galilea. Al llegar a cierta aldea le salieron al encuentro diez hombres enfermos de lepra, que desde lejos gritaban: "¡Jesús, Maestro, ten compasión de nosotros!". Al verlos, Jesús les dijo: "Id a presentaros a los sacerdotes". Mientras iban, quedaron limpios de su enfermedad. Uno de ellos, al verse sanado, regresó alabando a Dios a grandes voces, y se inclinó hasta el suelo ante Jesús para darle las gracias. Este hombre era de Samaria. Jesús dijo: "¿Acaso no son diez los que quedaron limpios de su enfermedad? ¿Dónde están los otros nueve? ¿Únicamente este extranjero ha vuelto para alabar a Dios?". Y dijo al hombre: "Levántate y vete. Por tu fe has sido sanado".

Este domingo debe ser especial para ti. Abre tu corazón a la alegría y la esperanza. Como Naamán reconoce el poder de Dios tras ser sanado, siente que Dios obra en ti. San Pablo nos recuerda la importancia de perseverar en la fe, incluso en medio de las dificultades. Jesús, al sanar a los leprosos, destaca la importancia de la gratitud.

Medita sobre tu gratitud hacia Dios y tu propia disposición a reconocer su acción en tu vida. Haz memoria… Él siempre estuvo ahí, de una forma u otra…

Señor, te pido la gracia de vivir con un corazón agradecido, de ser un testigo fiel de tu amor y misericordia en todo momento. Amén.

Rm 1,1-7
Sal 97. *El Señor da a conocer su victoria.*
Lc 11,29-32

La multitud seguía juntándose alrededor de Jesús, y él comenzó a decirles: "La gente de este tiempo es malvada. Pide una señal milagrosa, pero no se le dará otra señal que la de Jonás. Porque así como Jonás fue señal para la gente de Nínive, así también el Hijo del hombre será señal para la gente de este tiempo. En el día del juicio, cuando se juzgue a la gente de este tiempo, la reina del Sur se levantará y la condenará; porque ella vino de lo más lejano de la tierra para escuchar la sabiduría de Salomón, y lo que hay aquí es más que Salomón. También los habitantes de Nínive se levantarán en el día del juicio, cuando se juzgue a la gente de este tiempo, y la condenarán; porque los de Nínive se convirtieron a Dios cuando oyeron el mensaje de Jonás, y lo que hay aquí es más que Jonás".

Jesús reprende a quien busca señales milagrosas en lugar de reconocer la presencia de Dios en sus vidas. El ejemplo que da sobre la señal de Jonás nos llama a la conversión y al arrepentimiento sincero. Piensa en tu desconfianza, tus dudas y tus búsquedas de signos externos, ¿te centras más en ellas o en tratar de cultivar una fe profunda y madura? Pide a Dios que te conceda un corazón dispuesto a escuchar su llamada a la conversión y a vivir en fidelidad a su voluntad.

Rm 1,16-25
Sal 18. *El cielo proclama la gloria De Dios.*
Lc 11,37-41

Cuando Jesús dejó de hablar, un fariseo le invitó a comer en su casa. Jesús entró y se sentó a la mesa. Y como el fariseo se extrañase al ver que no había cumplido con el rito de lavarse las manos antes de comer, el Señor le dijo: "Vosotros los fariseos limpiáis por fuera el vaso y el plato, pero por dentro estáis llenos de lo que habéis obtenido mediante el robo y la maldad. ¡Necios!, ¿no sabéis que el que hizo lo de fuera hizo también lo de dentro? Dad vuestras limosnas de lo que está dentro y así todo quedará limpio".

Jesús siempre critica a los fariseos por su hipocresía, porque se fijan en la apariencia y cuidan solo el exterior, mientras el interior está lleno de maldad. Estamos invitados a cultivar la pureza de nuestro corazón y a buscar siempre la autenticidad en nuestra vida espiritual. Dedica un tiempo a meditar sobre tus propias actitudes y acciones. ¿Eres una persona auténtica en tu relación con Dios y con los demás? Pide a Dios que purifique tu corazón y te ayude a vivir con integridad y sinceridad.

15 OCTUBRE

Miércoles

Santa Teresa de Jesús (F)

Eclo 15,1-6
Sal 88. *Cantaré eternamente las misericordias del Señor.*
Mt 11,25-30

Por aquel tiempo, Jesús dijo: "Te alabo, Padre, Señor del cielo y de la tierra, porque has mostrado a los sencillos las cosas que ocultaste a los sabios y entendidos. Sí, Padre, porque así lo has querido. Mi Padre me ha entregado todas las cosas.

Nadie conoce realmente al Hijo, sino el Padre; y nadie conoce realmente al Padre, sino el Hijo y aquellos a quienes el Hijo quiera darlo a conocer. Venid a mí todos los que estáis cansados y agobiados, y yo os haré descansar. Aceptad el yugo que os impongo, y aprended de mí, que soy paciente y de corazón humilde; así encontraréis descanso. Porque el yugo y la carga que yo os impongo son ligeros".

Santa Teresa de Jesús nos enseña en todos sus escritos a buscar la unión con Dios a través de la oración y la humildad. Dedica unos momentos a pensar en tu vida de oración y tu humildad ante Dios. Recuerda que Jesús alaba a los sencillos, y otorga mucha importancia a la humildad y la simplicidad de corazón. Pidamos la intercesión de santa Teresa para crecer en nuestra vida espiritual, buscando siempre la voluntad de Dios como hizo ella, con un corazón humilde y entregado.

Rm 3,21-30a
Sal 129. *Del Señor viene la misericordia, la redención copiosa.*
Lc 11,47-54

En aquel tiempo dijo Jesús: "¡Ay de vosotros!, que construís los sepulcros de los profetas a quienes mataron vuestros antepasados. Con eso dais a entender que estáis de acuerdo con lo que vuestros antepasados hicieron, pues ellos los mataron y vosotros construís sus sepulcros. Por eso, Dios dijo en su sabiduría: 'Les mandaré profetas y apóstoles; a unos los matarán y a otros los perseguirán'. Dios pedirá cuentas a la gente de hoy de la sangre de todos los profetas que fueron asesinados desde la creación del mundo, desde la sangre de Abel hasta la de Zacarías, a quien mataron entre el altar y el santuario. Sí, os digo que Dios pedirá cuentas de la muerte de ellos a la gente de hoy. ¡Ay de vosotros, maestros de la ley!, que os habéis apoderado de la llave de la ciencia, y ni vosotros entráis ni dejáis entrar a los que quieren hacerlo". Cuando Jesús les dijo estas cosas, los maestros de la ley y los fariseos se llenaron de ira y comenzaron a molestarle con muchas preguntas, tendiéndole trampas para cazarlo en alguna palabra.

Jesús condena la hipocresía de los maestros de la ley y los fariseos, que construyen sepulcros para los profetas mientras siguen aferrados a sus mismos errores. Eso debería hacernos recapacitar sobre nuestra coherencia personal entre lo que creemos y lo que practicamos. ¿Vives con autenticidad la fe? *Señor, dame la gracia de ser un verdadero discípulo, de vivir de manera coherente y fiel tus enseñanzas. Ayúdame a no temer, a confiar en que la verdad se abre camino con el tiempo. Amén.*

Rm 4,1-8
Sal 31. *Tú eres mi refugio, me rodeas de cantos de liberación.*
Lc 12,1-7

Se juntaron entre tanto miles de personas, que se atropellaban unas a otras. Jesús comenzó a hablar, dirigiéndose primero a sus discípulos: "Guardaos de la levadura de los fariseos, es decir, de su hipocresía. Porque no hay nada secreto que no llegue a descubrirse, ni nada oculto que no llegue a conocerse. Por tanto, todo lo que habéis dicho en la oscuridad se oirá a la luz del día; y lo que habéis dicho en secreto y a puerta cerrada será pregonado desde las azoteas de las casas. A vosotros, amigos míos, os digo que no debéis tener miedo a quienes pueden matar el cuerpo, pero después no pueden hacer más. Os voy a decir a quién debéis tener miedo: tened miedo a aquel que, además de quitar la vida, tiene poder para arrojar en el infierno. Sí, tenedle miedo a él. ¿No se venden cinco pajarillos por dos pequeñas monedas? Sin embargo, Dios no se olvida de ninguno de ellos. En cuanto a vosotros mismos, hasta los cabellos de la cabeza los tenéis contados uno por uno. Así que no tengáis miedo: vosotros valéis más que muchos pajarillos".

Jesús nos advierte otra vez sobre la hipocresía y nos llama a la transparencia y la verdad. Esto es muy importante para Él. Nada de lo oculto permanecerá sin ser revelado. Pensemos en nuestra vida y nuestras acciones. ¿Vivimos con integridad y honestidad? ¿Somos conscientes de que Dios lo ve todo? Pidamos la gracia de vivir en la verdad, con un corazón puro y sincero, confiando siempre en la protección y el amor de Dios.

2Tm 4,10-17b
Sal 144. *Que tus fieles,
Señor, proclamen la gloria de
tu reinado.*
Lc 10,1-9

En aquel tiempo escogió también el Señor a otros setenta y dos, y los mandó delante de él, de dos en dos, a todos los pueblos y lugares a donde tenía que ir. Les dijo: "Ciertamente la mies es mucha, pero los obreros son pocos. Por eso, pedidle al Dueño de la mies que mande obreros a recogerla. Andad y ved que os envío como a corderos en medio de lobos.

No llevéis bolsa ni monedero ni sandalias, y no os detengáis a saludar a nadie en el camino. Cuando entréis en una casa, saludad primero diciendo: 'Paz a esta casa'. Si en ella hay gente de paz, vuestro deseo de paz se cumplirá; si no, no se cumplirá. Y quedaos en la misma casa, comiendo y bebiendo lo que tengan, pues el obrero tiene derecho a su salario. No andéis de casa en casa. Al llegar a un pueblo donde os reciban bien, comed lo que os ofrezcan; y sanad a los enfermos del lugar y decidles: 'El reino de Dios ya está cerca de vosotros'".

Este es un pasaje del evangelio de Lucas realmente emocionante: Jesús envía a setenta y dos discípulos a proclamar el reino de Dios, con ello se nos recuerda la misión evangelizadora de la Iglesia. Siente esa llamada… El evangelista nos muestra la importancia de anunciar la Buena Nueva. Nosotros… ¿tenemos vocación de evangelizar? ¿Compartimos con alegría el mensaje de Cristo? Pide a Dios la valentía y el fervor para ser auténticos testigos de su amor en el mundo.

Ex 17,8-13

Los amalecitas se dirigieron a Refidim para pelear contra los israelitas. Entonces Moisés dijo a Josué: "Escoge algunos hombres y sal a pelear contra los amalecitas. Yo estaré mañana en lo alto del monte, con el bastón de Dios en la mano". Josué hizo lo que Moisés le ordenó, y salió a pelear contra los amalecitas. Mientras tanto, Moisés, Aarón y Hur subieron a lo alto del monte. Cuando Moisés levantaba su brazo, los israelitas dominaban en la batalla; cuando lo bajaba, dominaban los amalecitas. Pero como a Moisés se le cansaban los brazos, (…) Aarón y Hur le sostuvieron los brazos, uno por un lado y otro por el otro. De esta manera los brazos de Moisés se mantuvieron firmes hasta que el sol se puso, y Josué derrotó al ejército amalecita a filo de espada.

Sal 120. *El auxilio me viene del Señor, que hizo el cielo y la tierra.*

2Tm 3,14—4,2

Tú permanece firme en todo lo que aprendiste, de lo cual estás convencido. Ya sabes quiénes te lo enseñaron. Recuerda que desde niño conoces las sagradas Escrituras, que pueden instruirte y llevarte a la salvación por medio de la fe en Cristo Jesús. Toda Escritura está inspirada por Dios y es útil para enseñar y reprender, para corregir y educar en una vida de rectitud. Así (…) te encargo mucho que prediques el mensaje, y que insistas, tanto si el momento es oportuno como si no lo es. Convence, reprende y anima, enseñando con toda paciencia.

Lc 18,1-8

Jesús les contó una parábola para enseñarles que debían orar siempre y no desanimarse. Les dijo: "Había en un pueblo un juez que no temía a Dios ni respetaba a los hombres. Y en el mismo pueblo vivía también una viuda, que tenía planteado un pleito y que fue al juez a pedirle justicia contra su adversario. Durante mucho tiempo el juez no quiso atenderla, pero finalmente pensó: 'Yo no temo a Dios ni respeto a los hombres. Sin embargo, como esta viuda no deja de molestarme, le haré justicia, para que no siga viniendo y acabe con mi paciencia'". El Señor añadió: "Pues bien, si esto es lo que dijo aquel mal juez, ¿cómo Dios no va a hacer justicia a sus escogidos, que claman a él día y noche? ¿Los hará esperar? Os digo que les hará justicia sin demora. Pero cuando el Hijo del hombre venga, ¿encontrará todavía fe en la tierra?".

Hoy tenemos una preciosa enseñanza en las lecturas de la Eucaristía. Aarón y Hur sostienen los brazos de Moisés en la batalla. Lo que nos muestra la importancia de la oración, pero también de la cooperación y el apoyo mutuo. San Pablo nos llama a permanecer firmes en la fe y a predicar la Palabra de Dios en todo momento. Jesús nos recuerda la importancia de la perseverancia en la oración a través de la parábola de la viuda y el juez injusto.

Dedica un tiempo a pensar en tu vida de oración. ¿Le das importancia? ¿Le dedicas tiempo?

Dame la gracia, Señor, de ser constante en la oración y de apoyar a los hermanos en la fe, trabajando juntos para el reino de Dios. Amén.

Rm 4,20-25

Sal: Lc 1,69-75. *Bendito sea el Señor, Dios de Israel, porque ha visitado a su pueblo.*

Lc 12,13-21

Uno de entre la gente dijo a Jesús: "Maestro, dile a mi hermano que reparta conmigo la herencia". Jesús le contestó: "Amigo, ¿quién me ha puesto sobre vosotros como juez o partidor?". También dijo: "Guardaos de toda avaricia, porque la vida no depende del poseer muchas cosas". Entonces les contó esta parábola: "Había un hombre rico, cuyas tierras dieron una gran cosecha. El rico se puso a pensar: '¿Qué haré? ¿No tengo donde guardar mi cosecha!'. Y se dijo: 'Ya sé qué voy a hacer: derribaré mis graneros y construiré otros más grandes en los que guardar toda mi cosecha y mis bienes. Luego me diré: Amigo, ya tienes muchos bienes guardados para muchos años; descansa, come, bebe y goza de la vida'. Pero Dios le dijo: 'Necio, vas a morir esta misma noche: ¿para quién será lo que tienes guardado?'. Eso le pasa al hombre que acumula riquezas para sí mismo, pero no es rico delante de Dios".

Jesús nos advierte: ¡cuidado con la avaricia y la obsesión por las riquezas materiales! La parábola del rico insensato nos recuerda que la verdadera riqueza está en ser ricos ante Dios. Aclara para ti cuáles son tus verdaderas prioridades y deseos. ¿Te obsesiona algún bien material? ¿Estás acumulando tesoros en la tierra o en el cielo? Pidamos a Dios la sabiduría para vivir con desapego, buscando primero su Reino y su justicia.

Rm 5,12.15b.17-19.20b-21
Sal 39. *Aquí estoy, Señor,
para hacer tu voluntad.*
Lc 12,35-38

En aquel tiempo dijo Jesús: "Estad preparados y mantened vuestras lámparas encendidas. Sed como criados que esperan que su amo regrese de una boda, para abrirle la puerta tan pronto como llegue y llame. ¡Dichosos los criados a quienes su amo, al llegar, encuentre despiertos! Os aseguro que los hará sentar a la mesa y se dispondrá a servirles la comida. Dichosos ellos, si los encuentra despiertos aunque llegue a medianoche o de madrugada".

Jesús nos llama a estar preparados y vigilantes, como los siervos que esperan el regreso de su amo. La vigilancia espiritual es esencial en nuestra vida de fe. ¿Estás preparado para recibir al Señor en cualquier momento? ¿Estás viviendo de manera que agrada a Dios? ¿Preparas su venida? Oremos implorando ser vigilantes y fieles, siempre atentos para el encuentro con el Señor.

Rm 6,12-18
Sal 123. *Nuestro auxilio es el nombre del Señor.*
Lc 12,39-48

En aquel tiempo dijo Jesús: "Pensad que si el dueño de la casa supiera a qué hora va a llegar el ladrón, no dejaría que se la abrieran para robarle. Estad también vosotros preparados, porque el Hijo del hombre vendrá cuando menos lo esperéis". Pedro le preguntó: "Señor, ¿has contado esta parábola sólo para nosotros, o para todos?". Dijo el Señor: "¿Quién es el mayordomo fiel y atento, a quien su amo deja al cargo de la servidumbre para repartirles la comida a su debido tiempo? ¡Dichoso el criado a quien su amo, al llegar, encuentra cumpliendo con su deber! De verdad os digo que el amo le pondrá al cargo de todos sus bienes. Pero si ese criado, pensando que su amo va a tardar en volver, comienza a maltratar a los demás criados y a las criadas, y se pone a comer, beber y emborracharse, el día que menos lo espera y a una hora que no sabe llegará su amo y lo castigará. Le condenará a correr la misma suerte que los infieles. El criado que sabe lo que quiere su amo, pero no está preparado ni le obedece, será castigado con muchos golpes. Pero el criado que por ignorancia hace cosas que merecen castigo, será castigado con menos golpes. A quien mucho se le da, también se le pedirá mucho; a quien mucho se le confía, se le exigirá mucho más".

Hoy Jesús nos recuerda otra vez la importancia de estar preparados para su venida. El mayordomo fiel es la alegoría del que es capaz de cumplir con su deber. ¿Cómo es la fidelidad que muestras a las responsabilidades que Dios te ha confiado? Todos tenemos una misión que cumplir. Ya sea que la sintamos pequeña o grande… ¡Esa es tu misión! ¿Estamos siendo buenos administradores de los dones y las oportunidades que hemos recibido? Pidamos a Dios la gracia de la fidelidad y la diligencia en nuestro servicio a Él y a los demás.

Jueves

TIEMPO ORDINARIO 29ª SEMANA (f)

Rm 6,19-23

Sal 1. *Dichoso el hombre que ha puesto su confianza en el Señor.*

Lc 12,49-53

En aquel tiempo dijo Jesús: "He venido a encender fuego en el mundo, ¡y cómo querría que ya estuviera ardiendo! Tengo que pasar por una terrible prueba, ¡y cómo he de sufrir hasta que haya terminado! ¿Creéis que he venido a traer paz a la tierra? Pues os digo que no, sino división. Porque, de ahora en adelante, cinco en una familia estarán divididos, tres contra dos y dos contra tres. El padre estará contra su hijo y el hijo contra su padre; la madre contra su hija y la hija contra su madre; la suegra contra su nuera y la nuera contra su suegra".

L a misión de Jesús no es traer paz sino división. Esto puede sonar muy duro, pero refleja algo tremendamente importante: la radicalidad del seguimiento a Cristo. La fe en Él puede causar tensiones incluso en las relaciones más cercanas. Reflexionemos sobre nuestra disposición a seguir a Jesús, aun cuando implique conflictos o sacrificios. Pidamos a Dios la fortaleza y el valor necesarios para seguir a Cristo con un corazón indiviso, aceptando las dificultades que puedan surgir,

Rm 7,18-25a
Sal 118. *Instrúyeme, Señor, en tus leyes.*
Lc 12,54-59

Jesús dijo también a la gente: "Cuando veis que las nubes aparecen por occidente, decís que va a llover, y así sucede. Y cuando el viento sopla del sur, decís que va a hacer calor, y lo hace. ¡Hipócritas!, si sabéis interpretar tan bien el aspecto del cielo y de la tierra, ¿cómo no sabéis interpretar el tiempo en que vivís? ¿Por qué no juzgas por ti mismo lo que es justo? Si alguien te demanda ante las autoridades, procura llegar a un acuerdo con él mientras aún estés a tiempo, para que no te lleve ante el juez; porque si no, el juez te entregará a los guardias y los guardias te meterán en la cárcel. Te digo que no saldrás de allí hasta que pagues el último céntimo".

Jesús nos exhorta a interpretar los signos de los tiempos y a actuar con justicia y reconciliación. ¿Paramos para discernir la voluntad de Dios en nuestra vida diaria? ¿Estamos atentos a las llamadas de Dios y dispuestos a actuar en consecuencia? San Antonio María Claret lo hizo así y por ello es un estímulo y un ejemplo para todos los cristianos. Pidamos la gracia de tener un discernimiento claro y una actitud justa, buscando siempre la reconciliación y la paz.

Sábado

Rm 8,1-11
Sal 23. *Éste es el grupo que viene a tu presencia, Señor.*
Lc 13,1-9

Por aquel mismo tiempo fueron unos a ver a Jesús, y le contaron lo que Pilato había hecho: sus soldados mataron a unos galileos cuando estaban ofreciendo sacrificios, y la sangre de esos galileos se mezcló con la sangre de los animales que sacrificaban. Jesús les dijo: "¿Pensáis que aquellos galileos murieron así por ser más pecadores que los demás galileos? Os digo que no, y que si vosotros no os volvéis a Dios, también moriréis. ¿O creéis que aquellos dieciocho que murieron cuando la torre de Siloé les cayó encima eran más culpables que los demás que vivían en Jerusalén? Os digo que no, y que si vosotros no os volvéis a Dios, también moriréis". Jesús les contó esta parábola: "Un hombre había plantado una higuera en su viña, pero cuando fue a ver si tenía higos no encontró ninguno. Así que dijo al hombre que cuidaba la viña: 'Mira, hace tres años que vengo a esta higuera en busca de fruto, pero nunca lo encuentro. Córtala. ¿Para qué ha de ocupar terreno inútilmente?'. Pero el que cuidaba la viña le contestó: 'Señor, déjala todavía este año. Cavaré la tierra a su alrededor y le echaré abono. Con eso, tal vez dé fruto; y si no, ya la cortarás'".

Jesús nos advierte sobre la urgencia de volvernos a Dios. Es la *metanoia*: el cambio del corazón y la vuelta a Dios. Esta parábola nos recuerda la paciencia y la misericordia del Padre, pero también la necesidad de dar fruto. Pensemos en los frutos que producimos. ¿Respondemos a la llamada de Dios con un corazón abierto? Señor, dame la gracia de la conversión continua y alimenta mi deseo de vivir una vida fructífera en tu amor. Amén.

Eclo 35,12-14.16-18

El Señor es un Dios justo y trata a todos por igual. No favorece a nadie en perjuicio del pobre, y escucha las súplicas del afligido. Él oye las quejas del huérfano y los muchos gemidos de la viuda. ¡Cómo ruedan las lágrimas por las mejillas de la viuda que gime por sus hijos sin hogar! Sus amargas quejas alcanzan el favor de Dios, y sus súplicas llegan hasta el cielo. El clamor del pobre traspasa las nubes y no descansa hasta llegar a Dios; no desiste hasta que Dios le atiende y, como juez justo, le hace justicia.

Sal 33. *Si el afligido invoca al Señor, él lo escucha.*

2Tm 4,6-8.16-18

Yo ya estoy para ser ofrecido en sacrificio: ya se acerca la hora de mi muerte. He peleado la buena batalla, he llegado al término de la carrera, me he mantenido fiel. Ahora me espera la corona merecida que el Señor, el Juez justo, me dará en aquel día. Y no me la dará solamente a mí, sino también a todos los que con amor esperan su regreso. En mi primera defensa ante las autoridades, nadie me ayudó; todos me abandonaron. Espero que Dios no se lo tome en cuenta. Pero el Señor sí me ayudó, y me dio fuerzas para llevar a buen término la predicación del mensaje de salvación y hacer que lo oyeran todos los paganos. [Así el Señor me libró de la boca del león, y me librará de todo mal, y me salvará llevándome a su reino celestial.] ¡Gloria a él para siempre! Amén.

Lc 18,9-14

Jesús contó esta otra parábola para algunos que se consideraban a sí mismos justos y despreciaban a los demás: "Dos hombres fueron al templo a orar: el uno era fariseo, y el otro era uno de esos que cobran impuestos para Roma. El fariseo, de pie, oraba así: 'Oh Dios, te doy gracias porque no soy como los demás: ladrones, malvados y adúlteros. Ni tampoco soy como ese cobrador de impuestos. Ayuno dos veces por semana y te doy la décima parte de todo lo que gano'. A cierta distancia, el cobrador de impuestos ni siquiera se atrevía a levantar los ojos al cielo, sino que se golpeaba el pecho y decía: '¡Oh Dios, ten compasión de mí que soy pecador!'. Os digo que este cobrador de impuestos volvió a su casa perdonado por Dios; pero no el fariseo. Porque el que a sí mismo se engrandece será humillado, y el que se humilla será engrandecido".

Las lecturas de hoy nos muestran la justicia y la compasión de Dios, que escucha las súplicas de los afligidos. San Pablo, al final de su vida, nos da ejemplo de fidelidad y perseverancia. Jesús, en la parábola del fariseo y el publicano, nos enseña la verdadera humildad ante Dios que debe tener el verdadero creyente.

¿Cómo es nuestra actitud en la oración? ¿Y nuestra compasión hacia los necesitados? ¿Y ante aquellos que consideramos inferiores a nosotros?

Señor, dame la gracia de tener un corazón humilde y misericordioso que siempre busque la justicia y la compasión. Que no olvide, que Tú estás en mi vida y te muestro en mis acciones hacia los demás. Amén.

Rm 8,12-17
Sal 67. *Nuestro Dios es un dios que salva.*
Lc 13,10-17

Un sábado se puso Jesús a enseñar en una sinagoga. Había allí una mujer que estaba enferma desde hacía dieciocho años. Un espíritu maligno la había dejado encorvada, y no podía enderezarse para nada. Cuando Jesús la vio, la llamó y le dijo: "Mujer, ya estás libre de tu enfermedad". Puso las manos sobre ella, y al momento la mujer se enderezó y comenzó a alabar a Dios. Pero el jefe de la sinagoga, enojado porque Jesús la había sanado en sábado, dijo a la gente: "Hay seis días para trabajar: venid cualquiera de ellos a ser sanados, y no el sábado". El Señor le contestó: "Hipócritas, ¿no desata cualquiera de vosotros su buey o su asno en sábado, para llevarlo a beber? Pues a esta mujer, que es descendiente de Abraham y que Satanás tenía atada con esa enfermedad desde hace dieciocho años, ¿acaso no se la debía desatar aunque fuera en sábado?". Cuando Jesús dijo esto, sus enemigos quedaron avergonzados; pero toda la gente se alegraba viendo las grandes cosas que él hacía.

Jesús sana a la mujer encorvada en sábado y se enfrenta a la hipocresía de los líderes religiosos. ¿Cuál es tu nivel de comprensión y compasión hacia los demás? ¿Antepones la letra de la ley a la misericordia y el amor? Pide a Dios la gracia de comprender y vivir el verdadero significado del descanso en Él, mostrando compasión y amor en todas tus acciones.

Ef 2,19-22
Sal 18. *A toda la tierra alcanza su pregón.*
Lc 6,12-19

Por aquellos días, Jesús se fue a un cerro a orar, y pasó toda la noche orando a Dios. Cuando se hizo de día, reunió a sus discípulos y escogió a doce de ellos, a los cuales llamó apóstoles. Estos fueron: Simón, a quien puso también el nombre de Pedro; Andrés, hermano de Simón; Santiago, Juan, Felipe, Bartolomé, Mateo, Tomás, Santiago hijo de Alfeo; Simón el celote, Judas, hijo de Santiago, y Judas Iscariote, que traicionó a Jesús. Jesús bajó del cerro con ellos, y se detuvo en un llano. Se habían reunido allí muchos de sus seguidores y mucha gente de toda la región de Judea, y de Jerusalén y de la costa de Tiro y Sidón. Habían venido para oír a Jesús y para que los curase de sus enfermedades. Los que sufrían a causa de espíritus impuros, también quedaban sanados. Así que toda la gente quería tocar a Jesús, porque los sanaba a todos con el poder que de él salía.

Jesús elige a sus doce apóstoles tras una noche de oración. Con ello nos muestra la importancia de la oración antes de tomar decisiones importantes. Piensa en cómo lo haces tú. ¿Buscas la guía de Dios en tus decisiones? ¿Consultas a Dios y te apoyas en la oración? *Señor, dame la gracia de una vida de oración profunda, hazme confiar en tu guía y ayúdame a discernir tu voluntad en todo momento. Amén.*

Rm 8,26-30
Sal 12. *Yo confío, Señor, en tu misericordia.*
Lc 13,22-30

En su camino a Jerusalén, Jesús enseñaba en los pueblos y aldeas por donde pasaba. Alguien le preguntó: "Señor, ¿son pocos los que se salvan?". Él contestó: "Procurad entrar por la puerta estrecha, porque os digo que muchos querrán entrar y no podrán. Después que el dueño de la casa se levante y cierre la puerta, vosotros, los que estáis fuera, llamaréis y diréis: '¡Señor, ábrenos!'. Pero él os contestará: 'No sé de dónde sois'. Entonces comenzaréis a decir: 'Hemos comido y bebido contigo, y tú enseñaste en nuestras calles'. Pero él os contestará: 'Ya os digo que no sé de dónde sois. ¡Apartaos de mí, malhechores!'. Allí lloraréis y os rechinarán los dientes al ver que Abraham, Isaac, Jacob y todos los profetas están en el reino de Dios, y que vosotros sois echados fuera. Porque vendrá gente del norte, del sur, del este y del oeste, y se sentará a la mesa en el reino de Dios. Y mirad, algunos de los que ahora son los últimos serán los primeros; y algunos que ahora son los primeros serán los últimos.

Se nos pide que entremos por la puerta estrecha, advirtiéndonos con ello sobre la facilidad con que podemos perder nuestros pasos buscando comodidades y facilidades mundanas. Es una invitación a pensar en nuestro camino espiritual y en las decisiones que tomamos cada día. ¿Nos esforzamos por vivir según los valores del reino de Dios? Pidamos a Dios la gracia de la perseverancia y el valor necesario para elegir siempre el camino que conduce a la vida eterna, aunque sea difícil y estrecho.

Rm 8,31b-39
Sal 108. *Sálvame, Señor, por tu bondad.*
Lc 13,31-35

También entonces llegaron algunos fariseos, a decirle a Jesús: "Vete de aquí, porque Herodes te quiere matar". Él les contestó: "Id y decidle a ese zorro: 'Mira, hoy y mañana expulso a los demonios y sano a los enfermos, y pasado mañana termino'. Pero tengo que seguir mi camino hoy, mañana y al día siguiente, porque no es posible que un profeta muera fuera de Jerusalén. ¡Jerusalén, Jerusalén, que matas a los profetas y apedreas a los mensajeros que Dios te envía! ¡Cuántas veces quise reunir a tus hijos como la gallina reúne a sus polluelos bajo las alas, pero no quisisteis! Pues mirad, vuestro hogar va a quedar desierto. Y os digo que no volveréis a verme hasta que llegue el tiempo en que digáis: '¡Bendito el que viene en el nombre del Señor!'".

Cierra los ojos y trata de ver a Jesús: cómo lamenta la resistencia de Jerusalén a aceptar a los profetas y su mensaje de salvación. Reflexionemos sobre nuestra propia receptividad al mensaje de Dios y nuestra disposición a seguir su voluntad. ¿Estamos abiertos a su llamada? Pide la gracia de poseer un corazón receptivo y dispuesto a acoger su amor y su misericordia, viviendo en fidelidad a su Palabra.

31

Rm 9,1-5
Sal 147. *Glorifica al Señor, Jerusalén.*
Lc 14,1-6

Sucedió que un sábado fue Jesús a comer a casa de un jefe fariseo, y otros fariseos le estaban espiando. Había allí, delante de él, un hombre enfermo de hidropesía. Jesús preguntó a los maestros de la ley y a los fariseos: "¿Está permitido sanar a un enfermo en sábado, o no?". Pero ellos se quedaron callados. Entonces Jesús tomó al enfermo, lo sanó y lo despidió. Y dijo a los fariseos: "¿Quién de vosotros, si su hijo o su buey cae a un pozo, no lo saca en seguida aunque sea sábado?". Y no pudieron contestarle nada.

El Evangelio nos recuerda hoy y siempre que la compasión y el amor han de estar por encima de las reglas rígidas. Hemos de dar importancia en nuestra vida a la misericordia. ¿Somos flexibles y compasivos en nuestra vida espiritual? Pidamos a Dios la gracia de vivir con un corazón compasivo, siempre dispuestos a hacer el bien y a mostrar su amor en todas nuestras acciones.

Ap 7,2-4.9-14
Sal 23. *Éste es el grupo que viene a tu presencia, Señor.*
1Jn 3,1-3
Mt 5,1-12a

Al ver la multitud, Jesús subió al monte y se sentó. Sus discípulos se le acercaron, y él comenzó a enseñarles diciendo: "Dichosos los que reconocen su pobreza espiritual, porque suyo es el reino de los cielos. Dichosos los que sufren, porque serán consolados. Dichosos los humildes, porque heredarán la tierra que Dios les ha prometido. Dichosos los que tienen hambre y sed de justicia, porque serán satisfechos. Dichosos los compasivos, porque Dios tendrá compasión de ellos. Dichosos los de corazón limpio, porque verán a Dios. Dichosos los que trabajan por la paz, porque Dios los llamará hijos suyos. Dichosos los perseguidos por hacer lo que es justo, porque suyo es el reino de los cielos. Dichosos vosotros, cuando la gente os insulte y os maltrate, y cuando por causa mía digan contra vosotros toda clase de mentiras. ¡Alegraos, estad contentos, porque en el cielo tenéis preparada una gran recompensa!".

Dios nos llama a la santidad. La visión de una multitud vestida de blanco en el Apocalipsis nos recuerda que somos parte de una gran familia de santos. Esta visión nos llena de esperanza y nos invita a vivir con la confianza en que, en Cristo, nuestras almas pueden ser iluminadas y nuestras vidas transformadas. Las bienaventuranzas nos enseñan el camino hacia esta santidad, invitándonos a vivir con humildad, compasión y hambre de justicia. *Señor, hazme un reflejo de tu santidad. Ayúdame a vivir según las bienaventuranzas, buscando siempre ser puro de corazón y trabajar por la paz. Que mi vida sea un testimonio vivo de tu amor y misericordia. Amén.*

Job 19,1.23-27a

¡Ojalá alguien escribiera mis palabras y las dejara grabadas en metal! ¡Ojalá alguien, con un cincel de hierro, las grabara para siempre en el plomo o en la piedra! Yo sé que mi defensor vive y que él será mi abogado aquí en la tierra. Y aunque la piel se me caiga a pedazos, yo, en persona, veré a Dios. Con mis propios ojos he de verlo yo mismo, no un extraño.

Sal 22. *El Señor es mi pastor, nada me falta.*

Rm 5,5-11

Una esperanza que no defrauda, porque Dios ha llenado con su amor nuestro corazón por medio del Espíritu Santo que nos ha dado. Como nosotros éramos incapaces de salvarnos, Cristo, en el momento oportuno, murió por los malos. No es fácil que una persona se deje matar en lugar de otra. Ni siquiera en lugar de una persona justa, aunque quizás alguno estaría dispuesto a morir por una persona verdaderamente buena. Pero Dios prueba que nos ama en que, cuando aún éramos pecadores, Cristo murió por nosotros. Y ahora, siendo así que Dios nos ha hecho justos mediante la muerte de Cristo, con mayor razón seremos librados del castigo final por medio de él. Porque si Dios, cuando aún éramos enemigos suyos, nos reconcilió consigo mismo mediante la muerte de su Hijo, con mayor razón nos salvará por su vida ahora que ya estamos reconciliados con él. Y no solo esto, sino que también nos gloriamos de Dios mediante nuestro Señor Jesucristo, por quien hemos recibido ahora la reconciliación.

Jn 6,37-40

En aquel tiempo dijo Jesús: "Todos los que el Padre me da vienen a mí, y a los que vienen a mí no los echaré fuera. Porque no he venido del cielo para hacer mi propia voluntad, sino para hacer la voluntad de mi Padre, que me ha enviado. Y la voluntad del que me ha enviado es que yo no pierda a ninguno de los que me ha dado, sino que los resucite el día último. Porque la voluntad de mi Padre es que todo aquel que ve al Hijo de Dios y cree en él, tenga vida eterna, y yo le resucitaré en el día último".

En el libro de Job encontramos esperanza. Aunque todo se vuelva oscuro y enrevesado de repente, hay una esperanza que desafía el dolor de la muerte: la certeza de que nuestro Redentor vive. También Pablo nos recuerda que, aunque éramos pecadores, Cristo murió por nosotros, demostrando el inmenso amor de Dios. Y Jesús nos asegura que todos los que el Padre le ha dado, Él no los echará fuera, sino que los resucitará en el último día.

Señor, *Tú sabes que hoy recordamos especialmente a nuestros seres queridos que han partido. Llénanos de consuelo y esperanza, sabiendo que la muerte no es el final. Que tu amor y tu promesa de resurrección nos fortalezcan en nuestra fe y nos llenen de paz. Amén.*

Rm 11,29-36
Sal 68. *Que me escuche,
Señor, tu gran bondad.*
Lc 14,12-14

Dijo también al hombre que le había invitado: "Cuando des una comida o una cena, no invites a tus amigos, a tus hermanos, a tus parientes o a tus vecinos ricos; porque ellos a su vez te invitarán, y quedarás así recompensado. Al contrario, cuando des una fiesta, invita a los pobres, a los inválidos, a los cojos y a los ciegos; así serás feliz, porque ellos no te pueden pagar, pero tú recibirás tu recompensa cuando los justos resuciten".

Jesús nos enseña una vez más a dar sin esperar nada a cambio, invitándonos a compartir con los más necesitados. Esta generosidad desinteresada es recompensada por Dios de una manera que trasciende cualquier recompensa terrenal. Nos anima a sentir a todos como hermanos y a vivir con un amor genuino y una actitud altruista. *Señor, ayúdame a ser generoso y a dar sin esperar nada a cambio. Enséñame a ver a los demás con tus ojos, especialmente a los más necesitados. Que mi amor y generosidad reflejen tu amor infinito y sean un testimonio de tu gracia en el mundo. Amén.*

Rm 12,5-16a
Sal 130. *Guarda mi alma en la paz junto a ti, Señor.*
Lc 14,15-24

Al oír esto, uno de los que estaban sentados a la mesa dijo a Jesús: "¡Dichoso el que tenga parte en el banquete del reino de Dios!". Jesús le dijo: "Un hombre dio una gran cena e invitó a muchos. A la hora de la cena envió a su criado a decir a los invitados: 'Venid, que ya está todo preparado'. Pero ellos comenzaron a una a excusarse. El primero dijo: 'Acabo de comprar un campo y tengo que ir a verlo. Te ruego que me disculpes'. Otro dijo: 'He comprado cinco yuntas de bueyes y he de probarlas. Te ruego que me disculpes'. Y otro dijo: 'No puedo ir, porque acabo de casarme'. El criado regresó y se lo contó todo a su amo. Entonces el amo, indignado, dijo a su criado: 'Sal en seguida a las calles y callejas de la ciudad, y trae acá a los pobres, a los inválidos, a los ciegos y a los cojos'. Volvió el criado, diciendo: 'Señor, he hecho lo que me mandaste y aún queda sitio'. Y el amo le contestó: 'Ve por los caminos y cercados y obliga a otros a entrar, para que se llene mi casa. Porque os digo que ninguno de aquellos primeros invitados comerá de mi cena'".

D ios nos llama a todos a compartir su mesa, especialmente a los marginados y rechazados. Esta invitación nos recuerda la importancia de responder con prontitud y gratitud al plan divino y a vivir una vida que refleje el amor inclusivo de Dios. *Señor, ayúdame a responder con prontitud a tu invitación y a valorar el privilegio de estar siempre en tu presencia. Que nunca encuentre excusas para alejarme de ti y siempre busque aceptar y amar a los demás como tú nos amas. Amén.*

Rm 13,8-10
Sal 111. *Dichoso el que se apiada y presta.*
Lc 14,25-33

Jesús iba de camino acompañado por mucha gente. En esto se volvió y dijo: "Si alguno no me ama más que a su padre, a su madre, a su esposa, a sus hijos, a sus hermanos y a sus hermanas, y aun más que a sí mismo, no puede ser mi discípulo. Y el que no toma su propia cruz y me sigue, no puede ser mi discípulo. Si alguno de vosotros quiere construir una torre, ¿acaso no se sentará primero a calcular los gastos y ver si tiene dinero para terminarla? No sea que, una vez puestos los cimientos, si no puede terminarla, todos los que lo vean comiencen a burlarse de él, diciendo: 'Este hombre empezó a construir, pero no pudo terminar'. O si un rey tiene que ir a la guerra contra otro rey, ¿no se sentará primero a calcular si con diez mil soldados podrá hacer frente a quien va a atacarle con veinte mil? Y si no puede hacerle frente, cuando el otro rey esté todavía lejos le enviará mensajeros a pedirle la paz. Así pues, cualquiera de vosotros que no renuncie a todo lo que tiene no puede ser mi discípulo".

Estamos llamados a tomar nuestra cruz y seguir a Jesús, amándolo por encima de todo y calculando lo que conlleva ser discípulo suyo. Este compromiso radical nos desafía a priorizar nuestra relación con Dios sobre cualquier otro apego y a estar dispuestos a sacrificarlo todo por su causa. *Señor, dame la fuerza y el coraje necesarios para tomar mi cruz cada día y seguirte fielmente. Ayúdame a amarte sobre todas las cosas y a estar dispuesto a sacrificar lo que sea necesario por tu Reino. Que mi vida sea un reflejo de mi compromiso y amor por ti. Amén.*

Rm 14,7-12
Sal 26. *Espero gozar de la dicha del Señor en el país de la vida.*
Lc 15,1-10

Todos los que cobraban impuestos para Roma, y otras gentes de mala fama, se acercaban a escuchar a Jesús. Y los fariseos y maestros de la ley le criticaban diciendo: "Éste recibe a los pecadores y come con ellos". Entonces Jesús les contó esta parábola: "¿Quién de vosotros, si tiene cien ovejas y pierde una de ellas, no deja las otras noventa y nueve en el campo y va en busca de la oveja perdida, hasta encontrarla? Y cuando la encuentra la pone contento sobre sus hombros, y al llegar a casa junta a sus amigos y vecinos y les dice: '¡Felicitadme, porque ya he encontrado la oveja que se me había perdido!'. Os digo que hay también más alegría en el cielo por un pecador que se convierte, que por noventa y nueve justos que no necesitan convertirse. O bien, ¿qué mujer que tiene diez monedas y pierde una, no enciende una lámpara y barre la casa y busca con cuidado hasta encontrarla? Y cuando la encuentra reúne a sus amigas y vecinas y les dice: '¡Felicitadme, porque ya he encontrado la moneda que había perdido!'. Os digo que así también hay alegría entre los ángeles de Dios por un pecador que se convierte".

Las parábolas de la oveja perdida y la moneda encontrada nos muestran el amor incansable de Dios que busca y celebra con inmensa alegría cada alma recuperada. Esta verdad nos invita a vivir con la certeza de ser amados totalmente y a participar en la misión de llevar a otros hacia ese amor. *Señor, hoy te digo: gracias por tu amor incondicional, que me busca y celebra mi regreso a ti. Ayúdame a ser un instrumento de tu amor, buscando a aquellos que se han perdido y compartiendo con ellos la alegría de tu salvación. Amén.*

7 NOVIEMBRE

Viernes

Rm 15,14-21
Sal 97. *El Señor revela a las naciones su victoria.*
Lc 16,1-8

Jesús contó también esto a sus discípulos: "Un hombre rico tenía un administrador que fue acusado de malversación de bienes. El amo le llamó y le dijo: '¿Qué es eso que me dicen de ti? Dame cuenta de tu trabajo porque no puedes seguir siendo mi administrador'. El administrador se puso a pensar: '¿Qué haré ahora que el amo me deja sin empleo? No tengo fuerzas para cavar la tierra, y me da vergüenza pedir limosna... Ah, ya sé qué hacer para que haya quienes me reciban en sus casas cuando me quede sin trabajo'. Llamó entonces uno por uno a los que tenían alguna deuda con el amo, y preguntó al primero: '¿Cuánto debes a mi amo?'. Le contestó: 'Cien barriles de aceite'. El administrador le dijo: 'Aquí está tu recibo. Siéntate en seguida y apunta sólo cincuenta'. Después preguntó a otro: 'Y tú, ¿cuánto le debes?'. Éste le contestó: 'Cien medidas de trigo'. Le dijo: 'Aquí está tu recibo. Apunta sólo ochenta'. El amo reconoció que aquel administrador deshonesto había actuado con astucia. Y es que, tratándose de sus propios negocios, los que pertenecen al mundo son más listos que los que pertenecen a la luz".

Jesús elogia la astucia del administrador, lo que nos hace conscientes de la necesidad de ser sagaces en el uso de los bienes materiales. Pero, en el fondo, Él se refiere a nuestra astucia para obtener y salvaguardar el Bien eterno. Nos anima a usar nuestros recursos con sabiduría y solo para la gloria de Dios, buscando siempre acumular tesoros en el cielo y no en la tierra. *Señor, enséñame a ser sabio y justo en el uso de los bienes materiales que has puesto a mi disposición. Que todo lo que posea sea usado para tu gloria y para el bien de los hermanos. Pues sé que solo merece la pena acumular los tesoros del cielo. Amén.*

Rm 16,3-9.16.22-27
Sal 144. *Bendeciré tu nombre por siempre, Dios mío, mi rey.*
Lc 16,9-15

En aquel tiempo dijo Jesús: "Os aconsejo que uséis las riquezas de este mundo malo para ganaros amigos, para que cuando esas riquezas se acaben haya quien os reciba en las moradas eternas. El que se porta honradamente en lo poco, también se porta honradamente en lo mucho; y el que es deshonesto en lo poco, también es deshonesto en lo mucho. De manera que, si con las riquezas de este mundo malo no os portáis honradamente, ¿quién os confiará las verdaderas riquezas? Y si no os portáis honradamente con lo ajeno, ¿quién os dará lo que os pertenece? Ningún criado puede servir a dos amos, porque odiará a uno y querrá al otro, o será fiel a uno y despreciará al otro. No se puede servir a Dios y al dinero". Los fariseos, que eran amigos del dinero, al oír estas cosas se burlaban de Jesús. Él les dijo: "Vosotros pasáis por buenos delante de la gente, pero Dios conoce vuestros corazones; y lo que los hombres tienen por más elevado, Dios lo aborrece".

La fidelidad en lo poco es clave para ser honrados en lo mucho. La integridad y la honestidad en nuestras acciones cotidianas reflejan nuestro verdadero ser, y determinan nuestra capacidad para manejar responsabilidades mayores. Hoy el Señor nos invita a servir a Dios con un corazón íntegro y a no poner nuestra intención en las riquezas. *Señor, ayúdame a ser fiel en las pequeñas cosas, demostrando integridad y honestidad en cada acción. Que mi vida refleje un compromiso sincero contigo, sirviéndote a solo ti y no a las riquezas. Que mi corazón permanezca siempre fiel a tus enseñanzas. Amén.*

Ez 47,1-2.8-9.12

El hombre me hizo volver después a la entrada del templo. Entonces vi que por debajo de la puerta brotaba agua, y que corría hacia oriente, hacia donde estaba orientado el templo. (…) Entonces me dijo: "Esta agua corre hacia la región oriental y llega hasta la cuenca del Jordán, de donde desembocará en el Mar Muerto. Cuando llegue allá, el agua del mar se volverá dulce. En cualquier parte a donde llegue esta corriente podrán vivir animales de todas clases y muchísimos peces. Porque el agua de este río convertirá el agua amarga en agua dulce, y habrá todo género de vida. En las dos orillas del río crecerá toda clase de árboles frutales. (…) Cada mes tendrán fruto, porque estarán regados con el agua que sale del templo. Los frutos servirán de alimento, y las hojas, de medicina.

Sal 45. *Un río y sus canales alegran la ciudad de Dios, el Altísimo consagra su morada.*

1Co 3,9c-11.16-17

Vosotros sois el edificio que Dios construye. (…) Pero cada uno debe tener cuidado de cómo construye, pues nadie puede poner otro fundamento que el que ya está puesto: Jesucristo. ¿Acaso no sabéis que sois templo de Dios y que el Espíritu de Dios vive en vosotros? Si alguien destruye el templo de Dios, Dios le destruirá a él, porque el templo de Dios es santo. Ese templo sois vosotros mismos.

Jn 2,13-22

Como se acercaba la fiesta de la Pascua de los judíos, Jesús fue a Jerusalén; y encontró en el templo a los vendedores de bueyes, ovejas y palomas, y a los que tenían puestos donde cambiar el dinero. Al ver

DEDICACIÓN DE SAN JUAN DE LETRÁN (F)

aquello, Jesús hizo un látigo con unas cuerdas y los echó a todos del templo, junto con las ovejas y los bueyes. Arrojó al suelo las monedas de los cambistas y les volcó las mesas. A los vendedores de palomas les dijo: "¡Sacad eso de aquí! ¡No convirtáis en un mercado la casa de mi Padre!". Sus discípulos recordaron entonces la Escritura que dice: "Me consumirá el celo por tu casa". Los judíos le preguntaron: "¿Qué prueba nos das de que tienes autoridad para actuar así?". Jesús les contestó: "Destruid este templo y en tres días lo levantaré". Le dijeron los judíos: "Cuarenta y seis años tardaron en construir este templo, ¿y tú vas a levantarlo en tres días?". Pero el templo al que Jesús se refería era su propio cuerpo. Por eso, cuando resucitó, sus discípulos se acordaron de lo que había dicho y creyeron en la Escritura y en las palabras de Jesús.

La imagen del agua que brota del templo y da vida nos recuerda la gracia de Dios que transforma y renueva. Pablo nos llama a ser conscientes de que somos templos del Espíritu Santo, lo cual implica una vida de santidad y respeto. Jesús purifica el templo, recordándonos que nuestras vidas deben ser casas de oración y santidad.

Señor, purifica mi corazón y mi vida, haciendo de mí un templo santo para tu Espíritu. Ayúdame a vivir en santidad y a ser un canal de tu gracia y vida para los demás. Que mi alma sea un templo de oración y un testimonio vivo de tu presencia. Amén.

Sab 1,1-7
Sal 138. *Guíame, Señor, por el camino eterno.*
Lc 17,1-6

Jesús dijo a sus discípulos: "Siempre habrá incitaciones al pecado, pero ¡ay de aquel que haga pecar a los demás! Mejor le sería que lo arrojasen al mar con una piedra de molino atada al cuello, que hacer caer en pecado a uno de estos pequeños. ¡Tened cuidado! Si tu hermano te ofende, repréndele; pero si cambia de actitud, perdónale. Aunque te ofenda siete veces en un día, si siete veces viene a decirte: 'No volveré a hacerlo', debes perdonarle". Los apóstoles pidieron al Señor: "Danos más fe". El Señor les contestó: "Si tuvierais fe, aunque fuera tan pequeña como una semilla de mostaza, podríais decirle a esta morera: 'Desarráigate de aquí y plántate en el mar', y el árbol os obedecería".

Hoy Jesús nos llama a la responsabilidad en nuestras acciones, especialmente para no ser causa de pecado para otros. Nos desafía a vivir con un espíritu de perdón, recordándonos que incluso la fe del tamaño de una insignificante semilla de mostaza puede hacer maravillas. La fe y el perdón son pilares en nuestra relación con Dios y los demás. *Señor, aumenta mi fe y ayúdame a ser responsable en mis acciones. Que no sea yo causa de pecado para otros. Enséñame a perdonar de corazón y a vivir en la plenitud de tu amor y gracia, confiando en el poder transformador de una fe sincera. Amén.*

Sab 2,23–3,9
Sal 33. *Bendigo al Señor en todo momento.*
Lc 17,7-10

En aquel tiempo dijo Jesús: "Si uno de vosotros tiene un criado que regresa del campo después de haber estado arando o cuidando el ganado, ¿acaso le dice: 'Pasa y siéntate a comer'? No, sino que le dice: 'Prepárame la cena y estate atento a servirme mientras como y bebo. Después podrás tú comer y beber'. Y tampoco da las gracias al criado por haber hecho lo que le mandó. Igualmente vosotros, cuando ya hayáis hecho todo lo que Dios os manda deberéis decir: 'Somos servidores inútiles; no hicimos más que cumplir con nuestra obligación'".

Somos siervos de Dios, estamos llamados a cumplir con nuestras obligaciones sin buscar reconocimiento. La humildad y el servicio desinteresado son claves en el reino de Dios, donde nuestras acciones deben reflejar la obediencia y el amor a nuestro Señor. Pidamos al Señor que nos dé un corazón humilde y dispuesto a servir sin buscar reconocimiento. Que nuestras acciones sean siempre para su gloria y no para inflar nuestra vanidad. Que busquemos la humildad de aprender a ser siervos fieles y desinteresados que cumplen su deber con alegría y amor.

Sab 6,1-11

Sal 81. *Levántate, oh Dios, y juzga la tierra.*

Lc 17,11-19

En su camino a Jerusalén, pasó Jesús entre las regiones de Samaria y Galilea. Al llegar a cierta aldea le salieron al encuentro diez hombres enfermos de lepra, que desde lejos gritaban: "¡Jesús, Maestro, ten compasión de nosotros!". Al verlos, Jesús les dijo: "Id a presentaros a los sacerdotes". Mientras iban, quedaron limpios de su enfermedad. Uno de ellos, al verse sanado, regresó alabando a Dios a grandes voces, y se inclinó hasta el suelo ante Jesús para darle las gracias. Este hombre era de Samaria. Jesús dijo: "¿Acaso no son diez los que quedaron limpios de su enfermedad? ¿Dónde están los otros nueve? ¿Únicamente este extranjero ha vuelto para alabar a Dios?". Y dijo al hombre: "Levántate y vete. Por tu fe has sido sanado".

Jesús nos muestra el poder de la gratitud y la fe en la curación de los diez leprosos. Solo uno regresó para agradecer, y Jesús lo elogió por su fe. Este acto nos recuerda la importancia de reconocer las bendiciones de Dios y a vivir una vida de gratitud continua. Hemos de orar pidiendo vivir con un corazón agradecido, reconociendo todas las bendiciones que Dios nos ha dado. Que nuestra fe sea siempre fuerte y nuestra gratitud constante, de manera que reflejen su amor en nuestra vida diaria. Y que nunca se nos olvide agradecer todas sus bondades.

Sab 7,22–8,1
Sal 118. *Tu palabra, Señor, es eterna.*
Lc 17,20-25

Los fariseos preguntaron a Jesús cuándo había de llegar el reino de Dios, y él les contestó: "La venida del reino de Dios no es posible de calcular. No se dirá: 'Aquí está' o 'Allí está', porque el reino de Dios ya está entre vosotros". Y dijo a sus discípulos: "Vendrán tiempos en que querréis ver siquiera uno de los días del Hijo del hombre, pero no lo veréis. Algunos dirán: 'Aquí está', o 'Allí está', pero no vayáis ni los sigáis. Porque así como el relámpago, con su resplandor, ilumina el cielo de uno a otro lado, así será el Hijo del hombre el día de su venida. Pero primero tiene que sufrir mucho y ser rechazado por la gente de este tiempo".

El reino de Dios ya está entre nosotros. No se trata de buscar señales externas, sino de reconocer su presencia cada día en nuestras vidas y nuestros corazones. El Señor nos llama a estar atentos y a vivir con la certeza de que Él está siempre con nosotros, guiándonos y protegiéndonos. Pídele que abra tus ojos y tu corazón para reconocer su Reino presente entre nosotros. Que te ayude a vivir cada día con la certeza de su presencia y a dar testimonio de su amor y su presencia amorosa en el mundo, de su Reino aquí y ahora.

Sab 13,1-9
Sal 18. *El cielo proclama la gloria de Dios.*
Lc 17,26-37

En aquel tiempo Jesús dijo: "Como sucedió en tiempos de Noé, sucederá también en los días en que venga el Hijo del hombre. La gente comía y bebía y se casaba, hasta el día en que Noé entró en el arca, cuando llegó el diluvio y todos murieron. Y lo mismo pasó en los tiempos de Lot: la gente comía y bebía, compraba y vendía, sembraba y construía casas; pero cuando Lot salió de la ciudad de Sodoma, llovió del cielo fuego y azufre y todos murieron. Así será el día en que se manifieste el Hijo del hombre. Aquel día, el que se encuentre en la azotea y tenga sus cosas dentro de la casa, que no baje a sacarlas; y el que esté en el campo, que no regrese a su casa. ¡Acordaos de la mujer de Lot! El que trate de salvar su vida la perderá, pero el que la pierda, vivirá. Os digo que aquella noche estarán dos en una misma cama: a uno se lo llevarán y al otro lo dejarán. Dos mujeres estarán moliendo juntas: a una se la llevarán y a la otra la dejarán". Le preguntaron entonces: "¿Dónde ocurrirá eso, Señor?". Y él les contestó: "Donde esté el cadáver, allí se juntarán los buitres".

Jesús nos advierte hoy sobre los tiempos finales, comparándolos con los días de Noé y Lot. Esto nos llama a estar siempre preparados y a no dejar que las preocupaciones de la vida nos distraigan de nuestra relación con Él. La vigilancia y la fidelidad son esenciales para permanecer firmes en nuestra fe. *Señor, ayúdame a mantenerme vigilante y preparado para tu venida. No permitas que las preocupaciones de esta vida me aparten de ti. Que mi corazón esté siempre enfocado en tu amor y en tu promesa de salvación, viviendo con fidelidad y esperanza cada día. Amén.*

Sab 18,14-16; 19,6-9
Sal 104. *Recordad las maravillas que hizo el Señor.*
Lc 18,1-8

Jesús les contó una parábola para enseñarles que debían orar siempre y no desanimarse. Les dijo: "Había en un pueblo un juez que no temía a Dios ni respetaba a los hombres. Y en el mismo pueblo vivía también una viuda, que tenía planteado un pleito y que fue al juez a pedirle justicia contra su adversario. Durante mucho tiempo el juez no quiso atenderla, pero finalmente pensó: 'Yo no temo a Dios ni respeto a los hombres. Sin embargo, como esta viuda no deja de molestarme, le haré justicia, para que no siga viniendo y acabe con mi paciencia'". El Señor añadió: "Pues bien, si esto es lo que dijo aquel mal juez, ¿cómo Dios no va a hacer justicia a sus escogidos, que claman a él día y noche? ¿Los hará esperar? Os digo que les hará justicia sin demora. Pero cuando el Hijo del hombre venga, ¿encontrará todavía fe en la tierra?".

Jesús nos enseña a orar sin cesar y a no desanimarnos. La insistencia tenaz de la viuda nos ayuda a recordar que Dios escucha nuestras oraciones y hace justicia a sus escogidos. La persistencia en la oración es un acto de fe y confianza en la fidelidad de Dios. *Señor, fortalece mi espíritu y ayúdame a no desanimarme nunca. Enséñame a confiar en tu justicia y en tu amor, sabiendo que siempre escuchas mis oraciones. Que mi fe sea constante y mi confianza en ti inquebrantable, esperando siempre en tu fidelidad. Amén.*

Mal 3,19-20a

El Señor todopoderoso dice: "Se acerca el día, ardiente como un horno, en que todos los orgullosos y malvados arderán como paja en una hoguera. Ese día que ha de venir los quemará, y nada quedará de ellos. Pero para vosotros que me honráis, mi justicia brillará como la luz del sol, que en sus rayos trae salud".

Sal 97. *El Señor llega para regir los pueblos con rectitud.*

2Ts 3,7-12

Ya sabéis como debéis vivir para seguir nuestro ejemplo: nosotros no hemos vivido entre vosotros sin trabajar ni hemos comido el pan de nadie sin pagarlo. Al contrario, trabajamos y luchamos día y noche para no serle una carga a ninguno de vosotros (…).

Lc 21,5-19

Algunos estaban hablando del templo, de la belleza de sus piedras y de las ofrendas que lo adornaban. Jesús dijo: "Vienen días en que de todo esto que estáis viendo no quedará piedra sobre piedra. ¡Todo será destruido!". Preguntaron a Jesús: "Maestro, ¿cuándo ocurrirán esas cosas? ¿Cuál será la señal de que ya están a punto de suceder?". Jesús contestó: "Tened cuidado y no os dejéis engañar. Porque vendrán muchos haciéndose pasar por mí y diciendo: 'Yo soy' y 'Ahora es el momento', pero no los sigáis. Y cuando oigáis alarmas de guerras y revoluciones no os asustéis, pues aunque todo eso tiene que ocurrir primero, aún no habrá llegado el fin". Siguió diciéndoles: "Una nación peleará contra otra y un país hará guerra contra otro; en diferentes lugares habrá grandes terremotos, hambres y enfermedades, y en el cielo se verán cosas espantosas y grandes señales. Pero antes de eso os echarán mano y os perseguirán: os llevarán a juicio en las sinagogas, os meterán en la cárcel y os conducirán ante reyes y gobernadores por causa mía. Así tendréis oportunidad de dar testimonio de mí. Haceos el propósito de no preparar de antemano vuestra defensa, porque yo os daré palabras tan llenas de sabiduría que ninguno de vuestros enemigos podrá resistiros ni contradeciros en nada. Pero seréis traicionados incluso por vuestros padres, hermanos, parientes y amigos. Matarán a algunos de vosotros y todo el mundo os odiará por causa mía, pero no se perderá ni un solo cabello de vuestra cabeza. ¡Permaneced firmes y salvaréis vuestra vida!".

«Se acerca el día». Las palabras de Jesús sobre los tiempos finales nos recuerdan que debemos estar preparados y vivir con rectitud en todo momento y circunstancia. Pablo nos llama a trabajar diligentemente y a no ser una carga para los demás.

La vida cristiana implica un compromiso constante con el trabajo y la justicia, que deben manifestar el reino de Dios en nuestras acciones diarias.

Señor, ayúdame a vivir con diligencia y rectitud, reflejando tu justicia en mi trabajo y en mis relaciones. Que siempre esté preparado para tu venida, viviendo cada día con integridad y fidelidad. Que mi vida sea un testimonio de tu amor y justicia en el mundo. Amén.

1Mac 1,10-15.41-43.54-57.62-64
Sal 118. *Dame vida, Señor, para que observe tus decretos.*
Lc 18,35-43

Se encontraba Jesús ya cerca de Jericó. Un ciego que estaba sentado junto al camino, pidiendo limosna, al oír que pasaba mucha gente preguntó qué sucedía. Le dijeron que Jesús de Nazaret pasaba por allí, y él gritó: "¡Jesús, Hijo de David, ten compasión de mí!". Los que iban delante le reprendían para que se callase, pero él gritaba todavía más: "¡Hijo de David, ten compasión de mí!". Jesús se detuvo y mandó que se lo trajeran. Cuando lo tuvo cerca le preguntó: "¿Qué quieres que haga por ti?". El ciego contestó: "Señor, quiero recobrar la vista". Jesús le dijo: "¡Recóbrala! Por tu fe has sido sanado". En aquel mismo momento recobró el ciego la vista, y siguió a Jesús alabando a Dios. Y toda la gente que vio esto alababa también a Dios.

Jesús nos enseña la importancia de la fe y la persistencia en la oración. A pesar de las críticas y obstáculos, el clamor de aquel pobre hombre llegó a Jesús y fue sanado. Esta historia nos anima a clamar a Dios con confianza, sabiendo que Él escucha nuestras súplicas y responde con amor. Hemos de pedirle al Señor que nos aumente la fe y la persistencia en la oración; que, como el ciego de Jericó, nunca nos desanimemos ante las dificultades, sino que acudamos a Él con confianza y esperanza.

2Mac 6,18-31
Sal 3. *El Señor me sostiene.*
Lc 19,1-10

Jesús entró en Jericó e iba atravesando la ciudad. Vivía en ella un hombre rico llamado Zaqueo, jefe de los que cobraban impuestos para Roma. Quería conocer a Jesús, pero no conseguía verle, porque había mucha gente y Zaqueo era de baja estatura. Así que, echando a correr, se adelantó, y para alcanzar a verle se subió a un árbol junto al cual tenía que pasar Jesús. Al llegar allí, Jesús miró hacia arriba y le dijo: "Zaqueo, baja en seguida porque hoy he de quedarme en tu casa". Zaqueo bajó aprisa, y con alegría recibió a Jesús. Al ver esto comenzaron todos a criticar a Jesús, diciendo que había ido a quedarse en casa de un pecador. Pero Zaqueo, levantándose entonces, dijo al Señor: "Mira, Señor, voy a dar a los pobres la mitad de mis bienes; y si he robado algo a alguien, le devolveré cuatro veces más". Jesús le dijo: "Hoy ha llegado la salvación a esta casa, porque este hombre también es descendiente de Abrahán. Pues el Hijo del hombre ha venido a buscar y salvar lo que se había perdido".

El encuentro de Zaqueo con Jesús transformó su vida, llevándolo a la conversión y a la restitución. Porque nadie está fuera del alcance del amor y la salvación de Dios. Este relato nos recuerda que Jesús busca a los que se hallan perdidos y ofrece salvación a todos, sin importar su pasado. *Señor, gracias por buscarme y amarme, a pesar de mis errores. Transforma mi vida como lo hiciste con Zaqueo, llevándome a la conversión verdadera y a una vida nueva en ti. Ayúdame a restablecer lo que he hecho mal y a vivir en tu gracia y amor. Amén.*

2Mac 7, 1.20-31
Sal 16. *Al despertar, Señor, me saciaré de tu semblante.*
Lc 19, 11-28

(...) Les dijo: "Un hombre de la nobleza se fue lejos, a otro país, para ser hecho rey y regresar. Antes de partir llamó a diez de sus criados, entregó a cada uno una gran suma de dinero y les dijo: 'Negociad con este dinero hasta que yo vuelva'. (...) A su vuelta, mandó llamar a aquellos criados (...). El primero se presentó y dijo: 'Señor, tu dinero ha producido diez veces más'. El rey le contestó: 'Muy bien, eres un buen administrador. Y como has sido fiel en lo poco, te hago gobernador de diez ciudades'. Se presentó otro y dijo: 'Señor, tu dinero ha producido cinco veces más'. También a este le contestó: 'Tú serás gobernador de cinco ciudades'. Pero se presentó otro, que dijo: 'Señor, aquí está tu dinero. Lo guardé en un pañuelo, pues tuve miedo de ti, porque eres un hombre duro que recoges lo que no pusiste y cosechas donde no sembraste'. Entonces le dijo el rey: 'Tú eres un mal administrador, y por tus propias palabras te juzgo. Puesto que sabías que yo soy un hombre duro, que recojo lo que no puse y cosecho donde no sembré, ¿por qué no llevaste mi dinero al banco para, a mi regreso, devolvérmelo junto con los intereses?'. Y ordenó a los que estaban allí: 'Quitadle el dinero y dádselo al que ganó diez veces más. (...) Os digo que al que tiene se le dará más; pero al que no tiene, hasta lo poco que tiene se le quitará (...)'". Dicho esto, Jesús siguió su viaje a Jerusalén.

Esta parábola nos habla sobre la responsabilidad de aprender a administrar los dones que Dios nos ha dado. Somos llamados a utilizar nuestros talentos para su gloria y para el bien de los demás. La fidelidad y la diligencia en el uso de estos dones determinarán nuestra recompensa. *Señor, ayúdame a ser un buen administrador de los dones que me has dado. Que utilice mis talentos para tu gloria y para el servicio de los demás. Dame la sabiduría y la diligencia necesarias para cumplir con mi responsabilidad y recibir tu recompensa. Amén.*

1Mac 2,15-29

Sal 49. *Al que sigue buen camino le haré ver la salvación De Dios.*

Lc 19,41-44

Cuando Jesús llegó cerca de Jerusalén, al ver la ciudad, lloró por ella y dijo: "¡Si entendieras siquiera en este día lo que puede darte paz!... Pero ahora eso te está oculto y no puedes verlo. Pues van a venir días malos para ti, en los que tus enemigos te cercarán con barricadas, te sitiarán, te atacarán por todas partes y te destruirán por completo. Matarán a tus habitantes y no dejarán en ti piedra sobre piedra, porque no reconociste el momento en que Dios vino a salvarte".

Cierra tus ojos y trata de ver la escena... Jesús llora por Jerusalén, lamentando su falta de comprensión sobre lo único que puede traer la paz verdadera a los hombres. Este lamento nos invita a reflexionar sobre nuestras propias vidas. ¿Abrimos el corazón a la paz que Dios ofrece? Saber reconocer la presencia de Dios es esencial para vivir en su gracia y protección. Pide al Señor que abra tus ojos para reconocer su visita a tu alma y recibir su paz. No permitas que las preocupaciones y distracciones de la vida te impidan ver su presencia y su oferta de paz. Trata de que tu corazón esté siempre abierto a su amor y su gracia para vivir en su paz.

1Mac 4,36-37.52-59
Sal: 1Cr 29,10-12.
Alabamos, Señor, tu nombre glorioso.
Lc 19,45-48

Después de esto, Jesús entró en el templo y comenzó a expulsar a los que allí estaban vendiendo. Les dijo: "En las Escrituras se dice: 'Mi casa será casa de oración', pero vosotros la habéis convertido en una cueva de ladrones". Todos los días enseñaba Jesús en el templo, y los jefes de los sacerdotes, los maestros de la ley y también los jefes del pueblo andaban buscando cómo matarlo. Pero no encontraban la manera de hacerlo, porque toda la gente le escuchaba con gran atención.

¿Qué es la pureza? La enseñanza de este precioso relato ha de mover tu corazón... Se nos recuerda hoy la santidad de los lugares de adoración; pero, sobre todo, la necesidad de mantener nuestras vidas puras. Miremos el ejemplo de la Virgen María. Somos llamados a ser templos vivos del Espíritu Santo, viviendo en santidad y dedicando nuestras vidas a la oración y al servicio de Dios. *Señor, purifica mi corazón y mi vida, haciendo de mí un templo santo para tu Espíritu. Ayúdame a vivir en santidad y a ser un canal de tu gracia y vida para los demás. María, ayúdame para que mi vida sea una casa de oración y un testimonio vivo de la presencia de Dios. Amén.*

1Mac 6,1-13
Sal 9. *Gozaré, Señor, de tu salvación.*
Lc 20,27-40

Después acudieron algunos saduceos a ver a Jesús. Los saduceos niegan que haya resurrección de los muertos, y por eso le plantearon este caso: "Maestro, Moisés nos dejó escrito que si un hombre casado muere sin haber tenido hijos con su mujer, el hermano del difunto deberá tomar por esposa a la viuda para darle hijos al hermano que murió. Pues bien, había una vez siete hermanos, el primero de los cuales se casó, pero murió sin dejar hijos. El segundo y luego el tercero se casaron con la viuda, y lo mismo hicieron los demás, pero los siete murieron sin dejar hijos. Finalmente murió también la mujer. Así pues, en la resurrección, ¿cuál de ellos la tendrá por esposa, si los siete estuvieron casados con ella?". Jesús les contestó: "En este mundo, los hombres y las mujeres se casan; pero los que merezcan llegar a aquel otro mundo y resucitar, sean hombres o mujeres, ya no se casarán, puesto que ya tampoco podrán morir. Serán como los ángeles, y serán hijos de Dios por haber resucitado. Hasta el mismo Moisés, en el pasaje de la zarza ardiendo, nos hace saber que los muertos resucitan. Allí dice que el Señor es el Dios de Abraham, de Isaac y de Jacob. ¡Y Dios no es Dios de muertos, sino de vivos, pues para él todos están vivos!". Algunos maestros de la ley dijeron entonces: "Bien dicho, Maestro". Y ya no se atrevieron a hacerle más preguntas.

Las enseñanzas del Maestro desafían las creencias limitadas de quienes se resisten a tener fe. La resurrección transforma nuestra comprensión de la vida y la muerte, y nos invita a vivir con esperanza y fe en la promesa de la vida eterna con Dios. *Señor, fortalece mi fe en la resurrección y en la vida eterna. Que viva cada día con la confianza en que la muerte no es el final. Ayúdame a vivir con alegría y esperanza, a reflejar tu amor y tu gracia. Amén.*

2Sa 5,1-3

Más tarde, todas las tribus de Israel fueron a Hebrón para hablar con David. Le dijeron: "Nosotros somos de tu misma sangre, y en realidad, aunque Saúl era nuestro rey, tú eras quien verdaderamente dirigía a Israel en sus campañas. Además, el Señor te ha prometido que tú serás quien dirija y gobierne a Israel" (...).

Sal 121. *Vamos alegres a la casa del Señor.*

Col 1,12-20

Daréis gracias al Padre, que os ha preparado para recibir en la luz aquella parte de la herencia que reserva a quienes pertenecen al pueblo santo. Dios nos ha librado del poder de la oscuridad y nos ha llevado al reino de su amado Hijo, por quien hemos recibido la liberación y el perdón de los pecados. Cristo es la imagen visible de Dios, que es invisible; es su Hijo primogénito, anterior a todo lo creado. (...) Todo fue creado por medio de él y para él. Cristo existe antes de todas las cosas, y por él se mantiene todo en orden. Además, Cristo es la cabeza del cuerpo que es la iglesia. Él, que es el principio, fue el primero de los que han de resucitar, para tener así el primer puesto en todo. Dios quiso habitar plenamente en Cristo, y por medio de Cristo quiso poner en paz consigo mismo al universo entero, tanto lo que está en la tierra como lo que está en el cielo, haciendo la paz mediante la sangre que Cristo derramó en la cruz.

Lc 23,35-43

En aquel tiempo la gente estaba allí mirando; y hasta las autoridades se burlaban de él diciendo: "Salvó a otros; ¡que se salve a sí mismo ahora, si de veras es el Mesías de Dios y su escogido!". Los soldados también se burlaban de Jesús. Se acercaban a él y le daban a beber vino agrio, diciéndole: "¡Si eres el Rey de los judíos, sálvate a ti mismo!". Y sobre su cabeza había un letrero que decía: "Éste es el Rey de los judíos". Uno de los malhechores allí colgados le insultaba, diciéndole: "¡Si tú eres el Mesías, sálvate a ti mismo y sálvanos a nosotros!". Pero el otro reprendió a su compañero diciendo: "¿No temes a Dios, tú que estás sufriendo el mismo castigo? Nosotros padecemos con toda razón, pues recibimos el justo pago de nuestros actos; pero éste no ha hecho nada malo". Luego añadió: "Jesús, acuérdate de mí cuando comiences a reinar". Jesús le contestó: "Te aseguro que hoy estarás conmigo en el paraíso".

Trata de imaginar a Jesús en gloria y poder. Pero añade un gesto sencillo y lleno de amor: la realeza de Jesús se manifiesta en su sacrificio y amor por nosotros. En la cruz demuestra su autoridad y su poder redentor ofreciendo perdón y salvación a todos. Este reinado nos llama a vivir bajo su autoridad, reflejando su amor y justicia en nuestras vidas.

Señor, reina en mi corazón y en mi vida. Ayúdame a vivir bajo tu autoridad, reflejando tu amor y justicia en todo lo que hago. Que mi vida sea un testimonio de tu reinado y un instrumento de tu gracia en el mundo. Amén.

24 NOVIEMBRE

Lunes

Dn 1,1-6.8-20
Sal: Dn 3,52-56. *A ti gloria y alabanza por los siglos.*
Lc 21,1-4

Jesús estaba viendo cómo los ricos echaban dinero en las arcas de las ofrendas, y vio también a una viuda pobre que echaba dos monedas de cobre. Entonces dijo: "Verdaderamente os digo que esta viuda pobre ha dado más que nadie, pues todos dan sus ofrendas de lo que les sobra, pero ella, en su pobreza, ha dado todo lo que tenía para su sustento".

La ofrenda de la viuda pobre nos orienta sobre la verdadera generosidad y nos enseña el valor de dar desde nuestra pobreza. Jesús valora el sacrificio y la entrega total, y nos recuerda que lo que importa no es la cantidad, sino la intención y el amor con los que damos. Pidamos al Señor que nos ayude a dar con generosidad y amor, incluso desde nuestra pobreza. Que nuestra ofrenda sea siempre sincera y desinteresada, y refleje nuestro amor y gratitud hacia Él. Que aprendamos a valorar el sacrificio y a confiar en su provisión.

Martes

Tiempo Ordinario 34ª semana (f)

Dn 2,31-45
Sal: Dn 3,57-61. *Ensalzadlo con himnos por los siglos.*
Lc 21,5-11

Algunos estaban hablando del templo, de la belleza de sus piedras y de las ofrendas que lo adornaban. Jesús dijo: "Vienen días en que de todo esto que estáis viendo no quedará piedra sobre piedra. ¡Todo será destruido!". Preguntaron a Jesús: "Maestro, ¿cuándo ocurrirán esas cosas? ¿Cuál será la señal de que ya están a punto de suceder?". Jesús contestó: "Tened cuidado y no os dejéis engañar. Porque vendrán muchos haciéndose pasar por mí y diciendo: 'Yo soy' y 'Ahora es el momento', pero no los sigáis. Y cuando oigáis alarmas de guerras y revoluciones no os asustéis, pues aunque todo eso tiene que ocurrir primero, aún no habrá llegado el fin". Siguió diciéndoles: "Una nación peleará contra otra y un país hará guerra contra otro; en diferentes lugares habrá grandes terremotos, hambres y enfermedades, y en el cielo se verán cosas espantosas y grandes señales".

Llegarán tiempos difíciles. Jesús nos llama a estar preparados y a no dejarnos engañar. La vigilancia y la fidelidad son esenciales para enfrentarnos a las pruebas y mantenernos firmes en nuestra fe. El Señor nos invita a confiar en su promesa de estar siempre con nosotros. *Señor, ayúdame a estar preparado y a no dejarme engañar. Que mi fe sea firme y mi confianza en ti inquebrantable. Enséñame a vivir con vigilancia y fidelidad, confiando siempre en tu cercanía y en tu amor. Amén.*

26

Dn 5,1-6.13-14.16-17.23-28
Sal: Dn 3,62-67. *Ensalzadlo con himnos por los siglos.*
Lc 21,12-19

En aquel tiempo dijo Jesús: "Pero antes de eso os echarán mano y os perseguirán: os llevarán a juicio en las sinagogas, os meterán en la cárcel y os conducirán ante reyes y gobernadores por causa mía. Así tendréis oportunidad de dar testimonio de mí. Haceos el propósito de no preparar de antemano vuestra defensa, porque yo os daré palabras tan llenas de sabiduría que ninguno de vuestros enemigos podrá resistiros ni contradeciros en nada. Pero seréis traicionados incluso por vuestros padres, hermanos, parientes y amigos. Matarán a algunos de vosotros y todo el mundo os odiará por causa mía, pero no se perderá ni un solo cabello de vuestra cabeza. ¡Permaneced firmes y salvaréis vuestra vida!".

A pesar de las persecuciones inevitables que habremos de soportar, Jesús nos asegura que nos dará la sabiduría suficiente y la fuerza necesaria para afrontarlas. La fidelidad a Cristo puede traer oposición y dificultades, pero su promesa de estar con nosotros y de salvar nuestras vidas nos llena de esperanza y valor. Pidamos al Señor la sabiduría y la fuerza necesarias para enfrentar las persecuciones y desafíos que puedan venir. Que nuestra fidelidad sea inquebrantable, que no flaquee nuestra confianza en su promesa de estar con nosotros todos los días, hasta el final de los tiempos.

Jueves

T<small>IEMPO</small> O<small>RDINARIO</small> 34ª <small>SEMANA</small> (f)

Dn 6,12-28
Sal: Dn 3,68-74. *Ensalzadlo con himnos por los siglos.*
Lc 21,20-28

En aquel tiempo dijo Jesús: "Cuando veáis a Jerusalén rodeada de ejércitos, sabed que pronto será destruida. Entonces los que estén en Judea, que huyan a las montañas; los que estén en Jerusalén, que salgan de la ciudad; y los que estén en el campo, que no regresen a ella. Porque serán días de castigo en los que se cumplirá cuanto dicen las Escrituras. ¡Pobres de las mujeres que en aquellos días estén embarazadas o tengan niños de pecho!, porque habrá mucho dolor en el país y un castigo terrible contra este pueblo. A unos los matarán a filo de espada, a otros los llevarán prisioneros por todas las naciones, y los paganos pisotearán Jerusalén hasta que se cumpla el tiempo que les ha sido señalado. Habrá señales en el sol, la luna y las estrellas. En la tierra, las naciones estarán confusas y angustiadas por el ruido terrible del mar y de las olas. La gente se desmayará de espanto pensando en lo que ha de sucederle al mundo, pues hasta las fuerzas celestiales se tambalearán. Entonces verán al Hijo del hombre venir en una nube con gran poder y gloria. Cuando empiecen a suceder estas cosas, animaos y levantad la cabeza, porque muy pronto seréis liberados".

Jesús nos llama a reconocer los signos de los tiempos y a vivir en preparación constante. Predice la destrucción, pero nos invita a confiar en su palabra y a permanecer vigilantes, sabiendo que su venida traerá liberación y esperanza para los fieles. *Señor, ayúdame a vivir en preparación constante. Que mi confianza en tu palabra sea firme y mi vigilancia inquebrantable. Que mi vida refleje la esperanza y la liberación que tu venida promete, viviendo siempre en tu amor y gracia. Que nunca tema ante nada… Tú estás conmigo siempre. Amén.*

28

Viernes

Dn 7,2-14
Sal: Dn 3,75-81. *Ensalzadlo con himnos por los siglos.*
Lc 21,29-33

También les propuso Jesús esta comparación: "Mirad la higuera, o cualquier otro árbol: cuando veis que ya brotan sus hojas, comprendéis que el verano está cerca. De la misma manera, cuando veáis que suceden esas cosas, sabed que el reino de Dios ya está cerca. Os aseguro que todo ello sucederá antes que haya muerto la gente de este tiempo. El cielo y la tierra pasarán, pero mis palabras no pasarán".

En el texto del evangelio de hoy Jesús nos asegura que sus palabras no pasarán. Nos da una vez más esperanza firme en su promesa. Nos llama a estar atentos a los signos y a vivir con la expectativa de su Reino. Su palabra es eterna y nos guía hacia la plenitud de la vida en su presencia. *Señor, fortalece mi fe en la eternidad de tu palabra, que no tema, que viva con la expectativa de tu Reino, siempre atento a los signos de tu presencia. Que mi vida esté arraigada en tu palabra y en tu promesa, viviendo cada día en tu amor y gracia. Amén.*

Dn 7,15-27
Sal: Dn 3,82-87. *Ensalzadlo con himnos por los siglos.*
Lc 21,34-36

En aquel tiempo dijo Jesús: "Tened cuidado y no dejéis que vuestro corazón se endurezca por los vicios, las borracheras y las preocupaciones de esta vida, para que aquel día no caiga de pronto sobre vosotros como una trampa; porque así vendrá sobre todos los habitantes de la tierra. Permaneced vigilantes, orando en todo tiempo para que podáis escapar de todas esas cosas que van a suceder, y para que podáis presentaros delante del Hijo del hombre".

Es necesario estar vigilantes y orar constantemente para evitar que nuestros corazones se endurezcan por los vicios, las preocupaciones y las distracciones de esta vida. Hemos de estar preparados para el día de su venida, evitando las trampas del mundo. Esta enseñanza nos recuerda la importancia de mantenernos espiritualmente alerta y enfocados en lo que realmente importa: nuestra relación con Dios. *Señor, ayúdame a estar siempre vigilante y a no permitir que las preocupaciones y los vicios endurezcan mi corazón. Aparta de mí el temor y la duda. Fortalece mi espíritu con la oración y la vigilancia, para estar preparado para tu venida. Amén.*

Is 2,1-5

En los últimos tiempos quedará afirmado el monte donde se halla el templo del Señor. Será el monte más alto; más alto que cualquier otro monte. Todas las naciones vendrán a él; pueblos numerosos llegarán, diciendo: "Venid, subamos al monte del Señor, al templo del Dios de Jacob, para que él nos enseñe sus caminos y podamos andar por sus senderos". Porque de Sión saldrá la enseñanza del Señor; de Jerusalén vendrá su palabra. El Señor juzgará entre las naciones y decidirá los pleitos de pueblos numerosos. Ellos convertirán sus espadas en arados y sus lanzas en hoces. Ningún pueblo volverá a tomar las armas contra otro ni a recibir instrucción para la guerra. ¡Vamos, pueblo de Jacob, caminemos a la luz del Señor!

Sal 121. *Vamos alegres a la casa del Señor.*

Rm 13,11-14a

En todo esto tened en cuenta el tiempo en que vivimos: que ya es hora de despertarnos del sueño. Porque nuestra salvación está ahora más cerca que al principio, cuando creímos en el mensaje. La noche está muy avanzada y se acerca el día; por eso, dejemos de hacer las cosas propias de la oscuridad y revistámonos de luz, como un soldado se reviste de su armadura. Portémonos con decencia, como en pleno día. No andemos en borracheras y comilonas, ni en inmoralidades y vicios, ni en discordias y envidias. Al contrario, revestíos del Señor Jesucristo.

Mt 24,37-44

En aquel tiempo dijo Jesús: "Como sucedió en tiempos de Noé, sucederá también en la venida del Hijo del hombre. Antes del diluvio, y hasta el día en que Noé entró en el arca, la gente comía, bebía y se casaba. Pero cuando menos lo esperaban, vino el diluvio y se los llevó a todos. Así será también en la venida del Hijo del hombre. En aquel momento estarán dos hombres en el campo: a uno se lo llevarán y al otro lo dejarán. Dos mujeres estarán moliendo: a una se la llevarán y a la otra la dejarán. Permaneced despiertos, porque no sabéis qué día vendrá vuestro Señor. Entended que si el dueño de una casa supiera a qué hora de la noche va a llegar el ladrón, permanecería despierto y no dejaría que nadie entrara en su casa a robar. Así también, vosotros estad preparados, porque el Hijo del hombre vendrá cuando menos lo esperéis".

¡Abre tu corazón a la Palabra, comenzamos el Adviento! El profeta Isaías nos presenta una visión de paz y justicia, donde las naciones se acercan al monte del Señor para aprender a vivir en armonía. San Pablo nos exhorta a despertar del sueño, a abrir el alma y revestirnos de la luz poderosa del Señor, abandonando las obras de la oscuridad. Jesús nos llama a estar preparados, vigilantes y atentos a su venida, como en los días de Noé. Esta primera semana de Adviento debemos reflexionar sobre nuestra preparación para recibir a Cristo.

Señor, ayúdame a caminar en tu luz y a revestirme de tu amor y justicia. Despierta mi espíritu y prepara mi corazón para tu venida. Que viva en armonía contigo y con mis hermanos. Amén.

Is 2,1-5
Sal 121. *Vamos alegres a la casa del Señor.*
Mt 8,5-11

Al entrar en Cafarnaún, un centurión romano se le acercó para hacerle un ruego. Le dijo: "Señor, mi asistente está en casa enfermo, paralítico, sufriendo terribles dolores". Jesús le respondió: "Iré a sanarlo". "Señor -le contestó el centurión-, yo no merezco que entres en mi casa. Basta que des la orden y mi asistente quedará sanado. Porque yo mismo estoy bajo órdenes superiores, y a la vez tengo soldados bajo mi mando. Cuando a uno de ellos le digo que vaya, va; cuando a otro le digo que venga, viene; y cuando ordeno a mi criado que haga algo, lo hace". Al oír esto, Jesús se quedó admirado y dijo a los que le seguían: "Os aseguro que no he encontrado a nadie en Israel con tanta fe como este hombre. Y os digo que muchos vendrán de oriente y de occidente, y se sentarán a la mesa con Abraham, Isaac y Jacob en el reino de los cielos".

En este encuentro entre Jesús y el centurión romano vemos un acto de fe extraordinaria. El centurión, reconociendo su indignidad, confía en el poder de la Palabra de Jesús para sanar a su siervo. Esta fe, profunda y humilde, es sorprendente: el Señor declara que muchos vendrán de lejos para tomar posesión en el reino de los cielos. Esta historia nos invita a tener una fe confiada y a reconocer la autoridad total de Cristo en nuestras vidas. *Señor, aumenta mi fe. Ayúdame a confiar en tu palabra sin reservas. Ayúdame a reconocer mi indignidad y a confiar plenamente en tu poder para sanar y transformar mi vida. Amén.*

Martes

ADVIENTO 1ª SEMANA (f)

Is 11,1-10
Sal 71. *Que en sus días florezca la justicia, y la paz abunde eternamente.*
Lc 10,21-24

En aquel tiempo, Jesús, lleno de alegría por el Espíritu Santo, dijo: "Te alabo, Padre, Señor del cielo y de la tierra, porque has mostrado a los sencillos las cosas que ocultaste a los sabios y entendidos. Sí, Padre, porque así lo has querido. Mi Padre me ha entregado todas las cosas. Nadie sabe quién es el Hijo, sino el Padre; y nadie sabe quién es el Padre, sino el Hijo y aquellos a quienes el Hijo quiera darlo a conocer". Volviéndose a los discípulos les dijo aparte: "Dichosos quienes vean lo que estáis viendo vosotros, porque os digo que muchos profetas y reyes desearon ver lo que vosotros veis, y no lo vieron; desearon oír lo que vosotros oís, y no lo oyeron".

La revelación divina es un acto de amor y elección de Dios, que encuentra en los corazones humildes y abiertos un terreno fértil para su verdad. Por eso, Jesús invita a sus discípulos a ser agradecidos por tener el privilegio de ver y escuchar lo que otros desearon. Pide al Señor un corazón sencillo y humilde para recibir sus revelaciones. Que el Espíritu Santo nos ayude a ser agradecidos por el privilegio de conocer sus verdades y nos ayude a compartirlas con amor y humildad con los demás.

3

Miércoles

SAN FRANCISCO JAVIER (MO)

Is 25,6-10a
Sal 22. *Habitaré en la casa del Señor por años sin término.*
Mt 15,29-37

Jesús, saliendo de allí, se fue a la orilla del lago de Galilea; luego subió al monte y se sentó. Mucha gente se reunió donde él estaba. Llevaban cojos, ciegos, mancos, mudos y otros muchos enfermos; los ponían a los pies de Jesús y él los sanaba. De modo que la gente estaba asombrada al ver que los mudos hablaban, los mancos quedaban sanos, los cojos andaban y los ciegos veían. Y todos alababan al Dios de Israel. Jesús llamó a sus discípulos y les dijo: "Siento compasión de esta gente, porque ya hace tres días que están aquí conmigo y no tienen nada que comer. No quiero enviarlos en ayunas a sus casas, no sea que desfallezcan por el camino". Sus discípulos le dijeron: "Pero ¿cómo encontrar comida para tanta gente en un lugar como este, donde no vive nadie?". Jesús les preguntó: "¿Cuántos panes tenéis?". "Siete y unos pocos peces" -le contestaron. Mandó que la gente se sentara en el suelo, tomó en sus manos los siete panes y los peces y, habiendo dado gracias a Dios, los partió, se los dio a sus discípulos y ellos los repartieron entre la gente. Todos comieron hasta quedar satisfechos, y todavía llenaron siete canastas con los trozos sobrantes.

La compasión de Jesús hacia las multitudes hambrientas muestra su cuidado y provisión. Él no solo satisface el hambre física de la gente, sino que, con ello, revela también su poder divino. Esta historia nos recuerda que Dios puede hacer mucho con nuestros pocos recursos cuando se los ofrecemos con fe. Entreguémosle al Señor nuestros recursos y habilidades, confiando en que Él puede multiplicarlos para el bien de muchos. Pidámosle que nos ayude a vivir con generosidad y a confiar en su provisión en todas las áreas de nuestra vida.

Is 26,1-6
Sal 117. *Bendito el que viene en nombre del Señor.*
Mt 7,21.24-27

En aquel tiempo dijo Jesús: "No todos los que me dicen 'Señor, Señor' entrarán en el reino de los cielos, sino sólo los que hacen la voluntad de mi Padre celestial. Todo el que oye mis palabras y hace caso a lo que digo es como un hombre prudente que construyó su casa sobre la roca. Vino la lluvia, crecieron los ríos y soplaron los vientos contra la casa; pero no cayó, porque tenía sus cimientos sobre la roca. Pero todo el que oye mis palabras y no hace caso a lo que digo, es como un tonto que construyó su casa sobre la arena. Vino la lluvia, crecieron los ríos y soplaron los vientos, y la casa se derrumbó. ¡Fue un completo desastre!".

Para entrar en el reino de los cielos es necesario hacer la voluntad del Padre. Construir nuestra vida sobre la roca de sus enseñanzas nos dará estabilidad y fortaleza ante las adversidades. El Señor nos invita a ser hacedores de su Palabra y no solo oyentes. *Señor, ayúdame a ser un descubridor de tu Palabra, construyendo mi vida sobre la roca firme de tus enseñanzas. Que mis acciones reflejen tu voluntad y me fortalezcan ante cualquier adversidad. Amén.*

5 DICIEMBRE

Viernes

ADVIENTO 1ª SEMANA (f)

Is 29,17-24
Sal 26. *El Señor es mi luz y mi salvación.*
Mt 9,27-31

Al salir Jesús de allí, dos ciegos le siguieron, gritando: "¡Ten compasión de nosotros, Hijo de David!". Cuando entró en la casa, los ciegos se le acercaron. Él les preguntó: "¿Creéis que puedo hacer esto?". "Sí, Señor" -le contestaron. Entonces Jesús les tocó los ojos y les dijo: "Hágase conforme a la fe que tenéis". Y recobraron la vista. Jesús les advirtió severamente: "Procurad que nadie lo sepa". Pero en cuanto salieron, contaron por toda aquella región lo que Jesús había hecho.

Estos dos ciegos nos enseñan sobre la persistencia y la fe. A pesar de las dificultades, ellos claman a Jesús y confían en su poder para sanar. Su fe los lleva a experimentar la misericordia y el poder sanador de Jesús. Y Él les devuelve la vista. Pidamos al Señor que nos dé la fe y la persistencia de estos ciegos, que nunca nos desanimemos en nuestras peticiones y que confiemos plenamente en su poder para sanar y transformar nuestra vida. Que el Señor abra nuestros ojos a su amor y misericordia… a su Verdad.

Is 30,19-21.23-26
Sal 146. *Dichosos los que esperan en el Señor.*
Mt 9,35–10,1.6-8

Jesús recorría todos los pueblos y aldeas enseñando en las sinagogas de cada lugar. Anunciaba la buena noticia del reino y curaba toda clase de enfermedades y dolencias. Viendo a la gente, sentía compasión, porque estaban angustiados y desvalidos como ovejas que no tienen pastor. Dijo entonces a sus discípulos: "Ciertamente la mies es mucha, pero los obreros son pocos. Por eso, pedid al Dueño de la mies que mande obreros a recogerla". Jesús llamó a sus doce discípulos y les dio autoridad para expulsar a los espíritus impuros y para curar toda clase de enfermedades y dolencias. Les dijo: "Id más bien a las ovejas perdidas del pueblo de Israel. Id y anunciad que el reino de los cielos está cerca. Sanad a los enfermos, resucitad a los muertos, limpiad de su enfermedad a los leprosos y expulsad a los demonios. Gratis habéis recibido este poder; dadlo gratis".

Una vez más de tantas, Jesús siente compasión por las multitudes desamparadas. Por eso envía a sus discípulos a continuar su obra de sanar y proclamar el Reino. Nos recuerda la necesidad de orar por más obreros para la mies y la responsabilidad de cada creyente de participar en esta misión. Siente tú esa llamada… ¡Es para ti! *Señor, hazme un instrumento de tu compasión y amor. Ayúdame a proclamar tu Reino y a sanar a los que están heridos y desamparados. Que mi vida sea un reflejo de tu amor y misericordia. Amén.*

Is 11,1-10

De ese tronco que es Jesé, sale un retoño; un retoño brota de sus raíces. (...) Siempre irá revestido de justicia y verdad. Entonces el lobo y el cordero vivirán en paz, el tigre descansará al lado del cabrito, el becerro y el león crecerán juntos y se dejarán guiar por un niño pequeño. La vaca y la osa serán amigas, y juntas descansarán sus crías. El león comerá hierba, como el buey. El niño jugará en el escondrijo de la cobra y meterá la mano en el nido de la víbora. En todo mi monte santo no habrá quien haga ningún daño (...).

Sal 71. *Que en sus días florezca la justicia, y la paz abunde eternamente.*

Rm 15,4-9

Todo lo que dicen las Escrituras fue escrito para nuestra instrucción, para que con constancia y con el consuelo que de ellas recibimos mantengamos la esperanza. Y Dios, que es quien da constancia y consuelo, os ayude a vivir en armonía unos con otros, conforme al ejemplo de Cristo Jesús, para que todos juntos, a una sola voz, alabéis al Dios y Padre de nuestro Señor Jesucristo. Así pues, aceptaos los unos a los otros, como también Cristo os aceptó a vosotros para gloria de Dios (...).

Mt 3,1-12

Por aquel tiempo se presentó Juan el Bautista en el desierto de Judea. En su proclamación decía: "¡Convertíos a Dios, porque el reino de los cielos está cerca!". Juan era aquel de quien el profeta Isaías había dicho: 'Una voz grita en el desierto: ¡Preparad el camino del Señor; abridle un camino recto!'. Juan iba vestido de ropa hecha de pelo de camello, que se sujetaba al cuerpo con un cinturón de cuero; su comida eran langostas y miel del monte. Gentes de Jerusalén, de toda la región de Judea y de toda la región cercana al Jordán salían a escucharle. Confesaban sus pecados y Juan los bautizaba en el río Jordán. Pero viendo Juan que muchos fariseos y saduceos acudían a que los bautizara, les dijo: "¡Raza de víboras!, ¿quién os ha dicho que vais a libraros del terrible castigo que se acerca? Demostrad con vuestros actos que os habéis vuelto a Dios (…). Ya está el hacha lista para cortar de raíz los árboles. Todo árbol que no dé buen fruto será cortado y arrojado al fuego. Yo, ciertamente, os bautizo con agua para invitaros a que os convirtáis a Dios; pero el que viene después de mí os bautizará con el Espíritu Santo y con fuego. Él es más poderoso que yo, que ni siquiera merezco llevarle las sandalias (…)".

Abre tu alma y recibe el mensaje de hoy: el profeta Isaías nos presenta una visión del reino de Dios donde la justicia y la paz abundan, y la creación entera vive en armonía. Esta promesa se cumple en Cristo, quien nos invita a vivir en su Reino con justicia y compasión, siguiendo su ejemplo.

Señor, haz florecer la justicia y la paz en mi vida. Ayúdame a vivir según tu ejemplo, buscando la justicia para los débiles y la compasión para los necesitados. Que mi vida refleje la armonía de tu Reino. Amén.

Gn 3,9-15.20

Sal 97. *Cantad al Señor un cántico nuevo, porque ha hecho maravillas.*

Ef 1,3-6.11-12

Lc 1,26-38

En aquel tiempo envió Dios al ángel Gabriel a un pueblo de Galilea llamado Nazaret, a visitar a una joven virgen llamada María que estaba comprometida para casarse con un hombre llamado José, descendiente del rey David. El ángel entró donde ella estaba, y le dijo: "¡Te saludo, favorecida de Dios! El Señor está contigo". Cuando vio al ángel, se sorprendió de sus palabras, y se preguntaba qué significaría aquel saludo. El ángel le dijo: "María, no tengas miedo, pues tú gozas del favor de Dios. Ahora vas a quedar encinta: tendrás un hijo y le pondrás por nombre Jesús. Será un gran hombre, al que llamarán Hijo del Dios altísimo: y Dios el Señor lo hará rey, como a su antepasado David, y reinará por siempre en la nación de Israel. Su reinado no tendrá fin". María preguntó al ángel: "¿Cómo podrá suceder esto, si no vivo con ningún hombre?". El ángel le contestó: "El Espíritu Santo se posará sobre ti y el poder del Dios altísimo se posará sobre ti como una nube. Por eso, el niño que va a nacer será llamado Santo e Hijo de Dios. También tu parienta Isabel, a pesar de ser anciana, va a tener un hijo; la que decían que no podía tener hijos está encinta desde hace seis meses. Para Dios no hay nada imposible". Entonces María dijo: "Soy la esclava del Señor. ¡Que Dios haga conmigo como me has dicho!". Con esto, el ángel se fue.

La hermosa fiesta de hoy nos recuerda la respuesta humilde y valiente de María a la llamada de Dios. Ella acepta ser la madre del Salvador y confía plenamente en la promesa divina. Así es como hemos de estar abiertos a la voluntad de Dios. *Señor, como María, quiero decirte «sí» a tu voluntad en mi vida. Que no tema. Dame la fe y el coraje para aceptar tus planes confiando en tu amor y promesas. Que mi vida sea un reflejo de tu gracia y amor. Amén.*

Is 40,1-11
Sal 95. *Nuestro Dios llega con poder.*
Mt 18,12-14

En aquel tiempo dijo Jesús: "¿Qué os parece? Si un hombre tiene cien ovejas y se le extravía una de ellas, ¿no dejará las otras noventa y nueve en el monte e irá a buscar la extraviada? Y si logra encontrarla, os aseguro que se alegrará más por esa oveja que por las noventa y nueve que no se extraviaron. Del mismo modo, vuestro Padre que está en el cielo no quiere que se pierda ninguno de estos pequeños".

Hoy Jesús nos revela con ternura el corazón del Padre, que no quiere que ninguno de sus pequeños se pierda. Esta parábola nos muestra el amor incansable del Dios que busca y celebra con alegría cada alma recuperada. Nos invita a participar en esta misión de amor y reconciliación. Demos gracias al Señor por su amor, que nos busca y celebra nuestro regreso. Que seamos instrumento de su amor buscando a aquellos que se han perdido y compartiendo con ellos la alegría de la salvación.

Is 40,25-31
Sal 102. *Bendice, alma mía, al Señor.*
Mt 11,28-30

En aquel tiempo dijo Jesús: "Venid a mí todos los que estáis cansados y agobiados, y yo os haré descansar. Aceptad el yugo que os impongo, y aprended de mí, que soy paciente y de corazón humilde; así encontraréis descanso. Porque el yugo y la carga que yo os impongo son ligeros".

Jesús nos invita a encontrar descanso en Él. Ofrece su yugo, que es suave, y su carga, que es ligera, a todos los que están cansados y agobiados. Nos llama a aprender de su humildad y paciencia, a encontrar en su compañía el verdadero descanso para nuestras almas. Que, en medio de nuestras cargas y preocupaciones, podamos encontrar descanso en Él. Que sepamos llevar su yugo y aprender a ser humildes y pacientes. Que sintamos en nuestro corazón la voz que nos invita al descanso y la paz de nuestra unión con Él.

Is 41,13-20
Sal 144. *El Señor es clemente y misericordioso, lento a la cólera y rico en piedad.*
Mt 11,11-15

En aquel tiempo dijo Jesús: "Os aseguro que, entre todos los hombres, ninguno ha sido más grande que Juan el Bautista; sin embargo, el más pequeño en el reino de los cielos es más grande que él. Desde que vino Juan el Bautista hasta ahora, al reino de los cielos se le hace violencia, y los violentos pretenden acabar con él. Todos los profetas y la ley de Moisés anunciaron el reino hasta que vino Juan. Y, si queréis creerlo, Juan es el profeta Elías, que había de volver. Los que tienen oídos, oigan".

Jesús ama al Bautista y, aunque destaca su papel en el anuncio del reino de Dios, nos recuerda que, incluso el más pequeño en el Reino es mayor que Juan. Esta paradoja nos invita a vivir siempre en actitud de humildad y servicio, sabiendo que la verdadera grandeza está en el reino de Dios. *Señor, ayúdame a vivir con humildad y a servir a los demás, siguiendo el ejemplo de Juan el Bautista. Que mi vida refleje la grandeza de tu Reino, donde el servicio y la humildad son exaltados. Amén.*

Is 48,17-19

Sal 1. *El que te sigue, Señor, tendrá la luz de la vida.*

Mt 11,16-19

En aquel tiempo dijo Jesús: "¿A qué compararé la gente de este tiempo? Es comparable a los niños que se sientan a jugar en las plazas y gritan a sus compañeros: 'Tocamos la flauta, y no bailasteis; cantamos canciones tristes, y no llorasteis'. Porque vino Juan, que ni come ni bebe, y dicen que tiene un demonio. Luego ha venido el Hijo del hombre, que come y bebe, y dicen que es glotón y bebedor, amigo de gente de mala fama y de los que cobran impuestos para Roma. Pero la sabiduría de Dios se demuestra por sus resultados".

La llamada de hoy es para ti: abre tu corazón y tu mente a su mensaje. Jesús lamenta la incomprensión de su generación. A pesar de la llegada de Juan el Bautista y de Jesús mismo, muchos no reconocen la sabiduría de Dios en sus obras. *Señor, que sepa reconocer tu sabiduría y tu obra en mi vida. No permitas que la ceguera espiritual me impida ver tu verdad. Que siempre responda a tu llamada con fe y obediencia. Amén.*

Eclo 48,1-4.9-11b
Sal 79. *Oh Dios, restáuranos, que brille tu rostro y nos salve.*
Mt 17,10-13

En aquel tiempo los discípulos preguntaron a Jesús: "¿Por qué dicen los maestros de la ley que Elías tiene que venir primero?". Jesús contestó: "Es cierto que Elías ha de venir y que ha de poner todas las cosas en orden. Sin embargo, yo os digo que Elías ya vino, pero ellos no le reconocieron, sino que hicieron con él cuanto quisieron. De la misma manera va a sufrir a manos de ellos el Hijo del hombre". Entonces comprendieron los discípulos que Jesús les estaba hablando de Juan el Bautista.

El Adviento es un tiempo favorable para descubrir signos de esperanza maravillosos. Aunque Juan no fue reconocido, preparó el camino para la llegada del Mesías. Esta revelación nos invita a estar atentos a los signos de los tiempos y a reconocer la presencia de Dios en nuestras vidas. Abre tu alma a este misterio y pide al Señor que te ayude a reconocer los signos de su presencia en tu vida. Que, como Juan el Bautista, puedas preparar el camino para su venida en los corazones de los demás.

Is 35,1-6a.10

Alégrese el desierto, tierra seca; llénese de alegría y florezca: produzca flores como el lirio. (...) Dios lo hará bello como el Líbano, fértil como el Carmelo y el valle de Sarión. Todos verán la gloria del Señor, la majestad de nuestro Dios. Fortaleced a los débiles, dad valor a los cansados, decid a los tímidos: "¡Ánimo, no tengáis miedo! ¡Aquí está vuestro Dios para salvaros, y a vuestros enemigos los castigará como merecen!". Entonces los ciegos verán y los sordos oirán; los lisiados saltarán como corzos y los mudos gritarán. Los que el Señor ha liberado; entrarán en Sión con cantos de alegría y siempre vivirán alegres. Hallarán felicidad y dicha, y desaparecerán el llanto y el dolor.

Sal 145. *Ven, Señor, a salvarnos.*

St 5,7-10

Tened, pues, paciencia, hermanos, hasta que el Señor venga. El campesino que espera recoger la preciosa cosecha tiene que aguardar con paciencia las temporadas de lluvia. Vosotros también tened paciencia y manteneos firmes, porque muy pronto regresará el Señor. (...) Hermanos míos, tomad como ejemplo de sufrimiento y paciencia a los profetas que hablaron en nombre del Señor.

Mt 11,2-11

Juan, en la cárcel, oyó hablar de lo que Cristo estaba haciendo, y envió algunos de sus seguidores a preguntarle si él era quien había de venir o si debían esperar a otro. Jesús les contestó: "Id y contadle a Juan lo que estáis viendo y oyendo: los ciegos ven, los cojos andan, los leprosos quedan limpios de su enfermedad, los sordos oyen, los muertos resucitan y a los pobres se les anuncia la buena noticia. ¡Y dichoso aquel que no pierde su confianza en mí!". Cuando se fueron, Jesús comenzó a hablar a la gente acerca de Juan, diciendo: "¿Qué salisteis a ver al desierto? ¿Una caña sacudida por el viento? Y si no, ¿qué salisteis a ver? ¿Un hombre lujosamente vestido? Los que se visten lujosamente están en las casas de los reyes. En fin, ¿a qué salisteis? ¿A ver a un profeta? Sí, verdaderamente, y a uno que es mucho más que profeta. Juan es aquel de quien dice la Escritura: 'Yo envío mi mensajero delante de ti para que te prepare el camino'. Os aseguro que, entre todos los hombres, ninguno ha sido más grande que Juan el Bautista; sin embargo, el más pequeño en el reino de los cielos es más grande que él".

Adviento es un tiempo de esperanza. El profeta Isaías nos habla de un tiempo de restauración y alegría donde los débiles serán fortalecidos y los enfermos sanados. Esta promesa se cumple en Jesús, quien trae la salvación y la liberación, que nos invita a vivir con esperanza y a proclamar la buena noticia de su Reino.

Señor, en medio de las dificultades, ayúdame a vivir con esperanza. Que mi vida sea un testimonio de tu salvación y liberación. Fortalece a los débiles y sana a los enfermos, para que todos puedan experimentar la alegría de tu Reino. Amén.

15
DICIEMBRE

Lunes

Nm 24,2-7.15-17a
Sal 24. *Señor, instrúyeme en tus sendas.*
Mt 21,23-27

En aquel tiempo Jesús entró en el templo y, mientras estaba en él, enseñando, se le acercaron los jefes de los sacerdotes y los ancianos de los judíos y le preguntaron: "¿Con qué autoridad haces estas cosas? ¿Quién te ha dado tal autoridad?". Jesús les contestó: "Yo también os voy a hacer una pregunta: ¿Quién envió a Juan a bautizar: Dios o los hombres? Si me respondéis, también yo os diré con qué autoridad hago estas cosas". Ellos se pusieron a discutir unos con otros: "Si respondemos que le envió Dios, nos dirá: 'Entonces, ¿por qué no le creísteis?' Y si decimos que fueron los hombres, tenemos miedo de la gente, porque todos tienen a Juan por profeta". Así que respondieron a Jesús: "No lo sabemos". Entonces él les contestó: "Pues tampoco yo os digo con qué autoridad hago estas cosas".

Cierra los ojos y medita sobre Jesús cuando desafía la autoridad de los líderes religiosos al preguntarles sobre el origen del bautismo de Juan. Esta confrontación, que revela su sabiduría y autoridad divina, también nos invita a reflexionar sobre nuestra disposición a reconocer y aceptar la verdad de Dios en nuestras vidas. Pidamos al Señor humildad y discernimiento para reconocer su verdad. Que no busquemos nuestra propia autoridad, que no temamos ante las adversidades. Que seamos capaces de vivir con integridad, aceptando su guía en nuestra vida.

Sof 3,1-2.9-13
Sal 33. *Si el afligido invoca al Señor, él lo escucha.*
Mt 21,28-32

En aquel tiempo Jesús les preguntó: "¿Qué os parece esto? Un hombre que tenía dos hijos le dijo a uno de ellos: 'Hijo, ve hoy a trabajar a la viña'. El hijo le contestó: '¡No quiero ir!', pero después cambió de parecer y fue. Luego el padre se dirigió al otro y le dijo lo mismo. Éste contestó: 'Sí, señor, yo iré', pero no fue. ¿Cuál de los dos hizo lo que el padre quería?". "El primero" -contestaron ellos. Entonces Jesús les dijo: "Os aseguro que los que cobran los impuestos para Roma, y las prostitutas, entrarán antes que vosotros en el reino de Dios. Porque Juan el Bautista vino a mostraros el camino de la justicia, y no le creísteis; en cambio, los cobradores de impuestos y las prostitutas sí le creyeron. Vosotros, aun después de ver todo eso, no cambiasteis de actitud ni le creísteis".

Jesús sabe hablar al corazón humano como nadie. La parábola de los dos hijos nos muestra la importancia de la obediencia verdadera. Jesús nos invita a vivir con coherencia, obedeciendo a Dios con nuestras acciones y no solo con las palabras. Hemos de pedir para que el Señor nos ayude a obedecer su voluntad y nuestra vida refleje verdadera conversión y compromiso. Que el Padre perdone nuestros errores y nos guíe en el camino de la justicia y la verdad.

Gn 49,1-2.8-10
Sal 71. *Que en sus días florezca la justicia, y la paz abunde eternamente.*
Mt 1,1-17

La lista de los antepasados de Jesucristo, descendiente de David y de Abraham: Abraham fue padre de Isaac, éste lo fue de Jacob y éste de Judá y sus hermanos. Judá y Tamar fueron los padres de Fares y Zérah. Fares fue padre de Hesrón y éste de Aram. Aram fue padre de Aminadab, éste lo fue de Nahasón y éste de Salmón. Salmón y Rahab fueron los padres de Booz. Booz y Rut fueron los padres de Obed. Obed fue padre de Jesé. Jesé fue padre del rey David, y el rey David fue padre de Salomón, cuya madre fue la que había sido esposa de Urías. Salomón fue padre de Roboam, éste lo fue de Abías y éste de Asá. (...) Josías fue padre de Jeconías y sus hermanos, cuando la deportación de los israelitas a Babilonia. Después de la deportación a Babilonia, Jeconías fue padre de Salatiel y éste de Zorobabel. Zorobabel fue padre de Abihud, éste lo fue de Eliaquim y éste de Azor. Azor fue padre de Sadoc, éste lo fue de Aquim y éste de Eliud. Eliud fue padre de Eleazar, éste lo fue de Matán y este de Jacob. Jacob fue padre de José, el marido de María, y ella fue la madre de Jesús, a quien llamamos el Mesías. De modo que hubo catorce generaciones desde Abraham hasta David, catorce desde David hasta la deportación de los israelitas a Babilonia y otras catorce desde la deportación a Babilonia hasta el nacimiento del Mesías.

La genealogía de Jesús nos conecta con la historia de salvación que Dios ha tejido a través de generaciones. Cada nombre representa una parte del plan divino que culmina en el nacimiento del Mesías. Nos recuerda que somos parte de esta historia y que Dios trabaja en nuestras vidas para cumplir su propósito. *Señor, gracias por hacerme parte de tu historia de salvación. Ayúdame a reconocer tu mano en mi vida y a vivir con el propósito de cumplir tu voluntad. Que mi vida sea un testimonio de tu fidelidad y amor a lo largo de las generaciones. Amén.*

Jr 23,5-8
Sal 71. *Que en sus días florezca la justicia, y la paz abunde eternamente.*
Mt 1,18-24

El nacimiento de Jesucristo fue así: María, su madre, estaba comprometida para casarse con José; pero antes de vivir juntos se encontró encinta por el poder del Espíritu Santo. José, su esposo, que era un hombre justo y no quería denunciar públicamente a María, decidió separarse de ella en secreto. Ya había pensado hacerlo así, cuando un ángel del Señor se le apareció en sueños y le dijo: "José, descendiente de David, no tengas miedo de tomar a María por esposa, porque el hijo que espera es obra del Espíritu Santo. María tendrá un hijo y tú le pondrás por nombre Jesús. Se llamará así porque salvará a su pueblo de sus pecados". Todo esto sucedió para que se cumpliera lo que el Señor había dicho por medio del profeta: "La virgen quedará encinta, y tendrá un hijo al que pondrán por nombre Emanuel" (que significa: "Dios con nosotros"). Cuando José despertó, hizo lo que el ángel del Señor le había ordenado, y tomó a María por esposa.

El anuncio del ángel a José revela el cumplimiento de las profecías y el papel crucial de la fe y la obediencia. José, al aceptar a María y al niño, muestra su confianza en el plan de Dios. Esta historia nos invita a confiar en los planes de Dios, incluso cuando no los entendemos completamente. *Señor, como José, quiero confiar plenamente en tus planes para mi vida. Pero a veces dudo… Dame la fe y la obediencia para seguir tu voluntad, incluso cuando no la comprenda. Que mi vida refleje tu amor y fidelidad. Amén.*

Jue 13,2-7.24-25a
Sal 70. *Que mi boca esté llena de tu alabanza y cante tu gloria.*
Lc 1,5-25

En el tiempo en que Herodes era rey de Judea, vivía un sacerdote llamado Zacarías, perteneciente al grupo de Abías. Su esposa, llamada Isabel, descendía de Aarón. Ambos eran justos delante de Dios y cumplían los mandatos y leyes del Señor (…). Pero no tenían hijos, porque Isabel no había podido tenerlos. Ahora eran ya los dos muy ancianos. Un día (…) le tocó en suerte a Zacarías entrar en el santuario del templo del Señor para quemar incienso. (…) En esto se le apareció un ángel del Señor, (…) le dijo: "Zacarías, no tengas miedo, porque Dios ha oído tu oración, y tu esposa Isabel te va a dar un hijo, al que pondrás por nombre Juan. Tú te llenarás de gozo y muchos se alegrarán de su nacimiento, porque tu hijo va a ser grande delante del Señor. No beberá vino ni licor, y estará lleno del Espíritu Santo desde antes de nacer. Hará que muchos de la nación de Israel se vuelvan al Señor su Dios. Irá Juan delante del Señor con el espíritu y el poder del profeta Elías, para reconciliar a los padres con los hijos y para que los rebeldes aprendan a obedecer. De este modo preparará al pueblo para recibir al Señor". Zacarías preguntó al ángel: "¿Cómo puedo estar seguro de esto? Porque yo soy muy anciano, y mi esposa también". El ángel le contestó: "Yo soy Gabriel, y estoy al servicio de Dios. (…) Pero ahora, como no has creído lo que te he dicho, vas a quedarte mudo; y no volverás a hablar hasta que, a su debido tiempo, suceda todo esto". (…) Cumplido el tiempo de su servicio en el templo, (…) su esposa Isabel quedó encinta (…).

Esta anunciación del nacimiento de Juan nos muestra que nada es imposible para Dios. Esta historia nos invita a confiar en Dios y a vivir con esperanza y expectación. Todo llega a su tiempo… «La paciencia todo lo alcanza», decía santa Teresa. *Señor, aumenta mi fe y mi confianza en tus promesas. Ayúdame a vivir con esperanza y paciencia. Que mi vida sea un testimonio de tu fidelidad y poder. Amén.*

Is 7,10-14
Sal 23. *Va a entrar el Señor, él es el Rey de la gloria.*
Lc 1,26-38

A los seis meses envió Dios al ángel Gabriel a un pueblo de Galilea llamado Nazaret, a visitar a una joven virgen llamada María que estaba comprometida para casarse con un hombre llamado José, descendiente del rey David. El ángel entró donde ella estaba, y le dijo: "¡Te saludo, favorecida de Dios! El Señor está contigo". Cuando vio al ángel, se sorprendió de sus palabras, y se preguntaba qué significaría aquel saludo. El ángel le dijo: "María, no tengas miedo, pues tú gozas del favor de Dios. Ahora vas a quedar encinta: tendrás un hijo y le pondrás por nombre Jesús. Será un gran hombre, al que llamarán Hijo del Dios altísimo: y Dios el Señor lo hará rey, como a su antepasado David, y reinará por siempre en la nación de Israel. Su reinado no tendrá fin". María preguntó al ángel: "¿Cómo podrá suceder esto, si no vivo con ningún hombre?". El ángel le contestó: "El Espíritu Santo se posará sobre ti y el poder del Dios altísimo se posará sobre ti como una nube. Por eso, el niño que va a nacer será llamado Santo e Hijo de Dios. También tu parienta Isabel, a pesar de ser anciana, va a tener un hijo; la que decían que no podía tener hijos está encinta desde hace seis meses. Para Dios no hay nada imposible". Entonces María dijo: "Soy la esclava del Señor. ¡Que Dios haga conmigo como me has dicho!". Con esto, el ángel se fue.

El ángel Gabriel anuncia a María que será la madre del Salvador, revelando la grandeza del plan de Dios. La respuesta de María es la muestra de su fe y su obediencia. Este ejemplo de la Madre de Dios nos invita a confiar en la voluntad de Dios y a aceptar su plan con humildad y fe. *Señor, como María, quiero decir "sí" a tu voluntad en mi vida. Dame la fe y el coraje para aceptar tus planes, confiando en tu amor y promesas. Que mi vida sea un reflejo de tu gracia y amor. Amén.*

Is 7,10-14

El Señor dijo a Ahaz: "Pide al Señor tu Dios que haga un milagro que te sirva de señal, ya sea abajo en lo más profundo o arriba en lo más alto". Ahaz contestó: "No, yo no pondré a prueba al Señor pidiéndole una señal". Entonces Isaías dijo: "Escuchad vosotros, los de la casa real de David, ¿Os parece poco molestar a los hombres, que queréis también molestar a mi Dios? Pues el Señor mismo os va a dar una señal: La joven está encinta y va a tener un hijo, al que pondrá por nombre Emmanuel".

Sal 23. *Va a entrar el Señor, él es el Rey de la gloria.*

Rm 1,1-7

Pablo, siervo de Cristo Jesús, llamado por él a ser apóstol y apartado para anunciar el evangelio de Dios. Por medio de sus profetas, Dios ya lo había prometido en las santas Escrituras. Es el mensaje relativo a su Hijo Jesucristo, nuestro Señor, que como hombre fue descendiente del rey David, pero como espíritu santificador y a partir de su resurrección fue declarado Hijo de Dios y se le dieron plenos poderes. Por medio de Jesucristo, Dios me ha concedido el privilegio de ser su apóstol, para que en todas las naciones haya quienes crean en él y le obedezcan. Entre ellos estáis también vosotros, que vivís en la ciudad de Roma. Dios os ama, y os ha llamado a ser de Jesucristo y formar parte del pueblo santo. Que Dios nuestro Padre y el Señor Jesucristo derramen su gracia y su paz sobre vosotros.

Mt 1,18-24

El nacimiento de Jesucristo fue así: María, su madre, estaba comprometida para casarse con José; pero antes de vivir juntos se encontró encinta por el poder del Espíritu Santo. José, su esposo, que era un hombre justo y no quería denunciar públicamente a María, decidió separarse de ella en secreto. Ya había pensado hacerlo así, cuando un ángel del Señor se le apareció en sueños y le dijo: "José, descendiente de David, no tengas miedo de tomar a María por esposa, porque el hijo que espera es obra del Espíritu Santo. María tendrá un hijo y tú le pondrás por nombre Jesús. Se llamará así porque salvará a su pueblo de sus pecados". Todo esto sucedió para que se cumpliera lo que el Señor había dicho por medio del profeta: "La virgen quedará encinta, y tendrá un hijo al que pondrán por nombre Emmanuel" (que significa: "Dios con nosotros"). Cuando José despertó, hizo lo que el ángel del Señor le había ordenado, y tomó a María por esposa.

Isaías profetiza el nacimiento del «Dios con nosotros», anunciando la esperanza y la salvación que traerá el Mesías. Esta promesa se cumple en Jesús, que viene a salvarnos y a estar con nosotros. ¡Siente la alegría de esta noticia que nos invita a vivir con confianza y gratitud por su presencia constante en nuestras vidas!

Señor, gracias por venir a nosotros como Emmanuel. Ayúdame a vivir con alegría y gratitud por tu presencia constante. Que mi vida refleje la esperanza y salvación que solo tú puedes dar. Amén.

1Sa 1,24-28
Sal: 1Sa 2,1.4-8. *Mi corazón se regocija por el Señor, mi Salvador.*
Lc 1,46-56

En aquel tiempo María dijo: "Mi alma alaba la grandeza del Señor. Mi espíritu se alegra en Dios mi Salvador, porque Dios ha puesto sus ojos en mí, su humilde esclava, y desde ahora me llamarán dichosa; porque el Todopoderoso ha hecho en mí grandes cosas. ¡Santo es su nombre! Dios tiene siempre misericordia de quienes le honran. Actuó con todo su poder: deshizo los planes de los orgullosos, derribó a los reyes de sus tronos y puso en alto a los humildes. Llenó de bienes a los hambrientos y despidió a los ricos con las manos vacías. Ayudó al pueblo de Israel, su siervo, y no se olvidó de tratarlo con misericordia. Así lo había prometido a nuestros antepasados, a Abraham y a sus futuros descendientes". María se quedó con Isabel unos tres meses, y después regresó a su casa.

Hoy puedes rezar con esta maravillosa oración llena de alabanza y gratitud. El Magníficat de María es un canto a Dios por su grandeza y misericordia. Reconoce la acción poderosa de Dios en su vida y en la historia de su pueblo. Al mismo tiempo, nos invita a alabar a Dios por sus obras maravillosas y a confiar en su amor y fidelidad en nuestras vidas. *Señor, mi alma alaba tu grandeza y misericordia. Gracias por tus obras maravillosas en mi vida y mi historia personal. Que mi vida sea un canto constante de alabanza y gratitud a ti. Amén.*

Mal 3,1-4.23-24

Sal 24. *Levantaos, alzad la cabeza: se acerca vuestra liberación.*

Lc 1,57-66

Al cumplirse el tiempo en que Isabel había de dar a luz, tuvo un hijo. Sus vecinos y parientes fueron a felicitarla cuando supieron que el Señor había sido tan bueno con ella. A los ocho días llevaron a circuncidar al niño, y querían ponerle el nombre de su padre, Zacarías. Pero la madre dijo: "No. Tiene que llamarse Juan". Le contestaron: "No hay nadie en tu familia con ese nombre". Entonces preguntaron por señas al padre del niño, para saber qué nombre quería ponerle. El padre pidió una tabla para escribir, y escribió: "Su nombre es Juan". Y todos se quedaron admirados. En aquel mismo momento, Zacarías recobró el habla y comenzó a alabar a Dios. Todos los vecinos estaban asombrados, y en toda la región montañosa de Judea se contaba lo sucedido. Cuantos lo oían se preguntaban a sí mismos: "¿Qué llegará a ser este niño?". Porque ciertamente el Señor mostraba su poder en favor de él.

E l nacimiento de Juan el Bautista y el nombre que recibe son señales de la fidelidad de Dios. Zacarías, recuperando el habla, alaba a Dios, pues reconoce su obra misteriosa y la grandeza de su plan. Este ejemplo nos invita a confiar en las promesas de Dios y a vivir con la certeza de que Él cumple su palabra. *Señor, gracias por tu fidelidad y por cumplir siempre tus promesas. Ayúdame a confiar en ti y a alabar tu nombre con gratitud. Que mi vida sea un testimonio de tu amor y fidelidad. Amén.*

2Sa 7,1-5.8b-12.14a.16
Sal 88. *Cantaré eternamente tus misericordias, Señor.*
Lc 1,67-79

En aquel tiempo Zacarías, el padre del niño, lleno del Espíritu Santo y hablando en profecía, dijo: "¡Bendito sea el Señor, Dios de Israel, porque ha venido a rescatar a su pueblo! Nos ha enviado un poderoso salvador, un descendiente de David, su siervo. Esto es lo que había prometido en el pasado por medio de sus santos profetas: que nos salvaría de nuestros enemigos y de todos los que nos odian, que tendría compasión de nuestros antepasados y que no se olvidaría de su santo pacto. Y éste es el juramento que había hecho a nuestro padre Abraham: que nos libraría de nuestros enemigos, para servirle sin temor con santidad y justicia, y estar en su presencia todos los días de nuestra vida. En cuanto a ti, hijito mío, serás llamado profeta del Dios altísimo, porque irás delante del Señor preparando sus caminos, para hacer saber a su pueblo que Dios les perdona sus pecados y les da la salvación. Porque nuestro Dios, en su gran misericordia, nos trae de lo alto el sol de un nuevo día, para iluminar a los que viven en la más profunda oscuridad, para dirigir nuestros pasos por un camino de paz".

Recita despacio el cántico de Zacarías, el Benedictus, que celebra la salvación y liberación que Dios trae a su pueblo. Reconoce tú también a Jesús como el Salvador prometido. Vive hoy con gratitud. Alaba a Dios por la salvación que hemos recibido y proclama las maravillas de Dios en tu propia vida. *Señor, bendito seas por la salvación que nos has traído. Gracias por enviar a Jesús y a Juan para preparar el camino. Que mi vida sea un testimonio de tu salvación y un cántico constante de gratitud y alabanza. Amén.*

Is 52,7-10

Sal 97. *Los confines de la tierra han contemplado la victoria de nuestro Dios.*

Hb 1,1-6

Jn 1,1-18

En el principio ya existía la Palabra, y aquel que es la Palabra estaba con Dios y era Dios. Él estaba en el principio con Dios. Por medio de él, Dios hizo todas las cosas; nada de lo que existe fue hecho sin él. En él estaba la vida, y la vida era la luz de la humanidad. Esta luz brilla en las tinieblas, y las tinieblas no han podido apagarla (...). La luz verdadera que alumbra a toda la humanidad venía a este mundo. Aquel que es la Palabra estaba en el mundo, y aunque Dios había hecho el mundo por medio de él, los que son del mundo no le reconocieron. Vino a su propio mundo, pero los suyos no le recibieron. Pero a quienes le recibieron y creyeron en él les concedió el privilegio de llegar a ser hijos de Dios. Y son hijos de Dios, no por la naturaleza ni los deseos humanos, sino porque Dios los ha engendrado. Aquel que es la Palabra se hizo hombre y vivió entre nosotros lleno de amor y de verdad. Y hemos visto su gloria, la gloria que como Hijo único recibió del Padre. Juan dio testimonio de él diciendo: "A este me refería yo cuando dije que el que viene después de mí es más importante que yo, porque existía antes que yo". De sus grandes riquezas, todos hemos recibido bendición tras bendición. Porque la ley fue dada por medio de Moisés, pero el amor y la verdad se han hecho realidad por medio de Jesucristo. Nadie ha visto jamás a Dios; el Hijo único, que es Dios y que vive en íntima comunión con el Padre.

¡Cristo ha nacido! La Natividad nos llena de alegría y esperanza. Jesús, la Palabra hecha carne, ha venido a vivir entre nosotros; nos invita a recibirlo con fe y a celebrar su presencia en nuestras vidas compartiendo la Buena Noticia con todos. *¡Siente esa luz inundando tu alma!* Señor, gracias por el regalo de tu Hijo. Ayúdame a recibirlo con fe y a celebrar su presencia en mi vida para que sea un testimonio de tu amor y una proclamación de la Buena Noticia. Amén.

26

Hch 6,8-10; 7,54-59
Sal 30. *A tus manos, Señor, encomiendo mi espíritu.*
Mt 10,17-22

En aquel tiempo dijo Jesús: "Tened cuidado, porque os entregarán a las autoridades, os golpearán en las sinagogas y hasta os conducirán ante gobernadores y reyes por causa mía; así podréis dar testimonio de mí ante ellos y ante los paganos. Pero cuando os entreguen a las autoridades, no os preocupéis por lo que habéis de decir o por cómo decirlo, porque en aquel momento os dará Dios las palabras. No seréis vosotros quienes habléis, sino que el Espíritu de vuestro Padre hablará por vosotros. Los hermanos entregarán a la muerte a sus hermanos, y los padres a sus hijos; y los hijos se levantarán contra sus padres, y los matarán. Todo el mundo os odiará por causa mía, pero el que permanezca firme hasta el fin, será salvo".

La fidelidad, hasta la muerte, de san Esteban, el primer mártir, y su perdón a los enemigos, reflejan el amor de Cristo. Nos invita a vivir con valentía y a dar testimonio de nuestra fe, confiando en la gracia de Dios. *Señor, dame la valentía y la fidelidad de san Esteban. Ayúdame a dar testimonio de mi fe y a perdonar a mis enemigos, reflejando tu amor. Que mi vida sea un testimonio de tu gracia y poder. Amén.*

1Jn 1,1-4
Sal 96. *Alegraos, justos, con el Señor.*
Jn 20,1a.2-8

El primer día de la semana, María Magdalena fue al sepulcro muy temprano, cuando todavía estaba oscuro, y vio quitada la piedra que tapaba la entrada. Corrió entonces a donde estaban Simón Pedro y el otro discípulo, aquel a quien Jesús quería mucho, y les dijo: "¡Se han llevado del sepulcro al Señor y no sabemos dónde lo han puesto!". Pedro y el otro discípulo salieron y fueron al sepulcro. Los dos iban corriendo juntos, pero el otro corrió más que Pedro y llegó primero al sepulcro. Se agachó a mirar y vio allí las vendas, pero no entró. Detrás de él llegó Simón Pedro, que entró en el sepulcro. Él también vio allí las vendas, y vio además que la tela que había servido para envolver la cabeza de Jesús no estaba junto a las vendas, sino enrollada y puesta aparte. Entonces entró también el otro discípulo, el que había llegado primero al sepulcro, y vio lo que había pasado y creyó. Y es que todavía no habían entendido lo que dice la Escritura, que él tenía que resucitar. Luego los discípulos regresaron a casa.

El evangelista san Juan nos revela la profundidad del amor de Dios y la vida eterna que encontramos en Jesús. Su testimonio nos invita a creer y a vivir en comunión con Cristo, experimentando la plenitud de su amor y verdad. *Señor, gracias por el testimonio de san Juan y por revelarnos tu amor. Ayúdame a vivir en comunión contigo, experimentando la plenitud de tu amor y verdad. Que mi vida sea un reflejo de tu luz y amor en el mundo. Amén.*

Eclo 3,2-6.12-14

El Señor quiere que el padre sea honrado por sus hijos, y que la autoridad de la madre sea respetada por ellos. El que respeta a su padre alcanza el perdón de sus pecados, y el que honra a su madre reúne una gran riqueza (…).

Sal 127. *Dichosos los que temen al Señor y siguen sus caminos.*

Col 3,12-21

Hermanos, Dios os ama y os ha escogido para que pertenezcáis a su pueblo. Vivid, pues, revestidos de verdadera compasión, bondad, humildad, mansedumbre y paciencia. Tened paciencia unos con otros y perdonaos si alguno tiene una queja contra otro. Así como el Señor os perdonó, perdonad también vosotros. Sobre todo revestíos de amor, que es el perfecto lazo de unión. Y que la paz de Cristo dirija vuestros corazones, porque con este propósito os llamó Dios a formar un solo cuerpo. (…) Mujeres, someteos a vuestros maridos, pues ése es vuestro deber como creyentes en el Señor. Maridos, amad a vuestras mujeres y no las tratéis con aspereza. Hijos, obedeced en todo a vuestros padres, porque esto agrada al Señor. Padres, no irritéis a vuestros hijos, para que no se desanimen.

Mt 2,13-15.19-23

Cuando ya los sabios se habían ido, un ángel del Señor se apareció en sueños a José y le dijo: "Levántate, toma al niño y a su madre y huye a Egipto. Quédate allí hasta que yo te avise, porque Herodes va a buscar al niño para matarlo". José se levantó, tomó al niño y a su madre y salió de noche con ellos camino de Egipto, donde estuvieron hasta que murió Herodes. Esto sucedió para que se cumpliese lo que el Señor había dicho por medio del profeta: "De Egipto llamé a mi hijo". Después de la muerte de Herodes, un ángel del Señor se apareció en sueños a José, en Egipto, y le dijo: "Levántate, toma al niño y a su madre y regresa a Israel, porque ya han muerto los que querían matar al niño". José se levantó, tomó al niño y a su madre y volvió a Israel. Pero cuando supo que Arquelao gobernaba en Judea en lugar de su padre Herodes, tuvo miedo de ir allá; y habiendo sido advertido en sueños por Dios, se dirigió a la región de Galilea. Al llegar, se fue a vivir al pueblo de Nazaret. Esto sucedió para que se cumpliera lo que dijeron los profetas: que Jesús sería llamado nazareno.

La Sagrada Familia es un modelo de amor, obediencia y fe. A través de su vida en Nazaret, nos enseña la importancia de la familia como lugar de crecimiento espiritual y humano. Nos invita a vivir con amor y respeto mutuo, siguiendo el ejemplo de Jesús, María y José.

Señor, bendice a mi familia y ayúdanos a vivir con amor y respeto mutuo. Que sigamos el ejemplo de la Sagrada Familia, creciendo juntos en fe y amor. Que nuestra vida familiar sea un reflejo de tu amor y gracia. Amén.

29 DICIEMBRE

Lunes

1Jn 2,3-11
Sal 95. *Alégrese el cielo, goce la tierra.*
Lc 2,22-35

A los ocho días circuncidaron al niño y le pusieron por nombre Jesús, el mismo nombre que el ángel había dicho a María antes de que estuviera encinta. Cuando se cumplieron los días en que ellos debían purificarse según manda la ley de Moisés, llevaron al niño a Jerusalén para presentarlo al Señor. (...) En aquel tiempo vivía en Jerusalén un hombre llamado Simeón. Era un hombre justo, que adoraba a Dios y esperaba la restauración de Israel. El Espíritu Santo estaba con él y le había hecho saber que no moriría sin ver antes al Mesías, a quien el Señor había de enviar. Guiado por el Espíritu Santo, Simeón fue al templo. Y cuando los padres del niño Jesús entraban para cumplir con lo dispuesto por la ley, Simeón lo tomó en brazos, y alabó a Dios diciendo: "Ahora, Señor, tu promesa está cumplida: ya puedes dejar que tu siervo muera en paz. Porque he visto la salvación que has comenzado a realizar ante los ojos de todas las naciones, la luz que alumbrará a los paganos y que será la honra de tu pueblo Israel". El padre y la madre de Jesús estaban admirados de lo que Simeón decía acerca del niño. Simeón les dio su bendición, y dijo a María, la madre de Jesús: "Mira, este niño está destinado a hacer que muchos en Israel caigan y muchos se levanten. Será un signo de contradicción que pondrá al descubierto las intenciones de muchos corazones. Pero todo esto va a ser para ti como una espada que te atraviese el alma".

Simeón reconoce a Jesús como la salvación prometida. Su profecía nos invita a vivir con la esperanza de la salvación y a reconocer la presencia de Dios en nuestras vidas. *Señor, gracias por la salvación que has traído a través de Jesús. Ayúdame a vivir con esperanza y a reconocer tu presencia en mi vida. Que yo pueda vivir sin temor y pueda ser un verdadero testimonio de tu amor y salvación. Amén.*

1Jn 2,12-17
Sal 95. *Alégrese el cielo, goce la tierra.*
Lc 2,36-40

En aquel tiempo estaba también allí una profetisa llamada Ana, hija de Penuel, de la tribu de Aser. Era muy anciana. Se había casado siendo muy joven y vivió con su marido siete años; pero hacía ya ochenta y cuatro que había quedado viuda. Nunca salía del templo, sino que servía día y noche al Señor, con ayunos y oraciones. Ana se presentó en aquel mismo momento, y comenzó a dar gracias a Dios y a hablar del niño Jesús a todos los que esperaban la liberación de Jerusalén. Cuando ya habían cumplido con todo lo que dispone la ley del Señor, regresaron a Galilea, a su pueblo de Nazaret. Y el niño crecía y se hacía más fuerte y más sabio, y gozaba del favor de Dios.

Ana, la profetisa, proclama la llegada de Jesús con alegría. Su larga vida, dedicada enteramente al servicio de Dios, nos inspira a vivir con devoción y a proclamar las maravillas de Dios. *Señor, dame la devoción y la alegría de Ana. Que mi vida esté dedicada a tu servicio y a proclamar tus maravillas. Dame paciencia y confianza… Ayúdame a reconocer tu presencia y a compartir tu amor con los demás. Amén.*

1Jn 2,18-21
Sal 95. *Alégrese el cielo, goce la tierra.*
Jn 1,1-18

En el principio ya existía la Palabra, y aquel que es la Palabra estaba con Dios y era Dios. Él estaba en el principio con Dios. Por medio de él, Dios hizo todas las cosas; nada de lo que existe fue hecho sin él. En él estaba la vida, y la vida era la luz de la humanidad. Esta luz brilla en las tinieblas, y las tinieblas no han podido apagarla. (…) La luz verdadera que alumbra a toda la humanidad venía a este mundo. Aquel que es la Palabra estaba en el mundo, y aunque Dios había hecho el mundo por medio de él, los que son del mundo no le reconocieron. Vino a su propio mundo, pero los suyos no le recibieron. Pero a quienes le recibieron y creyeron en él les concedió el privilegio de llegar a ser hijos de Dios. Y son hijos de Dios, no por la naturaleza ni los deseos humanos, sino porque Dios los ha engendrado. Aquel que es la Palabra se hizo hombre y vivió entre nosotros lleno de amor y de verdad. Y hemos visto su gloria, la gloria que como Hijo único recibió del Padre. (…) De sus grandes riquezas, todos hemos recibido bendición tras bendición. Porque la ley fue dada por medio de Moisés, pero el amor y la verdad se han hecho realidad por medio de Jesucristo. Nadie ha visto jamás a Dios; el Hijo único, que es Dios y que vive en íntima comunión con el Padre, nos lo ha dado a conocer.

Concluimos un año más. Pero no temas. Confía. Hoy eres invitado a recibir a Jesús y a vivir en la luz de su amor y verdad. *Señor, gracias por el año transcurrido; pero gracias, sobre todas las cosas, por enviar a Jesús a nuestro mundo, la Palabra hecha carne. Él vive entre nosotros para siempre. Ayúdame a recibirlo en mi corazón y a vivir en la luz de su amor y su verdad el año que empieza. Que mi vida sea en toda circunstancia y tiempo un reflejo de tu gracia y verdad. Amén.*

ORACIONES

LA SEÑAL DE LA CRUZ

Por la señal de la Santa Cruz
de nuestros enemigos
líbranos, Señor, Dios nuestro.
En el nombre del Padre,
y del Hijo,
y del Espíritu Santo. Amén.

GLORIA

Gloria al Padre, y al Hijo,
y al Espíritu Santo.
Como era en el principio,
ahora y siempre,
por los siglos de los siglos.
Amén.

PADRENUESTRO

Padre nuestro,
que estás en el cielo,
santificado sea tu Nombre,
venga a nosotros tu reino,
hágase tu voluntad
en la tierra como en el cielo.
Danos hoy nuestro pan
de cada día;
perdona nuestras ofensas
como también nosotros
perdonamos
a los que nos ofenden;
no nos dejes caer en la tentación
y líbranos del mal. Amén.

AVEMARÍA

Dios te salve, María,
llena eres de gracia,
el Señor es contigo.
Bendita tú eres
entre todas las mujeres,
y bendito es el fruto
de tu vientre, Jesús.
Santa María, Madre de Dios,
ruega por nosotros, pecadores,
ahora y en la hora
de nuestra muerte. Amén.

INVOCACIÓN AL ESPÍRITU SANTO

Ven Espíritu Santo,
llena los corazones de tus fieles
y enciende en ellos
el fuego de tu amor.

V: Envía, Señor, tu Espíritu.
R: Y renueva la faz de la tierra.

Oh Dios, que has iluminado
los corazones de tus fieles
con la luz del Espíritu Santo;
haznos dóciles
a sus inspiraciones para gustar
siempre el bien
y gozar de su consuelo. Amén.

PROFESIÓN DE FE

Creo en un solo Dios,
Padre todopoderoso,
Creador del cielo y de la tierra,
de todo lo visible y lo invisible.
Creo en un solo Señor
Jesucristo,
Hijo único de Dios,
nacido del Padre
antes de todos los siglos:
Dios de Dios, Luz de Luz,
Dios verdadero
de Dios verdadero,
engendrado, no creado,
de la misma naturaleza
del Padre,
por quien todo fue hecho;
que por nosotros los hombres,
y por nuestra salvación
bajó del cielo,
y por obra del Espíritu Santo
se encarnó de María, la Virgen,
y se hizo hombre;
y por nuestra causa
fue crucificado
en tiempos de Poncio Pilato;
padeció y fue sepultado,
y resucitó al tercer día,
según las Escrituras,
y subió al cielo, y está sentado
a la derecha del Padre;
y de nuevo vendrá con gloria
para juzgar a vivos y muertos,
y su reino no tendrá fin.
Creo en el Espíritu Santo,
Señor y dador de vida,
que procede del Padre
y del Hijo,
que con el Padre y el Hijo
recibe una misma adoración
y gloria, y que habló
por los profetas.
Creo en la Iglesia,
que es una, santa,
católica y apostólica.
Confieso que hay
un solo bautismo para el perdón
de los pecados. Espero la
resurrección de los muertos
y la vida del mundo futuro.
Amén.

BENEDICTUS
(AL LEVANTARSE)

Bendito sea el Señor,
Dios de Israel,
porque ha visitado
y redimido a su pueblo,
suscitándonos una fuerza de
salvación en la casa de David,

su siervo,
según lo había predicho
desde antiguo
por boca
de sus santos profetas.
Es la salvación que nos libra
de nuestros enemigos
y de la mano de todos
los que nos odian;
realizando la misericordia
que tuvo con nuestros padres,
recordando su santa alianza
y el juramento que juró
a nuestro padre Abrahám.
Para concedernos
que, libres de temor,
arrancados de la mano
de los enemigos,
le sirvamos con santidad
y justicia, en su presencia,
todos nuestros días.
Y a ti, niño, te llamarán
profeta del Altísimo,
porque irás delante del Señor
a preparar sus caminos,
anunciando a su pueblo
la salvación,
el perdón de sus pecados.
Por la entrañable misericordia

de nuestro Dios,
nos visitará el sol
que nace de lo alto,
para iluminar
a los que viven en tinieblas
y en sombra de muerte,
para guiar nuestros pasos
por el camino de la paz.

MAGNIFICAT
(AL ATARDECER)

Proclama mi alma
la grandeza del Señor,
se alegra mi Espíritu
en Dios, mi Salvador;
porque ha mirado
la humillación de su esclava.
Desde ahora me felicitarán
todas las generaciones,
porque el Poderoso
ha hecho obras grandes por mí:
su nombre es santo,
y su misericordia llega
a sus fieles de generación
en generación.
Él hace proezas con su brazo:
dispersa a los soberbios
de corazón,

derriba del trono
a los poderosos
y enaltece a los humildes,
a los hambrientos
los colma de bienes
y a los ricos los despide vacíos.
Auxilia a Israel, su siervo,
acordándose de la misericordia,
como lo había prometido
a nuestros padres,
en favor de Abrahám
y su descendencia por siempre.

CÁNTICO DE SIMEÓN (AL ACOSTARSE)

Ahora, Señor, según tu promesa,
puedes dejar a tu siervo
irse en paz,
porque mis ojos
han visto a tu Salvador,
a quien has presentado
ante todos los pueblos,
luz para alumbrar a las naciones
y gloria de tu pueblo, Israel.

SALVE REGINA

Dios te salve,
Reina y Madre de misericordia,
vida, dulzura
y esperanza nuestra,
Dios te salve.

A ti llamamos
los desterrados hijos de Eva;
a ti suspiramos,
gimiendo y llorando
en este valle de lágrimas.
Ea, pues, Señora, abogada
nuestra, vuelve a nosotros
esos tus ojos misericordiosos,
y, después de este destierro,
muéstranos a Jesús,
fruto bendito de tu vientre,
¡Oh clementísima,
oh piadosa,
oh dulce Virgen María!
Ruega por nosotros,
Santa Madre de Dios,
para que seamos dignos
de alcanzar las promesas
de Nuestro Señor Jesucristo.
Amén.

BAJO TU AMPARO

Bajo tu amparo nos acogemos,
Santa Madre de Dios.
No deseches las súplicas
que te dirigimos
en nuestras necesidades,
antes bien, líbranos
de todo peligro.
¡Oh Virgen, gloriosa y bendita!

ÁNGELUS

El ángel del Señor
anunció a María.
Y concibió por obra
del Espíritu Santo.
  Dios te salve, María...
He aquí la esclava del Señor.
Hágase en mí según tu palabra.
  Dios te salve, María...
Y el Hijo de Dios
se hizo hombre.
Y habitó entre nosotros.
  Dios te salve, María...
Ruega por nosotros,
Santa Madre de Dios.
Para que seamos dignos
de alcanzar las promesas
de Nuestro Señor Jesucristo.

Derrama, Señor,
tu gracia sobre nosotros,
que, por el anuncio del ángel,
hemos conocido
la encarnación de tu Hijo,
para que lleguemos,
por su pasión y su cruz
y con la intercesión
de la Virgen María,
a la gloria
de la resurrección.
Por Jesucristo Nuestro Señor.
Amén.

REGINA COELI

(Durante el tiempo de Pascua)

Reina del cielo, alégrate,
aleluya,
porque el Señor,
a quien has merecido llevar,
aleluya,
ha resucitado
según su palabra, aleluya.
Ruega al Señor por nosotros,
aleluya.

Alégrate, Virgen María,
aleluya.
Porque verdaderamente
ha resucitado el Señor, aleluya.

Dios, que por la resurrección
de tu Hijo,
nuestro Señor Jesucristo,
te has dignado
alegrar al mundo,
concédenos, te rogamos,
que por la intercesión
de su Madre María,
alcancemos los gozos
de la vida eterna.
Por Jesucristo Nuestro Señor.
Amén.

PALABRA
Y VIDA
2025

SANTO ROSARIO

(Comenzar con la señal del cristiano. Luego se proclama el misterio correspondiente, se hace un momento de silencio y se reza un Padrenuestro, diez Avemarías y un Gloria.)

Misterios Gozosos
(lunes y sábados)
1°. La Encarnación del Hijo de Dios.
2°. La Visitación de María a su prima Isabel.
3°. El Nacimiento del Hijo de Dios.
4°. La Presentación del Niño Jesús en el Templo.
5°. El Niño Jesús perdido y hallado en el Templo.

Misterios Dolorosos
(martes y viernes)
1°. La Oración de Jesús en el Huerto.
2°. Los Azotes que el Señor padeció atado a la columna.
3°. La Coronación de espinas.
4°. Jesús con la cruz a cuestas camino del Calvario.
5°. La Crucifixión y Muerte del Señor.

Misterios Luminosos (jueves)
1°. El Bautismo de Jesús.
2°. Las Bodas de Caná.
3°. El Anuncio del Reino de Dios.
4°. La Transfiguración.
5°. La Institución de la Eucaristía.

Misterios Gloriosos
(miércoles y domingos)
1°. La Resurrección del Señor.
2°. La Ascensión del Señor a los cielos.
3°. La Venida del Espíritu Santo.
4°. La Asunción de María.
5°. María, coronada como Reina y Señora de todo lo creado.

VIACRUCIS

(Al comenzar cada estación.)
Te adoramos, Cristo,
y te bendecimos.
Porque por tu santa cruz
redimiste al mundo.
(En cada estación, se enuncia
el título y se guarda un
momento de silencio meditan-
do en su contenido. Se termina rezando un Padrenuestro.)

·Estaciones:
1ª. Jesús es condenado
   a muerte.
2ª. Jesús carga con la cruz.
3ª. Jesús cae bajo el peso
   de la cruz.
4ª. Jesús se encuentra
   con su Madre.
5ª. El Cirineo ayuda a Jesús
   a llevar la cruz.
6ª. La Verónica limpia
   el rostro de Jesús.
7ª. Jesús cae en tierra
   por segunda vez.
8ª. Jesús consuela
   a las hijas de Jerusalén.
9ª. Jesús cae por tercera vez.
10ª. Jesús es despojado
   de sus vestiduras.
11ª. Jesús es clavado en la cruz.
12ª. Jesús muere en la cruz.
13ª. Jesús es bajado de la cruz
   y recogido por su madre.
14ª. Jesús es puesto
   en el sepulcro.
(15ª). Jesús resucita
   de entre los muertos.

BENDICIÓN DE LA MESA

(Se puede usar una de las
siguientes.)

• Bendice, Señor,
los alimentos que vamos a
tomar, y que hemos recibido
de tu generosa mano.
Por Cristo Nuestro Señor.
• Te bendecimos, Padre bueno,
por tu Providencia amorosa
sobre nosotros.
Te bendecimos por estos
alimentos que vamos a tomar,
que sean para nosotros
signo de nuestra fe
y fraternidad.
Por Cristo Nuestro Señor.
• Dios de misericordia,
bendice estos alimentos
y da pan a los que tienen
hambre, y hambre de ti a los
que tienen pan.
Por Cristo Nuestro Señor.

PALABRA Y VIDA
2 0 2 5

ORACIÓN DEL JUBILEO

Padre que estás en el cielo,
la fe que nos has donado en
tu Hijo Jesucristo, nuestro hermano,
y la llama de caridad
infundida en nuestros corazones por el Espíritu Santo,
despierten en nosotros la bienaventurada esperanza
en la venida de tu Reino.

Tu gracia nos transforme
en dedicados cultivadores de las semillas del Evangelio
que fermenten la humanidad y el cosmos,
en espera confiada
de los cielos nuevos y de la tierra nueva,
cuando vencidas las fuerzas del mal,
se manifestará para siempre tu gloria.

La gracia del Jubileo
reavive en nosotros, Peregrinos de Esperanza,
el anhelo de los bienes celestiales
y derrame en el mundo entero
la alegría y la paz
de nuestro Redentor.
A ti, Dios bendito eternamente,
sea la alabanza y la gloria por los siglos.

Amén.

Francisco

El texto bíblico que usted lee
en Palabra y Vida es de la Biblia

DIOS HABLA HOY

Lea la Biblia
completa

"Dios Habla Hoy" (DHH) es una traducción al castellano contemporáneo, hecha según el principio de equivalencia dinámica o funcional, manteniendo la fidelidad al original. Esta traducción ha sido realizada desde las lenguas originales (griego, hebrero, arameo) por un comité interconfesional de traductores de las Sociedades Bíblicas Unidas de acuerdo con las Normas para la cooperación interconfesional en la traducción de la Biblia, suscritas con el Vaticano en 1968 y revisadas en 1987.

La Biblia DHH se encuentra en distintos y atractivos formatos (letra grande) y encuadernaciones para que su lectura sea fácil y agradable. Consulte en su librería.

Sociedad Bíblica

Ctra. de La Coruña, km. 23 - Edif. Las Rozas, of. B-01
28230 Las Rozas (Madrid)
Tel.: 914 425 898 - Fax: 914 425 855
distrib@sociedadbiblica.org • www.sociedadbiblica.org

SOCIEDADES
BIBLICAS
UNIDAS